Ryan Gattis lebt in Los Angeles. Seinen Roman, der in zahlreiche Länder verkauft wurde, bezeichnet er selbst als «sourced fiction», authentisch durch recherchierte Information. Seine wichtigste Quelle: ein Bandenchef, zu dem er Zugang fand, weil seine Tochter ihm Gattis' frühere Romane empfahl, und der deutlich machte, was ins Buch kommen dürfe und was eine Kugel in den Kopf zur Folge haben würde.

«Ein großartiges Ding.» **Die Welt**

«Heftige, temporeiche, lebenspralle Szenen einer Stadt im Krieg. Dieser Autor weiß genau, wovon er schreibt.» **Joyce Carol Oates**

«Das herzzerreißende Bild einer Stadt, die sich selbst zerstört.» **Paula Hawkins, Autorin von «Girl on the Train»**

«Eine wahnsinnig hochtouriger Roman: schmutzig, nervenzerfetzend, manchmal unerträglich gewaltsam, gleichzeitig aber auch erfüllt von einem tiefen Mitgefühl für seine Figuren.» **New York Times**

«Ryan Gattis erzählt zwar von einem Ereignis, das fast ein Vierteljahrhundert her ist. Seine Geschichte ist aber absolut zeitlos. Denn vor allem zeigt er uns, wie dünn die Decke der Zivilisation ist, wie leicht sich Wut und Hass und Barbarei Bahn brechen können.» **Spiegel online**

«Ryan Gattis' großartiger Roman ist so komplex wie zugänglich, er wagt einen entschlossenen Blick in einen Abgrund.» **Süddeutsche Zeitung**

RYAN GATTIS

IN DEN STRASSEN DIE WUT

THRILLER

AUS DEM ENGLISCHEN
VON INGO HERZKE

ROWOHLT
TASCHENBUCH
VERLAG

Die Originalausgabe erschien 2015 unter dem Titel «All Involved» bei HarperCollins Publishers, New York.

Veröffentlicht im Rowohlt Taschenbuch Verlag,
Reinbek bei Hamburg, Februar 2017
Copyright © 2016 by Rowohlt Verlag GmbH,
Reinbek bei Hamburg
«All Involved» Copyright © 2015 by Ryan Gattis
Redaktion Lars Claßen
Umschlaggestaltung HAUPTMANN & KOMPANIE
Werbeagentur, Zürich,
nach der Ausgabe von Ecco/HarperCollins Publishers
(Gestaltung Sara Wood)
Umschlagabbildung Zuma Press, Inc/Alamy
Satz hanseatenSatz-bremen, Bremen
Druck und Bindung CPI books GmbH, Leck, Germany
ISBN 978 3 499 27043 7

IM GEDENKEN AN
COLONEL ROBERT HOUSTON GATTIS SR.

DIE FAKTEN

Am 29. April 1992 um 15:15 Uhr sprachen die Geschworenen die Polizeibeamten Theodore Briseno und Timothy Wind sowie Polizeisergeant Stacey Koon vom Vorwurf der übertriebenen Gewaltanwendung bei der Überwältigung des Bürgers Rodney King frei. Hinsichtlich der gleichen Vorwürfe gegen den Beamten Laurence Powell kamen die Geschworenen zu keinem Urteilsspruch.

Ungefähr um 17:00 Uhr begannen die Unruhen. Sie währten sechs Tage und endeten schließlich am Montag, dem 4. Mai, nachdem 10904 Menschen verhaftet und mehr als 2383 verletzt worden sowie 11113 Feuer ausgebrochen und Sachschäden in Höhe von über einer Milliarde Dollar entstanden waren. Dazu schrieb man 60 Todesfälle direkt den Unruhen zu, nicht jedoch die Opfer, die abseits der Unruheherde ermordet wurden an diesen sechs Tagen, da Ausgangssperren herrschten und es so gut wie keine Notfallhilfe gab. Der Polizeipräsident von Los Angeles, Daryl Gates, drückte es am ersten Abend so aus: «Es wird zu Situationen kommen, wo Menschen ohne Hilfe bleiben werden. Das ist die harte Wirklichkeit. Wir sind nicht genug, um überall zu sein.»

Es ist möglich und sogar wahrscheinlich, dass einige dieser Toten, die nicht mit den Unruhen in Verbindung gebracht wurden, einer unheilvollen Verquickung von günstiger Gelegenheit und äußeren Umständen zum Opfer fielen. Fast 121 Stunden Gesetzlosigkeit in einer Stadt mit rund 3,6 und einer Metropolregion mit 9,15 Millionen Einwohnern boten sehr viel Zeit, alte Rechnungen zu begleichen.

Hier geht es um einige davon.

ERSTER TAG

MITTWOCH

*Die noch interessantere Frage ist: Warum machen sich alle so
viele Sorgen wegen erneuter Unruhen – hat sich die Lage in
Watts seit den letzten Aufständen nicht verbessert? Das fragen
sich viele Weiße. Leider lautet die Antwort nein. Es wimmelt in
der Gegend zwar nur so von Sozialarbeitern, Datensammlern,
freiwilligen Helfern und verschiedenen weiteren Mitgliedern
des humanitären Establishments, alle von den besten Absich-
ten der Welt beseelt. Aber irgendwie hat sich nicht viel verändert. Man findet dort immer noch die Besitzlosen, die Verlierer,
die Verbrecher, die Verzweifelten, die sich mit geradezu ent-
setzlicher Willenskraft ans Leben klammern.*

Thomas Pynchon,
New York Times,
12. Juni 1966

ERNESTO VERA
29. APRIL 1992
20:14 UHR

Ich bin in Lynwood, South Central, irgendwo Nähe Atlantic Avenue und Olanda Street, decke Tabletts voll ungegessener Bohnen mit Alufolie ab, irgendein Kindergeburtstag, und da kriege ich gesagt, ich soll früh Feierabend machen und morgen wohl gar nicht zur Arbeit kommen. Vielleicht die ganze Woche nicht. Mein Boss hat Angst, was weiter oben an der 110 los ist, könnte bis hier runter kommen. Er sagt nichts von Aufständen oder Unruhen oder so. Er sagt bloß «die Sache im Norden», aber er meint, dass Leute Sachen anzünden und Schaufenster einschlagen und niedergeprügelt werden. Ich überlege, ob ich widersprechen soll, weil ich das Geld brauche, aber das würde nichts bringen, also lass ich es. Ich packe die Bohnen in den Kühlschrank im Wagen, schnappe mir meine Jacke und gehe.

Als wir am frühen Nachmittag herkamen, Termite und ich – das ist der Typ, mit dem ich hier arbeite –, da haben wir den Rauch gesehen, vier schwarze Säulen, wie die brennenden Ölquellen in Kuwait. Vielleicht nicht ganz so riesig, aber groß. Der halbbetrunkene Vater vom Geburtstagskind merkt, dass wir es sehen, als wir die Tische aufstellen, und er sagt, das ist wegen den Bullen, die Rodney King verprügelt haben und jetzt nicht in den Knast kommen, und was wir denn davon halten? Mann, wir waren bestimmt nicht froh drüber, aber das sagen wir doch nicht dem Kunden von unserm Boss! Ich meine, war zwar schon schlimm und so, aber was hatte das mit uns zu tun? Das ging woanders ab. Hier hielten wir die Schnauze und machten unsere Arbeit.

Ich fahre schon bald drei Jahre den Imbisswagen von *Tacos El Unico*. Egal, was ihr haben wollt, ich pack es euch rein. *Al pastor. Asada.* Kein Problem. Wir machen auch schöne *cabeza*, wenn ihr Lust drauf habt. Ansonsten gibt es *lengua, pollo*, alles Mögliche. Für jeden etwas eben. Normalerweise parken wir bei unserem Laden Ecke Atlantic und Rosecrans, aber manchmal machen wir auch Geburtstage, Jubiläen, eigentlich alles. Solche Sachen kriegen wir nicht pro Stunde bezahlt, darum bin ich immer froh, wenn sie schnell wieder vorbei sind. Ich sage Termite *adios*, erinnere ihn dran, sich nächstes Mal vorher gründlich die Hände zu waschen, und haue ab.

Wenn ich schnell gehe, sind es zwanzig Minuten bis nach Hause, wenn ich den Boardwalk zwischen den Häusern nehme, nur eine Viertelstunde. Das ist natürlich keine Strandpromenade wie in Atlantic City oder so. Bloß so ein schmaler Betonstreifen zwischen den Grundstücken entlang, ein Fußweg von der Hauptstraße in die Wohngegend. Das ist unsere Abkürzung. Meine Schwester sagt immer: «Der Boardwalk ist schon ewig der Fluchtweg für Idioten.» Richtung Osten bringt er einen direkt runter zur Atlantic Avenue. Richtung Westen führt er tiefer ins Viertel hinein, über eine Straße nach der anderen. In die Richtung gehe ich, als ich hinkomme. Rein.

Bei den meisten Leuten ist das Verandalicht aus. Auch die Gartenbeleuchtung. Niemand ist draußen. Keine vertrauten Geräusche. Kein Oldiesender mit Art Laboe. Kein Mensch repariert sein Auto. Aus den Häusern höre ich

bloß die laufenden Fernseher, und die Nachrichtensprecher reden alle nur übers Plündern und Brände und Rodney King und Schwarze und Wut, und das ist okay, was soll's,
ich konzentriere mich auf andere Dinge.

Versteht mich nicht falsch. Ich bin nicht eiskalt oder so
was, ich kümmere mich nur um das, worum ich mich kümmern muss. Wenn ihr in so 'nem Viertel aufwachst wie
ich, wo der Waffenladen Kugeln für fünfundzwanzig Cent
das Stück verkauft, an alle mit üblen Plänen im Kopf und
einem Vierteldollar in der Tasche, dann würdet ihr vielleicht genauso werden. Nicht kaputt oder angepisst oder so,
einfach nur konzentriert. Und im Augenblick zähle ich die
Monate, bis ich hier rauskomme.

Zwei sollten reichen. Dann habe ich genug Geld gespart,
um mir wieder eine Karre zu kaufen. Nichts Besonderes. Bloß vier Räder, die mich zur Arbeit und wieder zurück
bringen, damit ich nicht mehr über diese Straßen laufen muss. Wisst ihr, ich koche ja schon seit Ewigkeiten die
Rezepte anderer Leute, aber dabei will ich nicht bleiben.
Wenn ich wieder ein eigenes Auto habe, dann fahr ich nach
Downtown und bettele um den Ausbildungsplatz in der
Küche vom R23, diesem verrückten Sushi-Laden mitten in
dem Bezirk, wo früher das meiste Spielzeug auf der ganzen
Welt hergestellt wurde – aber jetzt stehen die Lagerhäuser
alle leer, und China kümmert sich um das Spielzeug.

Ich hab durch Termite davon erfahren, weil er Japanisch
auch so gern mag. Ich meine, er liebt alles aus Asien, vor allem
Frauen, aber das tut jetzt nichts zur Sache. Letzte Woche hat
er mich mit hingenommen, und ich musste schlappe acht-
unddreißig Dollar nur für mich hinblättern, aber das war es
wert für was diese japanischen Köche da anstellten. Sachen,

15

von denen ich vorher nicht mal geträumt hatte. Spinatsalat mit Aal. Thunfisch, der so gut mit dem Brenner gegart wird, dass er außen gebraten und innen ganz butterweich und roh ist. Aber was mich richtig umgehauen hat, war dieses Sushi-Teil, das die *California Roll* nennen. Draußen rum ist Reis, der in so kleine orange Fischeier gedrückt wird. Darin ein kleiner Kreis aus Algen um Krabbenfleisch, Gurke und Avocado. Diese letzte Zutat hat mich komplett fertiggemacht.

Mann, ihr versteht das nicht. Ich werde alles tun, um von diesen Köchen zu lernen. Ich werde abwaschen. Ich werde fegen, ich werde Klos putzen. Ich werde jeden Abend länger bleiben. Mir ganz egal! Ich will nur in der Nähe dieser japanischen Köche sein, weil ich diese Rolle bloß wegen des Namens bestellt hatte, und dann hab ich sie angestarrt und beschlossen, dass ich sie nicht essen will, weil ich von Avocado die Nase voll hab; aber dann hat Termite mich angeschnauzt, und ich hab die Achseln gezuckt und reingebissen. Als ich es auf der Zunge hatte, da zündete irgendwas in mir. Mein ganzes Hirn fing an zu leuchten, und ich sah plötzlich Möglichkeiten, die ich vorher noch nie gesehen hatte. Und das nur, weil ein paar Köche eine Zutat genommen hatten, die mich eigentlich so langweilt, weil ich sie jeden Tag sehe, und sie in etwas ganz anderes verwandelten.

Wenn ihr genug Avocados durchgeschnitten, ausgelöffelt und zerdrückt habt, dann wisst ihr Bescheid. Das tut einem schnell in den Knochen weh, wenn die Hände eine Bewegung auswendig können, weil sie die immer und immer wieder machen, bis man sie sogar im Traum macht. Macht ihr mal jeden Tag außer sonntags Guacamole, dann wollen wir mal sehen, ob ihr nicht auch die Schnauze voll habt von den schleimigen grünen Scheißern.

Irgendwas knallt neben meinem Kopf an den Zaun, und ich springe mit erhobenen Fäusten zurück, abwehrbereit. Als ich sehe, dass es bloß eine fette rötliche Katze ist, muss ich lachen. Scheiße, das hat mein Herz ganz schön zum Rasen gebracht.

Ich gehe weiter. Wenn man schlau ist, lässt man sich in Lynwood nicht beim Rumstehen erwischen. Downtown ist anders. Das ist eine bessere Welt, könnte es jedenfalls für mich sein, ich will so viel wissen, diese Köche so viel fragen. Zum Beispiel, welchen Einfluss hat der Standort auf die Zubereitung? Ich habe vielleicht nicht viel Ahnung, aber ich bin ziemlich sicher, dass in Japan keine Avocados wachsen. Das meiste Essen in unserer Stadt ist mexikanisch, weil Kalifornien mal Mexiko war. Kalifornien hat sogar so einen kleinen Zipfel, Baja California, der immer noch zu Mexiko gehört, obwohl das Land nördlich davon inzwischen was anderes geworden ist. Ein bisschen so wie ich. Meine Eltern sind aus Mexiko. Ich bin da geboren, und als ich ein Jahr alt war, haben sie mich nach L.A. geschleppt. Meine kleine Schwester und mein kleiner Bruder sind hier geboren. Wegen ihnen sind wir jetzt Amerikaner.

Das mache ich, wenn ich zu Fuß nach Hause gehe, Fragen im Kopf rumdrehen, träumen, nachdenken. Manchmal verliere ich mich richtig dabei. Als ich um die Ecke in meine Straße biege, überlege ich gerade wieder, wie zur Hölle ein japanischer Koch wohl darauf kommt, die California Roll zu erfinden, und meine Gedanken kreisen darum, dass sogar aus Avocado was Neues und Schönes entstehen kann, wenn man sie in eine andere Umgebung stellt, und in dem Moment grummelt ein Automotor hinter mir.

Ich denk mir nicht viel dabei. Nicht so richtig. Ich gehe zur Seite, aber der Wagen bremst neben mir. Ich gehe also ganz ran an die Seite, okay? Ist ja kein Problem, der wird einfach weiterfahren, wenn er sieht, dass ich nicht dazugehöre. Keine *Cholo*-Uniform. Keine Tätowierungen. Nichts. Ich bin sauber.

Aber das Auto hält mein Tempo, kriecht im Schritt neben mir her, und als das Fenster auf der Fahrerseite runtergeht, strömen schnelle Klavierläufe raus, Motown-Style. Jeder hier kennt den Sender *KRLA*. 1110 ist die Frequenz auf der Mittelwelle. Die Leute hier mögen Oldies. Das ist der Anfang von «Run, Run, Run» von den Supremes. Ich erkenne das Saxophon und das Klavier.

«Hey», sagte der Fahrer laut über die Musik hinweg, «kennst du diesen Homeboy Lil Mosco?»

Als ich den Straßennamen meines kleinen Bruders aus dem Mund dieses Fremden höre, drehe ich sofort um und renne den Weg zurück. Bei jedem Schritt fühlt es sich an, als wollte mein Magen sich aus meinem Bauch krallen. Ich weiß, ich hab richtigen Scheißärger am Hals.

Ich höre den Fahrer lachen, als er den Rückwärtsgang einlegt und aufs Gas tritt. Der Pick-up überholt mich locker und kommt dann mit quietschenden Reifen zum Stehen. Dann steigen vorne zwei Typen aus, und einer springt von der Ladefläche hinten. Drei Typen, alle in Schwarz.

Mein Adrenalin steht jetzt am Anschlag. Ich bin so wach wie noch nie im Leben, und ich weiß, wenn ich es hier lebend rausschaffe, muss ich mir so viel wie möglich gemerkt haben, also drehe ich mich beim Rennen um und versuche mir alles einzuprägen. Das Auto ist ein Ford. Dunkelblau. Ich glaube, ein *Ranchero*. Ein Rücklicht fehlt. Links.

Das Nummernschild kann ich nicht mehr erkennen, weil ich mich wieder umdrehe und um die Ecke in den Boardwalk einbiege, ich schlage mich zwischen die Häuser, versuche es auf die nächste Straße zu schaffen, über einen Zaun zu springen, bei irgendwem im Hof zu verschwinden, aber sie sind zu schnell bei mir. Alle drei. Sie haben keine zehn Stunden am Grill gestanden und einer verdammten Horde von Kindern und Betrunkenen Tacos serviert. Sie sind nicht müde. Sie sind stark.

Ich höre sie von hinten herankommen, das Blut pocht mir in den Ohren, und ich weiß, sie haben mich so gut wie erwischt, Mann. Eine kalte Sekunde hab ich noch, um Luft zu schnappen, dann schlagen sie zu, hauen mir die Füße weg und hämmern mir im Fallen irgendwas Hartes gegen den Kiefer. Danach wird alles schwarz, für ich weiß nicht wie lange.

Ich hab schon mal aufs Maul gekriegt, aber nie so. Als ich zu mir komme, schleifen sie mich zum Auto zurück, und es fühlt sich an, als würde mein Gesicht in zwei Stücke brechen. Durch das Klingeln in den Ohren hindurch höre ich, wie meine Stiefelabsätze über dem Asphalt scharren, und ich rechne mir aus, dass ich bloß ein paar Sekunden weg gewesen sein kann.

«Tut das nicht.» Ich höre mich diese Worte sagen. Es überrascht mich, wie ruhig sie klingen, wenn man bedenkt, dass mein Puls bei einer Million liegt. «Bitte. Ich hab euch nichts getan. Ich hab Geld. Was immer ihr wollt.»

Die drei antworten mir aber nicht mit Worten. Raue Hände reißen mich hoch, weg vom Boardwalk in eine Gasse mit Garagen auf beiden Seiten. Sie stellen mich zurecht.

Schnelle, schwache Schläge treffen mich in die Nieren,

in den Bauch, auch in die Rippen. Sie fühlen sich gar nicht hart an, trotzdem rauben sie mir den Atem. Erst begreife ich gar nichts, aber dann sehe ich das Blut, starre die Flecken auf meinem Hemd an und frage mich, wieso ich die Stiche gar nicht gespürt habe, als mich ein Baseballschläger trifft.

Eine Sekunde vor dem Aufprall sehe ich etwas Schwarzes auftauchen und zucke weg, darum trifft mich das runde Ende nur an der Schulter, aber trotzdem stehe ich danach nicht mehr auf den Füßen und starre auf mein Hemd, sondern liege platt auf dem Rücken und starre den Nachthimmel an. Verdammt.

«Yeah», schreit mir einer ins Gesicht, «da, du Motherfucker!»

Ich rolle mich zusammen, und meine Wange fühlt sich an, als würde sie in einer Pfanne gebraten. Ich versuche mein Gesicht mit den Händen zu schützen, aber das nützt nichts. Immer wieder saust der Schläger nieder. Einmal trifft er mich am Hals, und mein ganzer Körper wird taub.

Eine andere Stimme sagt: «Bind den Scheißkerl da dran, solange er flachliegt.»

Ich kriege kaum noch Luft.

Eine weitere Stimme, vielleicht ist es auch die erste, kommt dazu: «Ja, mach doch, wenn du so eine große Nummer bist, Joker!»

Einer heißt Joker. Ich glaube, das muss ich mir merken. Das ist eine wichtige Information. *Joker.* Das Wort bleibt in meinem Hirn hängen, und ich drehe es in alle Richtungen. Ich kenne keinen Joker außer dem von Batman, und es hat überhaupt keinen Sinn, dass sie mich fertigmachen und nicht meinen Bruder, weil der wieder irgendeine dämliche Scheiße gebaut hat.

«Bitte», sage ich, als ich wieder Luft kriege, als hätten diese Monster in ihrem Leben schon mal auf so was gehört. Niemals. Die sind vollauf beschäftigt, an meinem Fußgelenk rumzuzerren, aber bei mir ist alles so taub, dass ich nicht mal sagen kann, an welchem. Ich merke bloß, dass meine Beine krampfen.

«Das wär's», sagt einer.

Ich mache die Augen auf und denke: Das wär *was*? Ich schaue mich um und erkenne die Häuser nicht. Einen Augenblick glaube ich in Sicherheit zu sein, als ich sie weggehen höre und die Bremslichter des Autos die Garagen in rotes Licht tauchen. Erleichterung durchsickert mich. Sie hauen ab, denke ich. Sie hauen ab! Dann sehe ich einen kleinen Jungen, vielleicht zwölf, der sich im Boardwalk versteckt. Sein Gesicht wird rot vom Bremslicht, und ich merke, er starrt mich an. Aber mit riesengroßen Augen. Sein Blick bringt mich so durcheinander, dass ich seiner Richtung folge und auf meine Füße schaue, und dann muss ich beinahe kotzen, als ich begreife, dass meine Füße mit einem dicken Drahtseil ans Auto gebunden sind.

Ich ziehe heftig, aber die Fessel löst sich nicht, das Seil schneidet mir nur in die Haut. Ich trete mit aller Kraft, die ich noch habe, aber nichts passiert. Nichts rührt sich. Ich strenge mich an, meine Finger dran zu kriegen, die Schlinge irgendwie abzuschieben.

Aber dann heult der Motor auf, es schlägt mich flach hin und schleift mich über den Boden, das Tempo zerrt meinen Schädel über den Asphalt. Fahrtwind weht über mich, jeder Zentimeter Haut an meinem Rücken schlägt Flammen. Dann bremst das Auto scharf.

Der Schwung schleudert mich vorwärts. Drei Meter?

Sechs? Anscheinend hüpfe ich dabei, ich fliege durch die Luft, bevor mein Gesicht gegen etwas Kaltes und Metallisches knallt und ich spüre, wie mein Wangenknochen bricht. Ich merke richtig von innen, wie er nachgibt, wie das Knacken in meinen Ohren hallt, wie der Knochen knickt und Blut auf meine Zunge schießt. Ich drehe den Kopf, mache den Mund auf und lass es laufen. Als ich es auf die Straße klatschen höre, als das Tropfen nicht aufhört, da weiß ich, dass es vorbei ist.

Ich weiß, ich bin erledigt.

Vorher hatte ich vielleicht noch eine Chance, aber jetzt nicht mehr.

Eine Stimme schreit aus dem Auto, ich weiß nicht welche: «Hol das Seil rein, du Idiot, und sieh nach, ob das Scheißarschloch tot ist!»

Eine Tür geht auf, ich höre sie nicht zuschlagen. Schritte kommen näher, dann beugt sich eine Gestalt über mich und sieht nach, ob ich noch atme.

Ich denke gar nichts. Ich spucke, so kräftig ich noch kann.

Ich muss getroffen haben, denn ich höre ein schnelles Schlurfen, die Gestalt zieht sich zurück.

«Verdammt», sagt sie. «Ich hab sein Scheißblut im Mund! Willst du mich mit Aids anstecken oder was?»

In dem Moment *wünsche* ich mir, ich hätte Aids, um wen anzustecken! Ich versuche, die Augen etwas weiter zu öffnen. Nur das rechte geht auf. Ich sehe, wie die Gestalt sich was in den Mund steckt, dann fletscht sie die Zähne. Dann springt der Typ auf mich, so schnell, dass ich keinen Plan habe, was passiert, und schlägt mir dreimal heftig gegen die Brust. Zuerst spüre ich das Messer gar nicht, aber ich weiß, dass er eins in der Hand hat, wegen der Geräusche und weil er mir die Luft damit rauszieht. Es gibt so ein hohles Klopfen, als er es tief reinsticht. So tief, wie ein Messer geht.

«Sag deinem Bruder, wir kommen.» Das flüstert er, wie meine Mutter flüstert, wenn sie in der Kirche wütend auf einen ist. Leise wütend.

Derjenige, der aus dem Wagen Befehle gibt, schreit jetzt: «Da gucken *Leute* zu, Vollidiot!»

Da verschwindet die Gestalt über mir. Das Auto auch. Es streut beim Wegfahren Schotter über mich. Ich atme noch, aber der Atem ist nass. Halb Blut. Ich werde überall taub. Ich versuche, mich herumzurollen. Ich denke, wenn ich mich umdrehen könnte, würde das Blut einfach rausfallen und mich nicht ersticken. Aber ich schaff es nicht. Ich sehe eine neue Gestalt über mir. Ich kneife die Augen zusammen, mache sie wieder auf, und ich sehe ein Gesicht. Es ist eine Frau, die sich die Haare zur Seite streicht, als sie sich runterbeugt. Sie sagt, sie ist Krankenschwester, ich soll still liegen. Ich möchte lachen und ihr sagen, dass ich mich sowieso nicht bewegen kann, also keine Sorge, ich bleib schon still liegen. Ich möchte ihr sagen, sie soll meiner Schwester erzählen, was passiert ist. Neben ihr taucht eine zweite Gestalt auf, kleiner. Sieht fast aus wie der Junge von eben, aber es ist alles zu verschwommen. Doch die Stimme des Jungen höre ich ganz klar: «Der Idiot wird sterben, was?» Einen Augenblick glaube ich, er meint jemand anderen. Nicht mich. Dann flüstert die Frau etwas, das ich nicht hören kann, und ich spüre Hände auf mir. Nicht so richtig Hände, bloß Druck. Der Schmerz ist nicht das Schlimmste. Das Problem ist, ich kann nicht atmen. Ich versuche es und kann nicht. Meine Brust hebt sich nicht. Fühlt sich an, als würde ein Auto drauf parken. Das versuche ich, den beiden zu sagen. Dass sie bitte dem Auto sagen, es soll wegfahren, dann ist alles gut. Dann ist es nicht mehr so schwer, und ich kann atmen, und alles wird wieder gut, wenn ich bloß Luft kriege. Das versuche ich laut zu rufen, irgendwas davon. Aber mein Mund funktioniert nicht mehr, meine Haut fühlt sich zu groß an, ganz locker, und der Himmel ist zu dicht, als wäre er auf mich draufgefallen, auf mein Gesicht, wie ein Laken, und ich hab ein ganz komisches Gefühl, als käme er runter, um mich wieder heil zu machen, käme in mich rein, so eine Art dunkler Zement, der von innen meine Löcher flickt, damit ich wieder atmen kann, und ich denke, wie gut, wenn das wahr wäre, aber ich weiß auch, ich sterbe bloß, der Junge hat recht, ich weiß, ich denke, dass ich einfach so wegschmelze, weil mein Hirn nicht genug Sauerstoff kriegt, und das weiß ich, weil es logisch ist, weil das Gehirn ohne Nahrung nicht richtig arbeiten kann, und ich weiß auch, ich werde eigentlich nicht zu einem Stück Himmel, und das weiß ich weil, weil

LUPE VERA
ALIAS LUPE RODRIGUEZ
ALIAS LU
ALIAS PAYASA
29. APRIL 1992
20:47 UHR

Clever liest ein Schulbuch, Apache zeichnet am Küchentisch Comics, so *Teen-Angel*-Style, und Big Fe steht am Herd und wendet mit einem Holzlöffel Chorizoscheiben in der Pfanne. Er ist mitten in seiner Story von den Vikings, dieser Cop-Gang, er schreit zu mir ins Wohnzimmer rüber, wie einmal abends im Ham Park plötzlich Schüsse fallen und sich alle flach auf den Boden werfen, und wie die Kugeln durch die Gegend pfeifen, Mann, die hören sich wirklich so an, und da klopft es plötzlich laut und heftig an meiner Haustür, so *Bamm-Bamm-Bamm*, als ob da einem seine Hand vollkommen egal ist.

Wir hatten vorher in den Nachrichten gesehen, wie eine Horde *mayates* die Stadt verwüstet, nachdem diese Nigger irgendeinem weißen Trucker Ecke Florence und Normandie mit einem Backstein die Fresse poliert haben, aber das wurde bald langweilig, also haben wir umgeschaltet und was anderes geguckt. Jetzt läuft grad ein Western ohne Ton, aber auch egal. Ich achte jedenfalls sowieso nicht mehr auf Cowboyhüte und Revolver. Ich gucke Fate (Big Fe wird eigentlich immer bloß Fate genannt, nur dass ihr's wisst) und Clever und Apache an, und die mich auch. Wir denken alle das Gleiche: Das an der Tür, das sind keine Sheriffs.

Sheriffs klopfen nicht. Die treten die Tür ein. Die kommen schreiend mit Schrotflinten und Taschenlampen rein. Juckt die gar nicht, ob du ein Mädchen bist wie ich. Die machen alle platt, spielt keine Rolle.

Auf *keinen* Fall sind das die Sheriffs.

Fate ist hier die große Nummer. Unter seinem Unterhemd hat er echt fette Muskeln, wie die Wrestler im Fernsehen sie gern hätten. An seinem rechten Arm wellen sich die Azteken-Tattoos, als er seine Cargo am Gürtel hochzieht und die Pfanne von der Platte nimmt, während die Wurst noch brutzelt und zischt.

Ich nicke ihm zu, und er redet weiter, damit es normal klingt, falls man uns von draußen hört, er nickt zurück und bückt sich, und als er wieder hochkommt, hat er eine Pistole in der Hand. In der Pfannenschublade unterm Backofen liegt immer eine.

Eine .38er. Echt klein, macht aber echte Löcher.

«Ich lieg also auf dem Rücken», sagt Fate und bewegt sich ganz langsam zur Tür, «und guck die Sterne an, und so kleine Blattfetzen fallen auf mich runter, weil die Kugeln da durchgegangen sind. Die *regnen* richtig auf mich runter.»

Ich lasse mich zu Boden gleiten. Ich spähe zum Fenster, kann bloß kein Stück sehen wegen der Vorhänge. Apache ist aber ganz dicht dran. Ich sehe den weißen Kamm, der immer hinten aus seiner Hosentasche guckt. Er ist nicht viel größer als ich, aber besteht nur aus Muskeln, und er trägt alles baggy, damit keiner merkt, wie stark er ist. Solche Typen braucht man in so einer Lage, eigentlich in jeder Lage. Ich meine, er hat mal so einen Idioten skalpiert. So ist er zu seinem Namen gekommen. Hat ein Messer genommen und dem die Haut abgezogen, Stück für Stück, mit Haaren und allem. Als er fertig war, hat er das Zeug ins Waschbecken geworfen. Ich war nicht dabei, hab ich nur gehört.

«Du kennst mich», Fate redet immer noch, «ich robbe also rüber zum nächsten Baum, damit ich sehen kann, wer da schießt.»

Ich hab Fates Geschichte bestimmt zweihundertmal gehört. Haben wir alle. Es ist inzwischen schon wie beim Chor in der Kirche – es ist unsere Geschichte, sie gehört uns allen, und wenn sie erzählt wird, muss man an den richtigen Punkten Fragen stellen.

Ich krieche zu meinem Zimmer und frage: «Konntest du sehen, wer es war, Gesichter oder so?»

Wieder klopft es, jetzt langsamer und schwerer. *Bamm. Bamm. Bamm.*

Fate zwinkert. Ich hocke an meiner Zimmertür, fahre mit der Hand an der Fußleiste lang, suche das Gewehr, das mein kleiner Bruder hinterm Nachttisch versteckt. Macht er wirklich. Hat in jedem Raum eins versteckt, im Badezimmer zwei.

«Das waren *Vikings*. Die haben sich alle auf die Haube vom Bullenauto gelehnt, Scheinwerfer aus, und dann losgeballert, Mann, einfach Dauerfeuer!»

Das ist Lynwood. Wir haben hier unsere eigene Neonazi-Bullen-Gang. Ich wünschte, ich würde lügen. Tu ich aber nicht. Wir haben gehört, sie haben sogar ein eigenes Tattoo. Das Logo der Minnesota Vikings am linken Fußgelenk. Das Gesetz interessiert die einen Dreck. Die haben ihre eigene Methode, das Gangproblem zu lösen: Sie kommen in ein

Viertel gefahren, Scheinwerfer aus, wie Fate erzählt hat, ballern dann auf jeden, der nach Gangsta aussieht, und hauen wieder ab. Sie hoffen, damit treten sie einen Gang-Krieg los, weil wir glauben, eine andere Gang hätte auf uns geschossen und nicht sie. Echt kriminelle Polizeiarbeit ist das. Für die bist du nichts wert, wenn du braun oder schwarz bist. Dann bist du nicht mal ein Mensch. Uns umbringen ist wie den Müll raustragen. So denken die.

Mit Nagellack in der einen Hand und so einem Pinseldings in der anderen steckt Lorraine den Kopf aus meinem Zimmer und glotzt neugierig, so richtig große, dumme Augen, und darunter schlenkert sie mir ihre Teenagertitten ins Gesicht. Sie hat nicht mal einen BH an und erst drei von zehn Zehen mit blauem Glitzer angemalt. Da wurde sie wohl unterbrochen.

Mein Blick nagelt sie fest. Meine Lippen sagen stumm: *Wieder rein da,* puta.

Zuerst guckt sie böse, aber als ich mit einem Finger den Gewehrkolben angele, schleicht sie sich wieder ins Dunkel. Die Waffe liegt leicht und klein in der Hand, eine Kaliber .22. Ich hab sie erst zweimal im Leben auf ein bewegliches Ziel abgefeuert.

Ich sehe nach, ob sie geladen ist. Ist sie natürlich, was glaubt ihr denn.

Clever schaut auf den Bildschirm der Überwachungskameras, die draußen jeden Winkel des Hauses erfassen, und flüstert Fate zu: «Nichts zu sehen. Ist der kleine Serrato.»

«Alberto?»

«Nee, der Jüngste. Weiß nicht, wie er heißt.»

Es klopft wieder, scheißlaut diesmal. Kaum zu glauben, dass ein zwölfjähriger Junge so hart an meine Tür hauen kann. Und da fällt mir der Magen in die Kniekehlen wie in der Knott's-Berry-Achterbahn. Da merke ich nämlich, dass irgendwas richtig scheiße gelaufen ist. Irgendwas, das sich vielleicht nicht mehr geradebiegen lässt.

2

Fate telefoniert, ein cleverer Schachzug: Er ruft gegenüber an, zwei Häuser die Straße rauf, zwei Häuser runter, um sicherzugehen, dass die Avenue sauber ist, keine Autos, keiner im Hinterhalt. Man weiß nie, wen sie vorschieben, damit du die Tür aufmachst. Können Kinder sein oder sonst wer. Man muss seine Augen überall haben. Er nickt langsam, dann gibt er Apache die Knarre. Clever gibt ihm Deckung.

Clever ist dünn wie ein Zahnstocher. Ein richtiger *palillo* eben. Er lässt die Kette an der Tür, dreht aber den Knauf und macht sie so weit auf, dass Apache die stumpfe Nase der .38er ans Metallgitter der Sicherheitstür schieben kann, ein paar Zentimeter vor das Gesicht des Jungen. «Suchst du was, Kleiner?»

Der Junge ist total außer Atem, hustet ein bisschen, guckt gar nicht nach der Pistole oder überhaupt hoch. «Miss Payasa, ich …»

Lupe Rodriguez. Das war mein amtlicher Name, wenn ihr das wissen wollt. Spielt aber keine Rolle. Ist nicht mein richtiger. Hab ihn schon zweimal geändert. Payasa heiß ich, seit ich voll drin bin. (Was so viel heißt wie: Ich mach richtigen Gangsterscheiß.) Aber Miss? Ha. Wenn mein Magen nicht gerade gegen sich selbst kämpfen würde, fände ich das vielleicht sogar süß. Selbst jetzt, in der Hitze von Was-auch-immer, ist Respekt angesagt.

29

In dieser Gegend ist das nicht einfach Höflichkeit. Sondern überlebenswichtig. Darf man niemals vergessen.

Apache beugt sich vor. «Spuck's aus, Kleiner.»

Der Junge schaut von meiner Türschwelle hoch, sein Gesicht ist ganz hart. «Es geht um Ihren Bruder, er ist irgendwie …»

Clever löst die Kette der Haustür und öffnet die Sicherheitstür, Apache zerrt den Jungen an den Schultern rein, schlägt die Haustür mit dem Absatz zu, während das Metallgitter der Sicherheitstür außen von allein wieder ins Schloss knallt, und durchsucht den Kleinen schnell und gründlich. Er hat zu lange schwarze Haare und einen abgebrochenen Schneidezahn. Und an ihm klebt Blut.

Jetzt übernimmt Fate und schüttelt den Kleinen ein bisschen. «¿Adónde?»

Ich will nicht lügen: Ich denke sofort, es geht um Ray, wisst ihr, meinen jüngeren Bruder. Er wird Lil Mosco genannt. (*Mosco* heißt «Mücke». Den Namen hat er sich eingefangen, weil er als Kind ständig überall rumgesummt ist. Und das Lil steht davor, weil es bis letztes Jahr auch einen Big Mosco gab. Aus dem Auto erschossen. Ruhe in Frieden.)

Der Junge braucht eine Minute, bis er uns erzählt hat, dass die Leiche zwei Straßen weiter liegt, toter als tot. Und da fängt mir das Blut so richtig in den Ohren an zu rauschen, weil das nämlich überhaupt keinen Sinn macht.

Lil Mosco macht eine Tour nach Riverside und zurück, denke ich, wie soll er denn da –

Scheiße. In der Sekunde schnalle ich es, es springt mir ins Gesicht und lässt das ganze Haus zittern. Ich muss mich an der Wand festhalten, um stehen zu bleiben.

Es ist nicht Ray.

30

«Oh, Scheiße», sage ich.

Fate lässt den Jungen los und macht so ein trauriges Gesicht, das traurigste Gesicht, das ich je gesehen habe. Er weiß es auch. Clever hat schon den Mund offen stehen, als ob er vergessen hätte, wie atmen geht. Apache stützt den Kopf in die Hände.

Es ist Ernesto, mein großer Bruder. Mein Bauch weiß es schon, aber mein Hirn widerspricht noch und sagt so Sachen wie: Der spielt doch gar nicht mit. Der ist nicht drin. Er ist Zivilist. Er ist tabu, also kann das nicht sein. Auf keinen Fall.

Aber dann dämmert es mir, wie bei einer Matheaufgabe, die ich Idiot endlich gelöst habe. Es gibt keine Regeln mehr. Keine. Nicht in dieser Lage, bei diesen Ausschreitungen. Mir läuft ein Schauer über den Rücken, als mir klar wird, dass jeder verdammte Bulle der Stadt anderweitig beschäftigt ist, und das bedeutet, die Jagdsaison ist eröffnet auf jeden Scheißidioten, der jemals mit irgendwas davongekommen ist. Und dieses Viertel hat ein verdammt gutes Gedächtnis. Ich schnaube und lasse die Härte dieser Wahrheit eine Sekunde lang wirken.

Ich meine, Fate und Clever und ich haben schon Witze darüber gemacht, dass genau so was passiert, als wir im Fernsehen sahen, wie der Typ den Backstein fressen musste, bevor Apache rüberkam. Wir meinten, das wäre jetzt die Gelegenheit, ein paar Rechnungen zu begleichen, alte Schulden einzutreiben, Leute fertigzumachen.

Irgendwo hinter mir kommt Lorraine aus meinem Zimmer und sagt: «Nicht, Baby, nicht …», als ob sie mich trösten will oder so, dabei bin ich nicht einmal traurig, und ganz sicher will ich nicht, dass sie mich anfasst.

Ich bin wütend.

Im Ernst, ich bin noch nie im Leben so sauer auf jemanden gewesen. Ich habe so rote Blitze vor den Augen, und meine Nägel graben sich in den Gewehrkolben.

Wie oft hab ich Ernesto gesagt, er soll aufpassen, wie er nach Hause geht? Die Grenze zwischen unserer Hood und ihrer ist sowieso schon viel zu nah. Geschieht dem faulen Sack recht, wenn er nicht auf mich hört!

Ich beiße mir auf die Lippen und merke, dass ich die Luft angehalten habe.

Ich höre mich fragen: «Wer weiß es?» Klingt wie kurz vor 'nem Wutausbruch.

Der Junge sieht verwirrt aus. «Du meinst, wer es gewesen ist?»

«Nein», sage ich. «Wer weiß, dass Ernie tot ist?»

Der Junge begreift: bloß die Leute in der Gasse, wo sie ihn durchgeschleift haben. *Geschleift*, sagt der Junge, und ich weiß überhaupt nicht, was das Wort in dem Zusammenhang heißen soll. Macht einfach nicht klick. Ich schnalle es nicht. Nicht in dem Moment. Wo sich das Haus noch dreht und ich mich festhalten muss. Ich schlucke und frage: «Wie viel Zeit haben wir?»

Clever guckt, als ob er erst mal nicht weiß, was ich meine, aber Fate weiß es. Ich muss es gar nicht aussprechen.

Er guckt auf die Wanduhr und zuckt die Achseln. «Anderthalb Stunden höchstwahrscheinlich.»

So lange wird es dauern, bis Lil Mosco wieder hergesummt kommt und von der Sache Wind kriegt. Auf eine Tour nimmt niemand einen Pager mit.

Also neunzig Minuten, vielleicht weniger. So viel Zeit haben wir, um rauszufinden, wer es war, sie aufzutreiben und ihnen 'ne Kugel zu verpassen, ehe Lil Mosco nach

Hause kommt und ein Haus nach dem anderen ausräuchert, von allen Leuten, die auch nur halbwegs was damit zu tun haben könnten. Aber das ist sein Stil, nicht meiner.

Ich muss den Typen, die es waren, in die Augen schauen, was kann eine Schwester sonst tun?

Sie müssen wissen, dass ich es weiß, bevor sie abtreten. Sie müssen ihre gerechte Strafe bekommen.

Alle im Wohnzimmer merken, dass ich brenne. Keiner sagt einen Ton, als ich den Fernseher ausschalte, wo sie gerade ein Aufgebot zusammenstellen und eine Horde weißer Hüte Sheriffsterne angeheftet bekommt. Eine Sekunde fühlen wir uns wie die. Ich gebe Fate mein Gewehr und greife zum Hörer, um *mi mamá* anzurufen. Wir haben sie letztes Jahr aus Lynwood rausgeschafft, in eine sichere Gegend, ich darf euch nicht mal erzählen, wohin. Aber sie kriegt immer noch alles mit, so als ob der Flüsterfunk direkt bis in ihre Küche reicht.

Ich komme erst beim fünften Versuch durch. Heute Abend sind die Leitungen anscheinend überall belegt, aber dann hab ich wohl einfach Glück. Als sie rangeht, höre ich gleich, sie weiß noch nicht Bescheid, aber sie merkt an meiner Stimme, dass was nicht in Ordnung ist. Ich sag ihr, sie soll die Tür nicht aufmachen und gut abschließen. Und sie soll nicht mehr ans Telefon gehen, bis ich zu ihr komme, weil ich ihr was Wichtiges sagen muss, was sie nur von mir hören soll, von niemandem sonst.

«*Por favor*», sage ich. «*Prométeme.*»

Sie verspricht es.

Ich lege auf und sage dem Jungen, er soll uns hinbringen, zu der Scheißstelle, wo mein Bruder zu Tode geschleift wurde.

3 Die Fahrt dahin in Apaches Cutlass dauert die längsten zwei Minuten meines Lebens. Mein linkes Bein zittert wer weiß wie, und es hört erst auf, als ich meine Hände aufs Knie lege. Aber dann fängt das andere Bein an, und ich denke, Scheiß drauf, und starre bloß aus dem Fenster auf die Briefkästen, die vorbeisausen, auf die Haustüren, die mit Gittern gesichert sind. Alles verrammelt und verriegelt. Kann ich ihnen nicht verdenken. Es ist noch nicht ganz dunkel, man kann den Rauch noch über den Dächern sehen; alle wissen, dass es da noch brennt.

Ich muss mich ans Atmen erinnern, als Clever eine Straße weiter parkt und Fate, der kleine Serrato und ich durch den Boardwalk zwischen den Häusern zu einer Gasse mit Garagen auf beiden Seiten gehen. Die Luft regt sich hier kein bisschen, so als ob alle Leute den Atem angehalten hätten, bis wir kommen. Mir ist heiß, darum knöpfe ich mein Hemd auf, und es flattert beim Gehen nach hinten, sodass ich bloß noch von meinem Unterhemd geschützt bin.

Normalerweise würden wir ranfahren, sehen, was wir sehen können, und schnell wieder abhauen. Aber selbst wenn jemand die Sheriffs gerufen hat, heute werden sie so schnell nicht kommen. Heute Abend nicht. Heute gehören die Straßen uns.

Clever geht direkt hinter uns, mit Taschenlampe und so ein paar Plastiktüten mit Zip-Verschluss, schon offen und vorbereitet. Clever ist mit solchen Sachen echt die Nummer eins. Letztes Jahr haben wir ihn zum Southwestern College geschickt, zum Kurs Spurensicherung. Beinah hätte er sein Diplom gekriegt.

Ich meine, ein Teil von dir will nicht, dass er je anwenden muss, was er da gelernt hat. Aber das Leben ist eben irre. Früher oder später kriegt jemand was ab. Ist natürlich schlimm, wenn es jemanden aus deiner *clica* trifft, aber noch schlimmer, wenn es dich selbst trifft. Mich hat es schon zweimal getroffen, ein Cousin und *mi padre*. Jetzt ist das Rad schon wieder bei mir stehen geblieben. Ich bin schon wieder dran. Und deshalb brauche ich Clever und seine Antworten. Und zwar schnell.

Ich tippe Fate an den Ellbogen. Er weiß, wieso.

Er hält mir sein Zifferblatt hin. Immer noch mehr als eine Stunde fünfzehn, bis Lil Mosco zum Tasmanischen Teufel wird. Wenn wir Glück haben.

Unsere Homies haben schon beide Enden der Gasse abgeriegelt. Ranger, Apache und Apaches Cousin Oso machen oben dicht. Versteht ihr, wie Soldaten. Zur anderen Seite kann ich nicht weit genug sehen, um jemanden zu erkennen, aber unsere Leute sind da, vier lange Schattenmesser zeigen die Gasse hoch, weil das Flutlicht vom Softballfeld ein paar Straßen weiter hinter ihnen strahlt. Das ist schräg, ich kann mir nämlich nicht vorstellen, dass ein Spiel läuft, während die Stadt brennt, aber auch egal. Ist ja nicht mein Strom.

Die Gasse ist so breit, dass vielleicht zwei Kleinwagen nebeneinander passen, nicht mehr. Die Rückseiten der Holzhäuser auf beiden Seiten sind scheißalt, so 1940er, und verfaulen an den Regenrinnen. Manche Garagen stehen frei, und zwischen ihnen und den Häusern liegen Matratzen und alte Sofas und der ganze andere Scheiß, den die Leute nicht vorm Haus oder auf dem Rasen haben wollen. Eindeutig der Teil der Grundstücke, den der Besitzer kei-

35

nem zeigen will, die Rückseite, die nie einen neuen Anstrich abkriegt.

Die Straßen auf beiden Seiten beobachten uns.

Leere Gesichter im Schatten von Garagen. Erschreckte Gesichter, die nicht erschreckt aussehen wollen. Manche sehen bekannt aus, die merke ich mir. Eines ist das einer Krankenschwester, hat noch die blaue Uniform an. Neben ihr schlurft so ein schwarzer Penner, den ich nicht von hier kenne. Ziemlich klein, mit Gehstock, der geht auf die Leiche zu, als ob er neugierig ist.

Als er sieht, dass ich ihn angucke, sagt er zu mir: «Hey, was ist denn hier passiert?»

Ich gehe keinen Schritt langsamer.

«Schaff jemand diesen verfickten Gaffer hier weg.» Fühlt sich an, als würde ich's mehr ausspucken als sagen.

Fate nickt nach hinten, und irgendein Soldat muss aus der Reihe getreten sein und sich drum gekümmert haben, weil ich ein kurzes Gerangel höre, nichts, worauf man achten müsste. Ich konzentriere mich schon auf was anderes.

Als wir auf die Leiche meines großen Bruders zugehen, kommt sie mir zu klein vor. Seine Schultern sind irgendwie zu schmal, ich hab sie so breit in Erinnerung, weil er mich darauf tragen und Reitpferd spielen konnte, als ich noch eine kleine *chavalita* war. Ich zucke nicht zusammen, als ich sein Gesicht sehe, aber ich bleibe stehen. Stocksteif.

Weil Ernestos Gesicht nämlich total im Arsch ist. Ich meine, es ist noch sein Gesicht, aber gleichzeitig ist es das auch nicht. Nicht mehr.

Seine Augen sind so dick, als ob ein Boxer immer weiter draufgeprügelt hat, ganz gezielt und so. Schotter aus der

Gasse steckt in den langen Schrammen auf seinen Wangen und in seinem Mund. Kleine Sandkörner. Einer seiner Schneidezähne ist total verdreht. Seine eine Wange ist eingedrückt. Ihm fehlt ein Ohr.

«Das ist er», sagt der Kleine.

Scheiße. Das ist jawohl offensichtlich.

Aber das sage ich nicht. Ich bin vollkommen eingesperrt in meinem Kopf.

Ich schaue runter auf meinen großen Bruder, der gar nicht so groß aussieht.

Ich mahle mit dem Unterkiefer, bis er aushakt. Ernesto war doch größer, denke ich. Bescheuert, ich weiß, bei allem, was ich sonst so sehe, aber ich kann nichts dagegen tun. Die Gedanken kommen einfach, so total abgedroschenes Zeug steigt auf, und meine Haut kribbelt. Da fällt mir auf, wie heftig ich schwitze.

Er hat immer noch seine Taco-Uniform an, mein großer Bruder. Eingehüllt in Dunkel und Dreck und noch nicht ganz trockenes Blut. In dieser ganzen vergammelten Pissgasse ist nur ein einziger Baum groß genug, Schatten auf ihn zu werfen, und der schwankt hin und her, zieht den dunklen Umriss an seinen Beinen rauf und runter wie eine Plane, als wollte er ihn zudecken oder so.

Was noch schlimmer ist: Ernesto hat die Cowboystiefel an, die ich ihm vor zwei Jahren zu Weihnachten geschenkt habe. Schwarzes Leder, Sohle und Absatz so braun wie Ulmenholz. Richtig edle Teile. Hat er nie bei der Arbeit angehabt, nur auf dem Weg hin und zurück. Irgendwie trifft mich das am meisten. Ich sehe noch sein schiefes Lächeln, als er den Karton aufgemacht hat, wie seine Augen größer wurden, ich muss einen Augenblick weg hier.

Ich gehe zur Seite, die Fäuste so fest geballt wie ein Doppelknoten. Ich starre ins Flutlicht, bis ich blinzeln muss und das blaue Echo der Lichter auf der Garage neben mir sehe. Als ich wieder runterschaue auf den Asphalt und losgehe, passe ich auf, nicht auf die Reifenspuren zu treten, die von Ernesto wegführen wie schwarze Bahngleise. Jetzt verstehe ich das mit dem *geschleift*.

Er muss so fünfzehn, zwanzig Meter über den Asphalt gezogen worden sein, nachdem sie ihn zusammengeschlagen haben.

Verdammt, scheiß auf diese *pinche* Scheiße! Ich verstehe es viel zu gut.

Zuerst haben sie ihn zusammengeschlagen. Sie haben sein Gesicht mit den Fäusten zertrümmert, wahrscheinlich auch mit Gewehrkolben, wenn sie welche hatten. Und das bei einem Mann, der ihnen nie irgendwas getan hat. Sie haben eine Grenze überschritten, und es hatte überhaupt nur den einen Grund: Sie wollten uns damit treffen, höchstwahrscheinlich Lil Mosco, den dämlichen kleinen Scheißkerl. Das hier ist eine Botschaft. Sie haben bloß nicht damit gerechnet, dass ich sie zuerst bekomme.

Ich bin so wütend, dass ich zittere. Die ganze Wut, die ich auf Ernesto hatte, den Typen, der mich erzogen hat, als *mi padre* starb, der darauf geachtet hat, dass ich immer meine *chilaquiles* aufesse und jeden Tag was zum Mittag mit in die Schule nehme, schlägt jetzt um.

Ich spüre richtig, wie es klick macht. Ganz tief in mir drin, als ob ein Lichtschalter angeknipst wird. Wie die ganze Wut auf meinen Bruder, der den falschen Heimweg genommen hat, einfach verschwindet, und wie im gleichen Augenblick eine neue Wut hochkocht auf die Idioten, die das hier getan haben. Und jetzt muss ich noch viel dringender wissen, wer das gewesen ist. Ernestos Gesicht so zu sehen – Scheiße. Sein Gesicht so zu sehen.

Ich weiß, ich werde nie wieder die sein, die ich früher war, bevor ich das hier gesehen habe.

Diese Feiglinge haben einen neuen Menschen aus mir gemacht, als sie meinem großen Bruder das angetan haben. Ich stehe hier wie neugeboren, bloß ihretwegen. In diesem Moment verdurste und verhungere und verbrenne ich, alles auf einmal. Ich schaue noch mal in sein Gesicht, ich muss wissen, wem ich auch so etwas antun muss. Welchen Herzen ich Löcher verpassen muss, die zu den Löchern in meinem passen. Und zwar am besten gestern.

Wenn wir so draußen in der Öffentlichkeit sind, hat Fate das Sagen. Ich zwinge meine Hände, sich zu entspannen. Ich zwinge mich, zu ihm zurückzugehen.

Ist egal, wie stark meine Gefühle sind. Hier draußen kann ich nicht reden, wie ich will, darf den *machismo* nie in Frage stellen. So läuft das nicht. Ich bin noch nicht mal ein richtiger Soldat, bloß mit einem verwandt. Und außerdem haben Frauen sowieso nichts zu sagen. Ich kann drüber heulen oder mich dran halten.

Fate weiß schon, was ich will. So als ob er meine Gedanken liest.

«Wenn du so weit bist, Payasa, red mit ein paar Leuten. Und du machst hier weiter, Clever.» Fate nickt uns beiden zu, wendet sich dann an den Jungen. «Was hattest du denn eigentlich hier draußen zu suchen, Kleiner?»

Ich höre seine Antwort nicht mehr, interessiert mich auch nicht.

Ich bin schon zehn Schritte auf die Krankenschwester

zu, die ich irgendwoher kenne. Sie steht so in der Gasse rum, als ob sie bloß drauf wartet, dass jemand ihr Fragen stellt.

4

Die Krankenschwester ist vielleicht eins sechzig, hat immer noch ihre blaue Schwesternuniform an und klobige Schuhe, weißer als weiß. Sie hat eine Narbe am Kinn, kurze Haare, die unter der Straßenlaterne glänzen wie Nagellack, und vorn überall Blut. Ich glaube, sie hat versucht, ihn zu retten. Das Blut meines Bruders sieht auf ihrem Kittel so lila aus, gar nicht echt.

«Bist du Sleepys Schwester? Gloria?»

Sie nickt. Sie weiß, ich meine Sleepy Rubio, nicht Sleepy Argueta. Großer Unterschied. So um die sechzig Pfund.

«Es tut mir leid», sagt Gloria.

Ich versuche, meine ruhigste Tonlage zu treffen, weil sie echt mitgenommen aussieht. Fühlt sich total gespielt an, muss aber sein. «Erzähl mir, was du weißt.»

Sie hat die Arme um sich geschlungen, als ob ihr kalt ist, und zeigt auf die nächste Garage, so eine Kiste, die im Dunkeln blau aussieht. «Ich bin reingefahren, und dann habe ich im Auto meine Post durchgesehen. Ich hol sie zu selten raus, und ich …»

Gloria sieht meinen Keine-Zeit-Blick und beeilt sich.

«Da kam so ein Auto schnell vorbeigefahren, sah aus wie ein kleiner Truck mit Ladefläche und so. Ich habe es im Rückspiegel gesehen, und auch, dass da was hinterhergeschleift wird, und dann bin ich ausgestiegen, und als ich gesehen habe, dass es ein Mensch ist, konnte ich es einfach nicht glauben. Das war wie im Film. Sie haben so vier

Häuser weiter angehalten, und zwei Männer sind ausgestiegen.»

Ich zähle im Kopf mit. «Auch auf der Fahrerseite?»

«Nein. Einer von der Ladefläche, einer aus der Beifahrertür.»

«Es saß also noch ein Fahrer drin, der nicht ausgestiegen ist?»

«Denke schon.»

Dabei müssen meine Augen wohl aufgeblitzt sein, weil sie ein bisschen zurückweicht. Ich frage: «Wie sahen die anderen beiden aus?»

«Keine Ahnung. Einer war normal groß.»

Ich verdrehe die Augen über diesen Scheiß. Anscheinend kriegen die meisten Leute auf dieser Welt weniger mit als ein Stein. Aber wir, wir müssen alles mitkriegen in unserem verrückten Leben. Wer nicht aufpasst, verdient nicht zu atmen.

«Aber der andere», sagt Gloria, «der war größer als ich. Vielleicht eins achtzig oder noch größer.»

Ich sage: «Okay, das ist gut», dabei ist es eigentlich gar nicht gut. Aber immerhin etwas. Ich versuche sie zu ermutigen, das würde Fate nämlich auch machen. Der ist viel besser darin als ich. Ich nicke ihr zu. «Hast du ihre Gesichter gesehen? Irgendwas Außergewöhnliches?»

«Nein. Es hat schon gedämmert. Aber sie haben Sonnenbrillen getragen. Das fand ich komisch am Abend.»

«Wie waren sie gebaut? Was hatten sie an?»

«Ziemlich normal gebaut, würde ich sagen, aber der Große war muskulös, als ob er Gewichte stemmt. Waren beide schwarz gekleidet. Mützen und alles. Viel mehr konnte ich nicht erkennen.»

Das macht Sinn. Wenn ich was richtig Übles anstelle, um Ernesto zu rächen, werde ich bestimmt auch Schwarz tragen.

«Was für 'ne Automarke war es?»

«Keine Ahnung. So was wie ein Cadillac oder ein Ford, so eine lange, große Kiste aus den Siebzigern, aber habe ich schon gesagt, dass es eine Ladefläche hatte? So halb Auto, halb Truck.»

«Irgendwas Auffälliges daran? Aufkleber oder ein kaputtes Rücklicht oder so was?»

Gloria kneift eine Sekunde die Augen zusammen und sagt dann: «Nein.»

Ich schüttele den Kopf und geb's auf. «Sag mir, was sie gemacht haben, als sie ausgestiegen sind.»

Sie holt kurz Luft, will mir nicht in die Augen schauen. «Sie haben auf ihn eingestochen, so richtig oft. Immer und immer wieder. So was habe ich noch nie gesehen. Das macht ein richtiges *Geräusch*.»

Gloria schaudert und kaut auf der Unterlippe. Aber das muss sie mir nicht erklären. Das macht tatsächlich ein Geräusch, wie laut, hängt davon ab, ob man von den Rippen abrutscht oder ob derjenige gerade die Luft anhält. Und fragt gar nicht erst nach Knorpeln. Ist wahr: Ist gar nicht so leicht, jemanden zu erstechen. Braucht Zeit. Manchmal auch Glück. Ist viel leichter, wenn derjenige sich nicht wehrt, und vielleicht war Ernesto schon zu schwer verletzt dafür.

Ich beiße so heftig innen auf meine Wangen, dass ich das Blut wie Kupfer im Mund schmecke. Ich zittere wieder und balle die Fäuste. «Wie oft haben sie zugestochen?»

«Weiß nicht», sagt Gloria.

Ich nicke und schlucke, versuche meine Gefühle so weit nach unten zu drücken, wie es geht. Bis in den Boden. «Und dann sind sie einfach abgehauen, ja?»

Das hätte ich jedenfalls getan. Rein und raus. Nichts liegen lassen. Sauber. Ich merke, wie ich schon wieder die Fäuste balle, also strecke ich die Finger gerade. Ich weiß schon, dass die Antwort ja lautet.

«Nein», sagt Gloria.

Mir klingeln die Ohren. «Was meinst du damit?»

«Der Große, der hat das Messer abgewischt und sich vorn in die Tasche seines Sweatshirts gesteckt, und dann hat er ein Kaugummi aus der Tasche gezogen, in den Mund gesteckt und das Papier weggeworfen. Oder vielleicht hat er das Kaugummi auch schon vorher genommen?»

«Moment.» Die Nackenhaare stehen mir zu Berge. «Wo?»

Sie hört meine Frage erst gar nicht, redet einfach weiter, der Blick ganz weit weg, in der Erinnerung. «Und dann sind sie alle wieder ins Auto gestiegen und –»

«Warte.» Ich lege ihr eine Hand auf die Schulter. Vielleicht zu heftig, denn sie wimmert ein bisschen. Mir doch scheißegal. «*Wo* hat er es hingeworfen?»

Gloria erschreckt und guckt zu mir runter. «Was?»

«Das Kaugummipapier.»

Sie zeigt die Gasse rauf, dahin, wo Fate mit dem kleinen Serrato steht. Ich gehe sehr schnell dahin. Gloria folgt mir und redet immer noch. «Ich hab versucht, ihn zu retten. Das wollte ich dir nur sagen. Aber es war einfach zu viel.»

Ich schaue über die Schulter und sehe, dass Gloria mit der Hand auf ihren Schwesternkittel zeigt, auf die Blutspuren. Auf Ernestos …

Ich sollte ihr danken. Aber ich kann nicht.

Ich bin schon viel zu beschäftigt, zwischen den Unkraut-stängeln und den Kieselsteinen nach dem Papier zu suchen, bis ich in einem Grasbüschel eine kleine weiße Kugel finde. Sieht neu aus. Brandneu.

Mein Herz hüpft in der Brust, als ich sehe, wie sauber es ist, nur ein klein bisschen feucht unten, wie gerade erst weggeworfen. Das ist garantiert das Richtige.

Ich drehe mich um und will Clever rufen, aber der steht schon neben mir und hält eine Tüte auf. Scheiße, ist der gut. Immer voll bei der Sache. Ich lasse das Ding reinfallen.

Mit einer langen Pinzette hält er die eine Ecke fest und drückt dann durch das Plastik dran rum, bis er es aufge-wickelt hat. Die andere Seite ist blau. Wir schauen beide genau hin.

Ist so eine komische Schrift drauf, wie Kalligraphie oder so 'n Scheiß. Jetzt steht auch Fate neben uns und drückt sein Gesicht an die Tüte.

Ich sage: «Ist das was Asiatisches? Koreanische Schrift oder so?»

«Nee. Nicht koreanisch.» Clever hält das Papier hoch ins Licht. «Sieht japanisch aus. Die Buchstaben sind alle so eckig. Koreanisch ist die Schrift mit den Kreisen.»

Ich habe keinen Schimmer, aber ich nicke. «Und was steht da?»

Clever glättet es noch weiter und tippt dann mit der Pin-zette auf das Bild von einer Frucht in der Mitte. Er kneift die Augen zusammen. «Weiß nicht genau, aber sieht das nicht aus wie Blaubeeren?»

«Wer kaut denn hier in der Gegend japanisches Blau-beerkaugummi?»

44

«Hört euch um», grollt Fate. Er geht zu unseren Soldaten. «Das finden wir raus. Alle erzählen es allen weiter.»

Ich gehe langsam zu Ernesto zurück und schaue mir die Tütchen an, die Clever auf dem Asphalt aufgereiht hat. Sechs Stück. In einer steckt Ernies Portemonnaie. Ich klappe es auf und sehe nach, ob noch Geld drin ist.

Ist noch. Das lässt den Schmerz noch mehr brennen. Wenn sie nicht mal so tun, als wäre es ein Raubüberfall, dann kann man sicher sein, es ist eine Scheißbotschaft. Allerdings kann man auch nur schwer irgendwas vortäuschen, wenn man jemanden zusammenschlägt, hinterm Auto herschleift und dann noch kaltblütig ersticht. Scheiße.

Ich ziehe seinen Ausweis raus und die Fotos von Ray, Ernie und mir, als wir noch klein waren, auch ein Bild von *mamá*. Ich stecke das Portemonnaie wieder in seine Tasche und lasse das Geld drin, damit die Sheriffs wissen, dass es kein Raubüberfall war, sind ja sowieso bloß dreiundzwanzig Kröten. Aber für den Ausweis müssen die schon was tun. Gibt uns ein bisschen mehr Zeit. Für alle Fälle.

Inzwischen hat bestimmt irgendwer 911 angerufen. Ist aber schwer zu sagen, wie lange es dauert, bis jemand ihn abholen kommt. Mein Magen zieht sich richtig zusammen, als ich mir vorstelle, dass er hier wer weiß wie lange rumliegt. Eine Stunde? Zwei? Ich ziehe mein Hemd aus und decke ihm damit das Gesicht zu. Ich hebe seinen Kopf vorsichtig hoch und schiebe die Ärmel drunter wie ein Kissen. Meine Hände werden davon blutig.

Danach sammelt Clever bloß noch seine Tütchen ein, und ich stehe dämlich daneben, nehme all meinen Mut zusammen für das, was ich sagen muss. Ich beuge mich runter zu Ernesto, so dicht, dass ich ihn berühren kann.

45

Ich schließe die Augen und sage: «Wir werden dich anständig begraben, großer Bruder. Ich versprech's. Aber jetzt können wir noch nicht, okay? Bitte vergib mir nur diese eine Sache.»

Ich blinzele und schließe wieder die Augen, aber erst, nachdem ich den einzigen noch sauberen Teil seiner Uniform gefunden habe, eine Naht an der Schulter, dicht am Kragen. Ich drücke sie fest zwischen Daumen und Zeigefinger.

«Wir brauchen jetzt grad bloß noch ein bisschen Zeit, das ist alles.»

5 Unser Haus ist bis obenhin vollgestopft mit Homies, die wissen wollen, was wir jetzt vorhaben, wie wir es den Wichsern heimzahlen, was sie mit Ernesto angestellt haben. So Zeug reden sie. Die Soldaten wollen Kanonen und Autos, sogar einen Wohnwagen. Sie wollen Blut, dabei wissen sie nicht mal, wessen Blut. Tut ja gut, das zu hören, aber Ernesto war nicht ihr Bruder, klar? Er war meiner. Sein Tod ist meine Sache.

Fate ist verflucht schlau. Er gibt den Homies genug Zeit, richtig Dampf abzulassen, und dann schickt er alle bis auf Apache nach Hause, sie sollen auf Befehle warten. Und Apache bleibt nur da, weil er das Kaugummipapier schon mal gesehen hat, er weiß bloß nicht mehr wo, und wir warten alle, dass es ihm wieder einfällt, weil Clever immer noch dabei ist, sich sein Zeug zurechtzulegen, und alle sind total angespannt.

Kommt mir vor, als ob die Wände dichter aneinander wären und die Decke niedriger. Sogar meine Haut fühlt sich dünn an, spannt sich über die Knochen. Jedes Mal, wenn ich auf die Küchenuhr schaue, tut es mehr weh, weil Rays Chaosgarantie näher und meine Chance auf Gerechtigkeit in weitere Ferne rückt.

Wenn irgendwer sich schlecht fühlt wegen Ernesto, dann zeigt es jedenfalls keiner. Keiner weint oder so. Selbst wenn sie es wollten, könnten sie es nicht, weil das Weiberscheiße ist. Reine Schwäche.

«Moment.» Apache hält die Tüte mit dem Papier noch mal hoch und sagt schließlich: «Im *Cork'n Bottle*! Da habe ich es gesehen!»

Es wird ganz still. Wir müssen wissen, ob er ganz sicher ist, so richtig sicher.

«Auf jeden», sagt Apache. «Die haben alle möglichen durchgeknallten Sorten da. Sogar schwarzes Lakritzgummi. Das ist echt übel.»

Fate zieht ein Gesicht, als würde er nicht dran zweifeln, aber er muss noch was fragen: «Woher weißt du das?»

«Also, Lil Creeper und ich waren zusammen unterwegs …»

Fate wedelt schon mit der Hand, als ob der Name schlecht riecht. Soll heißen: schon gut, geschnallt, brauchst nicht weiterreden. Apache musste bloß Lil Creeper erwähnen, da war alles klar. Mit dem Namen ist das Gespräch beendet. Soll heißen: Musst nicht weiter reden, wir glauben dir. Dass dieser Creeper noch nicht hundertmal draufgegangen oder lebenslang im Knast gelandet ist, werde ich nie schnallen. Ich hab das Gefühl, der ist immer high. Immer am falschen Ort. Und baut garantiert immer Scheiße. Trotzdem windet er sich immer irgendwie raus, ist wie ein Wunder. Echt ein aalglatter Motherfucker, aber er ist unser aalglatter Motherfucker.

Als wir klein waren, wollte Ray unbedingt ein Rad, ein Dyno. So ein BMX-Rad, der heißeste Scheiß auf der Straße. Da hatte Creeper grad angefangen zu drücken. Heroin, Koks, war ihm scheißegal. Was in seinen Körper reinging, zog er sich rein. Ray erzählt ihm also, er will ein Dyno, sagt ihm die Farbe und alles.

So läuft das nämlich mit Junkies. Man darf ihnen nicht sagen, was sie tun sollen. Man sagt einfach, was man haben will und nichts weiter. Funktioniert besser, als wenn man ihnen Aufträge gibt. Denn zwei Tage später kommt Creeper mit einem Fahrrad zu uns, rot und weiß, genau wie Ray gesagt hat, gibt nur ein Problem. Ist nämlich kein Dyno, das er bei *J.C. Pennies* geklaut hat, sondern ein *Rhino* – so ein scheißbilliger Nachbau mit dem bescheuerten Markennamen in derselben Schrift drauf. Mann, wir haben uns so schlappgelacht, aber Ray musste trotzdem zahlen. Ernesto hat lauter gelacht als alle anderen, sein ganzer Körper hat gebebt.

Als ich daran denke, tun mir die Rippen weh. «Hey, Fate», sage ich, «sollten wir ihn nicht trotzdem anfunken?»

«Wen? Creeper?»

«Wieso das denn?», will Clever wissen.

Ich mache mit der Rechten eine Knarre, Zeigefinger und Mittelfinger für den Lauf, und zeige mit der Linken darauf.

Knarren sind nicht so leicht zu kriegen. Jedenfalls keine, die sich nicht zu jemand anderem verfolgen lässt oder gar nicht registriert oder abgefeilt ist. Und ich will ja nichts gegen Rays Waffenarsenal sagen, aber eine .38er wird nicht reichen. Und ein Gewehr Kaliber .22 auch nicht. Das größte Teil, das wir im Haus haben, ist ein Revolver .357, der mal geputzt werden müsste. Aber auch der hat nur sechs Schuss.

Wenn ich durchziehen will, was ich vorhabe, brauche ich eher so siebzehn.

Fate ist mir wie üblich einen Schritt voraus.

«Hab ich schon», sagt er.

Ich nicke und gehe in mein Zimmer. Ein kurzer Blick auf Lorraine, die auf meinem Bett sitzt: Sie ist jetzt fertig mit ihren Nägeln. Die sehen im Dämmerlicht klein und blau aus wie glänzende Gummidrops. Sie hat die Augen weit aufgerissen, und ich merke, hinter ihren Lippen stauen sich jede Menge Wörter, aber sie wird keinen Mucks sagen. Sondern warten, bis ich was sage. Wie es sich gehört.

Ich gucke auf den Wecker neben meinem Bett, und mein Magen krampft sich zusammen. Ich habe noch eine Stunde. Sechzig verschissene Minuten. Das ist schlimm. Denn mit diesem *Cork'n Bottle*, dem Laden, den Apache kennt, gibt es ein Problem.

Er liegt jenseits der Grenze.

Streng genommen ist er nicht mehr in unserem Viertel, und weil uns der Scheiß nicht mehr gehört, können wir nur hin, wenn wir unsichtbar sind. Und wir haben auch nicht genug Zeit, erst alle zusammenzutrommeln, rüberzufahren, was zu erledigen, wieder herzukommen und dann was zu unternehmen.

Da kommt mir eine Idee, eine saudumme. So schnell ich kann, steige ich aus meinen Chucks, meiner Khaki, meinem Unterhemd ...

Lorraine legt den Kopf schräg, als ob sie weiß, dass ich gleich was Verrücktes mache, aber viel zu viel Schiss hat, danach zu fragen. Ich zieh eins von ihren Kleidern aus dem Schrank, nehme Eyeliner vom Schminktisch und drück ihn ihr in die Hand.

49

«Mach schnell und mach's gut», sage ich.

Sie guckt den Eyeliner an, dann mich, und dann grinst sie so richtig hinterhältig. Ruckzuck habe ich Katzenaugen, die Augenbrauen nachgezogen und das Haar aufgeplustert. Ich sehe aus wie eine schlechte Kopie von ihr im goldenen Glitzerkleid, total nuttig.

Als Lorraine letzte Hand anlegt, sagt es im Nebenzimmer endlich einer: «Moment mal, *Cork'n Bottle* auf der Imperial?»

«Ja, genau der», antwortet Apache.

«Scheiße», sagt Clever.

Fate legt sich schon einen Plan zurecht. Die ganze Zeit. Er wusste genauso schnell wie ich, dass der Laden hinter der Grenze liegt. «Wir fahren rüber, und zwar geballt, alle zusammen. Schnappen uns die Videotapes. Und dann sehen wir, ob wir dem Wichser, der das hier kaut, ein Gesicht geben können.»

«Oder wir tun was Unerwartetes», sage ich und trete aus dem Zimmer. Die Keilabsätze sind der ganz neue Scheiß. Kommen mir vor wie Stelzen.

«Verdammt», sagt Apache, und als er grad was über mein Aussehen sagen will, haut Clever ihn an, dass er das Maul hält. «Lass mich rübergehen und die Tapes holen», sage ich. «Nur rein und raus. Schnell wie der Teufel.»

Ich sage Bitte am Ende, damit Fate weiß, er entscheidet, aber er weiß auch, das ist wahrscheinlich die beste Chance, die wir im Moment haben. Oder jedenfalls die beste, die ich habe.

«Könnte auch 'ne Falle sein», sagt er zu mir.

Ich zucke die Achseln. Wenn ja, dann ist es eben so. Aber ich weiß, er hat recht. Denn Fate ist fünfundzwanzig. Er hat

50

alles Mögliche gesehen. Man lebt nicht so lange und ist seit zehn Jahren voll drin ohne anständige Paranoia.

«Wenn sie dich da drüben erwischen, dann wirst du nicht bloß gekitzelt», sagt er.

Das soll heißen, wenn ich Glück habe, krieg ich eine Kugel, wenn nicht, ein Messer.

Das weiß ich. Das wissen alle im Raum.

Clever gefällt die Sache auch nicht. «Ich finde immer noch, wir fahren geballt da rüber, mit 'ner ganzen Armee, so fünf, sechs Wagen, schnappen uns die Tapes und hauen ab.»

Apaches Augen leuchten, was heißt, er ist der gleichen Meinung.

Big Fate starrt sie beide nieder. Manchmal ist er für mich viel mehr Familie, als Ray es je war. Er kennt mich so gut, er weiß, ich lass mir nichts ausreden, wenn ich mich festgebissen hab. Er starrt mich durchdringend an, aber da ist noch was in seinen Augen, so ein kleiner leuchtender Fleck, als ob er stolz ist. Es gefällt ihm nicht, aber er weiß besser als jeder andere, dass ich gehen muss. Er will, dass ich mich vorsehe. Er will, dass ich heil zurückkomme. Bloß wird er das nicht sagen.

6 Ich kann draußen gar nicht normal gehen, nicht so im Wiegeschritt wie üblich, darum trete ich zuerst mit den Zehen auf und dann richtig fest mit dem Absatz. So komme ich bis zum Bordstein, ohne Dreck zu fressen. Ich spüre die Blicke der Kameras auf mir, aber ich dreh mich nicht um. Könnte sein, dass ich die Homies alle zum letzten Mal gesehen hab. Das fällt mir ein, aber ich winke nicht oder so. Ich steige einfach ins Auto.

Lorraine hat so eine japanische Scheißkarre, die auf drei richtigen Rädern und einem Reserverad fährt. Hat mal ihrem Cousin gehört. Kein Zigarettenanzünder, und auf dem Schalthebel statt Knauf ein Baseball mit dem Dodgers-Logo. Ich drehe den Zündschlüssel. Smokey Robinson singt aus dem Radio, aber ich schalte ihn ab.

Ich habe noch fünfzig Minuten. Mehr nicht.

Der Anlasser spuckt, aber dann zündet der Motor, und ich rase meine Straße lang, der Aufkleber der Heiligen Jungfrau starrt mich an, ich schiebe mich auf dem Sitz hin und her, weil Lorraines Kleid an den Hüften verrutscht. Kein Wunder. Sie trägt alles zwei Nummern größer als ich, aber das kann ich jetzt auch nicht ändern. An einem Stoppschild rück ich den Scheiß zurecht, prüfe meine Augen im Rückspiegel: wie Kleopatra. Ich steige aufs Gas.

In solchen Momenten bin ich froh, dass ich keine Tattoos habe. Wenn man so bemalt ist, ist das wie ein Brandzeichen. Es war Fates Idee, dass ich mir die Tinte sparen soll. Scheiße eigentlich, er hat seine Tattoos nämlich von so einem Typen in einer Garage, von dem alle reden. Pint. So heißt er. Fate meint, der wird später mal so ein berühmter Typ, der aus Lynwood kommt, so wie Kevin Costner, oder Weird Al Yankovic, und jetzt auch Suge Knight, sagen die Leute jedenfalls. Death Row Records. Der Typ.

Ich bin neidisch auf Fate, aber Scheiß drauf. Vor ein paar Jahren hat er gesagt, ich soll sauber bleiben, das wäre viel erschreckender. Ohne Tattoos kann ich überallhin, ich fall gar nicht auf. Er meint, ich bin das Überraschungsmoment, und das habe ich geschnallt, aber er weiß auch, dass mir eigentlich schon zwei Tränen zustehen. Der nächste Gedanke trifft mich hart und heftig wie ein Baseballschläger.

Scheiße. *Drei* Tränen sind es jetzt. Ernesto mitgezählt.

Mein Atem bleibt in der Lunge hängen. Fühlt sich allmählich ganz normal an, dass ich nur halb so viel Raum zum Atmen habe.

Ich habe eigentlich nicht direkt einen Führerschein, aber Ernesto hat mir beigebracht, wie man gut fährt, defensiv fährt. Ist irgendwie komisch, weil als ich das denke, zieht da gerade so eine alte Tante, die nicht an ihren Lockenwicklern vorbeigucken kann, mit ihrem Van so scharf vor mir rein, und ich hupe heftig, weiche aus, gebe Gas und wechsle locker die Spur. Also echt, die Leute fahren hier rum, als wären wir in Culiacán, ignorieren die Mittelstreifen, blinken nie. Mich schüttelt's ein bisschen, als ich das denke, weil Ernie das auch dauernd gesagt hat.

Wisst ihr, er hat sich nie beschwert, nicht mal als er letztes Jahr seinen Truck verkaufen musste, um Rays Kaution zu bezahlen, nachdem sie das dumme Arschloch wegen schwerer Körperverletzung eingebuchtet hatten. Das hat Ernie freiwillig gemacht. Er wusste, wir konnten kein Drogengeld auf den Tisch legen, sonst hätten sie angefangen, gegen uns zu ermitteln, mit einer Buchprüfung oder wie der Scheiß heißt, den die dann veranstalten.

Dieser Truck war der einzige Familienbesitz, den wir außer dem Haus hatten. Und den hat Ernesto verkauft. Ohne mit der Wimper zu zucken. Ist von da an jeden Tag zu Fuß zur Arbeit gegangen. Hat Überstunden gemacht. Wollte nicht mal das Geld nehmen, das Ray ihm für 'ne neue Karre angeboten hat. Stattdessen ist er zu Fuß gegangen und hat auf ein neues Auto gespart.

Er und Ray sind nie miteinander ausgekommen. Ich meine, natürlich haben sie sich geliebt wie Brüder, aber

53

schon als Kinder haben sie sich ständig geprügelt. Ernie hat nie verloren, hab ich jedenfalls nie gesehen, deshalb wurde Ray natürlich stinkig und ehrgeizig, kam richtig übel drauf. Wollte unbedingt drin sein. Und sich ständig beweisen, ständig musste er übertreiben, wie vor zwei Wochen, als er in einem Club rumgeballert hat.

Ist 'ne alte Geschichte. Habt ihr bestimmt schon millionenmal gehört. Davon wird sie aber nicht unwahr, ist bloß dämlich, dass Leute diesen Scheiß immer wieder abziehen. Also, Ray knallt sich die Birne voll, fährt in einen Club, und als irgendein *cholo* aus dem falschen Viertel das Maul aufreißt, rennt er zum Wagen, holt seine Knarre und beschließt, alle sollen darüber reden, wie hart und böse Lil Mosco ist, und dann ging es bloß noch so *Bäng, Bäng, Quietsch*: schießen und mit rauchenden Reifen abhauen.

Er hat jemanden ins Auge geschossen, ein Mädchen mit Scheitel und breiten Schultern. Das wissen wir, weil die im Fernsehen das gesagt haben. Na ja, eigentlich haben sie nicht gesagt, dass sie einen Scheitel und breite Schultern hatte. Das hab ich selbst gesehen.

Ihre Eltern haben ihr Foto in den Nachrichten hochgehalten, als sie *en español* um weitere Informationen zu den Todesumständen gebeten haben. Irgend so ein Weißer auf Fox 11 hat ihre Sätze so gefühlvoll übersetzt, als wären die von 'ner Einkaufsliste und nicht das, was zwei heulende Leute sagen. Ray rauchte grad was, als er das gesehen hat, und er hat über die Eltern gelacht und noch einen Zug genommen und wieder gelacht.

Was nicht in den Nachrichten kam und ihre Eltern vielleicht auch gar nicht wussten: Sie war voll drin, keine Zivilistin. Das heißt nicht, dass sie den Tod verdient hat, aber wenn du drin bist, ist das immer möglich. Du kannst drin und trotzdem bloß das Mädchen zur falschen Zeit am falschen Ort sein, wenn es dich erwischt. In einer Gang zu sein, hat noch niemanden vor einer Kugel beschützt. Eine *clica* ist keine kugelsichere Weste – ich weiß noch, das hat Fate damals gesagt –, eine *clica* ist eine Familie.

Allein der Gedanke daran macht mich wieder stinksauer auf Ray: Wie er seitdem den Kopf unten hält, meist unterwegs ist, irgendwelche Botengänge für Fate macht, um seine beschissene Dummheit wiedergutzumachen. Jeder weiß, was er getan hat, keiner hat was gesagt, aber sie haben alle bloß drauf gewartet, dass er den Kopf wieder hochnimmt, damit sie ihm einen mitgeben können.

Hat er aber nicht. Wahrscheinlich hatten sie keine Lust mehr zu warten. Haben sich gedacht, einer ist so gut wie der andere, Zivilist oder nicht. Bruder für Bruder. Alles das Gleiche, oder? Nur so ergibt die Sache einen Sinn.

Meine Augen sind feucht und jucken, also lasse ich das Fenster runter und ein bisschen trockenen Abendwind an mein Gesicht, ich will ja Lorraines Kunstwerk nicht versauen. Ich rieche die Feuer, so als hätte jeder hier im Viertel die Nacht über Öfen brennen, die mit Reifen oder Müll oder sonst was vollgestopft sind.

Das Mädchen im Rückspiegel bin nicht ich. Das rede ich mir ein. Sie ist eine Agentin. Gefährlich. Hat eine .38er in der Handtasche, die sie sich von ihrer Freundin geborgt hat.

Draußen macht die Stadt Nachtgeräusche. Die *Banda*-Musik von einer Hinterhofparty wird leiser, als ich auf die Atlantic einbiege, und an der Ampel stehen Karren mit kaputten Vergasern, bei denen die Fahrer schon aufs Gas treten, ehe die Ampel richtig grün ist. Beats pumpen aus den Fenstern. Die tragen einen Wettkampf aus. Selbst jetzt noch. Wo bloß ein paar Meilen weiter Leute randalieren und sich gegenseitig umbringen.

Irre. Aber so sind wohl die Prioritäten.

Fünf Meilen überm Tempolimit, und ein paar Straßen weit geht alles gut. Auf der Imperial biege ich rechts ab. Sofort spüre ich die Blicke auf mir, und ihr könnt euch sicher sein, ich schaue an den Ampeln nicht nach links und rechts. Bloß geradeaus.

Das Letzte, was ich jetzt brauche, ist irgendein Homie, der das Fenster runterkurbelt und mich fragt, wo ich herkomme.

Mein Blut fließt ganz hektisch und chaotisch, als ich den *Cork'n Bottle* sehe, und ich packe das Lenkrad fester als nötig, während ich hinter einem Dodge einschere und an der gelben Ampel rechts abbiege. Ich starre auf die Uhr am Tacho, als ich auf den Parkplatz hinterm Laden fahre, den er sich mit dem Reifenhändler teilt. Vollkommen leer.

Dreiundvierzig Minuten, so viel habe ich noch.

7 Im Laden ist es heller als taghell, als ich durch den Hintereingang reingehe, so gerade, wie ich kann, auf diesen Keilschuhen. Ich scanne den Laden und sehe bloß den Verkäufer. Ein Typ mit Halbglatze und Oberhemd, das nicht zugeknöpft ist und nicht in die Hose gesteckt. Er hat dunkle Ringe unter den Augen, und die Schultern hängen so wie bei 'nem Junkie, was zu seinem Unterhemd und dem schwarzen Bart passt.

Er ist kein Mexikaner, nicht mal aus El Salvador. Er sieht irgendwie anders aus, Afghanistan oder so 'n Scheiß. Er hat die Arme vor der Brust verschränkt und schaut zu, wie lauter Typen vorn rein- und wieder rauslaufen, die Kühlschränke aufreißen und Bier und Cola schnappen, andere stopfen sich die Taschen mit Süßigkeiten voll. Mindestens drei oder vier Typen. So eine Art Diebstahl-Fließband. Oder eher Abfließband. Jedenfalls ist es dem Verkäufer total egal. Er wird sich wegen so was nicht umbringen lassen. Schlau, denke ich, mit dem Mann lohnt es sich zu reden.

Die Kaugummis sind gleich vorn. Ich scanne sie schnell, und da sind sie, blau und glänzend direkt vor meiner Nase.

Ich frage den Verkäufer: «Sprichst du Englisch?»

Klar, sagt er, scheint aber überrascht, dass überhaupt jemand mit ihm redet. Ich halte das Paket Blaubeerkaugummi hoch, sodass er es auf keinen Fall übersehen kann.

Ich sage: «Weißt du, wer das hier kauft?»

Ich schaue in die Kamera hinter ihm an der Decke, die auf meine Seite des Tresens gerichtet ist. Genau im richtigen Winkel. Wenn Ernies Mörder hier Kaugummi gekauft hat, ist er mit Sicherheit auf einem der Tapes. Der Verkäufer wartet, bis ich ihn wieder angucke, und zuckt die Achseln.

«Kaugummi ist Kaugummi», sagt er. «Sind alle gleich.»

Ich schlüpfe aus den Keilschuhen und grinse. In denen kann ich mich nicht schnell bewegen. Ich könnte über den Scheißtresen springen, mich zwischen ihn und den Alarmknopf stellen, ihn gegen das Zigarettenregal stoßen und meine .38er schneller ziehen, als er gucken kann. Ich könnte ihm die Knarre unters Kinn halten, in die weiche

Haut direkt unter der Zunge. Ich könnte zusehen, wie seine Augen größer werden. Könnte ihn noch ein bisschen stärker gegen's Regal drücken, wenn er sich wegzuschlängeln versucht, bis er merkt, dass er keine Chance hat.

Könnte ich, mache ich aber nicht.

Stattdessen sage ich: «Hör zu, Mann, wir wissen, der Laden gehört Julius und nicht dir, also gib mir einfach die Tapes, und alles ist gut.»

Ich zeige mit dem Kopf zur Kamera und dann zur Tür neben den Kühlschränken, die zum Hinterzimmer führt, wo sie die Videos aufbewahren. Ist bestimmt nicht das erste Mal, dass jemand hier reinkommt und die Tapes haben will. Die Leute, denen diese Läden gehören, wohnen nicht in der Gegend, aber ihre Angestellten ganz sicher. Wir wissen, wo ihre *mamás* wohnen, ihre Freundinnen, auch ihre Kinder. Wenn wir fragen, wenn irgendwer fragt, verraten sie einem ruckzuck alles. So läuft das.

Ich reiße ein paar Plastiktüten aus dem Metallständer am Tresen. Der Verkäufer blinzelt mich an, aber ich bin nicht ich. Ich bin gefährlich.

Das sieht er in meinen Augen, und er schnallt es. Nur wir beide gehen in den Vorratsraum. Der ist voll mit Bildschirmen, Bierkisten, Klopapier und Kartoffelchips, alle vier Wände. Total cool drückt er dreimal Eject, Eject, Eject an den drei Videorecordern und schmeißt die Tapes in eine von meinen Plastiktüten.

Ich zeige auf das Regal über den Recordern. «Die restlichen Scheißdinger auch noch.»

Er stapelt die Tapes ordentlich in die Plastiktüten, als würde er Einkäufe einpacken. Müssen bestimmt zwanzig Stück in den beiden Taschen sein, und ich sage: «Du solltest besser nach Hause gehen. Hat doch keinen Zweck, hier rumzustehen, während die alles mitgehen lassen.»

Er guckt die Tapes an, dann wieder mich.

«Und du hast nie ein Mädchen gesehen, das Tapes mitgenommen hat.»

Er zuckt bloß die Achseln, und ich hab den Eindruck, mehr kriege ich auch nicht aus ihm raus, also schlüpfe ich wieder aus dem Vorratsraum, vorbei an einem alten Mann, der sich halb in einen Kühlschrank beugt und mit einer Kiste Bier abmüht und die Taschen schon mit Trockenfleisch vollgestopft hat. Er will alles auf einmal mitgehen lassen. Wow. Aber der Scheiß geht mich natürlich nichts an.

Ich bin viel zu beschäftigt, Lorraines Keilschuhe vom Tresen zu schnappen, die Füße reinzuschieben, und wieder in die Nacht rauszustöckeln, aus der ich gekommen bin. Mein Kreislauf summt wie irre. Aber ich hab noch keine vier Schritte auf den Parkplatz gemacht, als ich die Stimme eines Typen hinter mir höre.

«Hey, Mädchen» – total scheißentspannt –, «wo bist'n du her?»

8 Ich schiebe zwei Finger in die Tüte und lege sie an den Pistolengriff, als ich mich umdrehe. Ich versuche gar nicht, die Tüten hinterm Rücken zu verstecken oder so. So 'n Scheiß ist verdächtig. Ich bete bloß, es ist so dunkel, dass der Typ die Tapes in den Tüten nicht sieht und sich fragt, wofür ich die brauche.

Mir rutscht das Herz in die Hose, als ich sehe, zu wem die Stimme gehört.

Er ist einen Kopf größer als ich, breite Schultern, rasierte

Glatze im *cholo*-Style, und er steht ein paar Schritte vom Eingang weg.

Fuck.

Mein Magen hasst mich. Er trommelt gegen meine Rippen, um es mir zu sagen.

Er ist auch schon so richtig gangstermäßig angezogen: gebügelte Khaki, dunkle Tattoos, die man durchs Unterhemd sehen kann, das weißer strahlt als die Zähne in der Zahnpastawerbung – alles da. Was noch schlimmer ist: Er schaut mich an und lächelt. Ich weiß noch nicht, was für ein Lächeln das ist, was er von mir will.

Hinter ihm stützen zwei von seinen Homeboys mit den Schultern den Türrahmen und posen wie die ganz Harten. Kennt ihr das, wie manche Leute immer glauben, sie sind im Film, die Kamera ständig auf sie gerichtet? *So.*

Er tritt auf mich zu, und ich halte die Luft an. Meine Adern beschließen, dass sie Rennbahnen sind.

Als er die Stirn runzelt, fühlt es sich in meiner Brust an wie eine Massenkarambolage.

«Ähm, versteh mich nicht falsch.» Er leckt sich die Lippen. «Aber du bist hier raus, als ob du was geklaut hast.»

Ich zucke nicht mal mit den Lidern. «Hab ich ja auch.»

Ich atme. Scheiße, ich kriege *Luft*. Dieser Idiot denkt bloß, ich bin was zum Ficken, keine Konkurrenz. Meine Knie schlottern ein bisschen vor Erleichterung, aber ich bleibe stehen. Und ich nehme die Finger von der Knarre.

«Ja, hab ich gleich gewusst», sagt er. «Du siehst wie 'ne Räuberin aus.»

«Größte Räuberin, die du je gesehen hast», sage ich.

Er wedelt mit dem Zeigefinger vor meiner Nase, versucht witzig zu sein. «Du kommst mir bekannt vor.»

Er wendet sich zu seinen Jungs. «Oder nicht?»

Die rühren sich nicht. Sind zu beschäftigt, für die Groß-
aufnahmen hart auszusehen. Oder sie finden seine Sprüche
genauso lahm wie ich.

Aber sein Blick ändert sich, wird schärfer, und er hebt
das Kinn. «Ernsthaft, wo kommst du her?»

In solchen Augenblicken ist die Überraschung mein
Freund. Damit muss ich sein Hirn auf einen anderen
Weg führen, damit ich seine nächsten Fragen vorherse-
hen kann. Ihn auf eine neue Spur lenken. So machen das
Agenten.

Ich schenke ihm mein bestes Lorraine-Lächeln. «Aus
dem Valley.»

Er beugt sich zurück. «Wie, Encino oder so was? Siehst
nicht aus wie ein Valley-Girl.»

Das soll ein Kompliment sein.

Ich schlage ihm gegen die Schulter. Seine Muskeln sind
auf jeden Fall echt. «Eher so Simi Valley», sage ich.

Sein Gesichtsausdruck sagt, dass er damit bestimmt
nicht gerechnet hat. Perfekt.

«Wieso sagt du das nicht gleich? Musst du mich so in die
Irre führen?»

«Weil sich keine Sau für Simi Valley interessiert hat,
bevor sie den Rodney-King-Prozess dahin verlegt haben.
Und weil erst recht keine Sau weiß, wie man dahin kommt.
Versuch's doch mal. Weißt du, wo das ist?»

Er lächelt verlegen. «Klar weiß ich das.»

«Ach was», sage ich und kichere wie Lorraine, «wo denn?»

«Irgendwo im Norden, richtig?»

«Klar» – ich sage es so, wie Lorraine es sagen würde –,
«saubere Leistung. ‹Im Norden.› Entschuldige, aber solche

Gespräche führe ich schon mein ganzes Leben, als Nächstes fragst du mich dann, wie man eigentlich wirklich dahin kommt, und dann muss ich es dir erklären, und wie groß es ist und so höflicher Scheiß, aber mir ist einfach nicht danach. Darum sage ich meist bloß, ich wohne im Valley, und dann kannst du denken, was du willst.»

Das versteht er. Ich sehe, wie es in seinen Augen aufblitzt und er es dann abhakt. Der Typ ist nicht dumm. Aber er stellt trotzdem die Fragen, zu denen ich ihn führe. Sieht meine Fallen gar nicht, bevor er reintappt.

«Und was machst du hier unten?» Er will jetzt ganz ehrlich wissen, wieso zur Hölle ich den weiten Weg aus der Weiße-Leute-Stadt hier runter komme. Er checkt ab, ob ich bescheuert bin oder mal die harte Hood sehen will oder einfach bloß Ärger suche oder alles zusammen.

«Meine Cousine wohnt hier. Maria Escalero. Kennst du die?»

Maria ist gar nicht meine Cousine, aber den Namen kann ich gefahrlos benutzen. In der Highschool stand ich auf sie, sie war Senior, als ich gerade frisch an der Schule war und noch zum Unterricht ging. Ich bin im Sport immer hinter ihr gelaufen. Ein unglaublicher Arsch. Hat früher am Lugo Park gewohnt und dann später irgendwo in Colorado oder so zu studieren angefangen. Echt eine Schande.

«Nee, glaub nicht.»

«Ist ja schade», sage ich. «Du siehst so aus, als würdest du einige Leute kennen.»

Jetzt reißt er ein bisschen die Augen auf, als hätte er damit nicht gerechnet. Fast ein bisschen süß, aber auch traurig, als ob er längst nicht so cool ist, wie er glaubt, nicht so routiniert. Und dann rückt er damit raus, wieso er mich eigentlich angequatscht hat.

«Hey, also, hast du Lust, heute Abend zu einer Party zu kommen? Gibt sozusagen was zu feiern, und wir könnten noch ein paar Leute gebrauchen, und du hast irgendwie» – er macht eine Pause, sein Blick wandert zu meiner Brust runter und nicht wieder rauf – «das richtige Profil.»

Inzwischen schneiden mir die Tütengriffe ziemlich in die Hand, und die Finger werden taub.

«Dabei hast du mich noch gar nicht von der Seite gesehen.»

Ich drehe mich zur Seite und zeig ihm mein Profil, dabei kann ich auch die Tüten besser verstecken.

«Echt hübsch, weißt du das?»

«Oh», sage ich im besten Lorraine-Ton, «*das* weiß ich.»

Jetzt wird er rot und verliert den Mut. «Du solltest echt kommen.»

Und ich bin an der Reihe, ihn lange anzustarren, sodass er ganz steif wird.

«Ich hab schon was vor», sage ich schließlich. «Ich habe Maria versprochen, mit ihr durch die Clubs zu ziehen, wenn nicht die ganze Stadt abbrennt.»

«Wird sie nicht. Und ihr könnt doch später vorbeikommen.»

«Nein danke. Aber du bist ganz süß. Hab Spaß heute Nacht.»

Ich gehe los, und seine Augen kleben an meinem Arsch, aber das ist okay, weil ich meine Tüten vorn habe, und dann mache ich die Autotür auf und steige ein und schmeiße die Tüten hinter den Vordersitzen auf den Boden und drehe den Zündschlüssel, bevor er überhaupt merkt, was abgeht.

Die Uhr sagt, ich hab noch fünfunddreißig Minuten. Jetzt wechselt die Minutenzahl direkt vor meinen Augen. Noch vierunddreißig.

Mein Magen sinkt bis auf den Sitz. Nie im Leben können wir die Tapes schnell genug durchgucken, denke ich, das ist einfach –

Irgendwas haut so heftig gegen das Beifahrerfenster, dass ich zusammenzucke.

Seine Faust. Er klopft.

Ich lächele und greife nach hinten zum .38er, als er die Faust öffnet und einen Zettel an die Scheibe drückt.

Ich lasse die Knarre los und das Fenster runter.

«Hier ist die Adresse, falls du's dir anders überlegst», sagt er. «Meine Nummer ist auch drauf. Da steht sie.»

Er zeigt drauf, als ob ich tatsächlich Hilfe brauche, um seine Telefonnummer zu erkennen, und dann fragt er: «Hey, wie alt bist du eigentlich?»

Ich schaue ihn an, als ob ich mir überlege, ob ich lügen soll oder nicht. Ich beschließe, nicht zu lügen. Weiß auch nicht wieso.

«Sechzehn», sage ich.

«Neunzehn», sagt er und zeigt auf sich.

«Und wie heißt du?»

Er muss sich wohl gedacht haben, dass ich zu den Bösen gehöre, weil er sagt: «Hier in der Gegend nennt man mich Joker.»

«Das ist doch kein Name. Wie heißt du richtig?»

«*So* heiße ich richtig.»

Würde ich es drauf anlegen wollen, würde ich ihn fragen,

wie er zu dem Namen gekommen ist. Mache ich aber nicht. Ich kannte mal einen Joker. Der hat seinen Namen gekriegt, weil er jedes Mal gelacht hat, wenn er jemandem das Messer reingejagt hat. Egal wieso, ob er nervös war oder high oder was. Er hat einfach gelacht. Manche Sachen passieren einfach, kein Mensch weiß wieso, nicht mal die Leute, die Sachen machen, so ist das eben.

Ich sage: «Den hat dir aber nicht deine *mamá* gegeben. Und ich habe aber keinen anderen, also wie sollen wir da ins Geschäft kommen?»

Und dann ballt sich etwas kalt und hart in meiner Brust. Eine schlichte Wahrheit: Wenn dieser Arsch hier wüsste, dass er Payasa in die Augen schaut, Lil Moscos kleiner Schwester, würde er mir wahrscheinlich ins Gesicht schießen. Ohne zu zögern. Die Agentin in mir drin muss grinsen, wie viel Macht es verleiht, jemand anders zu sein. Er denkt, ich lächle ihn an. Und das ist gut so. Nützlich.

«Ramiro», sagt er schließlich.

«Lorraine», sage ich. «Mit zwei r.»

«Alles klar», sagt er. «Dann bis später, Lorraine mit zwei r.»

9 Clever war nicht untätig, seit ich los bin. Er weiß, wie weit auseinander die Reifenspuren waren, also weiß er auch, wie breit der Radstand des Autos war und was für Reifen es hatte und wie schnell es ungefähr fuhr und so. Er meint, wir suchen einen Ford Ranchero, wahrscheinlich Baujahr 1969, aber da ist er nicht hundert Pro sicher. Ich sage ihm, das passt zu der Aussage der Krankenschwester, die hat ja gesagt, der Wagen hatte eine Ladefläche. Clever nickt. Die Druckstellen an den Knöcheln zeigen, dass sie ihn mit Drahtseil festgebunden haben, und zwar an eine Anhängerkupplung. Diese Kupplung hat ihm wahrscheinlich auch die Wange eingedrückt, als sie plötzlich gebremst haben und er hinten gegen das Auto gekracht ist.

Ich nicke die ganze Zeit, irgendwie ganz taub, aber als ich die Videotapes auf den Küchentisch schütte und nicht mehr weiß, welche drei aktuell in den Recordern steckten, packt mich die Panik. Etwas stampft in meinem Magen, hart wie Körpertreffer, als Clever, Fate, Lorraine und Apache sich die Tapes angucken.

«Scheiße, Mädchen», sagt Apache, «das ist ja krass viel!»

Krass, klar, aber vor allem zu viel. Aber wenn man nicht weiß, was man braucht, nimmt man eben alles. Lieber zu viel als zu wenig, richtig?

Lorraine tippt mich leicht an, als ob sie was richtig Blödes fragen will, wie viele Tapes es denn sind oder so. Ich werfe ihr einen Blick zu, und sie lässt es bleiben. Gut erzogen.

Ich sage zu Clever: «Drei davon sind die aktuellen Aufnahmen, aber ich weiß nicht mehr welche.»

«Das ist leicht», sagt Clever. Er legt sie flach nebeneinander. «Siehst du, wie die alle nicht zurückgespult sind?»

Clever hat recht. Bei allen ist links bloß noch die weiße Spule zu sehen. Auf der rechten Seite ist das ganze schwarze Band aufgewickelt.

«Und beschriftet ist auch keins davon», sage ich. «Total schlampig, der Scheißladen.»

Manchmal wundert sich Apache über irgendwas und spuckt es einfach aus. «Die gucken sich die Dinger nicht mal an? Nehmen sie einfach raus, wenn sie voll sind, und stecken neue rein? Wieso?»

«Weil – wieso nicht? Angucken ist bloß Arbeit», sagt Fate. «Wenn nichts passiert ist, musst du dir die Arbeit nicht machen. Aber wenn was drauf ist, dann gibst du das Band einfach den Sheriffs und lässt sie die Arbeit machen, klar?»

Clever nickt und legt noch mehr Kassetten flach hin, erst zwei, dann drei. Ich helfe ihm. Wir legen sie alle raus, bis der ganze Tisch schwarz ist und wir die Spulen sehen können.

«Aber ein paar habt ihr rausgenommen, ehe sie voll waren», sagt Clever.

Clever und ich ziehen die drei raus, die nicht voll sind, und gehen zum Fernseher. Er schiebt eine in den Recorder, und der *Cork'n Bottle* ist in meinem Wohnzimmer. Es ist der Verkaufstresen, und mir fällt ein, dass die beiden anderen Kassetten dann bestimmt andere Teile des Ladens zeigen. Mein Finger kriegt einen leichten Stromschlag, als ich auf den Bildschirm zeige.

«Dieser Blaubeerscheiß ist genau *da*.»

«Wenn davon was weggeht», sagt Clever, «dann sehen wir's.»

Es klopft an der Tür, und Apache geht hin. Wir haben Homeboys draußen stehen, deshalb brauchen wir die üblichen Vorsichtsmaßnahmen nicht.

Er macht also auf, und Lil Creeper steht da ganz in Schwarz: schwarzer Hoodie, schwarze Jeans, schwarze Schuhe. Er schnieft und hat so ein Zittern, das im linken Bein losgeht und dann bis zur Schulter raufläuft und wieder runter. In der Linken hält er eine braune Papiertüte.

Er sieht mich auf dem Sofa sitzen und fängt an zu lachen.

«Soll denn der Scheiß?», fragt er. «Ist Halloween oder

was?» Als keine Reaktion kommt, versucht er Apache anzu-
quatschen. «Wieso ist die so aufgetakelt?»

Hat gar keinen Zweck, irgendwas zu sagen oder böse zu
gucken. Lil Creeper hat ein paar Schrauben locker. Der lernt
es einfach nicht. Wissen wir alle, besonders Fate, darum sagt
er bloß: «Gib mir die Scheißtüte.»

Creeper macht einen Schritt zurück. «Okay, aber Fate, es
ist so: Ich hab bloß eine Glock und dreizehn.»

«Ändert den Preis, oder?»

«Na ja, *könnte*.» Creeper nimmt die Tüte von einer Hand
in die andere. «Ich mein, ich akzeptier das schon, aber es
muss doch auch einen Bonus für Ehrlichkeit geben, oder?
Weil, ich hätte ja auch einfach die Tasche gegen das Geld
tauschen und abhauen können, stimmt's? Hab ich aber
nicht. Ich hab offen und ehrlich gesagt, was Sache ist, ehe
ihr es selbst merkt. Ist doch was wert, oder?»

Fate streckt bloß die Hand aus.

Creeper lässt Luft ab. «Oder?»

Fates Hand bewegt sich keinen Zentimeter. Er wollte
die ganze Zeit bloß, dass Lil Creeper ihm die Tüte gibt,
und das macht der dann auch endlich. Fate reißt sie auf,
nimmt das Teil raus und sieht, der ganze Griff ist mit weißem Tapeverband umwickelt, was komisch ist, aber auch
nicht schlimm, so lange die Knarre funktioniert. Fate zuckt
die Achseln, prüft, ob sie gesichert ist, holt das Magazin
raus, zählt die Patronen mit der Daumenspitze, checkt
dann das Patronenlager und den Schlagbolzen. Schließlich
zählt er Scheine von einem Stapel ab und faltet sie zusammen.

Creeper sagt: «Mehr war da nicht im Safe, Fate.»

«Wessen Safe?»

Creeper leckt sich die Lippen, zuckt die Achseln. «Von irgendeinem Wichser. Wen juckt das?»

«Bist du sicher, dass das alles war?»

«Klar.» Creeper wippt so ein bisschen auf und ab. «*Klar.*»

Big Fate hält ihm das Geld hin. «Nimm schon.»

Eine Glock 17L hat siebzehn Schuss, sechzehn im Magazin, einen im Lager. Creeper hat uns eine gebracht, in der vier Schuss fehlen. Wenn ich also auf eine ganze Gruppe treffe, sind das vier Chancen weniger davonzukommen.

Clever und ich starren angestrengt auf den Bildschirm, auf das Video im schnellen Vorlauf, darum sehe ich nicht, was hinter mir passiert, aber ich weiß es. Creeper nimmt das Scheißgeld, haut ab, besorgt sich irgendwo was und dröhnt sich zu. Wie immer.

Im *Cork'n Bottle* greift niemand nach den Kaugummis. Wir verbrennen zwanzig Minuten Echtzeit, und niemand kommt auch nur in die Nähe der Scheißpäckchen. Bloß Bier und Kippen und Rumstehen. Nichts.

«Und was», sagt Apache ganz ernst, «wenn der Arsch das schon vor einer Woche gekauft hat und jetzt erst kaut?»

Das saugt die ganze Energie aus dem Raum. Ich gucke Clever an und er mich. Wir beide gucken Fate an. Er guckt böse die Glock auf dem Tisch an. Lorraine kratzt mit den glänzenden Zehen ein Loch in den Teppich.

Aber Apache redet weiter. «Oder wenn er das gar nicht selbst gekauft hat? Sondern jemand anders für ihn?»

Da sagt niemand mehr ein Wort.

Uns allen geht gleichzeitig auf, wie sinnlos der ganze Scheiß hier sein könnte.

«Aber mehr haben wir nicht», sage ich, und das soll gar nicht so wütend klingen. «Das ist *alles*, was wir haben.»

An der Oberfläche bin ich wütend, aber darunter gebe
ich auf.

Es ist unvermeidlich.

Uns läuft die Zeit weg. Das weiß ich. Wissen alle.

Wir haben noch dreizehn Minuten, bis Ray nach Hause
kommt und die Sache in Operation Desert Storm verwandelt. Dreizehn Minuten sind nichts. Weniger als nichts.

Dreizehn Minuten sind ein schwarzes Loch, das mich
verschlucken will.

Ich gucke gar nicht mehr auf den Bildschirm. Ich haue
die Stirn in die flache Hand, als es wieder an der Tür klopft,
ganz hektisch, so *Bamm-Bamm-Bamm*.

Da weiß ich, es ist vorbei.

Weil ich weiß, das ist Ray. Muss er sein. Bloß ein bisschen
zu früh. Und irgendwie muss ich ihm von Ernie erzählen.
Ich bin diejenige, die ihn rasender machen muss, als er es
je im Leben war. Aber dann fällt mir noch was ein, als Fate
zur Tür geht.

Joker könnte mir nach Hause gefolgt sein.

10

Mir fährt so ein Schmerz durch den Bauch, als
die Tür aufgeht. Ich linse nach der Glock auf
dem Tisch, als ob sie zu weit weg wäre. Der
Videorecorder spult laut hinter mir, und zwei Leute treten
ein, der kleine Serrato von vorhin und eine *hina*, die ich
aus der Will Rogers Elementary School kenne: Elena Sanchez.

Ich seufze ziemlich erleichtert.

Ich meine, es war ganz schön dämlich von mir, zu glauben, das könnte Joker sein. Wenn er's gewesen wäre, hätte

er nicht geklopft, und wir hätten ihn auch kommen hören. Wahrscheinlich war es bloß mein schlechtes Gewissen, weil ich Fate noch nicht erzählt habe, was auf dem Parkplatz vom *Cork'n Bottle* passiert ist. War einfach noch nicht genug Zeit.

Elena lässt den Blick einmal durchs Haus wandern. Vor ungefähr sieben Jahren hatte sie mal blonde Haare, ganz schlecht gebleicht. Jetzt hat sie wieder ihr natürliches Braun, hübsch und locker, gerade richtig gewellt. Und das ist nicht alles, was sich verändert hat. Ihr Babyspeck ist auch verschwunden, sie hat umgeschlagene schwarze Jeans an und ein weißes T-Shirt mit Spitzenkragen. Sieht richtig klasse aus jetzt. Keine Frage. Lorraine sieht meinen Blick und meine Miene und zieht die Schultern hoch, als ob sie sauer ist.

Fate spricht den Jungen an: «Brauchst du noch was, Kleiner?»

«Ich hab rumgefragt nach dem Kaugummi, wie ihr gesagt habt», antwortet der kleine Serrato. «Ich hab alle gefragt, und, ähm, sie hat euch was zu erzählen.»

Elena sagt: «Ich kenne den Wichser ganz genau, nach dem ihr sucht, der Blaubeerkaugummi kaut.»

Man sollte meinen, meine Nackenhaare hätten langsam mal genug davon, sich aufzustellen, haben sie aber nicht. Gehen bis zur Decke. Neben mir rappelt sich Clever hoch. Apache macht sogar einen Schritt auf sie zu.

Das müssen wir hören.

Und zwar sofort.

«Vor ein paar Monaten war ich mit einem Typen zusammen, der das Zeug gekaut hat. Hab ihn auf einer Party kennengelernt, und ich dachte echt, er wäre der heißeste

Scheiß. Breites Lächeln, coole Sprüche. Gut küssen konnte er auch. Ihn zu küssen war wie Bonbons lutschen. Er war echt so was von scharf auf Süßigkeiten ...»

Fates Blick sagt ihr, dass sie aufs Tempo drücken soll. Sofort.

«Wir haben uns also noch öfter getroffen, und er immer so: ‹Baby, du und ich› und ‹meine große Liebe› und so. Wir haben sogar vom Heiraten geredet. Ständig hat er davon gequatscht. Aber das war, bevor ich rausgefunden habe, dass er Elvira geschwängert hat, und die ist meine beste Freundin! Als ich ihm das an den Kopf geschmissen habe, hat er sich rausgewunden: Das wollte er gar nicht, er war betrunken, sie hat ihn in die Falle gelockt, aber als ich ihn dann gefragt hab –»

Lorraine, die eifersüchtige Zicke, unterbricht sie: «Schon mal dran gedacht, dass du es nicht besser verdient hast?»

Elena springt gleich drauf an. Sie geht wütend auf Lorraine zu und spuckt: «Und wer bist du, Bitch?»

Ich packe Lorraine am Handgelenk und drehe es um. Sie jault auf.

Als Elena das sieht, lächelt sie.

Apache hebt den Kopf und fragt: «Hat der Typ auch einen Namen?»

«Er heißt Ramiro», sagt sie. «Versucht sich grad einen Namen zu machen, aber eigentlich ist er bloß ein lahmarschiger *leva*. Er muss *weg*.»

Ramiro. Meine Wangen glühen, als ob sie wer angesteckt hat.

So dumm wie in diesem Moment hab ich mich noch nie gefühlt. Ich erinnere mich, wie er vor mir stand, wie viel Schiss ich hatte, wie er roch, und ein Gedanke kämpft sich dabei nach oben: Er war nur einen Schritt von mir weg.

Mehr nicht. Vielleicht einen Meter.

Ich hatte die .38er dabei. Die hätte ich rausholen und ihn gleich da erledigen können.

Ich hätte Ernesto schon rächen können.

«Joker.» Den Scheißnamen flüstere ich, als ob er weh tut.

Und das tut er auch.

Elena guckt mich an, als wenn sie eifersüchtig wäre, aber auf jeden Fall wissen muss, woher ich das weiß.

Sie kneift die Augen zusammen und sagt schließlich: «Ja, das ist er.»

Scheiße. Jetzt will natürlich auch Fate wissen, woher ich seinen Namen kenne.

«Weißt du irgendwas über die Typen, mit denen er rumzieht? Zwei Typen?»

Sie weiß, dass sie richtig miese Scheiße abziehen, aber ihre Namen weiß sie nicht. «Die halten sich beide für Models oder so was. Haben immer nachts Sonnenbrillen auf wie so richtige *idiotas*.»

«Stimmt», sage ich, auch wenn sie im *Cork'n Bottle* keine getragen haben, es passt zu Glorias Beschreibung. «Das sind sie.»

Fate schaut mich so von der Seite an, ob ich fertig bin mit ihr.

Als ich nicke, sagt er: «Wir wissen zu schätzen, dass du zu uns gekommen bist.»

«Wie gesagt, der Typ muss *weg*», sagt Elena noch mal zu Fate. «Und bevor er abtritt, sagt diesem untreuen Arschloch, dass ich euch seinen Namen verraten habe. Sagt ihm, dass ich es war. Elena. Ich will, dass er *meinen Namen* im Hirn hat, wenn ihr ihm eine Kugel reinjagt.»

In der Grundschule war sie so schüchtern. Trug eine Brille. Hat gerne gelesen. Sagte nie einen Ton zu den Lehrern. Sagte zu niemandem einen Ton.

«Verdammt.» Apache wirft Clever einen Blick zu. «Nichts ist schlimmer als eine betrogene Frau und so, was?»

Elenas Augen blitzen ihn mit kaltem Hass an.

«Mmh», sagt sie.

Nachdem sie mit dem Jungen wieder abgerauscht ist, erzähle ich Fate, was ich weiß und wieso.

Ich erzähle ihm alles, was im *Cork'n Bottle* passiert ist. Ich gebe ihm den Zettel mit der Adresse und Telefonnummer.

Apache platzt zuerst raus. «Warte mal – was? Wie unwahrscheinlich ist das denn? Du hast echt das größte Schwein vo–»

Fate unterbricht ihn. «Die Welt ist klein, *primo.*»

Das sagt er, weil er mit Apache redet.

Aber mich guckt er an.

Und sagt: «Können wir?»

11 Clever fährt Apaches Cutlass, Big Fate sitzt vorn und Apache hinten neben mir. Auf der Fahrt besprechen wir alles. Zum Beispiel die Idee, dass ich Joker anrufe und ihn so total anmache und frage, ob wir uns irgendwo treffen können, aber Clever meint, dann würde er womöglich allein kommen, und wir hätten die Chance verpasst, die anderen beiden zu erwischen, die Ernesto umgelegt haben. Das wäre nicht akzeptabel. Für niemanden.

Irgendwer sagt so was wie, es wäre doch am besten,

wenn ich einfach auftauche und die Überraschung aus-
nutze. Und dann sagt Clever, was ich selbst schon den ganzen Abend denke, dass ich eine Agentin bin oder so. Stimmt
immer noch.

Ich hab mich noch mal neu rausgeputzt und alles. Lorraine hat rumgeschmollt, als sie nicht mehr stinkig auf mich
war wegen Elena, und dann hat sie ein bisschen geschnieft
und versucht zu heulen, als sie mir so ein Chiffondings
angezogen hat, das sich anfühlt, als hätte ich einen schlaf-
fen Regenschirm um die Hüften. Ich hab nur einen Kampf
gewonnen: den um die Schuhe. Ich hab weiße Chucks an.
Flache Sohlen, damit ich rennen kann. Bei allen anderen
Fragen hab ich verloren.

Ich trage zum Beispiel eine Perlenkette. Und so kleine
weiße Handschuhe, die am Handgelenk eine Art Spit-
zensaum haben, wie eine *quincé*-Prinzessin, die gern Cin-
derella wäre oder so was. Aber die Handschuhe sind wichtig.
Keine Fingerabdrücke.

Fate ist nicht so überzeugt davon, mich allein loszuschi-
cken. Das merke ich daran, wie still er ist. Er will alle dabeihaben. Mit allen rein. Wie 'ne Spezialeinheit.

Aber ich sage ihm: «Es gibt keine sichere Option, Fate.
Wenn ich dran bin, bin ich dran. Müssen ja nicht gleich alle
dran glauben.»

Und ich muss gar nicht betonen, dass Ernesto nicht drin
war, dass er nichts mit alldem zu tun hatte. Dass es meine
Sache ist, ihn zu rächen. Und ganz bestimmt werde ich nicht
sagen, dass besser ich die Sache übernehme als dass Ray
sich von irgendwelchen großen Jungs eine AK-47 besorgt
und lauter Luftlöcher in irgendein Haus schießt, und dann
in noch eins und noch eins.

Also stecken wir die Köpfe zusammen.

Fate sagt: «Du gehst rein. Du findest sie. Hältst dich ein bisschen zurück, wenn sie nicht zusammen sind. Mischst dich unter die Leute. Wartest ab, ob du sie nicht alle auf einen Haufen kriegst, damit du dicht an alle rankommst. Dann kannst du sie kaum verfehlen. Und es geht auch viel schneller.»

Wir halten vor einem Haus, das ich noch nie gesehen habe, und ein Typ kommt ganz schnell die Veranda runter zum Auto. Apache streckt die Hand aus dem Fenster, der Typ lässt irgendwas reinfallen, dreht sich wieder um und geht zurück.

Vier Patronen, alle 9 mm.

Ich sehe sie glitzern, dann fährt Clever wieder los, und wir steuern die Adresse an, die Joker mir gegeben hat.

Apache reicht Fate die Patronen, und ich schaue zu, wie er die Glock lädt. Dann gibt er sie mir. Ich packe zu, und das Tape fühlt sich komisch an. Fate zeigt mir, wie ich sie entsichere, und das mache ich.

Es gibt alle möglichen Regeln für diese Nummer. Fast schon eine Liste.

Wenn ich ballere, muss ich die Schüsse zählen.

«So bleibst du konzentriert», sagt Fate. «Und drückst nicht einfach ab, bis das Magazin leer ist.»

Kein Cowboy-Scheiß. Je näher, desto besser.

Nicht zuerst auf den Kopf zielen. Sondern auf den Körper. Der ist größer.

Paar Schuss aufs Herz. Zum Schluss einen in den Kopf, wenn die Zeit reicht. Wenn du dicht genug dran bist.

Wenn ich fertig bin – wenn es *getan* ist –, lasse ich die Waffe fallen. Kein Zögern.

Dann gibt Apache mir Deckung, dann laufen wir weg, und dabei gibt uns Fate Deckung, fast wie 'ne Staffel, und dann springen wir in den Wagen.

So ist der Plan, weil Fate es sagt.

Ich starre die Glock an. Die schwerste Pistole, die ich je in der Hand hatte, oben ganz schwarz und glänzend, am Griff weiß vom Tape. Und genau da geht mir durch den Kopf, dass irgendeine arme Sau heute Abend oder morgen das Haus durchsucht kriegt, oder auch erst, wenn die Leute nicht mehr auf der Straße randalieren und die Sheriffs dazu kommen und rausfinden, dass seine Waffe bei einer Schießerei abgefeuert wurde. Jedenfalls bald genug. Die Vikings kommen immer.

Wenn ich alles so mache wie besprochen und das Scheißteil ins Gras fallen lasse, und wenn die Sheriffs es finden und die Seriennummer zurückverfolgen und den legalen Eigentümer ermitteln, dann rammen sie ihm um vier Uhr morgens die Haustür ein und wecken ihn mit einer Schrotflinte an der Schläfe, und auch seine Kinder und seine Frau, und sie legen ihm vor seiner Familie auf dem Wohnzimmerteppich Handschellen an, als ob er ein Mörder wäre, aber ich habe kein schlechtes Gewissen. Scheiße, nein. Scheiß auf den Typen und seinen Waffensafe.

Er wird irgendwann entlastet werden. Und dann sofort nach Hause gehen. Er wird dankbar sein, und glücklich und frei.

Im Gegensatz zu Ernesto.

Vielleicht haben sie ihn noch nicht mal in den Leichensack gesteckt. Echt, vielleicht liegt er noch in der Gasse rum und hat mein Hemd auf dem Gesicht. Der Gedanke brennt am schlimmsten.

Aber dann stellt Clever das Radio an, den Sender *KRLA*, und es läuft «I Wish It Would Rain». Die Scheiß-Temptations. Mann, das ist echt nicht fair.

Apache stößt mich an und macht die Hände auf. In einer hat er eine Ampulle mit was Flüssigem drin, in der anderen eine Zigarette.

«Brauchst du was, Payasita?»

Er schaut mich nicht an. Schraubt einfach die Ampulle auf, taucht die Zigarettenspitze ein und schraubt wieder zu.

Er sagt, das macht es leichter.

Licht zuckt durchs Seitenfenster, als wir an Straßenlampen vorbeirasen. Ich schaue auf die Zigarettenspitze, dunkel und fleckig.

«Macht was leichter?», frage ich.

Er will mich nicht mal ansehen.

Zuckt bloß die Achseln und sagt: «Alles.»

12 Es ist so dunkel und die Party so laut, dass kein Mensch merkt, wie wir draußen die Straße besetzen: wie Clever 'nen halben Block weiter parkt; wie Apache aussteigt, über die Straße geht und bei einem Briefkasten Posten bezieht; wie Fate auf halber Strecke dazwischen auf der anderen Straßenseite steht.

Mir ist heiß wie auf dem Scheiterhaufen, als ich aus dem Auto steige, aber verdammt noch mal, der leichte Wind in meinem Gesicht fühlt sich richtig gut an. Ich wische mir mit dem Handschuh über die Stirn und stelle fest, dass ich schwitze. Wow. Ich weiß nicht wieso, aber das finde ich plötzlich total witzig.

Bleibt aber nicht lange witzig, weil sich rausstellt, dass Clever recht hatte. In nicht mal einer Minute haben wir den Ford Ranchero gefunden, den mit der Anhängerkupplung. Die Stoßstange ist eingedellt.

Ich starre die Beule kurz an und überlege, ob die vom Kopf meines Bruders stammt und wie es mir damit geht, aber ich habe eigentlich überhaupt kein Gefühl. Apache hat mir gesagt, das kommt vom PCP. Das Zeug macht einen ganz taub, meint er.

Ich gehe in Richtung Haus und denke, inzwischen ist es so spät, dass alle, die zur Party wollen, auch da sind. Auf der Straße ist es echt still, bis auf die Musik. Und die Stimmen.

Ich höre, dass Leute hinten im Garten sind, also gehe ich nicht durchs Haus, sondern außen rum, um zu sehen, ob da ein Zaun im Weg ist.

Ist keiner.

Bloß ein betonierter Streifen von der Auffahrt am Haus vorbei in den Garten. Ist ein guter Garten. Halb Rasen, halb Terrasse. So ein kleines Vordach aus rötlichem Holz geht vom Haus über die Terrasse. Darunter, dicht am Haus, steht Joker.

Er hat ein Bier in der Hand. Einer seiner Jungs steht hinter ihm.

Der andere lehnt am anderen Ende der Terrasse am hinteren Zaun, vielleicht fünf Meter entfernt. Er dreht irgendwas in den Händen.

Ich gehe über den Rasen auf Joker zu und ignoriere die Blicke der Leute.

Echt irre, wie ruhig ich bei dem Gedanken bin: *Ach, dann erschieße ich einfach die beiden und gehe dann rüber zum Dritten.* Was soll's? Keine große Sache.

79

Ich hab jetzt nämlich keine Lust mehr zu warten. Ich hab Lust auf 'ne Schießerei. Für Ernesto.

Joker sieht mich und reißt die Augen auf. Er grinst total breit, als ob er sich freut, mich zu sehen, als ob er so richtig froh ist, dass ich gekommen bin.

Das merke ich, und es gefällt mir, denn das macht die Sache so viel besser: wenn der Motherfucker überhaupt nicht schnallt, dass ich sein Todesengel bin.

«Hey, ich dachte, du kommst nicht», sagt er begeistert. «Wo ist denn deine Cousine? Ist die auch da?»

Ich fasse in meine Handtasche.

Und hole Lorraines Lipgloss raus.

Ich ziehe mir vor seiner Nase die Lippen nach, total sexy, und schaue ihm in die Augen. Ich denke, dass ich es für Elena tue.

Als ich das Lipgloss zurücklege, schließe ich die Hand um die Glock, um das Tape am Griff.

Ich schenke Joker mein süßestes Lächeln, so eins, das sagt: «Ich musste an dich denken.»

Dann sage ich: «Für Ernesto.»

Als ich die Knarre rausziehe, bleibt das Korn am Reißverschluss hängen. Aber nur kurz. Nicht mal eine Sekunde.

Da wird die Zeit langsamer. Das ist kein Quatsch.

Es passiert tatsächlich.

Joker macht so ein Gesicht mit ganz zerknautschter Stirn und offenem Mund, total geschockt, und er legt den Kopf schräg.

Außerdem dreht er sich weg in Richtung Haus.

Ich schieße ihn ins Ohr.

Das Ding geht voll durch seinen Schädel, und einiges von ihm landet auf den Leuten dahinter.

Und das ist gut so. Gefällt mir.

Und es passt, weil Ernesto auch kein Ohr mehr hatte, als er gestorben ist. Das ist mal Gerechtigkeit.

Jokers Homeboy, der am nächsten dran steht, duckt sich und greift in seine Jacke. Aber er kriegt die Hand nur halb rein, ehe ich auch ihm eine verpasse.

Das Teil knallt in meiner Hand wie ein Böller, und mein ganzer Körper zittert.

Die Brust von dem Typen platzt auf, als er nach hinten stolpert. Er kriegt noch einen in den Kopf, als ich näher dran bin, so *blau!* So ein Geräusch macht das. Wie so 'n deutsches Wort. Für mich jedenfalls klingt es so.

Leute sehe ich eigentlich gar keine. Bloß Gerenne.

Wellen von Klamotten, die zittern und zurückweichen. Als wäre ich Moses. Als ob sich das verfickte Rote Meer vor mir teilt.

Ich drehe mich zum Zaun um, über den Jokers anderer Kumpel gerade klettern will.

Ich schieße und verfehle ihn.

Ich schieße und treffe ein Mädchen.

Ich schieße und treffe ihn ins Bein. Er fällt vom Zaun. Und ich lache.

Das macht sechs, denke ich. *Waren das sechs?*

Ich zähle zusammen, Kopfrechnen.

Ja. Sechs Kugeln verschossen.

Ich glaube, er schreit, aber ich höre nichts. Mir klingeln die Ohren wie verrückt.

Ich stehe vor ihm und sage: «Für Ernesto.»

Als er «Für wen?» fragt, drücke ich ab.

Daneben. Aus gut einem Meter verfehlt. Aber nicht mit der nächsten Kugel.

Die geht durch sein Auge und tritt hinten wieder aus dem Schädel und schlägt ein Loch ins Zaunfundament, so groß wie ein Golfball und rot. Richtig rot.

Das ist auch irgendwie witzig.

Aber verdammt, mir ist heiß. Ich verbrenne. Ich brauche dringend Wasser.

Ich spüre meinen Finger gar nicht mehr am Abzug, aber ich schieße ihm noch mal ins Schlüsselbein. Glaube ich jedenfalls.

Seine Brust explodiert nicht oder so, da ist bloß ein Loch, das sofort rot wird.

Das sind jetzt neun oder zehn.

Der Garten ist jetzt so gut wie leer. Die Leute quetschen sich durch die Glasschiebetür ins Haus, und dahinter sehe ich Typen, die nach draußen wollen.

Typen, die mir an den Kragen wollen.

Lass die Waffe fallen, denke ich. *Lauf.*

Also laufe ich.

Mein Fuß rutscht im Gras weg, ich lande in einer Blutpfütze. Ich weiß nicht, wessen Blut das ist. Das finde ich auch witzig.

Aber ich komme schnell wieder hoch, und es sieht schlimm aus, weil sich so ein Scheißtyp mit Bart und Riesenknarre durch die Tür schiebt und auf mich zielt.

Ich spüre meine Füße nicht. Aber sie bewegen sich. Ich schwitze, als wäre ich stundenlang gerannt.

Aus dem Nichts taucht Apache auf, kommt auf mich zu, wie hergezaubert. Er hat den Revolver in der Hand und ballert auf den Typen. Und er muss ihn auch erwischt haben, denn wir werden nicht weiter verfolgt, und er reißt mich mit, zerrt mich vorwärts, rettet mich.

Ich schaue mich um: Es liegt noch eine Leiche auf dem Rasen, und zwei weitere Typen kommen aus dem Haus.

Wir biegen ums Eck, rennen die Einfahrt hinunter auf den Bürgersteig.

Als Jokers Homies um die Garagenecke kommen, eröffnet Fate mit der Schrotflinte das Feuer auf sie. Das Teil ist so laut wie ein Flugzeugabsturz. Und ich lache.

Alles gelaufen wie geplant, denn jetzt sitzen wir im Auto und fahren. Aber ich weiß nicht, wo vorn und wo hinten ist.

Ich fühle mich dünn wie Klopapier. Ich will schon wieder lachen. Ich will die ganze Geschichte erzählen, wie es aussah, wie es sich anfühlte.

Und dann habe ich das Gefühl, ich muss vielleicht kotzen.

«Hast du die Motherfucker erwischt?», will Fate wissen, und ich will antworten.

Aber ich kann nicht. Ich versuche es, aber mein Mund funktioniert nicht.

Ich hab noch nie jemanden erschossen.

Ich meine, geschossen habe ich schon oft. Auf Zielscheiben und Vögel und so.

Aber ich habe noch nie auf *jemanden* geschossen.

Das ist was anderes.

«Du musst dich umziehen», sagt Fate und dreht den Rückspiegel, sodass er mich sehen kann. Er starrt mich durchdringend an. Mit diesem Blick diskutiert man nicht. Niemals.

Es kommt mir vor, als würde das Auto schneller als schnell fahren, dabei weiß ich, dass Clever nicht überm Tempolimit ist.

Das gehört auch zum Plan.

Ich nicke.

Ich weiß, ich muss mich umziehen.

Aber meine Arme bewegen sich nicht. Sie tun nicht, was Fate will. Oder was ich will.

Fate sagt zu Apache: «Mach du den Scheiß.»

Apache hebt meine Arme hoch, zieht mir einen Hoodie übers Kleid.

Mit einem Lappen wischt er mir die Schminke vom Gesicht, zupft meine Ohrringe raus, drückt mir eine Basecap auf den Kopf und zieht dann die Kapuze hoch.

Sie suchen nach einem ballernden Mädchen.

Wenn sie überhaupt suchen. Und selbst wenn, wäre das auch egal. So sehe ich nicht mehr aus. Jedenfalls nicht von außen.

Aber Scheiße, die Sheriffs suchen bestimmt nicht. Die sind alle im Fernsehen. Darüber muss ich auch lachen.

Ich lache darüber, dass sie in Florence und Watts die Feuer löschen, die heute Abend in Los Angeles brennen. Meint ihr, da interessiert es sie, wenn in Lynwood irgendwelche Gang-Rechnungen beglichen werden? Auf keinen Fall. Wahrscheinlich sind sie froh drüber, dass sie nicht ermitteln müssen. Dass sie stattdessen bloß ihre Panzerwesten anziehen und Menschenmengen abdrängen müssen.

Ich hebe meinen Pager vom Fußboden auf. Ich habe ihn in der Hand. Ich kann bloß noch daran denken, *mi mamá* anzurufen. Ich kann bloß noch an ihr besorgtes Gesicht denken.

Und die Traurigkeit fällt über mich wie eine Decke, sodass ich gar keine Luft mehr kriege.

«Fate», sage ich, und meine Stimme ist ganz klein.

Er schaut auf die Straße. «Was?»

«Wie soll ich ihr erzählen, was passiert ist?»

84

Fate versteht erst nicht. Er sieht Apache an, aber der guckt aus dem Fenster, also sieht er wieder zu mir.

Dann schnallt er es, aber ich merke, er hat auch keine Antwort, als im Rückspiegel seine Kinnlade nach unten klappt und unten bleibt.

Wir sind auf der Imperial, rollen an der Tauschbörse vorbei, als Fate sagt: «Du sagst deiner *madre*, du hast für Gerechtigkeit gesorgt. Das erzählst du ihr, verdammte Scheiße.»

RAY VERA
ALIAS LIL MOSCO

29. APRIL 1992

19:12 UHR

Scheiße, Mann, ich weiß echt nicht, was Fate für 'n Problem hat. Ich hab bloß getan, was er auch getan hätte. So hat er sich damals 'nen Namen gemacht, und mit noch viel Schlimmerem. Er will mich nur bestrafen wegen der Scheiße vor dem Club, wo ich rumgeballert hab, und jetzt will er mich an die Leine nehmen oder so was und lässt mich seine Touren fahren.

Ich überwache den Vertrieb jetzt seit über einem Jahr. Über so 'nen Scheiß bin ich doch raus. Echt jetzt, solche Touren sind für Penner und Anfänger wie Oso. Und Oso hat sie ja auch gemacht, bevor Big Fate meinte, dass ich wieder dran bin. Heute sieht er die Randale im Fernsehen und beschließt aus heiterem Himmel, mich aus der Stadt zu schicken, um Ware abzuholen. Klar, er hat den richtigen Spruch parat, so «Wir schicken dich dahin, weil die Bullen überall sonst sind», aber dafür kennt er mich zu gut. Meine Augen haben ihm verraten, wie sehr ich mitmischen wollte. Ich meine, einen neuen Fernseher kann doch jeder gebrauchen, oder?

Das einzig Gute an der Tour ist, und ich meine wirklich das *Einzige*, dass ich Fates Schlitten fahren kann, so einen fetten alten Chevy aus den 70ern. Ich schwör euch, der Wagen hat einen Motor, der frisst die Meilen auf dem Freeway 10 einfach weg. Wir *fliegen* Richtung Osten. Ich bin durch Monterey Park, dann El Monte, dann West Covina, ehe ich überhaupt merke, dass ich den Fuß auf dem Gas hab.

Aber wisst ihr was? Ich soll mich jetzt an alle möglichen Regeln halten. Bloß weil Fate es will, der Arsch. Nummer eins, ich darf nichts Richtiges mehr rauchen. Ja klar. Nummer zwei, ich muss mich immer ans Tempolimit halten. Dazu sag ich, netter Versuch, Wichser. Nummer drei, ich darf niemanden auf die Touren mitnehmen, weil ich es besser hinkriegen soll, ganz allein zuverlässig zu sein.

Aber woher will er überhaupt wissen, was ich anstelle, solange alles erledigt wird? Außerdem bin ich ja nicht so dämlich, irgendeinen Scheiß zu bauen, nachdem ich die Ware geholt habe. Na ja, außer der Regel übers Mitnehmen, die muss ich brechen, aber das ist ja wohl nicht so schlimm. Immerhin kennt Fate meinen Homeboy Baseball, darum glaub ich, wenn er es rauskriegen würde, wär's nicht so schlimm. Wird er natürlich nicht rauskriegen. Also, ich erzähl es ihm nicht. Und Baseball auch nicht.

Ist ja klar, wie er seinen Namen gekriegt hat. Sein Kopf sieht exakt wie 'n Baseball aus, so mit Nähten und allem, weil sein Vater 'nen schlimmen Autounfall hatte, als Baseball noch klein war, und er durch die Windschutzscheibe gerauscht ist. Im Krankenhaus mussten sie ihm den halben Skalp wieder festtackern, und um die Narbe rum wächst sein Haar ganz komisch. Er ist auch echt empfindlich deswegen. Trägt seine Los-Doyers-Cap immer ganz tief und nimmt sie nie ab.

Baseball steht total auf Geschichten. Immer wieder will er die Nummer von dem Club hören, immer noch 'ne Kleinigkeit, und wie ich mich dabei gefühlt habe und so 'ne Scheiße.

«Hat der Typ deine Schwester wirklich eine *manflora* genannt?», fragt er.

Ich will über den Scheiß nicht mehr reden, und das zeig ich ihm, indem ich tiefer in den Sitz rutsche und das Handgelenk oben aufs Lenkrad lege. Ich guck ihn nicht mal an, um ihm zu zeigen, dass ich drüberstehe, klar?

Außerdem hat er schon tausendmal gehört, wie der Typ gesagt hat, er würde meine Schwester Payasa ficken, würde ihr ein Messer in die Muschi stecken, und als er dann meine Adresse gesagt hat, also meine richtige Adresse, mit ZIP-Code und allem, da bin ich einfach durchgedreht, Mann. Bin raus zum Auto und hab gewartet, bis er mit seiner Braut rauskam, und dann hab ich einfach draufgehalten. Sie hat's abgekriegt. Er nicht.

Was soll's. Man kann nicht immer ins Schwarze treffen. In diesem irren Leben gibt's keine Reue. Aber ich wusste, von denen würde ich noch hören.

Danach habe ich angefangen, Knarren bei uns zu Hause zu lagern. In jedem Zimmer, Mann. Solche Sachen muss man einfach ernst nehmen. Im Bad hab ich sogar *zwei*. Eine im Medizinschrank, eine unterm Waschbecken. Wenn Lu irgendwas zustößt, dann werd ich zum Rambo. Das weiß jeder. Tust du meiner Familie was, bist du erledigt. Dann knalle ich dich auch in der Kirche ab. Oder deine Mutter im Schlaf. Mir scheißegal. Auf der Straße wissen alle Bescheid. Mit Lil Mosco legt man sich nicht an. Woher krieg ich auch sonst Respekt? Wer bloß den ganzen Scheißtag zu Hause hockt und Konsole spielt, macht sich bestimmt keinen Namen.

Baseball versucht das Gespräch wieder in Gang zu bringen. «Hey, hast du gehört, dass die großen Jungs Manny Sanchez zum Abschuss freigegeben haben, wegen der Sache drüben in Norwalk?»

«Wie, Elenas Bruder Manny?» Ich weiß von ihm, aber ich kenne ihn nicht. «Mann, mit dem Mädchen bin ich zur Grundschule gegangen. Wie heißt der jetzt noch?»

«Lil Man.»

Da klingelt nichts bei mir. Ich schwör, Baseball redet ohne Ende von den großen Nummern. Verehrt sie. Was sagt das über ihn? Wie geht noch der Spruch, den Wald vor lauter Bäumen nicht sehen oder so? Das ist Baseball. Keinen Schimmer vom Großen und Ganzen.

Ich sag also: «Tja, dann geht's bei dem ganzen Gerede von Friedensabkommen wohl vor allem ums Geld, was?»

«Es geht um die *raza*, Mann», sagt er. «Um Einigkeit. Eine verdammte Armee bilden.»

Ich nehm die Hand vom Lenkrad und steuere zwei Sekunden mit den Knien. So kann ich seinem Baseballschädel einen Klaps verpassen.

Er guckt ganz sauer, und ich lache.

«Weißt du eigentlich, wie bescheuert du dich anhörst, Alter? Echte Gangster interessiert die *raza* einen Scheiß. Denen geht es nur ums Geld. Würde mir genauso gehen, wenn ich an ihrer Stelle wäre. Dir auch. Du sagst, was du musst, um deine Interessen durchzusetzen. Das ist alles. Du bringst einen Typen dazu, weit in die Ferne zu gucken, und dann steckst du ihm die Hand in die verfickte Hosentasche. Das ist genial, *vato*.»

«Ja, vielleicht, kann sein.» Baseball reibt sich den Hinterkopf. «Aber wenn man zum Abschuss freigegeben wird, das

90

ist kein Spaß, Bro. Manchmal setzen sie ganze *varrios* auf jemanden an.»

«Wieso erzählst du mir nicht endlich, was mit Manny los ist? Scheiße, Mann. So viel Gequatsche, und nie kommst du zur Sache.»

«Okay, er wollte also jemanden aus dem Auto erledigen und hat aus Versehen eine Oma auf ihrer Veranda abgeknallt. Oh Mann, wie kannst du davon nichts gehört haben?»

Ich starre ihn böse an. «Scheiße, Alter, wieso hast *du* denn davon gehört? Du bist nicht mal richtig drin, erzählst aber mehr Kriegsgeschichten als ein *veterano*.»

«Ich hab Ohren.» Jetzt schmollt er richtig. «Davon weiß jeder.»

Danach wird er still und sagt nichts mehr, bis wir zum Stadtrand von Riverside kommen. Dann sagt er: «Hast du keinen Schiss, dass sie dich wegen diesem Mädchen auch zum Abschuss freigeben?»

«Wird nicht passieren, du Idiot.» Aber dann denk ich drüber nach. Ob sie das wohl machen würden. «War ja nicht mal im Vorbeifahren. Bin direkt auf sie zugegangen.»

«*Raza* ist *raza*, Mann. Ob sie voll drin war oder nicht, das war sie jedenfalls. Eine von unsern Leuten.»

Und ich so: «Scheiße, die war doch keine von uns. Sei nicht bescheuert.»

Aber dann überlege ich: war sie *doch*? Ich hab keine Lust mehr zu reden, also schalte ich das Radio an, damit er nicht mehr antworten kann, aber so weit draußen kriegt man von Art Laboe bloß noch Rauschen. Schade eigentlich. Diese Tour ist perfekt zum Oldieshören, aber stattdessen schiebe ich die neue Kid Frost ins Tapedeck. Ist erst letzte Woche rausgekommen, ich weiß also nicht, ob sie so gut ist wie *Hispanic Causing Panic,* aber gut ist sie. «Mi Vida Loca» auf Seite zwei höre ich eigentlich ununterbrochen, seit sie draußen ist.

Mann, das hab ich noch niemandem erzählt, aber ich liebe die Wüste bei Nacht. Ich kurbel das Fenster runter, damit ich die Sterne sehen und den Wind spüren kann, aber ein fetter Sattelschlepper rauscht vorbei, da muss ich wieder zumachen. An der übernächsten Ausfahrt biege ich vom Freeway ab, und wir fahren im Zickzack einen Hügel rauf und durch eine riesige Reihensiedlung, alle Häuser an den Hang gebaut, alle zwei oder drei Stockwerke hoch. Das sind Häuser mit Dachboden, klar? Alle in den gleichen Farben, wie Sand oder Holz oder so was, sonst nichts. Mehr oder weniger der amerikanische Traum, wenn man nicht jeden Tag eine Stunde hin und eine Stunde zurück pendeln müsste.

«Arbeiten in L.A.», sage ich, «wohnen am Arsch der Welt.»

«*La neta.*» Baseball stimmt mir zu, weil er weiß, dass ich recht habe, und schon sind wir wieder Freunde.

Das bleiben wir auch, als wir ins Haus gehen, vorbei an den künstlichen Pflanzen und ins Wohnzimmer. Gleich daneben ist die offene Küche, nur durch eine kleine Mauer mit Hockern davor abgetrennt. Meine Kontaktperson steht in der Küche, mixt sich einen Drink und sieht richtig sexy aus.

Durch den dünnen Seidenmantel sieht man ihren Bikini mit grünblauem Blumenmuster. Sie ist weiß, so um die vierzig, sonnengebräunt und ein bisschen hippiemäßig mit 'ner roten Blume im Haar, aber echt gut gebaut. Gute Schenkel. Guter Arsch. Und die Titten dazu. Saubere Figur.

Ich hab's zuerst nicht geglaubt, als sie es mir erzählt hat, aber sie ist echt Sozialarbeiterin. Kein Scheiß, das ist ihr Job. Kommt sie wahrscheinlich mit den richtigen Leuten in Kontakt. Ihr Alter sitzt in L.A. im Men's Central Jail, aber sie hält draußen sein Geschäft am Laufen. Weiß gar nicht, wie sie richtig heißt. Hinter ihrem Rücken nennen alle sie Scarlet. Ich bin sicher, sie weiß das und macht sich nichts draus.

Der Fernseher läuft laut, und ihr Sohn sitzt davor, ganz dicht an den Bildschirm gebeugt. Eine Sekunde ist Basketball an, dann Nachrichten, und ich kneife die Augen zusammen und versuch zu erkennen, was da jetzt brennt, aber schon läuft wieder Basketball. Er ist in meinem Alter, vielleicht älter. Weiß nicht genau. Er ist so weiß wie T-Shirts und Tischdecken, so als ob er nie rausgeht. Unter den Augen ist die Haut ganz blau geädert.

«Hey», sage ich zu ihm.

«Hey», antwortet er, ohne den Blick vom Bildschirm zu nehmen.

Ich drehe mich wieder zu Scarlet um und sage: «Das ist mein Freund Baseball.»

Sie nimmt einen Schluck und nickt in seine Richtung. «Wieso nennen sie dich so?»

Ich antworte für ihn. «Weil seine *huevos* größer als Baseballs sind.»

Ihr Blick sagt «Was redest du für einen Mist», aber ich zucke bloß die Achseln, und sie wird neugierig. Scarlet fickt jeden. Sie ist nicht wählerisch. Und genau deshalb hab ich Baseball mitgebracht.

Ich schulde ihm noch Geld, und er hat noch nie 'ne Frau gehabt, da dachte ich mir, das ist ein guter Deal. Ich bin nämlich schon dran gewesen bei ihr. War ganz okay. Wäre noch besser gewesen, wenn sie nicht die ganze Zeit dabei geraucht hätte. Das war eklig, Alter. Da hat sogar ihre Muschi irgendwie fies geschmeckt, wenn ich ehrlich bin.

Sie kommt mit Tüten aus der Speisekammer, und der Handel geht reibungslos über die Bühne, wir haben das schon ein paarmal gemacht.

Und schnell geht es auch. Ich gebe ihr den Umschlag. Sie gibt mir die beiden großen braunen Papiertüten, die sie schon fertig gepackt hat. Keine Ahnung, was alles drin ist. Ganz sicher PCP, Koks, Heroin. Was sonst noch, bin ich nicht sicher. Vielleicht Meth. Was Fate eben will. Ich bin heute nur der Kurier.

Ich sehe, dass Scarlet Baseball beäugt, also sage ich gar nicht erst danke. Ich weiß schon, was jetzt kommt. Ihr Sohn auch, schätze ich. Ich sehe schon, wie er sich auf der roten Couch so krümmt. Sie wirft ihm einen Blick zu, ehe sie den Mund aufmacht.

«Du hast doch gesagt, du wolltest den Müll raus–»

Sie kann den Satz nicht mal zu Ende sprechen, da läuft er schon knallrot an und brüllt: «Halt die Fresse, Mom! Verdammt, ich habe dich auch die ersten zweiunddreißigmal schon gehört.»

Dabei guckt er sie nicht mal an. Glotzt nur auf den Fernseher. Und ich? Ich sterbe inwendig. Bin total schockiert. So was würde ich *nie* zu meiner Mutter sagen! Diese verfickten Weißen sind doch alle irre, ich schwöre.

«Ich habe dir noch gar nicht das Haus gezeigt», sagt Scarlet zu Baseball, starrt dabei aber ihren Sohn an, stinksauer. Den Seidenmantel hat sie schon aufgeknotet. Ein Bikiniträger hängt runter. Sie nimmt eine Zigarette aus der Packung, dreht sich um und führt Baseball die Treppe rauf. Dauert ein oder zwei Minuten, bis sie stöhnt, aber dann gleich heftig. Das ist wohl ihr Tempo.

Im Fernsehen läuft jetzt wieder Basketball. Lakers gegen Portland, wie's aussieht. Lautstärke voll aufgedreht. Kann ich nachvollziehen. Wenn meine Mutter so eine Hure wäre, würde ich es nicht mal im selben Bundesstaat aushalten, vom selben Haus ganz zu schweigen. Scheiße. Ihr wisst, das ist die Wahrheit.

Er tut mir leid. Echt. Aber als er ganz leise von der Couch aufsteht und zur Tür geht, die in die Garage führt, und da auf den Knopf fürs Garagentor drückt, und als das Tor langsam aufgeht, da denk ich so: *Soll denn der Scheiß? Lässt er 'nen Hund rein oder was?*

Ich frage mich immer noch, warum jemand so was macht, als sich durch genau die Tür zur Garage drei Cops reinschleichen. Große, kräftige Typen. Mit Schrotflinten. Mit Westen an, auf denen vorn groß LAPD steht.

Mann, ich kann echt überhaupt nichts machen! Die sind so schnell über mir, drücken mir das Gesicht in den Scheißteppich, legen mir Handschellen an und reißen mich wieder hoch auf die Knie. Aber dann frage ich mich, wieso sie sich eigentlich nicht als Cops zu erkennen gegeben haben. Wieso sie nicht gebrüllt haben.

Im Fernsehen schreit das Publikum. Die Uhr tickt runter.

In dem Augenblick geht Scarlets Sohn zur Speisekammer. Er macht sie auf und zeigt den Typen, wo der Scheiß versteckt ist. Und auf meine Tüten zeigt er auch. Und vor allem zeigt er nach oben und hält zwei Finger hoch. Da geht mir ein Licht auf.

Das ist ein verfickter *Raubüberfall* hier.

Hinter mir sagt jemand: «Du stehst auf der *lista*, Kleine Mücke.»

Meine Lunge hört auf zu arbeiten. Steht einfach still. *Was?*

Als einer der Typen vor mich tritt, sehe ich die Tattoos an seinem Hals und hinter seinen Ohren. Er hat 'ne Glatze und 'nen Schnauzer, so Charles-Bronson-mäßig. Da wird mir richtig schlecht, denn das sind keine Cops.

Das *sind keine Cops*.

Jetzt komme ich mir noch bescheuerter vor, weil ich doch in Riverside bin und die mich mit den LAPD-Westen trotzdem gelinkt haben. Die sind hier überhaupt nicht zuständig, Homies!

«Wir bezahlen euch», sage ich. «Was ihr wollt. Wir machen das klar.»

Das bringt sie zum Lachen, die Hände vorm Mund, absichtlich leise.

Über uns hört Scarlet gar nicht mehr auf zu stöhnen.

«Also dann, wer war es?» Ich versuche mir die Lippen zu befeuchten, aber ich bin ausgetrocknet und kriege keine Spucke zusammen. «Wer hat meinen Arsch reingeritten? Kommt schon, Leute! So viel müsst ihr mir sagen.»

Sieht ganz so aus, als ob es nicht Scarlet war, und auf keinen Fall ist ihr beschissener Sohn auf die Idee gekommen. Aber wenn nicht, dann gibt es nur zwei Möglichkeiten, und eine davon ist Fate. Scheiße. Das tut zu weh. Aber vielleicht, denk ich, ist es auch Scarlets Alter. Macht auch Sinn. Vielleicht hat er einfach die Schnauze voll, dass sie in der Gegend rumvögelt, und vielleicht hat sie auch sein Geld verjubelt. Ich hab keine Ahnung, wie gut seine Verbindungen sind, was für eine große Nummer er ist. Ich hab bloß das dumme Gefühl, das ist so eine Zwei-Fliegen-mit-einer-Klappe-Scheiße.

Beim Spiel im Fernsehen versucht einer einen Wurf. Er geht daneben, aber ein Mitspieler holt sich den Rebound. Die Zuschauer ticken total aus, als er ihn versenkt. Gleich danach pfeift der Ref, das andere Team nimmt eine Auszeit.

«Du hast dich selbst reingeritten, *pequeña mosca*. Du bist ganz allein schuld. Hättest lieber *mayates* abknallen sollen, wenn du schon wen abknallen willst.»

Jetzt ist Scarlet kurz davor, sie schreit, als ob ihr gleich die Muschi explodiert. Aus dem Augenwinkel sehe ich einen Typen mit Schrotflinte nach oben schleichen. Verflucht, das ist echt eiskalte Scheiße. Sie hat keine Ahnung, was ihr blüht.

Ich sehe es immerhin kommen. Ich weiß immerhin, dass jetzt die Zeit für letzte Worte ist. Wenigstens so viel Respekt kriege ich.

«Sagt meiner Schwester, dass ich sie liebe. Meinem Bruder auch. Und meiner Mutter. Sagt es ihnen.»

«Klar», sagt die Stimme hinter mir, «werden wir sofort erledigen.»

Oben wird die Schrotflinte abgefeuert, einfach *buumm*. Klingt, als ob eine Rakete einschlägt. Da oben schreit Baseball rum und ruft meinen Namen. Aber ehe er noch was sagt, macht es noch mal *buumm*, und dann ist völlige Stille.

So bleibt es nur ein oder zwei Sekunden, bis das Spiel laut wieder angepfiffen wird und ich zusammenzucke, als die Zuschauer aufspringen und begeistert losjubeln. Als der Referee noch mal pfeift und der Ball eingeworfen wird und als irgendein Typ, von dem ich noch nie gehört habe, den

Ball von weit hinter der Drei-Punkte-Linie auf den Korb wirft, halten sogar die Kommentatoren die Luft an.

Groß und rund und kalt, so fühlt sich der Kuss des Flintenlaufs in meinem Nacken an. Ich versuche ein Gebet zu sprechen. Ich versuche zu sagen: *Vater unser der du bist im Himmel* und so weiter, ich versuche *geheiligt werde dein Name* zu sagen, aber die Worte stecken in meiner Brust fest, ich kann sie nicht finden, also atme ich bloß aus, lasse alle Luft aus mir raus und schließe stattdessen die Augen.

ZWEITER TAG

DONNERSTAG

Klar, die denken andauernd daran, was mit Rodney King passiert ist.
Ehrlich, das ist das Letzte, was die im Kopf haben!
Das ist bloß –
Da draußen steigt 'ne Party.
Das hier ist Rock 'n' Roll in L.A.

Joe McMahan, ABC 7, Live Eyewitness News

JOSÉ LAREDO
ALIAS BIG FATE
ALIAS BIG FE

30. APRIL 1992

8:14 UHR

1 Payasas Sofa ist aus den Siebzigern, total klumpig. Ich habe darauf die ganze Nacht keinen Schlaf gekriegt, die Knarre in der Hand habe ich nach jedem Auto gehorcht, das vorbeifuhr, jedes Mal sicher, das ist Jokers Gang, die zurückschlagen will – bis es vorbeigefahren ist und sie es nicht waren, und dann habe ich mir Gedanken um das nächste Auto gemacht.

Die Finger meiner rechten Hand sind völlig verkrampft, also schüttele ich sie erst mal aus und blinzele ins gelbe Licht, das oben durch die Vorderfenster scheint, über die alten gestreiften Vorhänge hinweg. Es ist Morgen. Das weiß ich.

Aber ich kann auch nicht mehr als ein paar Stunden hier gelegen haben, weil Payasa hinterher zuerst zu ihrer *mamá* musste, um ihr zu erzählen, was mit Ernesto passiert ist und wie sie denen, die es getan haben, die gerechte Strafe verpasst hat, aber was danach kam, das war hässlich. So *Exorzist*-mäßig. Stampfen, Heulen, Schreien. Heilige wurden angerufen. Payasita wurden Vorwürfe gemacht, aber Lil Mosco noch viel mehr: Wir sind erst weg, als ihre Tante rübergekommen ist – die eine, die nicht reden kann, weil sie

als Kind in Mexiko ihre Zunge glatt abgebissen hat, als sie
von einem Pferd getreten wurde – und die hat dann *pozole*
gekocht, irgendwann weit nach Mitternacht.

Auf dem Rückweg bin ich bei Ernesto vorbei, um nachzusehen, ob die Leichenschneider ihn schon eingesammelt haben, hatten sie aber nicht. Die Stadt war zu sehr mit
Brennen beschäftigt, schätze ich, seine Leiche lag nämlich
immer noch in der Gasse, das schwarzweiß gestreifte Hemd
seiner Schwester immer noch auf dem Gesicht wie diese
traurigen Flaggen, die man über Soldatensärge hängt. Wenn
dir das kein Loch in den Bauch reißt, dann weiß ich auch
nicht, Mann.

Ich höre die Kühlschranktür auf- und wieder zugehen, dann Clever in Hausschuhen durch die Küche schlurfen, weil er zu faul ist, die Füße zu heben. Er hat Hunger,
aber selbst holt er sich nie mehr als ein Glas Saft. Er wartet immer, dass ich was brate, vorher isst er nichts. Vielleicht Eier, obwohl nur noch vier da sind. *Papas.* Wir haben
keinen Schinken mehr. Tomaten auch nicht. Bisschen *chorizo* ist noch da, aber die ist kalt. Haben wir gar nicht mehr
gegessen nach allem, was gestern Abend los war.

Payasas Tür ist zu. Sie ist noch da drin mit Lorraine. Sie
waren die ganze Nacht ruhig. Wie auf so 'nem Friedhof.
Ich muss wissen, wie es ihr geht, aber ich bin nicht besonders scharf drauf, dass sie rauskriegt, was ich gemacht habe,
denn der Scheiß nagt so heftig an mir, dass ich es bald nicht
mehr verbergen kann.

Und es schmerzt auch irgendwie, und ich will nicht unbedingt drüber nachdenken, wenn ich nicht muss, also gehe
ich zum Fernseher und schalte ihn an, drehe die Lautstärke
ganz runter und lege mich wieder aufs Sofa. Ich erwarte

dasselbe wie jeder halbwegs intelligente Gangster in L.A., versteht ihr? Recht und Ordnung, klar und gerade.

Also Cops in voller Montur, mit so Westen an, die den Scheiß unter ihre Kontrolle bringen. Sheriffs, die Schwachköpfe verhaften und sie hinten in vergitterte Streifenwagen sperren, zur Weiterbearbeitung: Aussagen. Fingerabdrücke. Fotos. Knast. Eben eine Horde Schläger in Uniform, die ein großes Netz über die Straße schleifen und darin die *idiotas* fangen, die Besoffenen, die Zugedröhnten – diejenigen, die viel zu lange auf der Party geblieben sind und jetzt für alles bezahlen müssen, was alle anderen angestellt haben.

Aber als der Bildschirm summend hell und das Knistern allmählich leiser wird, formt sich ein Bild aus den vielen zusammengemischten Farbklecksen, formen sich Straßenzüge. Rennende Leute. Leute, die *Sachen* wegtragen. Ich sehe nicht, was ich erwartet habe. Nicht mal annähernd. Ich sehe genau das Gegenteil.

Und ich blinzele, bis ich ganz sicher bin, dass ich das auch wirklich sehe, was da in Compton abgeht, wo jede Menge Scheiß auf der Straße liegt. Das sieht alles aus, als wäre ein Tornado da durchgefegt. Klamotten, Klopapier, kaputte Fernseher, Getränkedosen, irgendein herumwehendes Zeug, das wie Zuckerwatte aussieht, aber das kann es nicht sein. Auf keinen Fall. Überall zersplittertes Glas, auf Bürgersteigen, Bordsteinen, bis auf die Straßen, sieht aus wie glitzerndes Konfetti, das man niemals anfassen will.

Und Feuer. Scheiße. Feuer in Mülltonnen. Feuer in Eckläden. Feuer in Tankstellen, verdammte Scheiße! Feuer über Feuer, und der Qualm schraubt sich in den Himmel, als würde er ihn abstützen. Wie so Tischbeine. So sehen die Rauchsäulen aus.

Die Nachrichten schalten zu einer Hubschrauberkamera, und der Himmel – Mann, der Himmel ist gar nicht mehr blau oder so halbgrau wie an den schlimmsten Smogtagen. Sieht aus wie nasser Zement. So dunkles Grau, dass es fast schwarz aussieht. Und scheißschwer.

Da wird mir klar, dass ich ein Kriegsgebiet sehe. In South Central Los Angeles.

So als ob jemand den ganzen Scheiß, den ich fast mein ganzes Leben im Libanon gesehen habe, in eine Kiste gepackt und hergeschickt hat, und hier vor meiner Haustür kommt das ganze Chaos jetzt rausgeflogen. Echt Gazastreifen, Mann. *La neta*, Leute.

Und diese ganzen Bilder sagen mir das Gleiche wie allen anderen Idioten in dieser ganzen Stadt, die je einen bösen Gedanken in Kopf hatten: Verdammt, jetzt ist dein Tag, Homie. *Felicidades*, du hast im Lotto gewonnen!

Geh raus und spiel verrückt, sagen die Bilder. Nimm dir, was du kriegen kannst, sagen sie. Wenn du böse und stark genug bist, dann komm raus und nimm es dir. Wie so Teufelsnacht am hellen Tag.

Denn die Welt, in der wir leben, ist total auf den Kopf gestellt. Unten ist oben. Oben ist unten. Schlecht ist *gut*. Und Marken haben nichts zu sagen. Denn heute gehört die Stadt nicht den Cops. Heute gehört sie *uns*.

Mir geht so eine Art Stromstoß im Nacken rauf und runter, und ich kann gar nicht schnell genug zum Telefon greifen. So schnell meine steifen Finger können, wähle ich die Pager von fünf, sechs Homeboys an, die sollen ihre Ärsche hierher bewegen. Ich gehe im Kopf Nummern durch, bis ich an die zwölf angewählt habe, dann höre ich auf, weil sie es sowieso weiter verbreiten werden, so wie es sein soll. Wir

brauchen Fahrbares. Wir müssen geballt auftreten, stark.
Sieht jetzt schon so aus, als wären wir hintendran.

Schritt eins ist, in Lynwood was loszutreten. Also Chaos
zu verbreiten, so wie es in Compton herrscht, denn das wird
die Cops noch mehr ausdünnen. Im Kopf mach ich schon
Pläne. Wo man zuschlägt. Was man rausholt. Wo man es
versteckt. Ich greife wieder zum Hörer und rufe Lil Creeper
an.

Wenn je ein Tag wie geschaffen war für diese Scheiß-*cucaracha*, dann heute. Ist nur auf der Welt, um zu klauen und
abzuhauen und sich vollzudröhnen, für sonst nichts. Selbst
total dicht, selbst im Halbschlaf kriegt er ein Schloss
schneller auf als *jeder* andere. Das Zeug blättert sich in seiner Hand weg wie Alufolie. Kein Mensch sonst guckt sich
ein Eisentor an und hat in zwei Sekunden raus, wie man es
knackt.

Im Hörer piept es, dass ich meine Nummer eingeben soll.
Ich tippe am Ende meinen üblichen Code ein, der bedeutet, dass er schnell zurückrufen soll, weil es wichtig ist, und
wenn nicht, dann gibt es richtig Ärger. Dann kommt ein
Homie ihn abholen.

Jetzt kommt Clever ins Wohnzimmer geschlurft und
schlürft seinen Orangensaft aus so einem Dick-Tracy-Be-
cher, die man bei McDonald's kriegt. Er sieht auf den Bildschirm und bleibt stocksteif stehen, als ich den Hörer auflege.

Wir sehen beide zu, wie eine Apotheke in Vermont zer-
legt wird, während der Reporter an der Ecke davon redet,
dass dieser Mist nichts mit Rodney King zu tun hat oder mit
dem Urteil, sondern dass es hier nur um Elendspack ohne
Moral geht, das Gelegenheit kriegt, Böses zu tun, und er

kann gar nicht fassen, dass sie diese Gelegenheit ergreifen. Und ich denke so: *Echt jetzt?*

Der hört gar nicht auf davon, dass dies nicht sein Amerika ist, das er kennt und liebt und an das er glaubt. Ich muss über den Schwachkopf lachen, der schon so lange in seiner schönen Vorstadt lebt, dass er überhaupt keinen Plan mehr hat, was wirklich abgeht, und an dieser Stelle meckert Clever los und sagt, was mir schon die ganze Zeit durch den Kopf geht.

«Willkommen in *meinem* Amerika, *cabrón*.»

2 Fate ist kein ganz gewöhnlicher Name, jedenfalls nicht im Spanischen. Ich habe noch von keinem anderen gehört, der so heißt. Manchmal werde ich gefragt, woher er stammt, wie ich dazu gekommen bin, aber ich antworte nie, weil ich mit zwanzig 'ne Kugel abgekriegt habe, und ich werde euch dafür nicht erzählen, wer geschossen hat oder aus welcher *clica*, denn das hab ich den Sheriffs auch nicht verraten, als die mich gefragt haben. Aber es war ein scheißgroßes Kaliber, und irgendwas muss an Hülse oder Geschoss defekt gewesen sein, denn selbst aus sechs Meter Entfernung ist es nicht ganz durchgegangen. Ein Steckschuss.

Ging bloß zwei, drei Zentimeter rein, aber ich habe unserer Nachbarin Mrs. Rubio die ganze Einfahrt vollgeblutet, unfassbar. Außer der Fahrt im Rettungswagen mit dem beschissen unfähigen Sanitäter, der meine Venen ums Verrecken nicht finden konnte, erinnere ich mich nur noch an die *abuela* selbst, die ganz ruhig rauskam und sich so indianermäßig neben mich setzte, ihr blaues Kleid ausbreitete und meine Hand drauflegte, auf den Stoff in ihrem Schoß, und dann hat sie davon geredet, dass ich *una fe grande* habe und dass ich überleben würde. Zuerst dachte ich, sie hat «*fate*» gesagt, und dass es also nicht mein Schicksal ist zu sterben, aber als sie es dann wiederholt hat, hab ich es richtig gehört. *Una fe grande*. Sie redete nicht von Schicksal, sondern vom großen Glauben. Aber es war schon zu spät, mein Hirn hatte schon das Wort *fate* registriert, und der Klang gefiel ihm, und ich schwor mir, wenn ich überlebe, dann trage ich diesen Namen.

Ich habe Payasa nie die ganze Geschichte erzählt, und jetzt weiß ich gar nicht mehr, wieso. Sie weiß von der Kugel, und sie weiß, dass eine *abuela* dabei war, aber nicht, dass die Oma mir den Namen gegeben hat, wenn auch nur versehentlich. Ich schätze, wenn man mit einem Menschen genug Zeit verbringt, dann stellt man sie nicht mehr in Frage, nicht ihre Herkunft, nicht ihren Namen, woher sie ihn haben und wieso. Ist einfach so. Wird akzeptiert. Aber jetzt will ich es ihr doch erzählen.

Vor langer Zeit hat Payasa mich mal gefragt, ob es mir manchmal leidtut, was ich getan habe. Damals habe ich nein gesagt, aber eigentlich ist es ein Ja. Ganz sicher ein Ja. Aber ich bereue nichts. Ich bin Soldat. Ich bin immer dahin gegangen, wo ich gebraucht wurde, und ich war immer sauber. *Immer.* Selbst als kleiner Homie, wenn in der Sackgasse beim Park Leute ausgezählt wurden, dann haben die älteren Homeboys mich immer in Frieden gelassen, weil sie wussten, ich war immer loyal. Mir musste nie jemand in den Arsch treten. Nicht ein einziges Mal.

«Du bist cool», haben sie dann gesagt, oder «Scheiße, dieser Homie ist korrekt», und dann haben sie mich den anderen kleinen Homies als Beispiel hingestellt, wie man sich richtig verhält. Das hat sich immer gut angefühlt.

Aber jetzt sind Leute hier im Wohnzimmer, denen ich sagen muss, was zu tun ist. Ich zähle fünfzehn von unseren 116 – und da sind die kleinen Homies noch nicht mal mitgezählt, die sich beweisen und einen Namen machen wollen. Ich schaue sie alle an, die Gesichter hier im Zimmer, und ich denke: Dafür tue ich, was ich tue. Für sie. *La Clica. Mi Familia.* Alles für sie. Darum musste ich Lil Mosco aufgeben.

Ja, das ist wahr. Ich hab's getan. Von mir wird Payasa das nie erfahren, was soll ich schon dazu sagen? Trotzdem, wahr ist wahr. Und es tut mir echt leid, aber auch den Scheiß bereue ich nicht.

Grad jetzt allerdings, in diesem Augenblick, wünschte ich, sie könnte in meinen Kopf kriechen und meine Gedanken lesen, mit meinen Augen sehen und sofort begreifen, welche Entscheidung ich treffen musste, als die großen Jungs zu mir gekommen sind und gesagt haben, Lil Moscos Name steht auf der Liste. Er ist freigegeben, haben sie gesagt, und ich musste mich entscheiden: entweder ein Vollidiot, der dauernd Scheiße baut, oder die ganze Crew. Und das war's, versteht ihr? Mit denen kann man nicht diskutieren, man kann sie nicht überzeugen, dass sie falsch liegen. Er musste weg. So was steckt man einfach ein wie ein Boxer, der weiß, dass er zu Boden gehen muss.

Hätte ich Lil Mosco nicht nach Riverside geschickt, wären wir alle zum Abschuss freigegeben gewesen. Wir alle. Überall. Immer. Das ist einfach Fakt. Und als ich das letzte Mal nachgerechnet habe, war 1 nicht gleich oder größer als 116. Das weiß sogar ich, und ich habe die Schule in der Achten geschmissen.

Aber die Sache mit Joker und Ernesto am selben Tag? Der Scheiß hat mich echt *fertig* gemacht.

Das schlechteste Timing aller Zeiten, und als der kleine Serrato vor der Tür stand, hätte ich Payasa beinahe alles erzählt, weil ich dachte, der Junge redet über Lil Mosco, und ich konnte nicht fassen, wie das überhaupt möglich ist, und erst ein paar Sekunden später hab ich gecheckt, dass es gar nicht so war! Hat mich getroffen wie ein Schwinger aus dem Nichts, dass Ernie ohne jeden Grund tot auf der Straße lag. Und als ich das begriffen hatte, wurde mir auch klar, dass ich Lil Mosco schon früher hätte aufgeben sollen, und das brannte mir auf der Seele. Und ich wusste auch, ich musste unbedingt dafür sorgen, dass Payasa tun konnte, was sie tun musste. Ich ließ sie ein paar Grenzen überschreiten und Sachen machen, die ich sonst eine *chola* nie hätte machen lassen, weil es hier um Vergeltung ging, und das war richtig und gerecht.

Aber Lil Mosco? Scheiße. Den *musste* ich aufgeben. Payasa wusste besser als jeder andere, was für einen kaputten Kopf der auf den Schultern trug. Darum habe ich ihm auch so viele Regeln mitgegeben. Nummer eins, keine Scheißdrogen. Nummer zwei, halte dich ans Tempolimit, Idiot. Und drittens, nimm niemanden mit. Musste ja sichergehen, dass er sich nur selbst ans Messer liefert. Und ich hab ihm sogar mein Auto dafür gegeben.

Lil Mosco hat sich selbst auf diese Liste geschrieben. Das ist einfach Fakt. Und ich musste dafür sorgen, dass wir am Ende nicht alle draufstehen. Denn es ging ja nicht nur um uns. Sondern auch um unsere Familien. Die großen Jungs können das, wenn sie wollen. Haben sie schon gemacht. Dagegen kannst du nichts unternehmen. Im Grunde hatte ich gar keine Wahl. Da bringt auch nachdenken nichts. Stellt euch vor, einer von den großen Nummern steht vor dem neuen Haus von Payasas Mutter und klingelt, und wenn der Türspion dunkel wird, weil sie den Kopf davorhält, dann drückt er den Pistolenlauf dagegen? Scheiße. Mir wird schon schlecht, wenn ich nur dran denke.

Ich habe noch eine Regel: Ein Toter ist nicht so viel wert wie alle anderen. Auf keinen Fall.

Wäre Payasa früher aus ihrem Zimmer gekommen, hätte ich sie vielleicht zur Seite ziehen können, ehe die Homies hier waren, und ihr die Sache klarmachen.

Aber das mit Ernesto? Für den Scheiß fehlen mir echt die Worte. Das hat keiner kommen sehen, aber so ist dieses irre Leben eben. Das erwischt dich, wie es will, ob du bereit bist oder nicht, und manchmal nimmt es sich etwas, was es nicht sollte. Das ist manchmal das Einzige, worauf du dich verlassen kannst – das Leben nimmt.

Payasas Tür ist immer noch zu. Sie sagt nicht mal was, als ich anklopfe, also wandert mein Blick zu den Waffen, die in einem großen Haufen auf dem flachen Couchtisch liegen. Zwanzig Stück. Wird nicht reichen, wenn wir uns davor schützen wollen, was Jokers großer Bruder sich ausdenkt.

Ich mache also Pläne und überlege, ob wir nicht einfach bei *Western Auto* reinmarschieren sollen, die haben nämlich im Hinterzimmer auch Waffen. *Pistolas.* Magazine. Alles. Wieso in einem Laden für Autoersatzteile? Hab ich noch nie drüber nachgedacht. Wahrscheinlich, weil sich damit mehr Geld verdienen lässt als mit Stoßdämpfern und Bremsbelägen. Das ist Ghetto-Wirtschaft. Und gerade als ich das denke, klingelt das Telefon. Ich rechne mit Lil Creeper, als ich abnehme. Aber der ist es nicht.

Sondern Sunny vom Waffenladen am Long Beach Boulevard. Als ich seine Stimme höre, ist mir sofort klar, dass jede Moral über Bord ist. Er sagt, es sind bloß noch zwei Typen mit ihm in der Schicht, und der Laden ist dunkel. Sie sollen eigentlich auf die Waffen aufpassen, aber für einen guten Preis lässt er die Ladentür offen, und wir können einfach reinspazieren.

«Wie viel?», frage ich.

«Ähm», er macht eine längere Pause, um eine willkürliche Summe aus dem Ärmel zu schütteln, «dreitausend.»

«Klar», sage ich. Als ob der Wichser jemals so viel kriegen würde.

«Bar», sagt er.

«Wie soll ich denn wohl sonst bezahlen, du Penner? Mit Scheck?», frage ich. «Sorg einfach dafür, dass die Ladentür offen ist.»

Wie so 'n *Avaro*, der Typ. Verscherbelt seinen Job, verscherbelt die Leute, mit denen er arbeitet. Für so einen Scheiß habe ich keinen Respekt. Was Sunny allerdings nicht weiß: An jedem anderen Tag könnte er feilschen – heute nicht. Wenn oben unten ist, muss ich ihm keinen Cent zahlen. Und noch schöner ist, dass er endlich zurückkriegt, was für ein *culero* er war, als er nach der Prom mit meiner großen Schwester geschlafen und sie mit Tripper angesteckt hat. Mir scheißegal, wer seine Homies sind. Heute fängt er sich eine.

Aber das sage ich ihm nicht. Ich lege einfach auf und spanne den Hahn meiner Pistole. Das ist so ein alter Armeecolt. Auf dem Lauf steht *Calibre 45*. Und dann steht da noch *Rimless Smokeless*. Randlos, rauchfrei. Ich glaube, der gehörte mal dem Opa von irgendwem, aber egal. Seit fast einem Jahr gehört er mir.

Ich schaue auf die Uhr. Viertel vor zehn, und Creeper ist immer noch nicht aufgetaucht.

Hijo de su chingada madre, denke ich. Bestimmt sitzt er in irgendeinem Motel und hat das Geld, das ich ihm für die Glock und das nicht mal volle Magazin gezahlt habe, längst ausgegeben. Hat es sich direkt in die Venen gespritzt. Garantiert.

Ich überlege, ob ich ihm noch eine Minute geben soll, als Payasa aus ihrem Zimmer stolpert, *Was geht* zu Clever sagt, der gerade seinen Kram zusammenpackt, sich Apache schnappt, ihm irgendwas zuflüstert und ihn mit nach draußen zerrt, fast bis dahin, wo die kleinen Homies im Kreis auf dem Rasen stehen.

Ich bin nicht froh, das zu sehen, aber ich sage ihr auch nicht, dass sie es lassen soll. Durchs Fenster sehe ich, dass sie und Apache sich eine Zigarette teilen. Ist bestimmt was drin. Garantiert.

Mit jedem Zug von dem Scheiß rennt man bloß weiter vor dem richtigen Schmerz weg. Ich verstehe das, vor allem bei Ernesto, aber ich kann es nicht empfehlen. Nach meiner Erfahrung ist es am besten, nüchtern zu sein, wenn man seine Pflicht tut, und auch danach. So kann man sich den Dingen stellen, die man getan hat, und für sie geradestehen. So kann man sich besser klarmachen, dass die Motherfucker bekommen haben, was sie verdienten. Wenn Payasa mich je fragt, werde ich ihr das sagen. Aber nur dann.

Aus einer Minute werden zwei, von Creeper immer noch keine Spur. An einem Tag wie heute kann ich keinen Homie entbehren und auf die Suche schicken.

Also sage ich «Scheiß drauf» und gehe nach draußen.

3 Wir gehen im Pulk zu den Autos. Die kleinen Homies sind alles andere als cool. Sind aufgedreht wie Welpen auf einer Geburtstagsparty. Bellen und Balgen. Nur Clever, Payasa und ich steigen in Apaches Cutlass. Jetzt vermisse ich meinen Wagen noch mehr. Der steht bestimmt noch draußen in Riverside. Steht bloß da rum. Wenn ich ihn je wiedersehen will, muss ich ihn wahrscheinlich vom Abschlepphof holen. Aber zuerst muss ich ihn mal als gestohlen melden. Damit er nicht mit Lil Mosco in Verbindung gebracht wird. Und das kann ich erst machen, wenn ich was von den großen Jungs gehört habe. Klar, Mosco ist letzte Nacht nicht nach Hause gekommen, aber das muss nicht unbedingt heißen, dass die Sache erledigt ist. Ich muss also cool bleiben und das Schuldgefühl ertragen, das mir Löcher in den Bauch frisst.

Und ich denke nach, das ist mein größtes Problem, aber gerade als wir die Autos mit Soldaten vollpacken, die plündern und Chaos stiften sollen, fährt mein Vater in seinem kaputten alten Datsun vor. Das Teil ist grau und verrostet, und um die Scheinwerfer blättert die Farbe ab. Keine Kühlerfigur mehr drauf, nur noch ein heiler Scheinwerfer. Einfach nur … traurig, versteht ihr?

Die Karre hat er schon ewig, hatte er schon vor dem Tod meiner Mutter im Januar 1985 und bevor meine Schwester 87 zu meiner Tante gezogen ist. Und er hatte sie immer noch, als er mit einer anderen Frau zusammengezogen ist, mit der ich nicht so gut klarkam, und das war es dann mit uns. Ich konnte schnell woanders einziehen, denn *la clica* ließ mich nicht hängen, und so habe ich zuerst bei Toker und Speedy und denen gewohnt, später dann hier bei Payasa, Ernesto und Lil Mosco. Das hieß aber nicht, dass mein Vater mich

117

nicht mehr geliebt oder sich nicht mehr um mich gekümmert hätte. Er machte sich ständig Sorgen, fragte ständig
nach, ob ich mich gut benehme und so 'n Scheiß. Ich habe
ihn nie angelogen, wenn er mich gefragt hat, aber ich habe
auch nie ganz die Wahrheit gesagt.

Und in diesem Augenblick sehe ich durch die gesprun-
gene Windschutzscheibe, wie die Sorge aus dem Gesicht
meines Vaters schwindet, als könnte er nicht glauben, was
er da sieht. Irgendwie war er wohl richtig beunruhigt, ob es
mir in diesen Tagen gutgeht, und da steigt er ins Auto und
kommt von Florence rauf gefahren, um nachzusehen, ob ich
noch am Leben bin, und als er vorfährt, verteile ich gerade
Homeboys auf mehrere Autos – und keiner von ihnen macht
sich die Mühe, seine Knarre zu verstecken.

Mein Papa ist ja nicht blöd. Es macht sofort klick bei ihm.
Ich, sein Sohn, bin nicht der Typ, um den man Angst haben
muss. Ich bin der Typ, *vor dem* man Angst haben muss.

Sein Gesicht schmilzt irgendwie, seine Wangen sacken
ab, als hätte er die ganze Fahrt über die Luft angehalten
und erst jetzt rausgelassen, und er guckt mich direkt an, die
Stirn zerfurcht, und dann schüttelt er den Kopf, so als ob er
richtig, richtig enttäuscht ist, und dann legt er den Rückwärtsgang ein, setzt fünf Meter zurück, um zu wenden, und
fährt. Schnell. Als er um die Ecke verschwindet, leuchten
ein heiles und ein kaputtes Bremslicht auf. Das bleibt mir
im Kopf hängen. Das eine kaputte Bremslicht, leuchtendes
Weiß um rote Zacken.

Und dann ist er weg.

Der erste Mensch, mit dem ich danach einen Blick
wechsle, ist Clever. Ein kurzes Nicken nur, das aber viel sagt.
Er weiß von meinem Vater, und ich weiß von seinem, der

sich verpisst hat, als Clever noch nicht mal laufen konnte. Ich sehe, dass er begreift, was mit mir los ist, aber gleichzeitig würde er alles dafür geben, wenn sein Vater sich überhaupt jemals um ihn gekümmert und nach ihm geschaut hätte. Ich sehe, was er denkt – Enttäuschung ist besser als Verschwinden –, darum schaue ich weg, denn daran kann ich nichts ändern.

Die älteren Homies wissen, die Sache geht sie nichts an. Aber die jüngeren, die es noch nicht besser wissen, sagen so Sachen wie: «Wer war denn der *viejo*?»

«Niemand», sage ich und meine es beinahe.

Das stellt sie einigermaßen zufrieden, und sie steigen weiter in die Wagen, sitzen aufeinander oder lassen die Beine hinten aus der offenen Heckklappe baumeln, als einer, total aufgedreht, einen schrillen *grito* ausstößt, so *ay-ji-ji*, und hätte er ein Pferd zwischen den Beinen, hätte er dem dabei die Sporen in die Seiten gerammt.

4 Ich habe es nicht geglaubt, bis es wahr wurde. Fernsehen ist Fernsehen, dem Scheiß kann man nie glauben. Außer heute. Und als wir uns auf der Atlantic durch den dünnen Verkehr schlängeln, packt uns auch das Fieber. Uns alle. Ist so ein verschwitztes Heute-können-wir-machen-was-wir-wollen-Gefühl. Fühlt sich an, als hätte man viel zu viel Kaffee getrunken. Fühlt sich an wie –

Ich sitze vorn, Beifahrerseite, und ich lasse mein Fenster runter und lege die Hand aufs Dach. Ich haue mit der Faust aufs Dach, so *ba-bop, ba-bop, ba-bop*. Der Rhythmus zu unserer Geschwindigkeit. Achtzig. Neunzig. Hundert Stundenkilometer.

119

Apache hat heute voll den Bleifuß. Normalerweise würde ich ihm sagen, er soll den Scheiß lassen und langsamer fahren, aber heute nicht.

Heute gibt es kein Tempolimit. Heute gibt es überhaupt kein Limit.

«Hey», sagt Apache nach einem *ba-bop* zu viel, «das ist *mein* Dach.»

Mein Blick sagt «Halt bloß die Fresse», und Apache sagt ganz schnell «'tschuldige».

Ich beuge mich vor ihn und schüttele ihn. «Ich verarsch dich doch bloß, Mann!»

Dann mache ich das Radio an. Ich drehe die Sender rauf und runter. Überall nur Nachrichten, Nachrichten, Nachrichten. Berichte. Die Leute jammern, als ob heute nicht der großartigste Tag aller Zeiten ist, sondern eine Katastrophe oder so was. Ich schalte auf Mittelwelle. Da kommen zwar keine Oldies, aber immerhin etwas. Richtige Musik. Oder so was Ähnliches.

Ist so 'ne total schmalzige Scheißrockmusik. Was die *gabachos* «Classic Rock» nennen. Elektrische Gitarren und Klatschgeräusche. Ba-Ba-*bada*-ba, so klingt das Riff ungefähr. Der Song heißt «More Than My Feelings» oder so ähnlich.

Apache kennt ihn.

«Ach du Scheiße, Mann, Boston», sagt er, verzieht total das Gesicht und will schon ausschalten, aber ich schüttele den Kopf.

«Lass den Scheiß laufen», sage ich. Ich drehe sogar lauter, bloß um ihn zu nerven.

Wenn es jemand aus meiner Hood rausgeschafft hat, dann nur, weil er nicht mitgespielt hat. Und diesen Leuten kann man einfach nicht erklären, wie gut sich das anfühlt, wie *stark* man sich fühlt, wenn man mit seinen Brüdern zusammen ist und tut, was man will, und so ein Tag wie heute ist größer, als man sich das je hat träumen lassen, so ein Tag, wo man alles machen kann, aber das ist alles nur Träumerei, weil so was nie wirklich passiert, bis es dann irgendwann *doch* passiert ...

Die Scheiß-E-Gitarren dröhnen um mich herum, und ich strecke die Hand nach oben und versuche, die trockene Luft zu greifen. Wie sie sich anfühlt, als sie um meine Handfläche streicht, das versuche ich mir ins Gedächtnis zu brennen, wie meine Hand davon beinahe kalt wird. Das will ich nie vergessen.

Ich ziehe die Hand wieder rein, als wir auf die Gage Avenue kommen, und das Gefühl lässt ein bisschen nach, weil man schon auf den ersten Blick sieht, dass hier echte *Mad-Max*-Scheiße am Laufen ist. Es wird geplündert, aber das sieht nicht wie im Fernsehen aus, die Leute rennen wie verrückt durch die Gegend, drücken sich durch die Löcher in den Ladeneingängen wie Ratten. Hier fliegt nicht so ein Zeug durch die Straßen, das wie Zuckerwatte aussieht, und es brennen auch keine Feuer. Es riecht nach Rauch, nach Holzrauch, aber da ist auch dieser scharfe, bittere Gestank von brennendem Plastik.

Wir fahren mit unserer Viererkolonne bei *Western Auto* vorbei, um nur mal die Lage zu checken, aber da stehen Motherfucker mit Gewehren auf dem Dach. Also treffe ich sofort die Entscheidung und sage: Scheiß drauf.

Apache dreht das Steuer rum, und wir nehmen wieder Tempo auf, verwandeln die Straße in so was wie eine Bobbahn, wie bei den Olympischen Spielen. Albertaville oder wo die das letzte Mal waren. So sind wir unterwegs. Bloß dass wir vier Wagen hintereinander sind, die durch den Verkehr gleiten, roten Ampeln den Finger zeigen, die Köpfe in alle Richtungen drehen, um zu sehen, ob auch andere Gangs den Kopf draußen haben, ob sie tun, was wir tun.

Wie wir an *Mel & Bill's Market* vorbeifahren, bemerken wir ein paar weiße Typen, die wir noch nie gesehen haben und die ein paar Kisten Bier rausholen und in einen Truck laden, also steuert Apache direkt und schnell auf sie zu, tritt im letzten Augenblick auf die Bremse und malt Gummi-spuren auf die Straße, als wir ein paar Zentimeter vor den Kerlen quietschend zum Stehen kommen. Scheiße, Mann, sehen die schockiert aus. Aber noch viel schockierter, als ich meine Knarre ziehe und Apache mir Deckung gibt.

«Das ist nicht euer Viertel.» Dabei lächle ich kalt. «Ihr verpisst euch hier besser ganz schnell, so lange ihr noch könnt.»

Sie tun das Richtige, lassen die Bierkisten fallen, aber ich sage ihnen, sie sollen sie wieder aufheben und in unseren Lieferwagen stellen. Das machen sie. Dann sind wir weg. Richten die Augen auf das nächste Ziel.

5 Als wir uns einfach aus Scheiß noch eine *carnicería* vornehmen, ballert jemand mit einer abgesägten Schrotflinte die Sicherheitstür aus den Angeln und es knirscht, als der Gipsputz der Vorderwand Steinchen und Brocken ausspuckt, als würde er bluten. Die Leute überlegen nie, wie brüchig der Putz ist, wenn sie Sicherheitstü-ren einbauen. Sie denken nie daran, dass man bloß *den* aufbrechen muss und dann die Metalltür rausreißen kann. Ist ganz leicht. Danach treten wir das Glas aus der Ladentür und stürmen johlend hinein wie Indianer auf dem Kriegspfad, als wären wir in einem Western.

Drinnen ist kein Licht an, und der Geruch von Fleisch, das schon ein bisschen liegt, sticht uns in die Nase, weil der Strom schon eine Weile aus ist, seit gestern Nacht vielleicht oder heute Morgen ganz früh.

«Tüten», sage ich und zeige auf die Kassen. «Die ganzen Scheißpacken.»

Kleine Homies schnappen sich Plastiktüten, die Älteren und ich springen über den Tresen und reißen die Plastikvitrinen auf, *tschack-tschack-tschack*. So klingt das, wenn die Schiebetüren ans Ende der Schienen knallen, und das Geräusch hallt von den Glastüren der Kühlschränke an der anderen Wand wider und kommt zu mir zurück, und einen Augenblick geht mir durch den Kopf, wie schräg das alles ist. Niemand in der Nähe. Niemand, der uns aufhält. Ich versuche das alles aufzusaugen, versteht ihr?

Es gab schon viele Tage in meinem Leben, an denen ich nicht wusste, wo ich die nächste Mahlzeit herkriegen soll, für mich ist das hier also wie Weihnachten und Thanksgiving und Silvester und Geburtstag in einem. Und da bin ich nicht der Einzige. Während wir pfundweise Hackfleisch einpacken, johlen und schreien die Homies. Wir reißen Querrippen aus den Regalen und lachen. Wir werfen Lammhaxen über den Tresen, und die kleinen Homies sollen sie auffangen. Als eine runterfällt und der Bengel sie anscheinend nicht wieder aufheben will, schreie ich: «Das ist gutes Fleisch, Mann! Das waschen wir ab! Heb den Scheiß *auf*!»

Das macht er auch, und wir müssen das ganze Zeug zu fünft in die weißen Plastiktüten stopfen: acht ganze Hühner,

Würste in so langen Ketten, dass man sie wie ein Lasso um den Kopf schwingen könnte, vier fette Rinderzungen und so weiter. Wir laufen rein und raus, schleppen so viel weg, wie wir können, füllen den Kofferraum von Apaches Cutlass bis zum Anschlag mit Fleisch. Wir springen sogar drauf, drücken es runter, damit es reinpasst, versteht ihr? Apache wehrt sich zuerst dagegen, weil er sieht, dass Tüten aufreißen, dass Blut raustropft und rote Spuren durch den Dreck auf seinem Ersatzreifen zieht und dann in den Teppich sickert, mit dem sein Kofferraum ausgelegt ist. Ich sage ihm, dass wir es später wieder sauber kriegen. Das lassen wir die jungen Homies machen, mit Schlauch und Seife und Schwämmen, während wir das Barbecue unseres Lebens abziehen, und damit ist er zwar nicht glücklich, aber er hält das Maul.

Ich knalle die Klappe zu und denke schon daran, wie wir den Grill anschmeißen und was für ein gutes Gefühl das sein wird, jeden einzelnen Homeboy abzufüttern, bis er nicht mehr laufen kann, und allein die Vorstellung macht mich so glücklich wie schon lange nicht mehr – jedenfalls bis ich Payasa ansehe.

Sie hat so einen Gesichtsausdruck, den ich nicht einordnen kann. Ihre Augen sind jedenfalls zugedröhnt, sie hat die PCP-Brille auf, aber da ist noch was anderes. Ich mache keine große Sache draus, aber es sind Tränen. Große Tränen.

Sie weint, und anscheinend weiß sie gar nicht, wieso, weil sie sich über die Augen wischt und dann ihre Hände anstarrt und dann wieder wischt, als könnte sie es nicht fassen. Wenn man das Zeug nimmt, passieren unvorhersehbare Sachen. Echt. Man heult, ohne zu wissen, warum. Man schreit los oder wird stundenlang total stumpf. Aber wie jede Droge macht es das, was man schon in sich hat, nur noch schlimmer. Und als ich Payasa so sehe, fällt mir wieder ein, wie Ernestos Leiche aussah, da in dieser Gasse.

Und wie sie nicht mal hinsehen konnte, wie sie die Hände vors Gesicht nahm, als wir vorbeifuhren, und ich sie anlügen musste, dass die Leiche schon abgeholt wurde. Dass er nicht mehr da war. Dabei *war* er noch da. Und Clever hat mich gedeckt, weil sie mir wohl nicht geglaubt und bei ihm nachgefragt hat. Er meinte, keine Sorge, sie haben ihn abgeholt, alles in bester Ordnung. Und auf dem ganzen Weg nach Hause sagte keiner mehr einen Ton.

Ich lenke keine Aufmerksamkeit auf Payasa. Im Gegenteil, ich sage allen, sie sollen wieder in die Autos steigen, und auf halbem Weg zum Waffenladen, als ich schon denke, alles ist cool, da beugt sie sich plötzlich aus dem Fenster und schießt fünf Löcher in die Seite eines Kombis, der so aussieht, als sitzen vielleicht ein paar Bloods drin. Und sie lacht total heftig, als der andere Wagen zum Straßenrand schert, über den Bordstein hoppelt und sich über den Parkplatz einer Ladenzeile davonmacht.

«Mosco wäre total begeistert von dem Scheiß», sagt sie. «Wo steckt der überhaupt? Schon wieder in irgendeinen Mist verwickelt, oder was?»

Das *oder was* gibt mir einen Stich. Aber sie will gar keine Antwort auf die Frage. Sie sagt bloß «Klar» und starrt weiter aus dem Fenster.

Ich sehe Clever an, Clever sieht mich an.

Er weiß nicht von Lil Mosco, aber irgendwie weiß er es doch. Er ist zu schlau. Als Mosco heute Morgen noch nicht wieder zurückgekommen war, da hat er sich gedacht, dass es mit ihm wahrscheinlich vorbei ist.

Keiner sagt mehr was, bis wir neben dem roten Back-
steingebäude parken, an dem vorn in großen blauen Let-
tern *GUN STORE* steht. Wir schleichen uns in einer langen Schlange mit gezogenen Knarren um die Ecke. Ich bete
im Stillen, dass Sunny wirklich so ein verkommenes Stück
Scheiße ist, dass er die Ladentür offen gelassen hat, damit
wir sie nicht aufschießen müssen.

6 Die Tür ist offen, gerade so. Zuerst sah es so aus, als
wäre sie zu, aber als Apache dagegendrückte, hat
sie sich bewegt. Da ich keine Ahnung habe, was uns
erwartet, gehe ich zuerst rein, und alle gebückt. In der Mitte
eine große freie Fläche mit Teppichboden. An drei Seiten –
links, rechts und direkt vor uns – sind Glastresen. Dahinter
hohe Glasvitrinen und darin ausgestellt verdammt schicke
Knarren. Nur die Lichter in diesen Vitrinen sind an, helle
weiße Röhren unterm Deckel, die das polierte Metall zum
Glänzen bringen.

«Wird auch Zeit, *raza*. Scheiße!» Sunny lacht. «Ich halte
hier schon seit mindestens einer halben Stunde die Stel-
lung. Habt ihr mein Geld oder was, Mann?»

Ich entspanne mich und lasse die Pistole sinken, und als
ich auf den Schatten hinten im Laden zugehe, gewöhnen
meine Augen sich ans Dämmerlicht. Meine Homeboys sind
direkt hinter mir, immer noch wachsam.

Sunny ist nicht meine *raza*. Er ist aus Lynwood, hier
geboren und aufgewachsen, schon klar, aber er ist weiß,
kein Chicano. Wollte aber immer unbedingt einer sein.

Als ich zu ihm komme, sehe ich auch, was er mit Stel-
lung halten gemeint hat. Hinter einer Glasvitrine mit Kurz-

126

läufigen in allen Größen, Farben und Griffintarsien sehe ich zwei Typen nebeneinander auf dem Boden sitzen. Ein Weißer und ein Schwarzer. Sunny hat eine Knarre auf sie gerichtet.

Aber die beiden wirken nicht beunruhigt. Sie lesen zusammen eine Zeitschrift. Eine alte Ausgabe von *People*. Auf dem Cover ist dieses Arschloch von *Beverly Hills 90210*, der unter seiner Tolle die Stirn runzelt, als wäre sein Leben echt schwer zu begreifen. Darüber kann ich bloß müde lächeln.

Denn genau das ist Fake-L.A. – das L.A., das sich verkaufen lässt. Mein L.A. ist das nicht. Und ich wette, wer gerade vom Fernseher sitzt, weiß es inzwischen auch besser.

Aber wieso es so einen Scheiß wie die *People* in einem Waffenladen gibt – keine Ahnung. Wahrscheinlich kann es scheiß langweilig sein, einzelne Patronen zu verkaufen.

Ich spitze die Lippen und pfeife nach ihnen. Das haben sie gehört.

Der Schwarze klappt ganz langsam die Zeitschrift zu, beide setzen sich gerade hin, und das ist gut so, weil sie das jetzt sehen müssen.

«Du Wichser bist nicht meine *raza*», sage ich zu Sunny und halte ihm den Colt vors Gesicht, spanne den Hahn, ehe er seine Pistole gegen mich richten kann, und gebe ihm gerade genug Zeit zu begreifen, dass genau das passiert, wenn man die Tür offen lässt, um einen Wolf reinzulocken.

Früher oder später frisst er dich, Alter.

Pak. So klingt ein .44er, wenn er eine Kugel ausspuckt, die sich durch eine Nase, einen Schädel und ein Gehirn pflügt, ehe sie in einem Holzschrank steckenbleibt. Sunny ist schon tot, bevor er umfällt, und als er umfällt, kommt er ganz komisch auf. Er landet so im Hohlkreuz auf dem Hinterkopf und streckt sich gar nicht flach aus. Er bleibt einfach so gekrümmt auf dem Teppich kleben wie ein kaputtes Zelt.

«Gottverfluchte Scheiße», sagt der Weiße hinter mir, als ich dicht an Sunny herantrete, um ihm etwas zu sagen, obwohl er es nicht mehr hören kann.

Es ist nicht für ihn. Sondern für mich. Und für noch jemand anderen.

«Das ist für meine Schwester. Diese Hood hat ein gutes Gedächtnis, *chavala*», sage ich und wende mich dann Sunnys Geiseln zu. *Ex*-Geiseln.

«Da ihr mir jetzt so gut zuhört», sage ich ihnen in die Arsch-auf-Grundeis-Gesichter, «her mit euren Brieftaschen.»

Der Schwarze ist schnell. Er kennt die Nummer. Er wird sich nicht wegen irgendeiner Dummheit abknallen lassen. Aber der Weiße zögert. *Cabrón.*

So was kann ich mir nicht bieten lassen. Ich mache einen Schritt auf ihn zu, und er krabbelt hektisch rückwärts in den Schrank hinter ihm, haut sich heftig den Schädel an und zuckt jammernd zusammen. Die kleinen Homies lachen sich im Chor schlapp darüber, aber Apache tritt rasch neben mich.

«*Puto*, das hier ist Mister Fate, der böseste Motherfucker in Lynwood, *y que*?» Apache kneift die Augen zusammen. «Wenn er dich ausrauben wollte, würde er dich zuerst von *ihr* abknallen lassen!»

Er zeigt auf Payasita. Wie aufs Stichwort legt sie den Kopf schräg und zieht eine so fiese Fresse, dass mir ein Schauer den Rücken runter bis in die Knie läuft. Ihre Augen sind innerlich ganz tot, und wer noch eine Spur Verstand im Kopf hat, sieht sofort, sie meint es ernst. Dieser Blick lässt einem das Blut gefrieren.

Der Weiße weiß es auch, denn er wird noch zwei Strich weißer und fummelt sofort an seiner Arschtasche herum, aus der er dann einen fetten *sonofabitch* zieht. So sagen Weiße das doch, oder? Hurensohn? So kaugummiartig zusammengezogen? *Sonuvabitch?* Mann, was für eine alberne Kurt-Russell-Scheiße. *Hijo de su chingada madre* rollt doch viel besser von der Zunge. Man kann auch noch ausspucken dabei, verstärkt die Botschaft.

Apache gibt mir die Brieftaschen, ich lasse das Bargeld stecken, ziehe die Führerscheine raus und lasse ihr Zeug dann auf den Boden fallen – genau in Sunnys Blutlache. Ich höre den Schwarzen aufstöhnen. Der hat wirklich was auf dem Kasten. Der weiß, was Sache ist.

«Also, die hier behalte ich. Für meine Sammlung.»

Ich nicke dem Weißen zu. «Wir wissen jetzt, wo du wohnst, *Gary*.»

Ich nicke dem Schwarzen zu. «Und wo du wohnst auch, *Lawrence*.»

Ich hocke mich hin, auf Augenhöhe mit den beiden. «Normalerweise lassen wir keine Zeugen am Leben.» Ich nicke ganz lässig in Sunnys Richtung. Sie verstehen, also gucke ich mir ihre Führerscheine an. Beide aus Kalifornien. Einer wohnt in Gardena, der andere in Wilmington. «Wir wissen, wo ihr wohnt. Und die Cops, die sind grad ziemlich beschäftigt, darum seht ihr das sicher als Gefälligkeit, dass es für den Kerl, der euch 'ne Knarre in die Fresse gehalten hat, schlecht gelaufen ist.»

Schlecht ist gut, denke ich.

Ich schaue mir noch mal Sunny an, dessen Augen immer noch offen stehen. Jedenfalls das eine, das ich sehen kann. Dickes Blut läuft aus dem Loch, wo mal seine Nase war, und tropft über das Auge und die Stirn auf den Boden wie Tränen, die rückwärtsfließen.

Ich blättere noch mal die Brieftasche des Weißen durch und finde Fotos von zwei kleinen Kindern, die ihm sehr ähnlich sehen. Zwei Mädchen in hübschen lila Kleidern.

«Wenn ihr also den Drang verspürt, irgendwem zu erzählen, wer euch heute befreit hat, dann kommt vielleicht jemand eure Kinder in der Schule besuchen.» Ich schaue Lawrence an, aber der sieht gar nicht hoch, ist irgendwie dauerhaft zusammengezuckt. Ich bemerke Garys Ehering und drehe mich zu ihm. «Oder wartet auf dem Parkplatz vom Supermarkt auf eure Frau oder so.»

Dabei zerfurcht sich sein Gesicht, ich gebe ihm also Zeit, es sacken zu lassen. Alles sacken zu lassen.

«Wir werden das nicht sein», sage ich. «Aber irgendjemand.»

Jemand wie Lil Creeper, zugedröhnt bis zur Schädeldecke, denke ich. Ich lasse sie die Augen schließen und eine Weile ruhig über ihre neue Lage Luft holen.

Als ich merke, die Drohung ist so tief eingesunken, dass die beiden sie nie wieder vergessen werden, sage ich ihnen, sie sollen sich ganz schnell verpissen, und sie sehen einander eine Sekunde an, bevor sie aufspringen und wegrennen. Die kleinen Homies lachen sich wieder schlapp und machen die beiden nach – ihre Gesichtsausdrücke, das Wegrennen in Zeitlupe –, aber nachdem ich die Hintertür zuschlagen und Motoren erst aufheulen und dann leiser werden höre, sage ich allen, sie sollen ausschwärmen.

Im ganzen Laden schlagen wir die Vitrinen ein. Wir schnappen uns mehr Knarren, als ich je im Leben gesehen habe. Pumpguns. Desert Eagles. Zwei halbautomatische AK-47. Auch Scharfschützengewehre, so richtiger Heckenschützenscheiß. Ist wie im Film.

Wie so eine *bonanza*. Aber nicht diese bescheuerte billige Westernserie. Eine richtige *bonanza*. Eine Goldader.

Und als ich mir eine Kalaschnikow greife, sage ich Clever, er soll eine der Neonröhren rausnehmen und einen anständigen Kabelbrand legen, um Sunnys Leiche zu beseitigen. So ein schönes, langsames Feuer, denn die meisten Idioten bringen die Brandexperten auf ihre Fährte, weil es zu schnell brennt, sagt Clever immer, dann liegt nämlich auf der Hand, dass irgendwas dem Feuer auf die Sprünge geholfen hat, Feuerzeugbenzin zum Beispiel oder ein Molotow-Cocktail.

Brandbeschleuniger, so nennt er das.

Während ich also Clever zuschaue, wie er so fette Gummihandschuhe überzieht und auf einen Schaukasten klettert, um an ein paar Deckenkabeln rumzumachen, muss ich die ganze Zeit an Lil Creeper denken und wie traurig der Penner sein wird, dass er den Beutezug seines Lebens verpasst hat.

ANTONIO DELGADO
ALIAS LIL CREEPER
ALIAS DEVIL'S BUSINESS

30. APRIL 1992

10:12 UHR

Ich steh auf dem Parkplatz vor meinem Motel und überlege, welches Auto ich knacken soll, und ich bin enttäuscht und denk so, ich bin vielleicht 'n Junkie, aber ich hab Geschmack, *esé*. Ich bin vielleicht 'n billiger Scheißmexikaner, aber ich hab Geschmack. Ist lange her, dass ich bei J.C. Pennies die falschen Fahrräder geklaut hab. Könnt ihr jeden Arsch fragen. Ich weiß, was gut ist.

Gleich danach fällt mir auf, dass ich keine Ahnung hab, wie ich hierhergekommen bin.

Also, ich lag so in meinem Motelzimmer, das ich mit dem Geld von Fate für die Glock gemietet hab. Ich bin allein aufgewacht, auf dem Wecker stand 10:05. Der Fernseher lief, also muss ich ihn angelassen haben, ja, das weiß ich noch. Und dass ich mich wie eine zerknüllte Papiertüte gefühlt hab. Ungelogen.

Und wie jeder andere war ich überzeugt, die Bullen würden nach allem, was gestern passiert ist, die verfickten *mayates* in den Boden stampfen. So polizeistaatsmäßig wie *1984* auf irgendwelche armen Idioten aus Florence und Normandie losgehen. Aber dann sieht man im Fernsehen so *culeros* (Schwarze, Braune, sogar *Weiße*, sogar *Kinder*,

133

Mann!), die eine Drogerie ausräumen, Bier und Popcorn und so, und mein erster Gedanke ist: *Ihr dämlichen Motherfucker denkt zu klein. Viel zu klein.*

Ich schnall das schon. Du bist arm, du hast so lange nichts Anständiges gehabt, dass es sich richtig toll anfühlt, was in die Finger zu kriegen. Aber wie lange soll denn das Zeug halten, das du dir nimmst? Eine Woche? Nicht mal. Das ist doch amtliche Zeitverschwendung, Leute. Wacht auf. Wenn ihr schon Scheiß bauen wollt, dann baut *richtigen* Scheiß. Klotzen, nicht kleckern.

Also, wenn ihr alles tun könnt, was ihr wollt, was macht ihr?

Ich höre auf, mir geparkte Autos anzugucken, und stell mir das eine Weile vor.

Ich meine, für mich wäre das ganz klar: Payasa und ein anderes Mädchen gleichzeitig ficken. Aber weil *das* garantiert niemals passieren wird, kann ich mir wohl auch einen zweiten Traum gönnen.

Aber echt, gestern Abend sah sie so scharf aus, richtig wie ein normales Mädchen und so! Wer hätte gedacht, dass sie in Kleid und Absätzen so gut aussieht? Apache hat nichts gesagt, aber er hat es auch gemerkt. Jeder Typ in dem Zimmer hat es gemerkt, und wir haben uns die Vorstellung alle für später aufgehoben.

Was den anderen Traum angeht, den zweiten Traum, da gibt es nur eine Antwort: Momo komplett ausnehmen. Sein ganzes Haus leerräumen.

An jedem anderen Tag wär das kein so guter Traum, weil der Arsch ganz eng ist mit der *clica*, die Ernesto erledigt hat. Also, er ist nicht so richtig drin, sondern eher drüber. Beinahe so zwischen denen und den großen Jungs.

Was ganz gut zu einem Salvi *cerote* passt, von dem gar keiner wusste, dass er ein Salvi ist, bis er älter und bekannter wurde, weil er als Junge keinem verraten hat, wo seine Familie herkommt. So ein hinterhältiger Wichser ist das.

Er ist keine große Nummer oder so, aber er unterstützt die andere Gang. Knarren. Drogen. Wenn sie was brauchen, besorgt er's ihnen. Und er weiß auch, dass ich irgendwie mit Fate und seinen Leuten rumhänge. Das war immer so ein bisschen – wie sagt man?

Knifflig.

Ja, zwischen uns war's immer knifflig. Aber so ist es eben, wenn Frieden ist und es um Drogen geht, gehen alle dahin, wo man das beste Zeug kriegt, und das war meist bei Momo. Beim saudummen, geschmacklosen Momo.

Aber dann wird Ernesto umgebracht, und der Frieden ist vorbei. Jetzt ist Krieg.

Also kann ich den Motherfucker auch ausnehmen. Plündern und schänden wie ein Wikinger. Aber nicht wie diese Sheriff-Gang aus Lynwood, sondern wie die richtigen Wikinger. Die von früher.

Ich hab noch andere Gründe, aber die beiden wichtigsten sind:

1. Ich weiß gar nicht, wie viele Tage mir noch bleiben.
2. Es gibt nur wenige Arschlöcher, die es so verdienen wie Momo.

Aber Moment mal. Wo war ich? Zurückspulen.

Ich hab über Geschmack geredet.

Also, es ist zum Beispiel ein Riesenunterschied, ob man

cocaína aus El Salvador hat oder guten Stoff aus Kolumbien. Das eine macht mich nervös und schreckhaft. Das andere scharf und glatt wie ein Messer. Wenn man Geschmack hat, weiß man das. Geschmack ist eigentlich bloß die Fähigkeit, zwischen Schrott und Schätzen zu unterscheiden.

Und ich glaube, ich hab heute ganz früh am Morgen salvadorianisches Zeug von irgendeinem Cadillac gezogen, *bestimmt* hab ich deshalb das Gefühl, dass mir gleich das Herz platzt.

Wenn's nämlich nicht das ist, dann ist es Big Fate.

Ich hatte drei Nachrichten von dem Killertypen auf meinem Pager, als ich heute Morgen aufgewacht bin und die ganze Stadt total übergeschnappt und *loco* war. Und eins kann ich euch sagen, das ist echt nicht normal. Mann, eine Nachricht von Fate macht einen schon ganz krank im Kopf. Schmeißt den ganzen Tag durcheinander. Schon bei einer geht mein Atem schneller.

Aber dreimal hat er mich noch *nie* angefunkt.

Dreimal! Als ich den ersten Anruf sah, hab ich mich vom Fernseher weggedreht, meinen Pager genommen, seine Nummer am Code hintendran erkannt und hab gedacht, okay. Als der zweite um 8:54 kam, hat mein Magen schon rumort wie irre. Aber beim dritten um 9:12 – ach du Scheiße! Als ich den gesehen hab, da hab ich ins Waschbecken gekotzt.

Weil meine erster Gedanke war: *Scheiße, ich bin tot.* Aber dann hab ich einen tiefen Schluck aus dem Wasserhahn genommen, mir den Mund ausgespült und ausgespuckt, und dann hab ich gedacht: *Nee. Wenn jemand wie Fate dich erledigen will, dann war's das.*

Da gibt's keine Anrufe. Keine Vorwarnung.

136

Dann erwischt es dich einfach. Im Schlaf. Unter der Dusche. Egal.

Dann hab ich mir gedacht, vielleicht weiß er, woher ich diese eingewickelte Glock habe, mit dem weißen Tape drum wie so 'ne Mumie, und es passt ihm nicht, dass die von Momo kommt, weil das die Sache komplizierter macht. Oder er weiß, dass ich gelogen hab und dass die Glock nicht die einzige Knarre im Safe war. Ich mein, ein anderes Teil war noch drin. Ich stecke die Hand in die Tasche, um es noch mal zu spüren, und als ich das tu, muss ich es mir noch mal angucken.

Ich ziehe also diesen schicken, glänzenden, kurzen Scheißrevolver aus der Tasche, ganz silbern mit Perlmuttgriff, der zwischen Weiß und Blau schimmert, wenn ich ihn im Tageslicht drehe.

Scheiße. Fate *muss* das alles wissen.

Gibt keine andere Erklärung dafür, dass er mich unbedingt sehen will.

Ich reagiere also darauf, indem ich nicht reagiere, okay? Indem ich meinen Arsch auf die Straße schiebe, weg vom Parkplatz, weil hier nichts mein Interesse weckt. Nichts als Hondas und zerbeulte Trucks, und keiner davon ist gut genug. Ich meine, für diesen Scheiß brauch ich schon ein besonderes Auto.

Wisst ihr, wenn ich tatsächlich so gut wie tot bin, wenn Fate mich bloß aus meinem Loch locken will, denk ich mir, dann muss ich leben, als wär das mein letzter beschissener Tag auf Erden.

Weil, vielleicht ist er das auch.

Ist ein saudämlicher Plan. Aber das ist meine Spezialität. Wenn ich Momo so richtig fertigmache, vielleicht ver-

137

gibt Fate mir dann, dass ich ihn belogen hab. Aber wenn ich Momo fertigmache, wird Payasa trotzdem nicht ihre *chonies* fallen lassen, als wäre ich ihr großer Held.

Aber ist mir scheißegal. Vielleicht ist es einfach Zeit für Mister Creepers wilden Ritt, okay? Anschnallen und los.

Weil, im Augenblick ist das meine beste Idee.

Yeah, denke ich.

Ich ziehe die Kapuze hoch und trete vom Bordstein mitten in den fahrenden Verkehr auf dem Imperial.

Ich hab keinen Schiss, als ein fetter Taurus mir ausweicht und mich nicht erwischt. Ein Kombi mit Holzimitat an den Türen macht das Gleiche. Der Dritte?

Auf den Dritten richte ich meine glänzende neue Knarre.

Die andere Knarre, die ich Momo geklaut habe.

2 Der Dritte ist ein dicker schwarzer Chevy Astro, ein Van mit verbeulter Stoßstange. Aus der Ferne sieht der Alte, der ihn fährt, wie mein alter Gemeindepriester und Boxtrainer aus, Padre Garza, und da macht mein Magen einen richtigen Sprung, als der Wagen direkt vor mir hält, und ich höre die Reifen quietschen, als ich zur Fahrertür renne, und – ach du Scheiße!

Es ist tatsächlich Garza.

Die Stadt ist klein, denke ich. *Ständig* trifft man irgendwelche Idioten.

Garza sieht geschockt und zittrig aus, bis er mich auch erkennt. Ich ziehe sogar meine Kapuze runter und warte drauf.

Als es so weit ist, lächle ich und spreche ein Gebet zum Himmel.

An jeden beschissenen Heiligen, den es je gab und je geben wird.

Weil, ich wusste ja überhaupt nicht, dass das mein Traum war, bis er direkt vor mir saß, dieser Typ, der mir gesagt hat, dass Haltung das Einzige ist, was man im Ring braucht, dass ich kein bisschen Disziplin hab und er mich nie zum Profi machen kann, weil ich nicht zuhöre, dieser Typ, der mich vom zehnten bis zum siebzehnten Lebensjahr trainiert hat, und jede Woche hat er mir eingeschärft, ein kluger Boxer werde ich nur, wenn ich genau das tue, was er mir sagt, auch so total eklige Scheiße, die nichts mit Boxen zu tun hatte, Sachen, die einfach falsch waren, vor allem für ein Kind.

Zu diesem Haufen Scheiße, der nicht zu atmen verdient, sage ich also: «¿*Qué pasa,* du dreckiger Arschficker?»

Wär's irgendwer anders, würde ich ihn leben lassen. Aber es ist Garza.

Ihr wisst also, was Sache ist.

Versteht mich nicht falsch, ich bin kein Tier.

Ich erschieße ihn nicht in seinem Van, weil, den brauche ich noch.

Ich zerre ihn zuerst auf die Straße, dass er fällt.

Ich trete ihn so hart unters Kinn, dass ich hören kann, wie seine untere Zahnreihe ordentlich gegen die obere kracht. Dann lasse ich ihn ein bisschen Blut spucken und betteln, ehe ich ihm eine Kugel in die Fresse jage.

Fühlt sich super an, den Abzug zu drücken, fast als hätt ich mein ganzes Leben drauf gewartet. Und danach seufze ich so tief wie noch nie zuvor. Friedlich. Irgendwie erfüllt. Und dann schieße ich ihm noch in die Brust.

Nur so zur Sicherheit.

Der Verkehr ist vielleicht vorher schon zum Stehen gekommen, aber jetzt hauen alle den Rückwärtsgang rein und verpissen sich *súbito*.

Und das ist cool. Bloß dann guck ich so die Leiche an und denke, hatte Garza wirklich so ein Muttermal am Hals? Hm. Daran kann ich mich gar nicht erinnern.

Und dann denk ich, war Garza wirklich so groß?

Aber dann denk ich so *Scheiß drauf* und steig in den Van und fahr los, und ich danke *Christo*, dass er hinten keine Fenster hat, aber dann wird mir klar, das liegt sicher daran, dass er so einem Kinderficker gehört.

Oder gehört *hat*. Weil, es muss Garza gewesen sein.

Es war *Garza*, sage ich mir sofort. *Fang gar nicht erst an zu grübeln. Der Wichser hat's nicht besser verdient.*

Ich lenke meinen brandneuen Van in Richtung Momos Haus und reibe mir die letzten Krümel vom Pulver aus Salvador ins Zahnfleisch, weil, nur Vollidioten ziehen beim Fahren. Braucht bloß ein Schlagloch zu kommen, und schon liegt der ganze Scheiß auf dem Boden.

Hab ich einmal gemacht. Musste mir die halbe Fußmatte reinziehen, als wir angehalten haben. Jetzt bin ich schlauer.

Na ja, nicht unbedingt schlauer. Nicht in jeder Hinsicht.

Weil, Leute, die schlauer sind, die kehren nicht an den Ort ihres Verbrechens zurück. Sagen sie jedenfalls im Fernsehen immer.

Deshalb ist es saudämlich, dass ich wieder zu Momo fahr, wo ich doch seinen Waffensafe geknackt und die beiden Knarren rausgeholt hab.

Die Glock, die Fate wahrscheinlich Payasa gegeben hat, damit sie ihr Ding durchziehen kann.

140

Und den kleinen Revolver, den ich jetzt in der Tasche habe.

Also scheiß drauf. Das ist mein Spruch des Tages. *Scheiß drauf.*

Ich fahr wieder hin. Warum eigentlich nicht.

Ich trete das Gaspedal durch.

Ich rase los.

3 Manchmal drehe ich echt *total* ab. Ich weiß aber zum Beispiel noch, dass ich der Stadt Los Angeles einen großen Dienst erwiesen hab, als ich Garza eine *bala* hab fressen lassen. Das werde ich nie vergessen.

Und ich weiß noch, wie ich in den Van gestiegen bin.

Und dass ich gecheckt hab, ob der Tank noch mehr als halbvoll ist, war er, und dass ich dann Gummi gegeben hab wie bei so 'ner Verfolgungsjagd in *Miami Device.*

Und dass der Van nach alten Tortilla-Chips gestunken hat und nach einer Million toter Mentholzigaretten, die für immer im Autohimmel hängen.

Und dass ich gedacht hab, Rauchen ist echt die *schlimmste* Sucht, die es gibt, und dann – nichts mehr.

Ich zermartere mir das Hirn. Ich frage mich noch mal.

Also, und dann?

Aber ich hab keine Erinnerung.

Ich weiß nicht mehr, wie ich den Wagen halb auf dem Bürgersteig vor Momos Haus geparkt hab, keinen halben Meter vor seinem Scheißbriefkasten, auf den ein kleiner Kanarienvogel gemalt ist, wer ist denn bloß auf diese bekackte Idee gekommen? Sieht auf jeden Fall nicht aus wie das Haus eines Dealers, aber das ist wohl auch der Sinn der Sache. Tarnung.

4 Mein Kopf tut weh, direkt über den Ohren. Aber das ist ein guter Schmerz. Der sagt mir, dass ich noch da bin. Noch am Leben. Bereit, richtig Scheiß zu bauen. Also trete ich gleich wieder aufs Gas, und der Van schießt vorwärts. Er hat ordentlich Power und biegt den Briefkasten nach hinten, aber der Pfosten bricht nicht. Er kommt einfach ganz aus dem Boden, wie wenn irgendein blöder Golfer die Fahne aus dem Loch haut und dabei ein Rasenstück mit rausreißt.

Scheiße, aber klar guck ich Golf im Fernsehen! Na und? Gibt nichts Besseres beim Kiffen. Alles so ruhig und grün und so. Ein echt sanftes High.

Jedenfalls setze ich mit dem Van zurück und fahr noch mal über den Briefkasten, und noch mal, bis die Metallkiste unter den Reifen zerknautscht ist. Scheiße, yo!

Übrigens weiß ich genau, dass es eigentlich *Miami Vice* heißt. Ich finde *Device* einfach viel besser. Außerdem verarsche ich damit ständig alle Leute. *Ständig*.

Ich fahr noch einmal über den Briefkasten, nur so zur Sicherheit, halte an und steige aus.

Das Leben läuft viel leichter, wenn die Leute glauben, du bist *estupido*. Das ist Fakt.

Ist tausendmal leichter, jemanden reinzulegen, wenn der Wichser einen für stockdumm hält.

Ihr sollt alle denken, ich bin Müll. Austauschbar. Unsichtbar. Wenn ich *das* nämlich in eurem Kopf bin, dann kann ich jeden Scheiß anstellen und komm ungeschoren davon.

Aber jetzt bin ich ins Quatschen gekommen. Wo war ich?

Ach ja, ich steh in Momos Vorgarten, das hohe Gras kitzelt meine Knöchel, und da merk ich, dass ich keine Socken angezogen hab, als ich aus dem Motel raus bin. Meine Füße stecken nackt in meinen schwarzen Vans, Mann. Ich wackle ein bisschen mit den Zehen und denke so, hm. Das ist schräg.

Wieso hab ich keine Socken angezogen, Alter?

Das ist nicht normal, wenn ich auf *cocaína* bin.

Cocaína ist eigentlich meine beste Freundin. Mein Schub. Mein Hochschalten in den höheren Gang, wo ich flüssig rede, schnell handle, nicht zu fassen bin. Wo ich fliege. Nicht wie so eine scheißverrückte *mosco*, nicht so wie Ray, sondern wie ein Vogel. Wie eine Rakete beim Abschuss. Als wär mein ganzer Körper eine Bombe, und *cocaína* zündet meine Lunte gerade richtig. Nicht zu sehr. Nicht so, dass ich verbrenne. Gerade richtig.

Yo, denke ich. *Ich bin eine verdammte Bombe.*

Der Gedanke bleibt hängen, als ich den Rasen überquere, auf die Veranda steige und an der Tür klingele wie ein echter Gangster. Ich lehne mich nämlich gegen den Klingelknopf und lasse nicht wieder los. Die Klingel macht einmal *Ding* und bleibt dann in der Luft hängen. Man wartet auf das *Dong*, aber das kommt erst, wenn ich mich nicht mehr dagegenlehne, und das passiert erst, wenn jemand die Tür aufmacht.

In dem Moment merk ich, dass ich vorm Spion stehe, und trete schnell zur Seite, weil, wenn von drinnen einer wissen will, was draußen los ist, soll er die Tür aufmachen.

Das ist wie beim Wolf und Rotkäppchens Großmutter.

Beinah muss ich loslachen, aber ich unterdrücke es. Der böse Wolf bin ich, na klar. Und die Großmutter?

Ich halte das Ohr an die Tür. Ich höre, dass der Fernseher läuft. Ich höre kleine Füßchen schlurfen, und ich hab das Gefühl – nein, ich *weiß* – Momo ist nicht da. Der sitzt in seinem Lager, genau wie letzte Nacht. Da ist mehr Ware zu beschützen. Und da weiß ich, ich hab aufs richtige Pferd gesetzt, als ich hierhergekommen bin.

Die Füßchen bleiben hinter der Tür stehen. Ich merke, jetzt denken sie nach.

Sie denken nach, ob sie was sagen sollen oder nicht, weil jemand auf der anderen Seite womöglich eine Schrotflinte oder so was hat.

Ich höre eine Stimme.

«Also, ihr müsst später noch mal wiederkommen, Momo ist nämlich nicht da, und ich mache niemandem die Tür auf.»

Es ist Cecilia, die fette Nutte. Großartig.

Das läuft ja perfekt!

Genau die Schlampe, die mich gestern reingelassen hat, obwohl sie nicht sollte. Die umgekippt ist, nachdem sie einen Speedball genommen hat – hab ich ihr jedenfalls erzählt, in Wirklichkeit waren's bloß zerstoßene Schlaftabletten. Und die nicht weiß, dass ich Momos Waffensafe geknackt hab, weil ich ihn nämlich hinterher wieder zugemacht hab und da drin alles genauso aussieht wie vorher. Gestern Abend bin ich reingekommen, weil ich ihrem Affen Zucker versprochen hab – weil, Momo war ja nicht blöd und hat ihr nicht allzu viel dagelassen, bloß grade genug, und kaum war er draußen, hat sie sich natürlich alles reingezogen und schon nach mehr gejapst, als ich aufgetaucht bin. Junkies sind so beschissen leicht zu durchschauen. Und genau darum kann ich die gleiche Nummer auch nicht zweimal abziehen, sonst wird sie bestimmt – wie heißt das noch?

Argwöhnisch.

Ja, genau das.

144

Also mach ich was anderes. Ist ganz leicht, ich bin nämlich manchmal Schauspieler. Reine Impro. Das heißt, ich
denk mir irgendeinen Scheiß aus und mach immer weiter
und weiter. Ich bin im *Flow*.

«Cecilita, ich bin's», sage ich. «Antonio.»

Sie kennt mich nämlich nicht als Creeper, sondern nur
als Antonio.

«Toño?» Das klingt so, als ob sie zuerst nicht glaubt, dass
ich es bin. Sie ist vielleicht eine fette Nutte, aber nicht *estu-
pida*.

Ich huste ein bisschen. Als ich dann was sage, ist es echt
Oscar-reif. Die Rolle meines Lebens. Ich spreche zur Tür:
«Geht es dir gut, *mi angelita*? Bist du in Sicherheit?»

«Mein Engelchen» heißt das. Mädchen lieben so 'nen
Scheiß. Vor allem dicke Schlampen, weil kein Schwein sie
liebt. Niemand behandelt sie zärtlich. Das nutze ich zu meinem Vorteil. Ich muss sie ja nicht respektieren. Scheiße,
Mann, *darf* ich auch gar nicht. Aber manchmal muss ich
eben sanft sein. Die Karte muss man ab und zu ausspielen,
und das kann ich wie verrückt – ich hab's genau getroffen,
das merk ich an ihrer Antwort …

«Wieso fragst du das?» Ihre Stimme ist ganz weich und
ein bisschen so, als ob sie mir nicht glaubt.

Ich weiß, jetzt hat sie ihr Auge am Spion. Ich weiß, sie
will mich sehen, und diesen Moment darf ich nicht vergeu-
den, also wühle ich in den Taschen, und Gott sei Dank steckt
eine Rasierklinge hinten in der Hosentasche. Schnitzt mir
bloß ein Stück vom kleinen Fingernagel ab, als ich sie rasch
rausziehe.

Als ich klein war, wohnte so ein Junge in meiner Straße,
dessen Vater war *luchador* – einer von diesen maskierten

145

Wrestlern –, unten in Sonora oder so. Die Gottesanbeterin hat er sich genannt. *Mantis religiosa*. Hatte auch so glubschige Insektenaugen an seiner Maske. (Als Kind fand ich das *eklig*, hat mich total fertiggemacht. Seh ich manchmal noch im Traum, aber das erzähl ich keinem. Zahlt sich nie aus, wenn die anderen Idioten deine Schwächen kennen. Niemals.) Jedenfalls hat mir dieser Junge erzählt, sein Vater sagt immer, nichts blutet so wie die Stirn. Da glaubt das Publikum jedes Mal, du bist richtig verletzt. Bringt richtig Drama, und sieht *immer* total echt aus.

Ich schneide mich also direkt unterm Haaransatz, und ein Büschel schwarzer Haare löst sich, als ich dran ziehe. Scheiße. *Das* wollt ich eigentlich nicht. Ich starre die Haare kurz an und lasse sie ins Blumenbeet neben der Tür fallen, in dem gar keine Blumen wachsen, ist bloß Erde drin. Es hilft bestimmt, dass ich schwitze, in einer Sekunde brennt nämlich das Blut in meinen Augen.

Ich weiß, sie guckt immer noch durch den Spion, also warte ich noch eine Sekunde und stelle mich dann vor die Tür, wo sie mich sehen kann. Ich lasse den Kopf hängen. Und dann schaue ich hoch, mit dem besten Welpenblick aller Zeiten und auf der ganzen verfickten Welt.

Das ist sofort ein Klassiker, garantiert. So würde Fate das sagen. *Garantiert.* Ich gehe aber noch einen Schritt weiter. Ich nehme den Finger von der Klingel, um noch ein Ausrufezeichen zu setzen.

Dong!

Als der Ton abklingt, mache ich den Mund auf und sage: «Ich habe mir einfach solche Sorgen gemacht –»

Ich kann gar nicht zu Ende sprechen, ehe die Schlösser aufgehen – eins, zwei, drei, und ein Querriegel wird aufgeschoben, *kssssss*, und fällt dann *Päng* auf die blauen Bodenkacheln, die ich so gut kenne –, und dann geht die Tür so schnell auf, dass meine Klamotten im Zug wehen.

Das ist, als ob Fort Knox die Tore für mich öffnet. Nein, noch eher so wie, wie heißt noch diese Geschichte, so wie die Kondome?

Troja. Genau. Die mit dem Holzpferd.

Das wahre Ich versteckt sich im falschen Ich, und ich komme ins Wohnzimmer. Abgestandene Luft, ich sehe das grüne Sofa, den Fernseher in der Ecke, Fertigmahlzeiten auf dem Boden verstreut. Kein Fenster ist offen, nicht mal die Klimaanlage läuft, aber es riecht immerhin nicht nach Rauch hier drinnen, nicht so wie draußen, und das ist gut.

Als Nächstes halte ich mir den Kopf und stolpere gegen den Türrahmen. Cecilia quiekt und greift nach mir.

Oh, Momo, ich bin drin. Was anderes kann ich nicht denken. *Du dämlicher Motherfucker, was hast du dir dabei gedacht, dieser nichtsnutzigen Schlampe dein Haus anzuvertrauen?*

Ich bin *drin*, verfluchte Scheiße.

5 Als Cecilia mich nach drinnen zieht, will sie wissen, was passiert ist. Verdammt, ist die anstrengend. «Sag mir sofort, was passiert ist, Toño!»

Sie ist ja nicht meine Freundin oder so was. Sie ist bloß so 'ne Tussi, die mein Dealer fickt und die ich auch manchmal ficke. Keiner weiß, wo sie herkommt, eines Tages ist sie einfach *da*, und ziemlich kaputt ist sie auch, warum also nicht?

Sie drückt ihr Gesicht an meine Brust, und als sie mich umarmt, fühlt sich das gut an.

Sie hat schwarze Haare, so 'ne Betty-Boop-Frisur, ziem-

147

lich kurz wie das Haarbüschel am Ende einer Peitsche, mit Pony. So ein scharfer, schnurgrader Pony direkt über den hellgrünen Augen. Diese Augen machen mich fertig.

Klar, sie hat 'nen Bauch, so rund wie 'ne halbe Wassermelone, aber Scheiße, Mann, sie hat zwei Kinder gekriegt! Und Schultern wie 'n Bauarbeiter, aber damit kann sie dich umso besser in den Arm nehmen – außerdem sehe ich sowieso nur die Augen. Die sind grün wie Gatorade.

Ich sacke in ihre Arme, bleibe noch in meiner Rolle, obwohl ich gar nicht will.

Eigentlich will ich sagen: *Gar nichts ist passiert, Bitch. Halt die Fresse!,* bloß damit sie merkt, dass sie was Falsches getan hat, diesen Ach-du-Scheiße-Momo-schlitzt-mich-auf-wenn-er-das-rauskriegt-Blick will ich sehen, und vielleicht müsst ich sogar drüber lachen, denn wie ich Momo kenne, würde er sie wirklich aufschlitzen. Der Wichser steht auf Messer und auf Blut an der Klinge. Fast so sehr wie aufs Atmen. Aber ich reiß mich zusammen.

Ich sage es nicht. Ich sage gar nichts. Noch nicht.

Weil, jetzt rennt sie von mir weg in die Küche. Dabei sehe ich ihren Arsch. Ich sehe, wie er sich unter einer dunklen Trainingshose spannt und anstrengt, und fast bin ich traurig, als sie mit einer Serviette zurückkommt und sie mir auf die Stirn drückt, so ganz lieb, wie's wohl 'ne *mamá* machen würde, ich hatte ganz vergessen, wie gut dieser Arsch ist. Wenn es Arsch-Weltmeisterschaften gäbe, wär sie dabei. Ich sag nicht, dass sie eine Medaille gewinnen würde (Scheiße, der reicht nicht mal für Bronze), aber dabei wär sie. Ein, zwei Runden würde sie bestimmt überstehen. *Hundert Pro.*

Und dann ist mir gar nicht mehr so nach Schadenfreude.

Mich interessiert nur noch eins.

Ich küsse sie heftig, und ruckzuck bin ich an ihrer BH-Schnalle, lasse sie durch den T-Shirt-Stoff aufschnappen, und sie weicht zurück, macht mit beiden Händen so Stoppzeichen (macht sich aber nicht die Mühe, den BH wieder zuzuhaken, das Detail ist wichtig) und sagt: «Was soll der Scheiß, Toño? Ich dachte, du bist *verletzt*!»

Ich sehe ihr eine lange Sekunde in die Augen. Diesmal kein Welpenblick.

Anderer Blick. Der sagt: *Ja, ich bin verletzt, aber ich werde dir nie erzählen, wie schwer, Baby.* Richtige Pausen sind 'ne Kunst. Die richtig hinzukriegen, ist im Gespräch genauso wichtig wie in der Musik. Ohne ein paar gute Pausen sind's bloß Geräusche.

Als ich lange genug still gewesen bin, blinzle ich das Blut aus dem Auge, das bisschen, was noch da ist, es trocknet nämlich schon, und sehe zum Fernseher, wo auf Channel 7 zwei Typen eine Straße langlaufen und zusammen einen Riesenfernseher schleppen, dann sehe ich wieder sie an und sage: «Ich hab das Gefühl, die Welt geht unter, und wir haben nicht mehr viel Zeit. Ich bin hergekommen, so schnell ich konnte, weil …»

Da mach ich wieder eine Pause (ja, *schon wieder*, weil, die erste war bloß der Vorlauf, *die hier* ist die entscheidende), lasse die Worte in der Luft baumeln, während ich ihr tief in die grünen *ojos* blicke, die Lippen ein bisschen vorschiebe und ganz tief sage: «Ich konnte nur an eins denken – zu *dir* zu kommen.»

Mann, bin ich gut.

Lügen sind Werkzeuge. Ach was, *Worte* sind Werkzeuge, kaum anders als Knarren. Ich verwende sie, um zu kriegen, was ich will. Macht jeder.

Und man kann *sehen*, dass es gewirkt hat, ihr Gesicht sieht nämlich aus, als ob hinter ihren Augen eine Bombe hochgegangen ist, als ob sie innerlich explodiert ist.

Während sie versucht, wieder zu Atem zu kommen, bewundere ich mein Werk. Ich bin wie dieser Wichser Warren Beatty. Hab total den *Bugsy* abgezogen. Los, gebt mir sofort den verfickten Oscar, denn die fette Nutte stürzt sich so schnell auf mich, dass wir schon auf dem Teppich landen und uns die Ellbogen aufschrammen, bevor ich richtig merke, wie mir geschieht.

Ihr T-Shirt zieht sich praktisch von selbst aus, die Hose auch. Wie Zauberei.

Im Hintergrund läuft der Fernseher, Leute hieven geklaute Gartenstühle über den Kopf und hauen vor der Kamera alles zu Klump, und ich ficke sie *so* gut, Mann.

Der allerbeste Koks-Fick. Wie kämpfende Vögel, so laut und wild, und man spürt alles, bloß dass einem die Schläge und Kratzer überhaupt nichts ausmachen.

Nur das Gute dringt durch.

Nur das Gute.

Und sie schreit, ich soll es ihr von hinten besorgen, sie dreht total durch, packt meine Eier und so, sagt, ich soll ihr ins Ohrläppchen beißen, ihr mit den Fingern kräftig in die Hüften kneifen, so richtig, ihr ins Gesicht schlagen – richtig hart. Und klar, ich mach's. Scheiße, ich will ja, dass alle zufrieden sind.

Wir müssen nur einmal 'ne Koks-Pause machen. Ich schniefe das Zeug von ihrer linken Brustwarze, die sieht aus wie ein Mini-Pfannkuchen, so dunkel und breit. Ich lecke sie ganz sauber, bevor sie ihre lange Line von meinem Schwanz zieht.

Was dann kommt – stellt euch einfach die krasseste Scheiße vor, die ihr im Kopf habt. Was ihr schon immer mal mit einer schwarzhaarigen Schlampe mit fettem Arsch anstellen wolltet, die sich in alle Richtungen biegt und krümmt. Stellt euch vor, sie macht Spagat auf eurem Schwanz und lutscht dabei euren Zeigefinger, als wär's was anderes, und stöhnt und verdreht die Augen so weit, dass ihr schon Angst kriegt, sie hat einen Anfall.

Yeah – genau *so*.

So gut, da würde sogar die *panocha* lutschende Payasa drauf stehen.

6 Danach geht es mit den Fragen los. Cecilia sitzt auf mir wie ein Cowgirl oder so, und Mann, ist die angepisst. Zuerst hör ich gar nicht, was sie sagt. Ich hör eigentlich überhaupt nichts. Aber als ich mich vorbeuge und versuche, den Kopf vom Teppich zu heben, tauchen Worte auf und passen zu ihren Lippenbewegungen, so als ob irgendwer grad meinen Ton angeschaltet hat.

Es prasselt auf mich ein.

«Was soll der Scheiß, Toño? Pennst du mir hier ein?! Was ist, hast du 'ne Gehirnerschütterung? Wer hat dir überhaupt eine verpasst? Plünderer oder was? Und hast du von denen auch den Schnitt?» Und das war noch nicht alles. Geht noch eine volle Minute weiter.

Ich weiß gar nicht mehr, dass ich weggeknickt bin. Das Zeug muss doch besser sein als gedacht!

Aber nichts ist schlimmer als eine wütende Latina, Mann. Nichts.

Endlich finde ich meine Zunge wieder und werfe sie an.

In meinem Mund ist alles trocken und geschwollen, aber ich kriege immerhin raus: «Gar nichts ist passiert, Bitch. Halt die Fresse.»

Da werden ihre Augen riesengroß. Und richtig, genau in diesem Moment merkt sie, dass es der größte Fehler ihres Lebens war, die Tür aufzumachen.

Jetzt bin ich nämlich schon drin im Haus. Gibt es nicht so 'ne Redensart, dass man den Wolf nicht ins Haus lassen soll oder so? Denn genau das bin ich jetzt.

Cecilia würde ja wegrennen, aber ich hab die Hände in ihren Haaren und knalle sie wieder auf den Boden, und sie würde aufstehen, aber ich bin zu schnell. Ich sitze auf ihr, drücke ihr die Knie in die Achseln und klemme ihre Arme unter ihr fest, dann schnappe ich mir meine Jeans, die neben mir auf dem Teppich liegt, und suche nach den innen eingenähten Geheimtaschen, von denen nur ich weiß, an die man nur rankommt, wenn man die Finger hinter den Reißverschluss schiebt. In einer dieser Taschen find ich die Spritze, schon gefüllt mit Heroin, keine Ahnung, wie alt.

Ist aber noch flüssig, als ich mit dem Fingernagel gegen das Plastik tippe, *tsik-tsik-tsik*, dann schüttele ich sie und sehe so einen winzigen Strudel und finde, das ist gut.

Jedenfalls gut für Cecilia.

Sie findet das aber anscheinend gar nicht. Sie schüttelt den Kopf, als ich die Knie fester in ihre Achselhöhlen drücke. Die Adern an ihrem Hals treten vor, als sie sich wehrt, und ich denke: *Das ist gut. Das ist richtig super. Da brauch ich gar nicht erst am Arm zu suchen, Baby. Streng dich weiter an. Das ist* gut.

Die Nadel ist auch noch gut, nicht abgebrochen oder so, vielleicht ein bisschen stumpf. Und Scheiße, vielleicht auch erst einmal benutzt. Ich schieb die Spitze in die dickste, fieseste Halsvene, nur zur Probe, aber sie geht so leicht rein, dass ich den Kolben einfach runterdrücke.

Sogar sie ist schlau genug, sich dabei nicht mehr zu wehren.

Sie weiß, was passiert, wenn man eine Vene rausreißt. Ist 'ne ernste Sache.

Sie weint, als sie den Schuss kriegt, weint stumme Tränen, als ich den Kolben bis zum Anschlag runterdrücke, und ich fang schon an, so richtig drüber nachzudenken, so, *wie viel Stoff war das eigentlich?*

Ich denke eine Sekunde, aber es kommt nichts.

Ich hab nämlich keinen Schimmer.

Ich weiß nicht mal mehr, ob ich sie gestern Abend oder heute Morgen betankt hab.

Darüber muss ich lachen, weil, Mann, ich fühl mich so schlecht. Beinah spuck ich es sogar aus. Sag beinah *Ups!* und spreche das alles laut aus.

Aber ich schüttele schon den Kopf. *Muss mich konzentrieren*, denke ich. *Scharf nachdenken. Ich bin aus zwei Gründen hier, und nur aus diesen beiden Gründen.*

1. Um das Geld zu finden, das Momo versteckt hat, wie ich weiß.
2. Um alle verdammten Drogen zu klauen, die ich in die Finger kriege.

Dass ich Cecilita gefickt hab, ist bloß das Sahnehäubchen, die Tortenglasur. Eine richtig gute, aus Frischkäse und *dulce de leche* zusammengerührt. Aber eben bloß Glasur.

Momo lebt nämlich schon seit Jahren von mir und ande-

153

ren blöden Arschlöchern. Kassiert überhöhte Preise. Dreht mir schlechten Stoff an, wenn er ganz sauberen Stoff im Nebenzimmer liegen hat. Schickt mich los, alles Mögliche zu besorgen (letzte Woche war es ein Windeltransporter, keine Verarsche, weil dieser *perezoso* nicht mal die selbst kaufen kann), und dafür gibt er mir nie, was mir zusteht.

Big Fe, der zahlt dich immer aus, wenn du lieferst. Und jetzt muss ich wieder an seine Telefonnachrichten denken und krieg das Zittern, bevor ein neuer Adrenalinstoß kommt.

Jetzt kann er mich sowieso auf keinen Fall finden. Der hat wahrscheinlich selbst genug Scheiß am Laufen. Aber wünsche ich mir, ich hätte dem Motherfucker, der aussieht wie 'n Azteke, nicht gesagt, wie viele Patronen in der dicken Glock waren, die ich ihm gestern Abend gebracht hab? Scheiße. Wünsche ich mir, er hätte einfach den vollen Preis bezahlt? Darauf könnt ihr euren *culo* wetten! Hat er aber nicht, und mehr krieg ich nicht. So ist das Leben. So läuft's eben.

Weißt schon, wenn ich dich in die Pfanne haue, wenn ich dich betrüge, wenn du mir eine Lüge abkaufst, dann hast du selbst Schuld, weil du *estupido* bist.

Wenn ich dich ausraube, tja, dann hättest du mich eben dran *hindern* sollen, Mann!

Dein Pech.

Aber Fate – der Bastard ist abgebrüht. Der ist wie 'n General. So richtig strategisch und so. Den kann man nicht überlisten. Er und ich sind ganz verschiedene Spezies. *Niemals* könnte ich Fate in die Pfanne hauen. Nicht ein einziges Mal.

Aber was noch wichtiger ist, niemals würde er einen Preis für irgendwas nennen, und wenn du deinen Arsch riskierst, es ihm zu bringen, es sich dann anders überlegen

154

und einen niedrigeren Preis bezahlen und dabei so tun, als hättest du dich beim ersten Mal verhört.

Bei Fate bleibt der Preis der Preis. Der Typ hat *Ehre*.

Bei Momo ist das nie so.

Momo ist in einer ganz eigenen Kategorie: die für Arschlöcher, die nur dafür leben, andere über den Tisch zu ziehen.

Und jetzt wird es Zeit, dass Momo über den Tisch gezogen wird.

Wo ich herkomme, nennt man das Vergeltung. Und manchmal ist das alles, was einen am Leben hält. Tage wie dieser.

Tage, an denen man die Arschficker endlich in den Arsch ficken kann.

Ich stehe ganz langsam von Cecilia auf und gehe mit einem Grinsen im Gesicht, so breit wie der Hollywood-Schriftzug, ins Schlafzimmer.

7 In weniger als einer Stunde hab ich die Bude von oben bis unten leergeräumt. Die Zeit kann ich am Fernseher ablesen, da ist nämlich oben in der Ecke so eine kleine Uhr. Ich nehme an, wenn in der Welt so richtige Scheiße abgeht, soll man immer genau wissen, was die Stunde geschlagen hat.

Hab zehn Minuten gebraucht, den anderen Safe zu finden. Unterm Wasserbett, in den Rahmen eingebaut. Clever. Aber nicht clever genug. Das Ding hab ich in dreißig Sekunden geknackt. Solltest wohl deine Versicherungspolicen und Pässe und so was nicht in der Nachttischschublade rumliegen lassen, Momo. Die Sachen verraten eine Menge über dich. Allerdings hab ich das eigentlich gar nicht gebraucht, weil die Kombination genau die gleiche war wie an deinem

Scheißwaffensafe – dein Geburtsdatum, *puto* –, und das kannte ich schon.

Als ich den kleinen Safe aufklappte, sprang mir der Fang entgegen wie bei einer Erwachsenen-Piñata. So als hätt ich sie genau richtig getroffen und krieg jetzt die ganzen Süßigkeiten.

Drinnen waren $ 6000 in sechs Tausender-Stapeln mit Gummibändern drum und noch $ 522 lose. Hab sofort beschlossen, dass Momo mir genau so viel schuldet.

Der Rest war einfach Weihnachten.

Halbes Pfund Marihuana. Ein Pfund *cocaína*. Ein Pfund H. Das war sein Notlager, sein kleiner Vorrat für schlechte Zeiten. Straßenverkaufswert, wie es in den Fernsehkrimis immer heißt?

Gute Frage. Keinen blassen Schimmer.

Aber eine Menge!

So viel, dass ich einen kleinen Fick-dich-Momo-Tanz auf den Resten seines Wasserbettes aufführe. Vorher hab ich es mit einem Messer aufgeschlitzt, das ich im Bücherregal gefunden hab.

Ich packe alles in eine schwarze Mülltüte, die ich aus der Küche hole, und schmeiße Momos kleine Waage auch noch mit rein.

Als ich wieder durchs Wohnzimmer gehe, hat sich Cecilia keinen Zentimeter gerührt. Ihr Pony sieht aus wie ein kaputter Fächer. Sie liegt so still, dass ich mir Sorgen mache und ihr zwei Finger unter die Nase halte – zwei Finger, die immer noch nach ihr riechen –, um zu checken, ob sie noch atmet. Tut sie, also ich so: *Puh.*

Ich setze mich und schneide mit Momos Messer den allerwinzigsten Halbkreis in die Kokainverpackung, und wie ein Chemiker, der mit gefährlichen Stoffen rummacht, stecke ich dann bloß meinen kleinen Fingernagel rein und baggere einen ganz kleinen Haufen weißes Zeugs raus, wie so ein Halbmond.

Darum bin ich auch bei diesem einen Kinderspiel unschlagbar – *Operation*. Wo man mit so 'ner Zange Sachen aus den Löchern holen muss. Gebt mir die Pinzette und seht zu, wie ich das ganze weiße Zeug raushole!

Diese Portion saug ich direkt in die *nariz*, und das beißt richtig, ehe mein ganzes Gesicht taub wird (nicht nur die Nase, sondern auch die Wangen und sogar die Augen), aber da weiß ich, das ist der heiße Scheiß.

Colombiano. Pura.

Ich muss ein paarmal heftig husten, aber das Zeug bringt mich auf Trab. Schiebt mich im Eiltempo aus der Tür. Gleich darauf reiße ich die Schiebetür vom Van auf und schmeiße die schwarze Tüte oben auf die vier Kisten mit allen möglichen Schnäpsen, die man sich denken kann, hauptsächlich aber Rum aus Puerto Rico. Vierundvierzig verfickte Flaschen. Ich hab sie gezählt.

Ach, hab ich eigentlich erwähnt, dass ich die auch alle rausgeschafft hab?

Hab ich jedenfalls. Jede einzelne Flasche.

Momo ist echt 'n Säufer. Aber ich brauch das Zeug für was ganz anderes.

Ich schnappe mir die erstbeste Flasche, dreh den Verschluss ab, rolle einen Lappen auf, den ich aus dem Wäscheschrank genommen hab (ja, verdammt, Drogendealer haben Wäscheschränke, und die sind sogar voll, weil anständige Dealer alles sauber halten), also, ich rolle mit der anderen Hand den Lappen auf, so als ob ich einen Riesenjoint aus

Stoff drehe, und dann stecke ich ihn so tief in die Flasche, dass er bis in den teebraunen Rum reicht und ihn aufsaugt.

Dann stecke ich das obere Ende des Lappens an. Er wird erst schwarz, als er verbrennt, dann flammt er orange auf.

Gibt eine einfache Regel:

Wenn man jemanden fertigmacht, muss man ihn auch richtig *brennen* lassen.

Die Flasche liegt schwer in meiner Hand, und die Wärme kriecht meinen Arm hoch bis zu meinem Gesicht. Als die Flamme näher an die Flaschenöffnung brennt, schaue ich sie noch eine Weile an, wie sie so gelb und rot und orange ist, mit kleinen schwarz verbrannten Flecken. Am liebsten würde ich sie gar nicht loslassen.

Denn dieser Scheiß hier ist für mich, aber gleichzeitig auch nicht.

Sondern für Ernesto, weil ich dem Kerl mehr schulde, als ich je bezahlen kann.

Wisst ihr, wer vor so vielen Jahren in die Boxhalle gegangen ist und dem Wichser Garza gesagt hat, wenn er je wieder ein Kind anfasst, ist das Letzte, was er sieht, die Mündung einer Schrotflinte?

Bestimmt nicht meine Eltern. Die waren Old-School-Junkies, beide. Die waren Junkies, bevor irgendwer das Wort Junkie kannte.

Payasas großer Bruder war es, der da reinmarschiert ist.

Hat sein ganzes Leben keine Knarre angerührt, aber er war so wütend, dass er gesagt hat, er würde, und das hat er auch so gemeint. Dieser Dummkopf, hat überhaupt nicht mitgemischt oder so, ist da rein und hat richtig Alarm gemacht. Hat mit 'nem Baseballschläger eine Pokalvitrine zerschlagen und dann seinen kleinen Bruder Ray rausgezerrt (der war damals so dreizehn), mich auch, und noch zwei andere.

Am Ende bin ich eine Weile bei ihm und Ray und Payasa und ihrer *madre* eingezogen. Richtig gute Leute. Die wollten unbedingt an mich glauben. Ich meine, sie haben sich echt Mühe gegeben, bis mein Hunger zu groß wurde. Dann kam Fate ins Spiel, ihre *madre* zog aus, und ich hab mich sowieso in die Scheiße geritten. Das war bei mir wie bei den Franzosen, ich musste «La Vi» sagen und abhauen, weil dieses Leben echt irre werden kann. Na, ega–

Scheiße! Diese Glasflasche verbrennt mir die Hand, also schmeiß ich sie einfach in Momos offene Haustür. Sie fliegt im hohen Bogen durch die Luft, wie so ein perfekter Chip, mit dem Fuzzy Zoeller den Ball aufs Grün legt, und als sie auf den Wohnzimmerteppich knallt, geht das ganze Ding *hoch*!

Oh Mann, ich liebe dieses Geräusch, wenn die Flammen hochschlagen. *Wa-Fwuumm!*

Das könnte ich mir tagelang anhören. Oder …

Moment.

Warte mal.

Hab ich grad –?

Fuck.

Cecilia ist noch da drin!

Aber ich bin schon auf dem Rückzug. Ich kann gar nichts dagegen machen.

Ich sage mir, dass es gutgehen wird. Sie wird aufwachen, kein Problem. Die Hitze, ja genau, die Hitze wird sie aufwecken, und dann wird sie rausrennen.

Ich mein, klar, ich hab dran gedacht, reinzulaufen und sie rauszuschleifen, den Helden zu spielen, aber dann kommt so ein Typ angerollt, auf so einer Art Motorroller, hinten drauf hat er einen Ghettoblaster festgezurrt und hört Punkrock oder so was, und ich hab das Gefühl, ich hab ihn schon mal gesehen, aber ich weiß nicht, wo, und außerdem sieht er nach nicht viel aus (mal ehrlich, wer trägt schon rote Hosenträger?!). Aber er starrt mich lange an, also verpisse ich mich ganz schnell.

Ich steige in den Van, Mann, und los geht's.

8 Ich muss was beichten. Manchmal weiß ich nicht die *ganze* Zeit, was ich eigentlich tue. Manchmal tu ich's einfach.

Impulsiv, sagt Clever immer. Ich lebe nach meinen Trieben, irgendwas platzt mir grad so ins Hirn, schon bewegen sich meine Muskeln, und ich tu's, ehe ich's richtig merke.

Das Ergebnis ist manchmal gut, manchmal scheiße. Hängt davon ab.

Bereue ich was? Irgendwie schon.

Aber nicht so richtig.

Wie gesagt, wenn ich dich übern Tisch ziehen kann, bist du selbst schuld, weil du es zulässt.

Wenn Cecilia nicht aufwacht und ihren Arsch aus dem Haus schafft, dann hat Momo sie auf dem Gewissen. So einfach ist das. Wenn er sie nicht zum Aufpassen dagelassen hätte, wäre das alles nicht passiert.

Mann, *Scheiß* auf Momo, dass er mich dazu gezwungen hat.

Das schrei ich aus dem Fenster allen und keinem zu, dann bin ich in der Kurve Nähe Ham Park, wo die Josephine Street in Richtung Virginia abbiegt, und seh diese bescheu-

160

erte Handball-Wand aus Holz, wo man so Squash ohne Schläger dran spielt, und mir fällt ein, wie viele Splitter ich mir damit in die Hand gezogen hab, weil immer welche im Gummiball steckenbleiben, wenn man ihn kräftig dagegenhaut, und dann kommt er mit Wucht zurück, und man haut wieder kräftig drauf, und dann rammt man sich die Splitter richtig tief in die Handfläche (oder noch schlimmer in die Haut zwischen den Fingern), wenn man keine Handschuhe anhat, und da wird mir klar, die Scheißwand muss weg.

Ich reiße das Steuer rum, hopple über den Bordstein und fahre schnell auf die Wand zu. Ein bisschen zu schnell, merke ich, weil man auf Rasen nicht so gut bremsen kann wie auf Beton, und ich reiße die Kiste herum, damit ich nicht dagegenrausche, und ich fange an zu schleudern, reiße Grassoden aus dem Boden, zwei breite Spuren, wie Schlittschuhläufer, wenn sie abbremsen. Scheiße. Beinahe hätte ich die Karre umgekippt.

Beinahe.

Als ich endlich stehe, schnappe ich mir eine Flasche, Deckel ab, Lappen in den Rum. Ich suche im Van nach einem Feuerzeug und finde keins, bis mir schließlich einfällt, dass ich ja noch eins in der Tasche habe.

Ich stecke den Stoff an, und der fängt schnell Feuer! So ein kleines *Fwuumm* direkt in meiner Hand.

Ich denke überhaupt nicht nach. Ich werfe meinen besten Fastball Richtung Wand.

Die Flasche trifft am unteren Ende und geht sofort hoch.

Es wird orange und fängt an zu qualmen.

Ich bin stolz darauf, weil sie uns jetzt eine gute Handball-Wand bauen müssen. Aus Beton oder so. Irgendwas, das wirklich hält.

Das ist ein gutes Gefühl. Wie würde man das nennen?
Stolz.

Genau. Das ist es. *Stolz.*

9

Ich wache im Gras auf, und Scheiße, hab ich schlimme Kopfschmerzen. So Druck von allen Seiten. Als ob ich heftig erkältet wär, so als ob das ganze Gesicht zusammenfällt. Und zuerst denk ich so, wie bin ich hierhergekommen?

Aber dann fällt mir der Van ein, und der Park, und dass ich Momos Haus ausgeräumt hab, und ich schau mich um, und da steht der Van immer noch, in extrabreiten Reifenspuren, die durchs Gras gezogen sind.

Das Feuer ist jetzt superlaut. Klingt wie ein wildes Tier, das die Wand auffrisst, darauf rumkaut und heftig dabei keucht, sie in große Stücke reißt, und ein großer Teil davon ist schon ganz schwarz.

Ich krieche rückwärts zum Van, als ob mich das Tier auch auffressen will, und steh ganz langsam auf.

Das wird langsam zur Gewohnheit.

Irgendwie kommt mir Zeit abhanden, wie ein Schnitt im Film.

So ein Zeitsprung, okay?

So ist mein Leben grade. Und das bringt mich zum Nachdenken, sollte ich vielleicht einen Gang runterschalten oder was?

Klingt zuerst wie eine gute Idee, einfach mal chillen und runterkommen, versteht ihr? Irgendwo ein Hotel mit Pool finden und auf so einem Liegestuhl einschlafen, der sich in der Mitte nach hinten klappen lässt.

Aber dann denke ich, *nee*.

Ich muss unbedingt weiter.

Weil, ich bin eine Bombe.

Und wenn ich mich nicht mehr bewege, explodiere ich.

10

Ich steuere den Freeway 105 an, dabei ist das Ding noch gar nicht fertiggebaut, aber Scheiß drauf, wieso nicht? Lachend rase ich an den Baustellenschildern vorbei und eine Auffahrt rauf, die einfach im Himmel endet, ein paar Eisenträger ragen am Ende raus, kein Asphalt mehr. Guter Parkplatz, Mann. Von hier oben fühlt es sich an wie meine eigene Straße, als wär sie bloß für mich gebaut. Ich schau nach Norden zu den Feuerpunkten und einer Qualmwolke, die so groß ist, dass sie quer über den ganzen Himmel reicht. Überall ist es schwarz, als wär's früher dunkel geworden. Ich seh kein Stück von den San Gabriel Mountains. Auch nicht von Downtown. Ich seh überhaupt nichts.

Aber ich seh mehr, als ich den ganzen Tag gesehen hab. Fühlt sich an, als hätt ich stundenlang im U-Boot gesessen und durch so 'n Periskop geguckt, aber jetzt bin ich an der Oberfläche und mache die Klappe auf und gucke raus.

Still ist es auch. Stiller als man denken sollte. Ich hör nicht mal Sirenen.

Aber der Verkehr ist super. Ich kann von hier den 710 sehen, darauf ist kein Mensch unterwegs. Alle sitzen entweder zu Hause und warten, dass es vorbeigeht, oder haben irgendwas vor. Rumfahren tun sie jedenfalls nicht. Und das heißt, die beste Zeit, in L.A. rumzufahren, ist jetzt, wo die Stadt niederbrennt. Das finde ich zum Totlachen! Und

163

was noch witziger ist: Solche Tage gibt es hier ungefähr alle zwanzig Jahre.

Wenn wir von Mexikanern in dieser Stadt reden, dann fallen einem als Erstes die coolen Jungs in ihren scharfen Anzügen ein, die von weißen Ledernacken und Matrosen und so verprügelt wurden. Jeder *abuelo* kann darüber eine gute Story erzählen. Wann war das, 1944 oder so? Um den Dreh.

Da ging es also auch schon um Hautfarbe. War ja ganz einfach: Siehst du einen braunen Typen, schick gekleidet, prügelst du ihm zusammen mit deinen weißen Brüdern den Glanz von den Schuhen. Weil der Idiot sich besser kleidet als du, klar?

Als das passiert ist, haben alle zurückgeschaut und gemeint (jetzt meine beste weiße Nachrichtenstimme): «Hey, das war furchtbar, einfach grauenhaft, das darf auf keinen Fall wieder passieren.»

Aber dann vergessen sie es und vergessen sogar, dass sie es schlimm fanden, eine Weile passiert nichts, aber es wird auch nichts besser, wird bloß trockener, bereit für den nächsten Buschbrand, und dann geht Watts hoch, das war wohl irgendwann in den Sechzigern, weil alle möglichen alten Onkel ständig noch davon quatschen. (Ich versteh ja nicht viel von Familie – Scheiße, ich weiß überhaupt nichts von Familie, aber ich hab den Eindruck, dass die Kinder nie zuhören. Ich höre alten Leuten immer zu. Sieht vielleicht nicht so aus, aber ich höre immer zu. Ich tu vielleicht nicht, was sie sagen, aber ich hör sie. Meine Ohren sind immer auf Empfang, Mann.)

Und nach Watts war alles genauso wie vorher, klar? Alle sehen zurück und sagen: «Hey, das war furchtbar, das darf auf keinen Fall wieder passieren», und das Abgefuckte daran ist, dass sie es diesmal tatsächlich ernst meinen, aber natürlich vergessen sie es auch diesmal wieder, und nichts ändert sich.

Und es hat sich immer noch nichts geändert. Also, was macht das? Immer zwanzig Jahre Abstand zwischen den Rassenunruhen? Genug Zeit für alle, alles zu vergessen? Weil, jetzt haben wir 1992, und das sind an die dreißig Jahre, oder? Wahrscheinlich ein bisschen weniger. Auch egal. So wie das hier abgeht, war es überfällig.

Das ist wie ein Bankkredit. *Mit Zinsen.*

Ich sage ja nicht oft schlaue Sachen, die irgendwer außer mir kapiert, aber das hier solltet ihr euch aufschreiben. Oder unterstreichen. Oder so was.

Wenn L.A. jemals stirbt, wenn die Leute alle aufgeben und abhauen, dann könnt ihr das in ihren Scheiß-Grabstein ritzen …

L.A. hat ein verdammt kurzes Gedächtnis. Diese Stadt lernt *nichts.*

Und das wird sie umbringen. Wartet's ab. 2022 gibt es die nächsten Rassenunruhen. Oder auch früher, keine Ahnung.

Scheiße.

Moment mal.

Gerade eben fällt mir ein, dass ich hier oben eigentlich nicht rumfahren sollte, weil, das Ding könnte ja einstürzen oder so. Ich drehe mich nach hinten und sehe die Geldtüte, und dann grinse ich breit. Ich denke an das Heroin und das Gras da drin und stecke noch mal einen Fingernagel in die Packung *cocaína* und reibe es mir ins Zahnfleisch, dann wende ich den Van und fahre vorsichtig die Auffahrt runter.

Ist an manchen Stellen richtig unheimlich, weil es so

bröckelig klingt! Rauf war auf jeden Fall leichter. Aber als ich wieder am Boden bin, wird mir klar, dass ich unbedingt zurück zum Hotel muss. Ich muss den Scheiß gut verstecken. Das Geld und alles.

Aber es ist noch was besonders an L.A.: Es ist riesig groß, aber die Leute bleiben alle in ihren Ecken. Gibt ganze Straßenzüge, wo die Leute nur Spanisch oder Äthiopisch oder sonst was sprechen.

So als ob jede Gruppe Einzelkämpfer ist, wie 'n Boxer, und wenn so eine Einstellung herrscht, dann passiert es ganz leicht, dass man alle anderen als Gegner sieht, als jemand, den man schlagen muss, denn wenn nicht, kriegt man selbst in die Fresse. Dann gewinnt man keine Preise, klar?

Und das ist es vielleicht auch schon, der Kern der Sache sozusagen.

Man pflückt von überall her ein paar Leute, hält sie alle für sich in ihrer Ecke, damit sie sich nicht mischen und Sachen schnallen, und alle sind ständig in Konkurrenz, weil in L.A., Mann, da wollen immer alle irgendwas abziehen.

Moment, wo war ich?

Scheiße.

Oh Mann, diese Kopfschmerzen machen mich fertig.

Ist so schlimm, dass ich meinen Herzschlag im Kopf spüre.

Bumm-bumm. Bumm-bumm.

Ich gehe noch mal an das weiße Pulver und lege das Häufchen diesmal unter die Zunge. Schmeckt so, wie wenn man Aspirin ohne Wasser schlucken muss, bloß schlimmer. Bitterer. Ich hole tief Luft durch die Nase, versuche die Lunge ganz zu füllen, ehe ich wieder ausatme und den Geschmack rauspuste.

Also, wie gesagt, dieser Scheiß wird im Jahr 2022 wieder losgehen. Passt bloß auf.

Aber wenn es nach mir geht, sind es dann Roboter gegen Menschen.

Dann müssten wir alle uns wenigstens zusammentun. Das wär so hundertprozentig *Terminator 2*. Wir könnten mit Sattelschleppern und Motorrädern den L.A. River langbrettern, ohne Scheiß!

Yeah.

Klingt fett, aber das liegt vielleicht auch nur daran, dass meine Kopfschmerzen nachlassen und meine Zähne jetzt so richtig zu summen anfangen, Mann.

11

Mit dem Bargeld miete ich ein weiteres Hotelzimmer, direkt gegenüber von dem Zimmer, das ich schon vier Tage im Voraus bezahlt hab. Nein, jetzt zehn Tage. Wenn die vorbei sind, ziehe ich in ein anderes Hotel, wo mich noch niemand je gesehen hat. Vielleicht draußen in Hawthorne oder so. *Weit* draußen, klar?

Jetzt ist mein neues Zimmer erst mal im selben Stockwerk wie das alte, im ersten, direkt gegenüber, aber keiner weiß, dass es meins ist. Ich hab dem Penner am Empfang Geld gegeben, damit er keinem was davon sagt. Und ich glaube, da bin ich auf der sicheren Seite, weil er kaum Englisch spricht und überhaupt kein Spanisch, das heißt, wenn Fate und Momo je darauf kommen, ihn auszufragen, wird er ihnen keine große Hilfe sein. Ich weiß nicht, ob er Chinese ist oder was. Koreaner vielleicht?

Scheißegal. Ist mir alles recht. Je weniger Englisch, desto besser.

Keins der Zimmer läuft unter meinem Namen. Eins hab ich als Shane gemietet, einfach nur Shane, und das andere unter Alfredo Garcia. Ihr wisst schon, wie in den alten Western.

Ich passe gut auf, dass mich niemand in das neue Zimmer gehen sieht. Als die Tür hinter mir zufällt, schließe ich ab und ziehe die Vorhänge zu. Ich ziehe den kaputten Stuhl rüber zum Lüftungsschlitz überm Fernseher, und mit der Spitze von Momos Messer löse ich die Schrauben.

Mann, ist das staubig da drinnen! Ich muss volle zwei Minuten husten, dann hole ich mir zwei Papierhandtücher und schaufele die Staubmäuse da raus und direkt in den Mülleimer und sage dabei: «Fickt euch, ihr Staubmäuse! Ihr habt noch niemandem was genützt.»

Dann stecke ich das H rein, und das Gras, und den Rest Bargeld. Alles ordentlich nebeneinander.

Im Badezimmer schütte ich so viel Koks, wie reinpasst, in so eine durchsichtige Kodak-Filmdose, die ich für solche Zwecke immer bei mir hab. Ich bin ganz vorsichtig, damit ich nichts verschütte, aber das Zeug ist verdammt pulvrig. Ein bisschen was fällt ins Waschbecken, aber ich erwische es. Den Rest wickele ich fest in die Plastiktüte aus dem Eisbehälter und stecke auch sie in die Lüftung. Dann schraube ich die Abdeckung wieder fest, hänge das *Bitte nicht stören*-Schild an die Tür und verpisse mich.

Als ich unten auf dem Parkplatz bin, hör ich jemanden nach mir rufen. Ich krieg beinah einen Herzinfarkt und greife nach der Knarre in meiner Hosentasche.

«D.B.», sagt er, «hey, Devil's Business! Was geht, du Idiot?»

Ich drehe mich um, und es ist Puppet. Hosenscheißer Puppet.

Ich merke, jetzt muss ich den Harten raushängen lassen. «Was willst du? Du sagst nicht Idiot zu mir!»

Als ich den Wichser kennenlernte, dachte er, ich hab noch keinen Spitznamen, aber er wusste, dass ich ständig Mist baue, darum hat er sich diesen Scheiß mit Devil's Business ausgedacht. Fand er wohl besonders schlau. Elegant oder so. Jetzt weiß er zwar, dass man mich Creeper nennt, aber macht immer noch weiter damit. Keine Ahnung, wieso. Ego wahrscheinlich. Wer weiß schon, wieso Leute den ganzen Scheiß machen?

«Oh, tut mir leid», sagt er. Klingt aber nicht so. «Hast du was?»

Puppet will wissen, ob ich Drogen bei mir habe. Was glaubt ihr, werd ich dem Wichser die Wahrheit sagen?

«Nein», sage ich, «seit einer Stunde nicht mehr.»

«Oh Mann, du bist doch ein Arschloch, Mann! Du hättest das Zeug teilen sollen!»

Als würd ich jemals freiwillig was mit Puppet teilen.

Puppet kommt näher, und ich sehe, eigentlich braucht er gar nichts, guckt nämlich schon total glasig, aber er will nicht bloß einfach wissen, ob ich Stoff hab, er hat noch was anderes auf dem Herzen, und das will er mir jetzt erzählen.

Als er das tut, hör ich sehr gut zu, und zwar so, als höre ich gar nicht richtig hin, weil, die Straße hört alles und weiß alles. Wenn ihr das nicht glaubt, denkt lieber noch mal nach.

«Schon gehört, dass Fates Crew Joker und seine Jungs erwischt hat? Gestern Nacht ist so eine Braut bei ihrer Party aufgetaucht und hat losgeballert.» Puppet macht mit der Hand eine Pistole und richtet den Zeigefinger auf irgendwelche Ziele auf dem Parkplatz. Dann überlegt er es sich

169

und dreht die Hand zur Seite. «So *bamm, bamm, bamm*. Total kaltblütig, Alter!»

So eine Braut, ja? Muss er wohl Payasa meinen. Kann ja sonst keine gewesen sein. Irgendwie trifft mich das, weil ich weiß, so hart war sie bis jetzt nicht unterwegs. Ist so ähnlich, als hätte sie ihre Unschuld verloren, als sie die Idioten abgeknallt hat. Jetzt ist sie irgendwie 'ne neue Frau. Keine Jungfrau mehr.

«Ja, hab ich gehört», sag ich, aber ihr wisst ja, ich hab noch gar nichts gehört.

Ist besser, wenn er denkt, ich weiß Bescheid, denn Puppet ist der einzige Wichser auf der weiten Welt, der nicht denken soll, er sei schlauer als ich, damit ihm nicht einfällt, er könnte mich verarschen.

Nach so einem langen peinlichen Schweigen sagt er schließlich: «Ich wette mit dir, ich kann mehr Brände legen als du. Wir könnten doch so eine Art Wettkampf machen. Was meinst du? Bist du ein Mann?»

Er hat ein Feuerzeug in der Hand und spielt damit, als wär's was Großes. Beinah lache ich dem Arsch ins Gesicht. Aber ich halte mich zurück. Er hat ja keinen Schimmer, dass er schon einen hinten liegt, oder zwei, wenn man die Handball-Wand mitzählt, was ich auf jeden Fall tu. Und er weiß auch nicht, dass ich einen ganzen Haufen Zeug hab, der schon ein Loch in Garzas Van brennt. Nicht wörtlich, aber könnte er. Und dann denk ich, ist gar keine so schlechte Idee.

Ich könnte doch ein so großes Loch in diese Stadt brennen, wie es noch keiner in der Geschichte Amerikas geschafft hat. In der Geschichte der ganzen Welt. Nicht mehr seit … weiß nicht, irgendeinem Krieg oder so. Und Feuer ist so was wie

Reinigung. Verwandelt den ganzen Dreck und schafft Platz für was Neues. Putzmittel brennt ja auch, oder? Ist irgendwie das Gleiche.

Ich sage nichts und starre Puppet an, dann wandern meine Augen zu diesem Obdachlosen, der über den Parkplatz humpelt, auf so einen Metallstock gestützt, mit Federn drangebunden, aber er hält den Kopf hoch, als ob er der Schamane von Los Angeles wäre. Er guckt mich nicht mal an, aber sogar aus der Ferne kann ich erkennen, dass er eine hässliche Narbe auf der Nase hat, auf der Seite, die ich sehen kann. Einen Moment überlege ich, ob ich Puppet auch so eine verpassen sollte.

Dann wende ich mich wieder zu ihm und rede wie Charles Bronson. «Du bist so *estupido*, Puppet. Wieso sollte ich so 'nen pubertären Scheiß anstellen?»

Pubertär heißt kindisch, was so ein saudummer Teenager tun würde, unreif. Und Puppet versucht mir zu erklären, dass es gar nicht blöd ist, ganz und gar nicht, aber es ist schon zu spät, ich sitz nämlich schon im Van und lasse den Motor aufheulen und zähle aus dem Augenwinkel die Flaschen. Immer noch vierundvierzig. Nein, zweiundvierzig.

Hab ich euch erzählt, dass ich noch mehr Lappen aufgerollt und in Flaschen gesteckt hab? Nein?

Hab ich aber.

Und als ich den Automatikhebel auf *Drive* stelle, kann ich nichts anderes denken, als dass ich der größte Brandstifter in der Weltgeschichte sein werde.

Der größte Brandstifter, von dem nie jemand erfahren wird.

Ein Art Held.

Eine Legende.

12 Jetzt hab ich meine beiden besten Feuerzeuge im Schoß liegen (schwarze BICs, ihr Wichser), und es ist mir scheißegal, in welchem Viertel ich unterwegs bin. Lynwood, Compton, egal. South Gate? Huntington Park? Wen juckt das? Ich weiß nur, dass ich vom Imperial Highway nach rechts auf die Western Avenue einbiege und beschließe, nach Norden zu fahren, bis mir der Sprit ausgeht, und auf der ganzen Strecke Cocktails zu werfen.

Ich werde die ganze Stadt eigenhändig in Brand setzen. Sie niederbrennen, damit wir sie besser wieder aufbauen können. Neu anfangen. Irgendwer wird mir irgendwann dankbar dafür sein.

Zuerst lege ich mir mal zurecht, wie ich vorgehe.

Ich halte vor einem Laden, der so aussieht, als würde er gut Feuer fangen – hat vielleicht eine Markise, oder die Tür steht offen, oder ein Fenster, und wenn ich das sehe, schnappe ich mir eine Flasche, steck sie an und schmeiße das Mistding aus dem Fahrerfenster wie der beste Zeitungsjunge der Welt. Bloß dass es keine Zeitungen sind. Die Dinger zerplatzen und machen *Fwuumm* wie verrückt!

Ich glaube, ich arbeite mich gerade nach Inglewood vor oder so, als allmählich an allen möglichen Läden die Worte *BLACK OWNED* oder *BLACK OWNERS* auftauchen. In großen schwarzen Buchstaben an die Wände gesprüht. Nur Großbuchstaben. Zuerst schnalle ich überhaupt nicht, was das soll.

Aber nach ein paar Straßen fällt mir ein, dass die *mayates* wohl Hinweise brauchen, welche Läden sie plattmachen sollen. Darüber muss ich lachen. Und als ich fertig bin mit Lachen:

1. Schmeiße ich auch auf diese Läden.
2. Und ich schmeiße auf alles andere.

Ich halte nur einmal an, als ich auf einer der großen Querstraßen nach Osten schaue (Scheiße, ich weiß gar nicht mehr, ist das hier die Manchester?) und so was wie einen Panzer sehe, ganz hellbraun mit Tarnbemalung, und oben drauf sitzen Typen in kugelsicheren Westen mit Gewehren. Bei dem Anblick rutscht mein Magen einen Augenblick 'ne Etage tiefer, aber die gucken gar nicht in meine Richtung. Die stehen da einfach auf der Kreuzung.

Ich halte mich also ein paar Straßen lang zurück, um auf der sicheren Seite zu sein, und das ist auch gut so, weil an einer roten Ampel ein Bus neben mir hält, und ich gucke so rauf, und die ganze Kiste ist vollgepackt mit Soldaten. Einer sieht ein bisschen braun aus oder so, und er sieht mich an, also lächle ich und winke, und er nickt und winkt zurück, und als es grün wird, bleib ich ganz cool und unterm Tempolimit, bis der Bus abbiegt. Ich bleibe noch ungefähr sieben Blocks unauffällig, bis ich wieder sehe, wie die Leute Läden ausräumen. Ich schwör's euch, auf einem Supermarktparkplatz steht sogar ein Streifenwagen, und die Cops schauen zu! Also echt jetzt! Die versuchen gar nicht, jemanden zu verhaften. Stehen bloß da. Tun nichts. Gucken nur zu.

Danach beschließe ich, wieder loszulegen. Mir doch scheißegal. Ich zünde an und werfe, zünde an und werfe.

Ich lande mehr Treffer als Fehlwürfe. *Pioneer Chicken, buumm. Tong's Tropical Fish & Pets, buumm.* (Den bereue ich allerdings ein bisschen.) *Tina's Wigs, buumm.* Eine Hütte mit einem Schild *SHOE REPAIR* in roter Schrift davor – vergiss es, der Schuppen geht hoch wie Feuerwerk.

Als ich die zweite Kiste durchhab und die dritte auch schon halb, haue ich mit der Faust auf den Radioknopf, und es tut nicht mal weh. Es geht an, es kommt so Weiße-Jungs-Musik, laute Gitarren und Geschrei, und dafür bin ich echt nicht in der Stimmung grade, also drücke ich auf den Mittelwellenknopf und hoffe auf Art Laboe oder so was. Paar schöne Oldies. Irgendwas mit mehr Beat.

Ich lande wohl grad am Ende einer Ansage von Art, denn seine Stimme kommt aus dem Radio und rät allen, sie sollen sich vorsehen und drinnen bleiben, und dann sagt er: *Hier ist ein kleines Lied, um Sie alle auf andere Gedanken zu bringen und von dem abzulenken, was da draußen passiert.*

Darüber muss ich lachen, denn das «da draußen» bin ich, und *ba-ba-bap* setzt das Schlagzeug ein. Eine Snare, glaub ich. Und der Sänger legt gleich danach los.

Ich glaub, den Song kenn ich. Das ist «Rock Around the Clock», aber was sind eigentlich *«glad rags»*? Fröhliche Lappen?

Ich sag euch, was das ist. Diese Dochte in den Flaschen, das sind *glad rags*.

Diese ganzen Lappen, die ich kleingerissen und den Flaschen in den Hals gestopft hab. *Mich* jedenfalls machen sie froh. Und als das Scheißgitarrensolo losgeht, kommt es mir vor, als würde der Song nur für mich laufen, allein für mich, so schnell und alles, und ich halte das Lenkrad mit den Knien fest, zieh mit rechts eine Flasche aus der Kiste, steck den Lappen mit links an, pack sie dann am Hals und wechsle wieder zur Linken und werfe sie von unten, und als der Song zum Ende kommt, da werd ich traurig und fahre einfach weiter.

Ich wünschte, ich könnte zurückspulen und ihn immer und immer und immer wieder spielen.

13

Meine Karre läuft auf Reserve, als ich zur Kreuzung 6th und Western komme, und das wär noch nicht so, hätt ich nicht einer Horde Armeetypen ausweichen müssen: Auf der 76th bin ich ein ganzes Stück nach Osten gefahren, dann auf der Hoover nach Norden, dann hab ich mich auf der Gage Avenue wieder zurückgeschlichen bis zur Western, und dann weiter nach Norden. Was für ein Umweg.

Hatte ich eigentlich so nicht geplant, und ich hab nur noch eine Kiste Rum übrig, als ich auf der 6th eine Ladenzeile sehe und denke: *Scheiß drauf. Wieso nicht? Auch kein schlechter Ort für mein Meisterwerk, weil, ich werde die ganze Scheißladenzeile niederbrennen.*

Den ganzen zweistöckigen Dreck.

Aber das Komische ist, ich kann mich nicht so gut konzentrieren. Schon eine ganze Weile sausen lauter verschiedene Geschmäcker in meinem Mund rum.

In einem Moment ist es so Erdnussbutter, und ich denke, wann hab ich denn bitte zum letzten Mal Erdnussbutter gegessen? Ich mag das Zeug überhaupt nicht. Da muss ich, keine Ahnung, fünfzehn gewesen sein, oder was?

Und als ich gerade überzeugt bin, den Scheiß das letzte Mal mit vierzehn gegessen zu haben, schmecke ich Tomaten. Frische Tomaten. Und riechen kann ich sie auch.

Mann. Ich hab echt *viel* zu viel Koks genommen.

Ich versuche, die Tomaten aus meinem Kopf zu vertreiben, indem ich mir den Montierhebel greife, der hinten im

Van rumrutscht, seit ich in das Scheißteil gestiegen bin, und anfange, Schaufenster einzuschlagen. Wenn sie geknackt sind, stecke ich eine Rumflasche an und werfe sie rein. Ich hab schon zwei Läden gezündet, ehe ich merke, dass eine Horde Typen auf der anderen Straßenseite zugange ist.

Aus der Entfernung bin ich nicht sicher, aber vielleicht sind es Schwarze. Egal, die Typen drehen jedenfalls total durch beim Versuch, die Gitter vom Schaufenster eines kleinen Eckladens abzureißen. Sie gehen sogar so weit, irgendein Seil an die rostige Anhängerkupplung eines Trucks zu knoten und die Gitter damit aus der Wand zu reißen, und dann sehe ich, wieso.

Da ist noch jemand drin, an den sie rankommen wollen. Ein Ladeninhaber mit 'ner Knarre oder so, ich höre nämlich Geschrei, und die Leute springen vor und zurück an dem Fenster, und zwischendurch knallen Schüsse, als ob wir hier in Beirut sind.

Darum beeil ich mich ein bisschen. Ich schlage ein drittes Fenster ein, ein viertes. Ich nehme nur die dunklen Ladenfronten.

Scheiß auf die erleuchteten. Ich brauche keinen Typen mit Knarre da drinnen.

Ich bin beim fünften Geschäft, eine Videothek mit Postern im Fenster, deren Schriftzüge ich nicht lesen kann, weil es ein anderes Alphabet ist, da höre ich's hinter mir quietschen, als ob ein schnelles Auto plötzlich bremst, und ich denke erst, das ist der rostige Truck von drüben, aber dann schreit jemand so was wie: «Wir schießen, wir schießen!» Aber ich drehe mich nicht um. Ich schlage noch ein Fenster ein und nehme an, die Wichser auf der anderen Straßenseite sind gemeint. Aber als ich einen brennenden *ron* ins Fenster schleudere, höre ich: «Aufhören oder ich schieße», ganz laut und auf Englisch, und vielleicht bin doch ich gemeint.

Wenn ja, denke ich, *scheiß drauf.*

Ich hebe den Montierhebel wieder auf und will das nächste Schaufenster entglasen ...

Aber ehe ich zuschlagen und das Glas zerschmettern kann, höre ich einen Knall, und sofort fangen meine Ohren an zu klingeln. Und jetzt ist ein Loch im Glas, ein ganz kleines, als hätte wer ein Steinchen reingeschmissen.

Ich huste, und Blut klatscht auf die Scheibe vor mir.

So ein Spritzer.

Mir ist sofort klar, dass es meins ist. Und ich so, *«Fuck»*. Das flüstere ich, als ich die Hand ausstrecke und das Zeug auf der Scheibe anfasse.

Sieht viel dunkler aus, als Blut aussehen sollte.

Und ich versuche, es wieder reinzutun. Das versuche ich echt.

Estupido, stimmt's?

Ich versuche das Blut von der Scheibe zu wischen und wieder in mich reinzutun, aber als ich meine Wange berühre, stelle ich fest, dass ich da ein Loch drin hab.

Ein Loch so groß wie meine Fingerspitze. Das weiß ich, weil ich es fühlen kann.

Und ich versuche es von innen zuzuhalten.

Aber als ich das versuche, geht mein Finger ganz durch bis nach draußen und ich spüre die Koteletten auf meiner Wange ...

Auf der *Außenseite*.

Da wird mir klar, dass ich schon fast mein Ohr berühre.

Obwohl meine halbe Hand *in* meinem Mund steckt.

Scheiße.

Das ist nicht gut.

Es fängt an, taub zu werden.

Im Kopf. Also, ich spüre nichts mehr im Schädel.

Gar nichts mehr.

Und das ist komisch. Ich hab nämlich keine Kopfschmerzen mehr.

Da ist …

Nichts mehr.

Bloß Schwärze, die vom Boden zu mir aufsteigt.

Nach mir greift wie Hände.

KIM BYUNG-HUN

ALIAS JOHN KIM

30. APRIL 1992

18:33 UHR

1 Morgen wäre eigentlich Schule – und ich wäre zu Hause –, wenn sich die Unruhen nicht ausgebreitet hätten. Aus Hollywood wurden Plünderungen gemeldet, von einigen Orten im San Fernando Valley, sogar aus Beverly Hills, heißt es im Radio. Überall Chaos, aber es fühlt sich an, als ob es hier am schlimmsten ist: in Koreatown, wo meine Familie zu Hause ist, wo ich zu Hause bin. Aber ich wette, in den anderen Vierteln sitzt niemand auf dem Rücksitz eines Autos, in dem laut das Radio läuft, eingequetscht zwischen seinem Vater und seinem alten Nachbarn, der nach *bonjuk* riecht, und versucht, eine Pistole zwischen den Füßen festzuklemmen, während ihm eine andere in die Hüfte sticht.

Beide tun richtig weh. Hartes Metall macht Druckstellen an den Innenseiten meiner Füße, bohrt sich durch das Leder meiner Air Jordans, aber die Pistole meines Vaters ist noch schlimmer: Er trägt sie wie ein Revolverheld im Halfter an der Seite. Jedes Mal, wenn er sich bewegt, bohrt sie sich in meine Hüfte und ein heißer kleiner Stich fährt mir durchs Bein.

Durch die Ereignisse der letzten Tage ist mein Vater ein anderer geworden, nicht mehr der Typ, der sich von meiner Mutter am Essenstisch über den Mund fahren lässt oder sich stumm und mit verschränkten Armen die Spiele der Dodgers ansieht. Mein Vater lehnt sich an mich, als das Auto sich nach links neigt, und wieder zieht mir der Schmerz durchs Bein. Ich unterdrücke das Zusammenzucken. Das hat mir gerade noch gefehlt, dass er mir vor diesen Leuten vorwirft, ich sei zu weich.

Mr. Park fährt. Er wohnt auch bei uns im Haus, ich habe ihn aber vor einer Stunde unten im Foyer zum ersten Mal gesehen. Ihm gehört das Auto. Er hat einen großen Leberfleck auf der linken Wange, und den Kragen seines Polohemds hat er hochgeklappt, um den Fleck ein bisschen zu verbergen, glaube ich. Sein Bruder sitzt vorn neben ihm im Holzfällerhemd und mit Lakers-Cap. Er trägt eine Brille wie ich. Links von mir sitzt Mr. Rhee mit grauen Haaren und einem noch graueren Sweatshirt, die karierte Hose ganz weit hochgezogen. Weil ich der Jüngste und Kleinste bin, muss ich in der Mitte sitzen. Das ist peinlich und unbequem. Ich kann nicht mal aus dem Fenster gucken. Ich weiß aber, dass es da draußen qualmt, und zwar heftig. Ich rieche gar nichts anderes mehr. Ich könnte mir genauso gut Holzkohle in die Nase stecken. Außerdem merke ich, dass Mr. Park beim Fahren ziemlich viel hupt und Leute auf Koreanisch beschimpft – Leute auf der Straße, nehme ich an.

Für mein Referat in Zeitgeschichte Kaliforniens über Los Angeles habe ich rausgefunden, dass innerhalb der Stadtgrenzen 146 Nationalitäten versammelt sind und 90 verschiedene Sprachen gesprochen werden. Ich muss mal in der Schulbücherei im Lexikon nachschlagen, wie viele Länder es überhaupt auf der Welt gibt. Früher wusste ich das mal, aber dann hat sich letztes Jahr die Sowjetunion aufgelöst, und dann auch noch Jugoslawien, es könnten also um die zwanzig mehr sein, weil Kroatien und die anderen unabhängig geworden sind.

«*Ya.*» Mein Vater haut mir den Ellbogen in die Seite. «*Jib-Jung hae.*»

Er will, dass ich zuhöre, was *Korean Radio USA* sagt, Mittelwelle bei 1580 kHz. Er weiß, ich versuche nicht hinzuhören, weil es zu deprimierend ist. Jeder Bericht klingt genau gleich. Überall in L.A. werden koreanische Geschäfte von Polizei und Feuerwehr links liegengelassen. Genau deshalb sitzen wir nämlich hinten in Mr.Parks Toyota Kombi und fahren den Wilshire Boulevard auf und ab, patrouillieren durch unser Viertel, weil es sonst niemand tut. Deshalb habe ich eine Pistole.

«Ich *höre* zu», sage ich auf Englisch, aber er schaut mich an, als würde ich lügen.

«Mann beschützt, was gehört einem», sagt er auf Englisch, ohne sich zu schämen, wie falsch es klingt. «Ist *Amerika*.»

Ich nicke. Mein Lehrer im Leistungskurs Geschichte, Mr.Tuttle, sagt immer, nichts geschieht in einem Vakuum. Für alles gibt es einen Kontext. Wenn man diesen Kontext begreift, versteht man auch die Ursache und die daraus resultierenden Wirkungen. Wenn die Unruhen also die Wirkung sind, was ist dann die Ursache? Natürlich Rodney King und dieses Video, aber da war noch was: ein Mädchen namens Latasha Harlins. Sie war letztes Halbjahr Thema meiner Hausarbeit über soziale Gerechtigkeit. Ich musste dafür die Seiten wechseln und mich in einen Afroamerikaner hineinversetzen.

Keine zwei Wochen nachdem Rodney King zusammengeschlagen wurde, im März 1991, wurde die fünfzehnjährige Latasha Harlins von einer koreanischen Ladenbesitzerin namens Soon Ja Du erschossen. Auch davon gab es ein Video. Soon, die aussah wie die alten Frauen bei uns im Haus, aber erst einundfünfzig war, schoss Latasha in den Rücken, wurde wegen Totschlags zu fünf Jahren auf Bewährung verurteilt, außerdem zu einer Geldstrafe und gemeinnütziger Arbeit, obwohl auf die Tat, der sie für schuldig befunden wurde, eine Höchststrafe von sechzehn Jahren Haft steht. Verständlicherweise wurde das in der schwarzen Bevölkerung als Fehlurteil gewertet, und die Leute wurden sehr wütend. Aber nach dem Urteil passierte erst mal nichts.

Mr. Rhee wirft meinen Gedankengang aus der Bahn, als er einen Revolver mit langem silbernem Lauf zieht. Er prüft noch einmal, ob er geladen ist. Ist er. Die Patronen mit dem goldenen Boden sehen riesig aus in ihren Kammern, so dick wie mein kleiner Finger. In der Mitte haben sie einen schwarzen Punkt mit einem schmalen silbernen Ring darum. Sie wirken wie unheimliche Augen: sechs Augen, die mich aus der Trommel anstarren, ehe er sie wieder einklappt. Ich kann mir gar nicht vorstellen, was die an einem menschlichen Körper anrichten würden; vielleicht würden sie den ganzen Kopf wegblasen.

Dabei kommt mir der Gedanke, dass wir streng genommen eine Bürgerwehr sind und Selbstjustiz üben, und ich weiß nicht recht, wie ich das finde. Der Ausdruck hat einen negativen Beigeschmack, aber im Grunde sind es nur Bürger, die selbsttätig das Vakuum füllen, wenn keine Gesetzeshüter da sind. Die Polizei hat uns angewiesen, unsere Häuser und unsere Geschäfte zu verlassen. Im Radio haben sie zuerst das Gleiche geraten, bis dann ein Anwalt im Sender anrief und sagte, das sollten wir nicht tun. Schließlich gebe es den Zweiten Verfassungszusatz. Wir hätten das Recht, uns selbst und unser Eigentum zu verteidigen. Als mein Vater das hörte, bat er mich, das zu erklären. Ich sagte, das stehe in der Verfassung; es sei unser Recht, Waffen zu besitzen und sie zu tragen. Als ich das gesagt hatte, wurde alles anders. Mein Vater wurde rot im Gesicht und nickte. Ich hatte das Gefühl, was jetzt passiert, ist meine Schuld, als er seinen Schrank aufmachte und die Waffen herausnahm. Manche hatte ich schon gesehen, als er mich vor einem Jahr mit zum Schieß-stand genommen hatte, zum Üben und zum Sicherheitstrai-ning mit Schusswaffen. Die meisten hatte ich noch nie zu Gesicht bekommen. Es war ziemlich erschreckend, als sie so auf dem Boden aufgereiht lagen. Sie sahen aus wie Spiel-zeuge, bloß schwerer, glänzender, und ich musste sie einfach nur anschauen, während mein Vater Mr. Rhee anrief.

Mr. Park tritt auf die Bremse, und ich zucke nach vorn, haue mit dem Kinn an die Lehne des Beifahrersitzes. Er beschimpft jemanden vor dem Auto, während sein Bruder das Fenster runterkurbelt und die Pistole nach draußen richtet. Wer da im Weg stand, muss sich aber schon aus dem Staub gemacht haben, denn wir fahren gleich weiter.

Jetzt überlege ich, ob ich auch ein Teil der Bürgerwehr bin. Der Gedanke macht mir erst mal Angst, aber dann strömt es mir warm in die Brust, weil ich mich frage, was Susie Cvitanich wohl davon halten würde. Sie würde mir wahrscheinlich nicht glauben. Susie geht auf meine High-school. Ihre Familie kommt aus Kroatien. Sie findet, ich bin eine brave Schlafmütze. *Señor Aburrido Amarillo* nennt sie mich, wenn wir zusammen in der Bücherei für den Leis-tungskurs Spanisch lernen. Das heißt Herr Gelber Lang-weiler. Klingt rassistisch, ist es aber nicht. Die beiden spa-nischen Worte hören sich bloß so witzig an hintereinander.

Ich nehme die Pistole, die zwischen meinen Füßen klemmt. Sie steckt noch in einem abgeschabten braunen Lederhalfter, den mein Vater in den Siebzigern gekauft haben muss. Kein Mensch verrät einem, wie schwer Schusswaffen sind. So was muss man wohl selbst rausfinden. Ich wiege sie in der Hand und schätze, dass sie mindestens anderthalb Pfund, vielleicht sogar zwei wiegt, und dabei denke ich, wenn Susie wüsste, dass ich in einer Bürgerwehr bin, würde sie mich sicher nicht mehr langweilig finden.

Aber je mehr ich über den Begriff nachdenke, desto weniger gefällt er mir. Ich würde uns lieber als Aufgebot bezeichnen. Wir sind doch wirklich nur eine Gruppe besorgter Bürger, die in einer Stadt leben und einen Beitrag zu ihrem Handel und Wandel leisten. Mr. Park und sein Bruder betreiben eine chemische Reinigung. Mr. Rhee ist Pensionär, besaß aber einen Spirituosenladen, bis er ihn verkauft hat. Mein Vater ist der Einzige, der nicht hier in der Nachbarschaft arbeitet. Er ist Ingenieur und arbeitet bei TRW. Sie sehen vielleicht gewöhnlich aus, aber was die meisten Leute nicht wissen – die Leute, die uns berauben, uns weh tun, unsere Häuser niederbrennen wollen: Alle Männer in diesem Wagen außer mir haben mindestens drei Jahre Erfahrung beim Militär. Denn in Südkorea herrscht Wehrpflicht. Sie wissen alle, wie man eine Schusswaffe gebraucht. Wenn Koreatown gerettet wird, dann nur, weil Männer wie mein Vater ausgebildet sind.

Historisch betrachtet bestanden Aufgebote aus gesetzestreuen Ranchern und Ladenbesitzern. Sie waren Zivilbürger, keine Sheriffs, aber wenn die Zeit kam, steckten sie sich einen Stern an, weil sie dazu aufgefordert wurden. Sie schützten Recht und Ordnung, wenn sie mussten, wenn der Sheriff zum Beispiel Hilfe brauchte, aber was passiert, wenn die Polizei einen im Stich lässt?

In den Westernfilmen lässt ein Sheriff seine Stadt niemals im Stich. Aber hier passiert genau das. Die Nationalgarde ist in South Central, aber nicht hier oben. Wir haben keine Sheriffsterne, sollten wir aber. Mr. Tuttle sagt, nichts ist so amerikanisch wie sich zu wehren, wenn man tyrannisiert wird. Das war praktisch das Gründungsmotto dieses Staates. Großbritannien war ein Tyrann, also haben wir uns gegen ihn zur Wehr gesetzt. Nichts ist so amerikanisch, wie sich und andere zu verteidigen.

Mr. Park nimmt eine Hand vom Lenkrad und stellt das Radio lauter.

«Wir haben Nachricht bekommen von einer Frau in Not.» Die Stimme des Moderators klingt panisch. «Die Adresse lautet: 565 South Western Avenue. Bitte helfen Sie!»

«Wo ist das?», will Mr. Park, der Fahrer, wissen.

Sein Bruder, der andere Mr. Park, hat einen Stadtplan auf den Knien und eine Taschenlampe in der Hand, auf die er haut, damit sie angeht. Er blättert ein bisschen und sagt dann: «Kreuzung 6th und Western. Nächste links.»

«Wenn du eine Pistole in der Hand hast, denk nicht zu lange nach», sagt mein Vater auf Koreanisch. Er hat seine Pistole gezogen. Er zieht den oberen Teil so weit zurück, dass ich in den kleinen runden Lauf vorne sehen kann, aber er will nur die Kammer überprüfen. Ich kann nur ein kleines Stück von der Patronenhülse erkennen, ehe der Schlitten mit schwerem Klicken wieder nach vorn rutscht und einrastet. Mit einem halben Winken weist er mich an, auch meine Pistole aus dem Halfter zu nehmen. «Ich möchte dich an den Prediger Salomo erinnern.»

Er meint Prediger 3, Vers 3, glaube ich – die schlechten Zeiten, nicht die guten: *Töten hat seine Zeit, Abbrechen hat seine Zeit.* Ich hole tief Luft, so tief ich kann mit eingequetschten Schultern. Mr. Rhee schlägt mir aufs Knie.

«*Gwen chan ah*», sagt er. *Ist in Ordnung.* «Das sind Tiere, keine Menschen.»

Meine Eltern haben mir immer erzählt, die Schule würde mich auf alles im Leben vorbereiten, Schule sei das Allerwichtigste auf der ganzen Welt, aber auf so etwas hat die Schule mich bestimmt nicht vorbereitet. Konnte sie gar nicht. Mein Herz rutscht mir in die Hose, als Mr. Park von der Western abbiegt und Gas gibt. Zum mindestens sechzigsten Mal zeigt mein Vater mir, wo an meiner Pistole die Sicherung ist, mit einem entscheidenden Unterschied: Diesmal entsichert er sie.

2 Das geht alles zu schnell. Das habe ich auch schon in Erzählungen gehört, und ich fand das immer so blöd, fast wie ein Trick, aber jetzt weiß ich, dass es stimmt. Wenn es chaotisch wird, wenn man zu viele Dinge im Auge haben muss und der Puls rast wie verrückt, dann geht *wirklich* alles zu schnell. Man kann einfach nicht auf alles achten. Man kann nur das Beste tun, was unter den Umständen möglich ist.

Durch die Windschutzscheibe sehe ich, wie wir uns einem Truck nähern. Sieht aus, als würden vier Leute drum herumstehen. Zwei von ihnen haben Handfeuerwaffen. Als ich das sehe, wird mein Mund trocken. Alle sind schwarz.

Mr. Park bremst mit quietschenden Reifen am Straßenrand – versucht sie zu erschrecken, glaube ich. Ob das

Absicht war oder nicht, spielt keine Rolle, es funktioniert jedenfalls. Sie springen alle vier zurück.

Die beiden Parks lassen ihre Fenster runter, machen die Türen auf und lehnen sich raus wie Fernsehpolizisten, strecken ihre Pistolen durch die offenen Seitenfenster und nutzen die Tür als Deckung. Beide schreien: «Weg da oder wir schießen!»

Das schreien sie mindestens zwei-, vielleicht auch dreimal, dann öffnen mein Vater und Mr. Rhee ebenfalls ihre Türen und steigen aus, stützen die Arme mit den Pistolen oben auf die Türrahmen, und ich muss als Letzter aus der Mitte krabbeln, während hinter mir das Radio quäkt.

«Ich spreche gerade mit der Frau», sagt der Moderator auf Koreanisch. «Sie sagt, die Schießerei hat aufgehört, und es klingt, als sei Hilfe eingetroffen. Wer auch immer Sie sind, vielen Dank!»

Der Truck mit den Plünderern legt den Rückwärtsgang ein und will wegfahren, aber der Wagen ist noch mit einem Seil am Fenstergitter festgebunden. Die Park-Brüder schreien die Plünderer an, sie sollen das losbinden, und seltsamerweise springt tatsächlich einer der Typen auf, die auf der Ladefläche liegen, und zerrt an dem Knoten herum, versucht das Seil zu lösen.

Ein paar Straßen weiter höre ich eine Polizeisirene. Ich stehe einen Augenblick auf der Straße und überlege, kommt sie her oder fährt sie weg? Meine Lunge wird schon schwer von der verqualmten Luft. Die Plünderer vor uns sind total entgeistert. Sie haben offensichtlich nicht damit gerechnet, dass wir uns wehren.

Ich höre ein Splittern, drehe mich um und schaue über die Straße, zu so einer zweistöckigen Ladenzeile gegenüber, wo eine schwarze Gestalt den Arm hebt und ihn vor einem dunklen Schaufenster niedersausen lässt. Einige der Fenster im Erdgeschoss sind orange erleuchtet. Zuerst begreife ich nicht wieso, aber dann geht es mir auf: Feuer! *Du lieber Gott*, denke ich, *dieser Typ legt Feuer!*

Zum Überlegen ist keine Zeit, aber die brauche ich. Ich brauche immer Zeit zum Überlegen. Eine Sekunde vergeht, dann zwei, und ich bin kein Stück weiter. Ich muss ihn irgendwie aufhalten.

«Aufhören oder ich schieße», das ist das Einzige, was mir einfällt. Ich fühle mich ziemlich dämlich dabei, aber ich bete, dass es reicht.

Es reicht nicht. Er hört nicht auf. Als ich auf ihn zulaufe, sehe ich das Brecheisen in seiner Hand, und jetzt beugt er sich nach hinten, um das nächste Fenster einzuschlagen; da bleibe ich stehen und hebe die Pistole. Mein Vater hat gesagt, ich sollte nur Warnschüsse abfeuern, in die Luft schießen. Sie erschrecken, hat er gesagt. Nur erschrecken. Ich ziele und bin sicher, dass ich danebenschieße. Ich denke: *Wenn ich dichter rangehe, erschrecke ich ihn mehr.*

Ich visiere die schwarze Figur über die Kimme vorn am Lauf an, und dann ziele ich rechts neben ihren Kopf, auf ein koreanisches Filmplakat, das ich im Schaufenster der Videothek erkenne: *Death Song.* Auf dem Poster ist so eine Art Medaillon mit einem Frauenbild darin zu sehen, fast rund, drum herum weiß. Im Dunkeln eine perfekte Zielscheibe. Ich drücke langsam den Abzug, wie ich es gelernt habe, und die Pistole Kaliber .22 knallt und hüpft in meinen Händen.

Dieser Typ, vielleicht zwanzig Meter entfernt, erstarrt, schwankt dann. Er lässt das Brecheisen fallen, es klappert aufs Pflaster. Das höre ich quer über die Straße. Und da wird mir klar: Ich habe ihn getroffen. Ich habe ihn *getroffen*!

Hinter mir höre ich, wie der Truck wegrast und die beiden Parks der Ladenbesitzerin zurufen, dass sie in Sicherheit ist. Mir fällt gar nicht ein, zu dem Mann zu laufen, den ich angeschossen habe, bis Mr. Rhee das tut.

Und es kommt mir gar nicht vor, als würde ich laufen. Eben bin ich noch auf der anderen Straßenseite, jetzt stehe ich auf dem Parkstreifen vor der Ladenzeile, schaue auf ihn hinunter und atme schwer, starre das Blut an, das aus seinem Gesicht in die Risse im Pflaster läuft, und Mr. Rhee zieht sein graues Sweatshirt aus und drückt es dem Mann auf die Wange. So viel Blut, mehr als ich je gesehen habe.

Die Sirene, die ich vorhin gehört habe, klingt jetzt lauter. Sie kommt auf uns zu! Mr. Rhee sagt, ich soll auf die Straße laufen, den Wagen anhalten, wenn ich kann, und das mache ich. Als er noch fünf Querstraßen weg ist, erkenne ich schon, dass es ein Feuerwehrfahrzeug ist. *Der Herr sei gelobt*, denke ich, hebe die Hände und winke wie verrückt.

Der Fahrer muss mich doch sehen, denke ich. *Er* muss *einfach*. Als es nur vier, dann drei, dann zwei Querstraßen sind, sieht er mich auch, aber er bremst nicht ab. Im Gegenteil, er gibt Gas! Als er die letzte Kreuzung überquert, muss ich zur Seite springen, damit ich nicht überfahren werde!

Als ich Mr. Rhee erzähle, was passiert ist, trifft mein Vater eine Abmachung mit den Parks.

«Sie bringen ihn ins Krankenhaus», sagt er auf Koreanisch zu mir. «Sie wollen nicht, dass du da reingezogen wirst.»

Es gibt keine weitere Diskussion. Die beiden Mr. Parks heben den Körper hoch, watscheln damit hinüber zur offenen Heckklappe und rollen ihn hinein; dieser Typ, der aus der Ferne so gefährlich aussah, wirkt aus der Nähe ganz dünn und zerbrechlich, und noch was: Er sieht jung aus – vielleicht bloß ein bisschen älter als ich. Die Klappe schlägt zu und nimmt mir die Sicht, dann drehen sich die Reifen, und der Toyota nimmt Fahrt auf, die 6th Richtung Osten, Richtung Downtown, die gleiche Richtung wie die Feuerwehr.

Ich schwitze, als ich ihnen hinterhersehe. Ich frage meinen Vater, ob er tot ist, dieser Mann, den ich angeschossen habe.

«Noch nicht», sagt mein Vater auf Koreanisch. Er legt mir die Hand auf die Schulter, und ich entdecke einen neuen Gesichtsausdruck, nicht zornig, sondern stolz. Glaube ich jedenfalls. Ich habe ihn eigentlich noch nie gesehen, und ich kriege ihn auch nur einen Augenblick zu sehen, denn dann rennt er zum nächsten Hydranten und ruft nach irgendjemandem, der ihm hilft, ihn aufzumachen.

Ich weiß nicht, wie lange es dauert. Zwei Minuten? Länger? Jedenfalls lässt sich der Deckel irgendwann öffnen, und Wasser schießt heraus, füllt in wenigen Sekunden die Gosse und strömt dann auf die Straße.

Da der Truck weg ist, tauchen plötzlich von überall her Leute auf. Koreaner, die sich gegen den Qualm Taschentücher vors Gesicht gebunden haben. Sie versuchen, das Feuer zu löschen. Die Leute schöpfen mit allem Wasser, was sie in die Finger kriegen: Metallgießkannen, Spielplatzeimer aus rotem Plastik – egal. Alte Leute und Mütter schöpfen aus der Gosse, und im Wasser spiegeln sich ihre hektischen Bewegungen vor den orange leuchtenden Flammen und dem dichten schwarzen Rauch, der aus den Ladenfenstern dringt. Ich weiß nicht, wieso mir gerade jetzt dieser Informationsschnipsel einfällt, aber es ist so: Ein durchschnittlicher Haus-

190

brand entwickelt eine mittlere Hitze von 600 °Celsius, und dabei packt mich eine schreckliche Mutlosigkeit. Dieses Wasserschöpfen wird niemals reichen, irgendwas zu retten.

Da höre ich eine zweite Sirene, zuerst nur schwach, dann lauter. Sie kommen direkt auf uns zu, biegen von der 5th ab und rasen die Western hinauf, halten am Straßenrand.

Als ich die schwarzweißen Polizeiwagen mit den rot und blau blinkenden Lichtern auf dem Dach sehe, sage ich: «Gelobt sei der Herr!»

Ich renne erleichtert auf sie zu, aber als ich dort ankomme, sagt einer von den Polizisten immer wieder laut zu meinem Vater, als wäre der taub: «Sie dürfen diese Geschäfte nicht verteidigen, wenn die Inhaber nicht anwesend sind.»

Ich kann den Satz kaum hören, weil das Feuer so laut ist. Es stöhnt beinahe auf, dann knickt mit donnerndem Getöse der Dachbalken hinter uns ein. Mein Vater duckt sich, und als er wieder hochkommt, sieht er den Polizisten an, als könnte er nicht glauben, was der gerade gesagt hat. Er zeigt auf das Feuer. Auch Mr. Rhee tritt vor, und da bemerke ich einen weiteren Polizisten neben mir. Er deutet auf meine Hand.

«Haben Sie einen Waffenschein für diese Schusswaffe?», will er wissen.

Nein, will ich sagen, *ich bin doch erst siebzehn*, aber das sage ich nicht. Stattdessen stammele ich irgendwas Verneinendes, meine Zunge gehorcht mir kaum, weil meine Augen an den Fenstern kleben, die oben schwarz werden. In der Rangfolge der Notfälle muss doch ein größerer Gebäudebrand, womöglich mit Personen drinnen, weit über einer zum Schutz der Nachbarn geborgten Pistole stehen, vor allem in diesem totalen Chaos –

Der Polizist biegt meinen Arm nach hinten, entwaffnet mich und wirft mich auf den Kofferraumdeckel seines Wagens. Meine Brille fliegt weg und landet klappernd auf dem Asphalt, als sich Handschellen um meine Handgelenke schließen und ich aufjaule. Meine Welt verschwimmt, als mein Vater losbrüllt und hinter mir Leute auf Koreanisch protestieren, aber nur halbherzig. Sie sind hin und her gerissen, wollen mir helfen, aber vor allem das Feuer bekämpfen.

«Sir», sagt der Polizist zu mir, «Sie sind wegen unerlaubten Besitzes einer Schusswaffe verhaftet.»

«Aber – das Feuer!» Wir sind zwar fünfzehn Meter entfernt, aber ich bin sicher, man könnte auch hier noch Marshmallows rösten. So heiß ist es. Ich versuche mich aufzurichten. Ich versuche, irgendwas zu tun – irgendwas! –, um den traurigen kleinen Omas und Opas zu helfen. «Officer, wir müssen doch das Feuer löschen!»

Ein Ellbogen im verschwitzten Nacken presst mich wieder auf den Kofferraum. Als ich den Kopf nach links drehe, habe ich das Gefühl, meine rechte Schläfe muss unter dem Druck brechen. Durchs Rückfenster des Streifenwagens sehe ich die verzerrten Umrisse meines Vaters, der mit dem Kopf hineingestoßen wird, und im Glas spiegelt sich eine Stichflamme, so groß, dass sie wie ein Flammenwerfer im Kino aussieht. Jetzt sehe ich auch, dass der vernebelte zweite Stock schon brennt. Abscheu brodelt in meinem Inneren und mischt sich mit etwas anderem: Wut.

In diesem Augenblick kommt mir der erste kühle, ruhige Gedanke, seit Mr. Park auf der Western gewendet hat: Dieses Gebäude wird bis auf die Grundmauern abbrennen, und was noch schlimmer ist, sie werden es abbrennen *lassen*. Diese Staatsbeamten, die wir dafür bezahlen, dass sie uns schützen, uns dienen, die werden es abbrennen lassen –

192

Eine Erkenntnis trifft mich wie ein Blitz. *So fühlt sich Ungerechtigkeit an*, denke ich. Dieses angewidert-wütend-hilflose Gefühl, dieses Warten darauf, dass jemand anders zur Besinnung kommt, dieses *Flehen*, dass der Polizist doch noch merkt, wie unfassbar dumm er sich verhält, dass er mir die Handschellen abnimmt, damit wir *alle* gemeinsam den Brand bekämpfen, Menschen helfen, tatsächlich etwas retten und schützen können.

Ohne Vorwarnung hebt sich der Ellbogen von meinem Genick, ich werde vom Kofferraum gerissen und zur Tür des Streifenwagens geschoben. Ich stolpere, aber er zerrt mich hoch. Der Polizist muss mich umdrehen, damit er mich neben meinem Vater ins Auto schieben kann, und dabei krümme ich mich ganz tief und fange an zu husten.

Das ist gar nicht gespielt, jedenfalls nicht ganz. Meine Lunge ist wirklich ausgedörrt. Es fühlt sich wirklich so an, als würde sie in meiner Brust zu Staub zerfallen. Doch beim Husten würge ich jedes letzte bisschen Schleim hoch, das ich in der Kehle habe. Als ich ausgehustet habe, weiß ich genau, mir fehlen die Worte, um ihn zu überzeugen, dass er das Falsche tut, dass so etwas *immer* falsch ist, also richte ich mich in weniger als einer Sekunde kerzengrade auf, und der Polizist macht einen überraschten Schritt zurück, überlegt vielleicht, ob er mich schlagen muss, damit ich gehorche, doch dieser Augenblick des Zögerns genügt mir, denn nun kann ich ihm ins flaumige Pfirsichgesicht schauen und *zielen*.

Als ich spucke, kommt alles Schreckliche aus meinem Inneren heraus und trifft ihn voll ins Gesicht.

DRITTER TAG
FREITAG

*Können wir alle miteinander auskommen? Können wir auf-
hören, alles so schrecklich zu machen für die Alten und die
Kinder?*

Rodney King

GLORIA RUBIO,
KRANKENSCHWESTER

1. MAI 1992

3:17 UHR

Seit die Unruhen angefangen haben, habe ich nicht mehr geschlafen. Ich kriege Ernesto Veras Leiche nicht aus dem Kopf. So als wäre sie mir für immer ins Hirn gebrannt. Seinen Namen, seinen Gesichtsausdruck – ich kann sie nicht abschütteln, dabei habe ich mehr Tote gesehen, als die meisten Menschen sehen sollten. Zum Teil habe ich es mir selbst zuzuschreiben. Ist mein Beruf. Aber zum Teil ist es auch mein Viertel.

Aber Ernesto war was anderes. Was Persönliches. Er hat mich nicht mal erkannt, als ich ihm helfen wollte, doch ich habe ihn erkannt, obwohl er so zugerichtet war. Ich wusste, wir sind zusammen zur Lynwood Highschool gegangen, wir haben öfter was zusammen gemacht im ersten Jahr, und er war freundlich. Im Musikraum haben wir ein bisschen geknutscht, aber daraus wurde nie mehr. Er hatte keine Ahnung, weil ich es ihm nie erzählt habe, aber er war der erste Junge, mit dem ich so was gemacht habe.

Jahre später habe ich ihn manchmal am Imbisswagen von *Tacos El Unico* gesehen, oder am Stand an der Atlantic Ecke Rosecrans, und er hat meiner *abuela* immer einen Taco mehr gegeben, als sie bestellt hat, mit extra Zwiebeln, genauso, wie meine Großmutter es mochte, er hat immer daran gedacht.

Typisch Ernesto. Er erinnerte sich an Kleinigkeiten. Etwas später habe ich von meinem Cousin Termite gehört, dass Ernesto diese zusätzlichen Tacos von seinem Lohn bezahlen musste. Davon hat er uns nie ein Wort gesagt. Er hat sich nie beschwert. Das war wohl auch typisch Ernesto.

Dann komme ich eines Abends nach Hause, und Ernesto liegt flach in meiner Hintergasse, und nichts, was ich in der Schwesternschule gelernt habe, kann ihn retten. Er hört unter meinen Händen auf zu atmen, und dann bleibt er die ganze Nacht da liegen, bis weit in den nächsten Tag. Er bleibt da und versperrt mir den Weg, den ich eigentlich zur Arbeit nehme, und allmählich interessieren sich Vögel und Insekten ein bisschen zu viel für ihn. Also rief ich fünfmal die Notrufnummer an und kam nur einmal durch, aber dann wurde ich in die Warteschleife geschaltet, und niemand ging mehr ran. Dann rief ich den Freund meiner Tante an, der bei der Gerichtsmedizin arbeitet, und der meinte, er kann das gut nachfühlen und so, aber auf keinen Fall kommt er hierher, wo doch alles so gefährlich ist überall, und außerdem hat er überhaupt niemanden zur Verfügung. Seine Leute sind überall in der Stadt verstreut und schon Stunden zurück hinter ihren Verpflichtungen, sogar in den sicheren Bezirken.

Das war der Auslöser. Ehe ich es richtig gemerkt habe, schrie ich ihn an: Ob er sich eigentlich vorstellen könnte, wie es mir geht, wo ich hier mittendrin leben muss, wo ich die Leiche des Mannes, der der erste war, den ich je geküsst habe, länger als einen Tag vor meiner Garage liegen habe? Wusste er eigentlich, dass ich die ganze Zeit alle Fenster meines Hauses geschlossen hatte, aber es jetzt trotzdem riechen konnte, und hatte er eine Ahnung, wie schrecklich das war, wenn man nicht weg konnte?

Danach wartete ich gar nicht erst ab, ob er noch was zu sagen hatte, sondern legte auf und rief einen privaten Rettungsdienst an, den ich übers Krankenhaus kannte, und flehte sie an, herzukommen, aber sie hörten mir erst zu, als ich sagte, dass ich die Fahrer extra bezahle. Und ich musste auch noch lügen. Ich hab ihnen erzählt, ich bin seine Schwester, und dass wir, bitte, bitte, nur wollten, dass er anständig behandelt wird. Den Typ am Telefon kannte ich nicht, aber er sagte, er weiß einen Ort, wo man die Leiche hinbringen kann, und dann fing er selbst an, eine Lüge zu basteln: Er müsste den Polizisten erzählen, dass es keinen Tatort gibt, dass ihnen die Leiche praktisch vor die Füße gefallen ist, als sie gerade eine Tour fuhren, und dann hat die Familie sie angefleht, und ich weiß noch, wie er sagte: «Ach, ich weiß auch nicht, mir wird schon was einfallen. Aber Sie müssen bar bezahlen.»

Ich sah zu, wie zwei Kerle Ernesto aufhoben und hinten in den Wagen schoben – für 228 Dollar. Das sind elf Zwanziger, ein Fünfer und drei Ein-Dollar-Noten. Seit die Unruhen angefangen haben, sind alle Banken geschlossen, ich konnte ihnen also bloß geben, was ich im Haus hatte, jeden einzelnen Cent, den ich für schlechte Zeiten aufgehoben habe. Von dem Geld wollte ich mir einen neuen Fernseher kaufen, aber das kommt mir jetzt so dumm vor. Ich will das alles überhaupt nicht mehr sehen, was in der Stadt los ist. Ich will keine Nachrichten sehen. Ich will bloß meine Ruhe.

Eins ist mir beim Abholen besonders im Gedächtnis geblieben: dass sie ihm nicht mal das Hemd seiner Schwester vom Gesicht genommen haben, das schwarzweiße, mit dem sie es extra zugedeckt hat. Sie haben einfach ein weißes Laken über ihn gebreitet, von Kopf bis Fuß, und versucht, am Leichnam so wenig wie möglich zu verändern.

Falls irgendwelche Spuren oder Beweismittel daran zu finden sind, sagten sie. Danach schaute ich zu, wie sie die Türen zuklappten und mit Ernesto wegfuhren. Irgendwer musste es tun. Ich bin lange genug Krankenschwester und weiß, dass nicht jedem geholfen werden kann. Manchmal muss man einfach nur da sein, Zeuge sein, damit sie nicht allein hinübergehen müssen. Ich hoffe, das konnte ich für ihn tun, aber ich weiß es nicht. Ich habe immer noch das Gefühl, versagt zu haben. Nachdem er weg war, stand ich noch lange in der Gasse. Irgendwann hab ich mich dann auf den Weg zur Arbeit gemacht, und seitdem bin ich gar nicht erst wieder nach Hause.

Ich bin also immer noch im Krankenhaus, in der Uniklinik Harbor-UCLA. Ich kann mich nicht überwinden, nach Hause zu gehen, also bleibe ich einfach hier und denke über Ernesto nach und mache mir Sorgen um meinen Bruder. Er ist mit allen anderen da draußen und raubt und plündert, das weiß ich einfach. Er und seine Partycrew, wie er sie nennt. Ich wusste nicht mal, was das sein soll, darum habe ich ihn mal gebeten, es mir zu erklären, aber das hat er nicht getan. Er hat mir bloß erzählt, wie ein paar von ihnen mal die Schule geschwänzt und eine Schwänzparty gefeiert haben. So eine Veranstaltung, wo alle am helllichten Tage bei irgendwem im Garten Drogen nehmen und Sex haben. Er hörte gar nicht mehr davon auf, wie toll das war. Gangsta-Woodstock nannte er das. Ich *wünschte*, er hätte Witze gemacht. Aurelio macht alles Mögliche, aber lügen tut er nicht.

Stacy sieht mich wohl einfach so im Gang rumstehen, also kommt sie aus dem Schwesternzimmer zu mir. «Alles okay, Lady?»

«War ein langer Tag», sage ich automatisch.

Das heißt normalerweise *Frag nicht* oder *Er ist noch nicht vorbei*. Das ist wie so ein Code zwischen mir und den anderen Schwestern. Wir hatten heute Ausgangssperre im ganzen Stadtgebiet. Fängt bei Sonnenuntergang an, hieß es in den Nachrichten, aber hier im Krankenhaus hieß das bloß, dass aus dem unablässigen Strom von Notaufnahmen eine Reihe von Springfluten wurde, die, die jetzt reinkommen, kommen in Wellen. Jetzt ist gerade mal Ruhe, aber es wird bald wieder losgehen.

«*Sehr* langer Tag», antwortet Stacy, lächelt und geht, aber dabei zwinkert sie mir zu und zeigt über ihr Klemmbrett auf einen Mann, der den Flur raufkommt.

Ich folge ihrem Zeigefinger bis hin zu ihm, den alle als Mr. Soundso kennen, und genau da beschließt mein Herz zu stolpern, als ob es sich beim Seilspringen verheddert hat.

Das ist natürlich nicht sein richtiger Name. Nur ich und die anderen Schwestern nennen ihn so. Und das kam, weil Filipina Maria – wir haben zwei Marias, Abulog und Zaragoza –, also, Maria Abulog sah ihn als Erste vor sechzehn Monaten, und er hat ihr sofort gefallen, obwohl sie verheiratet ist und drei Kinder hat, aber ich hatte den Eindruck, sie fand es wichtig, ihn allen alleinstehenden Krankenschwestern zu zeigen, denn so sind Schwestern: Entweder wollen sie dich verkuppeln oder runtermachen. Nach meiner Erfahrung gibt es nicht viel dazwischen.

Jedenfalls schaute Filipina Maria auf Mr. Soundsos Namensschild, und da sah sie einen Nachnamen mit S, den sie auf keinen Fall aussprechen konnte, also nannte sie ihn einfach Mr. Soundso, und das machten wir dann eben alle. Und es dauerte nicht lange, da hielten wir alle die Augen offen nach dem großen Feuerwehrmann, weit über eins achtzig, mit dem schwarzen Schnurrbart und dem Grübchen am Kinn, mit den braunen Augen und den schönen Brauen, so als würde er die zupfen lassen, aber ich weiß, das macht er nicht. Viele Mädchen haben versucht, mit ihm zu flirten, aber er scheint nicht interessiert. Jedenfalls war er nicht an Stacy interessiert, und die ist so richtig blond und hat mal Volleyball gespielt, ich hab keine Ahnung, was sein Typ ist. Die älteren Schwestern in der Station sagen alle, er mag mich, aber das glaube ich ihnen nicht. Vielleicht bin ich zu klein für ihn. Vielleicht auch zu braun.

Hier ist, was ich über Mr. Soundso weiß: Mit Vornamen heißt er Anthony, er ist sechsunddreißig, aber seinen Geburtstag weiß ich nicht, was schade ist, denn dann könnte ich sein Horoskop herausfinden, er hat eine Narbe auf der linken Wange, die wie ein kleines v aussieht, aber ich weiß nicht, wo er sie herhat, und unter der Narbe ist ein Grübchen, wenn er lächelt, aber auf der rechten Seite ist keins, er wohnt in San Pedro und ist auch dort aufgewachsen, seine Familie stammt aus Kroatien, das weiß ich, weil Teresa aus der Rechnungsstelle auch aus Pedro kommt und seine Familie kennt, weil es da bloß eine einzige öffentliche Highschool gibt und eine ganz kleine katholische, sodass jeder jeden kennt, und das ist gut so, denn daher weiß Teresa auch, dass seine Familie katholisch ist, was meine Mutter sicher sehr freuen wird, ich meine, falls sie ihn mal kennenlernen sollte oder so. Vielleicht sollte ich noch klarstellen, dass ich überhaupt nicht verrückt nach ihm bin. Ich mag ihn bloß ein kleines bisschen.

Okay, vielleicht auch ein bisschen mehr. Und das ist irgendwie komisch, weil ich mich normalerweise bloß um meine Arbeit kümmere und sonst nichts, aber bei ihm kann ich nicht anders. Zum Beispiel am Ende einer Unterhaltung, kurz bevor er losmuss, dann neigt er immer so ein wenig den Kopf, als würde er sich verbeugen, als würden unsere Gespräche ihm etwas bedeuten. Und seine Hände haben keine normale Größe. Die sind so riesig, dass er einen damit hochheben könnte, solche Hände, wie sie auf den Titelbildern der albernen Romanzen, die Tia Luz immer liest, die Frauen umfassen, und das Beste ist, an seiner linken Hand steckt kein Ring. Ich habe Teresa gefragt, und sie hat mir erzählt, er war noch nie verheiratet, bloß einmal verlobt, aber daraus ist nichts geworden. Ich versuche, ihn nicht anzustarren, als er mich entdeckt und auf mich zukommt.

Als ich noch klein war, hatte ich Ballettunterricht, weil meine Mutter meinte, ich brauche ein bisschen Kultur, aber heute kann ich mich bloß noch daran erinnern, wie schwindelig und innerlich verknotet ich mich nach den ganzen Pirouetten immer gefühlt hab. Und so fühle ich mich auch, als Mr. Soundso näher kommt.

Ich habe ihn schon ein paarmal reinkommen sehen, immer mit anderen Feuerwehrleuten. Er ist der Fahrer. Ich glaube, sie nennen ihn Maschinist, so wie auf einem Schiff oder früher in den Lokomotiven. Er bringt seine Leute zum Brandherd, und wenn jemand verletzt wird, fährt er sie her. Sein Blick sagt mir, wieso er hier ist, und mein Herz wird schwer.

«Guten Morgen, Schwester Gloria», sagt er ganz leise.

Das macht er immer, spricht mich mit Schwester und meinem Vornamen an. Ich weiß gar nicht mehr, wie oder wieso das angefangen hat. Aber es gefällt mir. Das ist jetzt unser Spruch, unsere persönliche Begrüßung, darum antworte ich immer mit «Guten Morgen, Feuerwehrmann Anthony».

Aber heute lächelt er mich nicht an, ich kriege sein

Grübchen nicht zu sehen, nicht so wie sonst. Er hält den Kopf gesenkt. Ich weiß, das liegt daran, was draußen alles los ist, aber selbst wenn es schlimm läuft – und in unseren Berufen und bei den Gelegenheiten, wo wir uns sehen, läuft immer irgendwas schlimm –, hat er ein Lächeln für mich, wenn auch nur ein kleines, oder einen düsteren Scherz über irgendwas, was er gesehen oder gehört hat. Normalerweise versucht er, mich zum Lächeln zu bringen, aber heute nicht. Heute steckt er die Hände in die Taschen.

Daher weiß ich, dass ich das Gespräch anfangen muss, also sage ich: «Nach allem, was so reinkommt, sieht es da draußen nicht gut aus. Was ist da los?»

Ich berühre sachte seinen Oberarm und lasse die Hand schnell wieder fallen. Er soll wissen, dass er mir was bedeutet, aber gleichzeitig auch wieder nicht. Mein Herz flattert, als würde es sich erinnern, wie es über das Springseil gestolpert ist, und jetzt gut aufpassen. Ich sehe ihn von oben bis unten an, um sicherzugehen, dass er nicht verletzt ist, nicht mal ein bisschen.

«Äh», mehr sagt er nicht.

Besser, ich dränge ihn nicht. Im Krankenhaus kriegt man das meiste mit. Man sieht einfach viel. Gestern Nacht haben wir, soweit ich weiß, elf Feuerwehrmänner behandelt – und ihr könnt mir glauben, ich habe jeden einzelnen Namen überprüft, als sie eingeliefert wurden. Einer war angeschossen worden, aber er hat die OP überstanden und könnte durchkommen. Vielleicht gab es noch mehr. Ich habe den Eindruck, am ersten Tag haben die Feuerwehrleute es am schlimmsten abgekriegt. Alles war so total chaotisch, es gab keine Polizisten, die sie hätten beschützen können, also wurde auf sie geschossen. Jetzt scheint es besser zu werden, aber es ist immer noch nicht gut. Ich habe sogar gehört, dass Heckenschützen auf die Feuerwachen 9, 16 und 41 geschossen haben. Sobald die Löschzüge aus den Wachen gefahren waren, wurde auf sie geschossen!

Wenn ich mich also komisch aufführe oder nervös bin, dann müsst ihr das entschuldigen, denn ich wusste schließlich nicht, ob Mr. Soundso unversehrt bleiben und ob ich ihn wiedersehen würde, und Frauen machen manchmal komische Sachen, wenn sie nicht wissen, ob sie jemanden wiedersehen werden, der vielleicht mal jemand Besonderes für sie sein könnte. Das sagt jedenfalls meine *abuela*, und die ist Expertin für alles Mögliche, vor allem fürs Frausein.

«Sorgen Sie bloß gut für ihn», sagt Mr. Soundso schließlich.

Ich weiß nicht, über wen genau er redet, aber ich weiß, dass wir jetzt einen weiteren Feuerwehrmann zu pflegen haben. Ich werde Stacy später danach fragen, wenn er wieder weg ist. In dem Moment neigt Mr. Soundso den Kopf ein wenig, und noch ehe er zum Ende des Flurs sieht, wo er hergekommen ist – weil das macht er immer nach seiner kleinen Verbeugung –, sage ich: «Sie müssen wieder los.»

Er schaut mich an, so als ob er nicht sicher ist, woher ich das weiß, aber ich lächele nur ein wenig und hoffe, er wird das Lächeln erwidern. Das tut er nicht.

«Sehen Sie sich vor da draußen», sage ich.

Er nickt und geht. Er dreht sich nicht nach mir um. Ich versuche, es nicht persönlich zu nehmen, aber es brennt ein bisschen in der Brust. Als er ein paar Schritte weg ist, sehe ich getrocknetes Blut an seinem Nacken, und sofort will ich die Arme ausstrecken und ihn festhalten, ihn untersuchen, ganz sicher sein, dass er unverletzt ist, dass es nicht sein Blut ist, aber ich weiß, das kann ich nicht – das wäre einfach nur seltsam – also seufze ich bloß so verzweifelt und verstört und besorgt und gehe in die andere Richtung.

2 Um mich abzulenken, gehe ich dahin, wo ich eigentlich hinsollte, ein Krankenzimmer in der neurologischen Intensiv, um postoperativ die Vitalfunktionen zu prüfen. Dieser Patient ist mit einem Einschussloch in der linken Wange und unglaublichen Drogenwerten eingeliefert worden. Genauso unglaublich: Er wurde von schräg hinten angeschossen, die Kugel ist also durch die Wange reingegangen und durch den offenen Mund wieder raus, es gab also keine Austrittswunde, aber als er eingeliefert wurde, zeigte er gar keine Reaktionen, und niemand konnte sich erklären, wieso. Bis wir dann eine MRT gemacht und einen Hirntumor entdeckt haben.

«Ein Wunder.» So hatte es der behandelnde Arzt genannt. «Dieser Hurensohn hat einen golfballgroßen Tumor im Frontallappen und genug Kokain im Leib, um ein Pferd umzubringen, aber trotzdem läuft er noch draußen rum? Hätte man ihm nicht in den Kopf geschossen, hätten wir den Tumor womöglich nie gefunden. Gibt mehr Dinge im Himmel und auf Erden, Schwester Rubio ...»

Ich weiß nicht, was dieser letzte Satz bedeuten soll, aber ich weiß, dass seine Operation perfekt verlaufen ist. Der Tumor lag oberflächlich, man konnte ihn vollständig von gesundem Gewebe umgeben entnehmen, und jetzt belegt der Patient ein Bett in meiner Station, und ich habe den Auftrag, die Böse zu spielen und ihn so bald wie möglich rauszuschmeißen, weil wir bereits aufgenommene Patienten auf Foyersesseln zwischenlagern müssen. Unter normalen Umständen würde er mindestens zwei oder drei Tage hierbleiben, aber Unruhen und Kriegsrecht sind keine normalen Umstände.

Als ich den Wandschirm beiseiteschiebe, ist er wach. Er hat Verbandmull und Klebestreifen im Gesicht, die ganze Wange ist bedeckt, und frische Stiche mit dunkelrotem Schorf auf der Schädeldecke. Auf seinem Pflegebericht stand zuerst John Doe, weil wir seinen Namen nicht wussten, aber inzwischen hat das jemand durchgestrichen und Antonio Delgado hingeschrieben. Er sieht ganz süß aus, auf so eine kaputte Art, jedenfalls solange er den Mund nicht aufmacht. Manche Mädchen stehen auf diesen Typ Mann. Ich allerdings nicht. Nicht mehr.

«Schwester, hi», sagt er und ruiniert damit schon alles. «Hi, Schwester. Ich heiße Antonio. *Annnnn-to-ni-o.* Aber wer mich kennt, nennt mich Lil Creeper.»

Darüber kichert er. Lacht sich richtig kaputt. Könnte man als gutes Zeichen werten – immerhin funktioniert seine Morphium-Infusion.

Der Bericht aus der Pathologie sagt, es war ein Astrozytom von geringer Ausdehnung, teuflisch bösartig. Aber wir haben es sehr früh erwischt, das ist gut für ihn, denn sonst wäre er in zwölf Monaten oder früher tot gewesen. In gewisser Weise hat ihm der Schuss in den Kopf also das Leben gerettet. Unfassbar. Wieso haben auf dieser Welt immer die größten Kakerlaken das meiste Glück und nie die Guten wie Ernesto? Das werde ich nie verstehen.

Zuerst messe ich seinen Hirndruck, der angesichts seiner Lage normal ist, dann den Blutdruck. 139/90, ein bisschen hoch, aber das ist gerade gut, weil dann auch durch die Schwellung Nährstoffe ins Gehirn gedrückt werden können.

«Mein Herz könnte schneller schlagen, weil Sie in der Nähe sind. Vielleicht sollten Sie das noch mal checken?»

Ja sicher. Ich lasse die Luft aus der Manschette, ziehe sie ab und leuchte ihm mit der Lampe in die Augen. Seine Pupillen reagieren, verkleinern sich vorschriftsmäßig und symmetrisch. Wenn eine von beiden unterschiedlich reagiert, könnte es ein Problem sein, aber im Augenblick geht es ihm so gut, dass ich ihn in die Pflegeabteilung entlassen kann, wenn sein Zustand vierundzwanzig Stunden stabil bleibt, und nach meiner Rechnung wird das in zehn Stunden der Fall sein. Das notiere ich gerade, als mich ein leichter Schwindel packt. Ich *kenne* diesen Patienten.

Das ist der kleine Junkie, der nach Mrs. Nantakarns fester Überzeugung letztes Jahr ohne jeden Grund gleich alle ihre guten Porzellanteller geklaut hat, denn man kann nicht viel Geld damit machen, sie musste sie dann eine Woche später auf der Tauschbörse zurückkaufen. Er war im gleichen Jahrgang wie mein Bruder. Ich bin sicher, die beiden kennen sich. Aber natürlich muss ich das nicht ansprechen.

«Sieh mal an», sagt Antonio. Er kneift die Augen zusammen, als ob er nachdenkt. «Ich kenne Sie.»

Na toll. Richtig toll. Ich merke schon, wie die Seite von mir, die ich bei der Arbeit so gut verberge, ans Licht kommt. Die bloße Nähe dieses Idioten lässt meine Herkunft hervortreten. Anstatt zu warten, bis er unsere Verbindung aufgedröselt hat, gehe ich lieber in die Offensive. «Ach ja? Tja, ich kenne dich auch. Wieso hast du letztes Jahr die ganzen schönen Teller geklaut?»

Er grinst, als ob ich ihn erwischt habe, aber er ist aalglatt. Er schlüpft sofort aus der Falle.

«Ich würde niemals was stehlen, Sleepys beste große

Schwester. Nie im Leben. Wenn du so was sagst, beleidigst du mich.»

Mein Blick sagt: Ich durchschaue dich, also heb dir dein Gequatsche für irgendeine andere Tussi auf, die keine Ahnung hat.

Das merkt er, und seine Miene verändert sich, wird beinahe traurig und verletzlich, was mich eine Sekunde zögern lässt, bis er sagt: «Okay, vielleicht würde ich eine Sache stehlen.»

Das ist eine Falle. Ich kann schon meilenweit sehen, was er vorhat. Wenn ihr in meinem Viertel aufgewachsen wärt und genug Fehler mit schrecklichen Typen gemacht hättet, könntet ihr das auch. War nicht leicht, aber irgendwie musste ich es lernen. Eins hatten die ganzen Kerle gemeinsam, die mich schlecht behandelt haben: Sie konnten alle richtig gut lügen, und ich war so dumm, all ihre Lügen zu schlucken. Bei diesem Kleinen stemme ich also bloß eine Hand in die Hüfte, so: Na los, ich hab nicht den ganzen Tag Zeit. Denn für diese Sorte habe ich tatsächlich keine Zeit, werde ich auch nie wieder.

Er macht eine viel zu lange Pause, weil er sich für so einen Charmeur hält, und ich will mich schon abwenden, da sagt er: «Ich würde dein Herz stehlen.»

Mein Lachen kommt so schnell und klingt so hoch, dass es mich selbst ein bisschen überrascht. Fast wie ein Bellen. Dieser kleine Junge könnte mein Herz nicht mal kriegen, wenn er es mir aus dem Leib schneiden würde. Es hängt irgendwie schon an jemand anderem, ausnahmsweise mal einem Guten, nur dass der Betreffende das noch nicht weiß, und wenn er es wüsste, wäre es ihm vielleicht auch egal, aber ich hoffe nicht. Ich hoffe nicht.

An dieser Stelle muss ich wohl einen Moment still gewesen sein, der Bengel – denn mehr ist er nicht, gerade mal neunzehn – missversteht mich jedenfalls völlig. Er meint, es ist seinetwegen!

«Ach komm», sagt Antonio ganz selbstbewusst. «Ich führe dich aus, zu *Sam's* und so! Kann ich mir leisten. Du darfst sogar Steak mit Shrimps bestellen, so einer bin ich nämlich. Ich würde dich *gut* behandeln.»

Als ob dieser Idiot überhaupt wüsste, wie man ein Mädchen richtig behandelt. Wäre ich nie aus meiner Straße rausgekommen, würde das vielleicht gar nicht übel klingen; bin ich aber, tut es also nicht. Außerdem will kein vernünftiges Mädchen mit Selbstachtung zu *Sam's* eingeladen werden. Der Laden nennt sich ein *Adult Cabaret*, aber in Wirklichkeit ist das so ein schmieriger Stripclub mit Pizza und Frittierfutter, wo Ghettomädchen ihre sehr bald zuckerkranken Hintern schwenken. Da schmeißen die Gangster und Möchtegern-Gangster mit Geld um sich, als wären sie schon wer, sagt mein Bruder jedenfalls.

«Nein danke», sage ich.

«Dann eben nicht», sagt er, «aber du verpasst was!»

Ich lasse seinen Pflegebericht wieder in die Plastikhülle gleiten, und als er merkt, bei mir kann er nicht landen, bringt er mir ein Ständchen und singt «Rock Around the Clock», nur singt er nicht *clock*, sondern ein anderes Wort, das meine *abuela* mir auszusprechen verboten hat.

Wenn man so viele miese Typen getroffen hat wie ich, dann weiß man die guten umso mehr zu schätzen und weiß, wie selten sie sind. Manchmal sieht man so wenige von ihnen, dass man sich denkt: Vielleicht werde ich im Leben tatsächlich nur vier oder fünf kennenlernen und nur mit zweien zusammen sein dürfen. Ich hatte meine Chance mit Ernesto, und der war ein Guter – nicht bloß gut, sondern auch gut *zu mir* –, und das in einem Alter, wo eigentlich jeder ein Idiot ist. Vielleicht kann Mr. Soundso mein nächster Guter werden. Das hoffe ich sehr, denn das ist schon ein ziemlicher Abstand zwischen den guten Männern, ein zu großer.

Ich versuche, eine Haarsträhne wegzupusten, die an meiner Wange klebt, aber es nützt nichts. Sie bleibt hängen. Ich schaue auf die Uhr. Ich bin jetzt seit zweiundzwanzig, nein, dreiundzwanzig Stunden wach und mir bricht allmählich dieser müde Schweiß aus, der davon kommt, dass man zu lange auf den Beinen und immer am selben Ort eingesperrt ist. Also streife ich mir die Haare mit den Zeigefingern aus der Stirn und binde sie mit einem kleinen schwarzen Haarband zusammen, das ich für solche Fälle immer am Handgelenk habe. Ich mache mir einen hohen Pferdeschwanz und ziehe den dann noch einmal halb durch, sodass ich eine Art Schlaufe oben auf dem Kopf habe.

Nach ein paar Schritten im Flur beschließe ich, kurz zu beten. Ich schaue mich rasch um, ob niemand mit einer Trage oder einem Rollstuhl angeschoben kommt, dann bleibe ich stehen und neige den Kopf. Ich nehme mein silbernes Kreuz, das ich um den Hals trage, in die Finger. Es ist ein komisches Gefühl, «mein Kreuz» zu sagen. Meine *abuela* hat es mir gegeben, bevor sie gestorben ist. Ich habe nur ein paar Sachen von ihr, ein paar Kleider, weil die nur mir passen – alle mit viel Spitze und traditionell lang und blau, weil sie nie eine andere Farbe getragen hat –, aber das hier ist der einzige Schmuck, den ich von ihr geerbt habe. Meine kleinen Schwestern und Cousinen haben den Türkisschmuck, die Ringe und Halsbänder bekommen. Aber dieses Kreuz war das Lieblingsstück meiner Großmutter, darum ist es so besonders. Ich bete nicht immer mit diesem Kreuz, nur wenn es wirklich nötig ist.

Ich höre die Neonröhren über mir sirren und Schuhe in der Ferne quietschen, als ich mein kleines stummes Gebet spreche, dass mein Bruder nicht so enden möge wie Ernesto Vera in der Gasse hinter unserem Haus, und dann bete ich für Ernestos Seele, weil er so lange da draußen gelegen hat, länger als irgendwer irgendwo liegen sollte. Und weil ich schon mal dabei bin, bete ich auch noch für Feuerwehrmann Anthony Soundso, dass er nicht verletzt wird und gesund zurückkehrt, damit er noch mal freundlich zu mir sein kann, damit ich ihn noch mal zum Lächeln bringen und er mir sein eines Grübchen zeigen kann. Ich will nicht, dass dies unsere allerletzte Begegnung war, und wenn ich ihn wieder sehe, dann bringe ich vielleicht den Mut auf, ihm klarzumachen, dass wenn er mich auf einen Kaffee einlädt, ich nichts dagegen hätte, einen mit ihm zu trinken, wann auch immer.

Dann stecke ich das Kreuz wieder unter meinen Uniformkragen und bin irgendwie verlegen, darum sehe ich mich wieder nach allen Seiten um, ob es auch niemand gesehen hat.

MASCHINIST ANTHONY SMILJANIC, LOS ANGELES FIRE DEPARTMENT

1. MAI 1992

2:41 UHR

Ich hab ein schlechtes Gefühl, als wir in die Sackgasse einbiegen und unser Ziel vor uns sehen, das lodert wie ein Bengalisches Feuer. Die Flammen lassen die Nachbarhäuser orange leuchten. Ich denke gleich: *Wenn es einen guten Platz für einen Hinterhalt gibt, dann den hier*. Mein Kopf dreht sich ständig von links nach rechts, als wir die Straße entlang auf den Brand zurollen. Ist schon ewig her, dass meine Schicht angefangen hat, und was ich hier sehe, gefällt mir ganz und gar nicht. Hier stehen Gaffer in Zweier- und Dreiergrüppchen in den Vorgärten – junge Schwarze mit Kapuzen auf und bescheuerten Tüchern um den Kopf.

Suzuki und Gutierrez hocken hinter mir auf den Notsitzen. Mein Truppführer sitzt neben mir, Captain Wilts. Er ist auch schwarz, aber deswegen mag er diese Bande noch lange nicht. Ich sage ihm, dass mir gar nicht wohl bei der Sache ist, und er funkt den Zugführer an, dass hier einfach zu viele Leute herumlungern und so tun, als würden wir sie nicht interessieren. An das Rumschreien habe ich mich inzwischen gewöhnt, auch an das Steineschmeißen, aber nicht an diese Art Stille. Ungefähr dreißig Leute starren uns an, als wären wir Essen auf Rädern, aber der Zugführer sagt, wir könnten uns auf unsere Eskorte verlassen, und Cap nickt, also fahre ich ran. Ich führe Befehle aus – das ist mein Job, ich fahre den Tanklöschwagen und bediene die Pumpen –, die Befehle müssen mir nicht gefallen, ich muss bloß die Schläuche prall gefüllt halten.

Wir haben zwei Wagen von der California Highway Patrol dabei, beide aus Ventura County zu Hilfe angefordert. Gute Jungs. Sind bloß Verkehrspolizisten, nicht dran gewöhnt, was hier so los ist, aber gute Jungs. Sie waren nicht grad erfreut, als sie gehört haben, dass wir selbst in guten Zeiten manchmal von Bürgern beschossen werden, dass unsere Löschfahrzeuge regelmäßig Einschusslöcher und kaputte Scheiben haben. Bei einem normalen Einsatzfall schicken wir einen Mann zum Hydranten, der dreht ihn auf, und wir spritzen los. Aber in den ungefähr dreißig Stunden seit Beginn dieser Unruhen haben wir im ganzen Südteil der Stadt eins gelernt: Wenn du nur einen zum Hydranten schickst, kriegt er Ärger, also schickst du zwei, die kriegen aber auch Ärger, und jetzt ist es schon so weit, dass du gar keinen Hydranten mehr aufdrehst, wenn nicht mindestens zwei Wagen Begleitschutz an den beiden nächsten Kreuzungen die Straße absperren. Dann ist es eigentlich okay, noch besser aber, wenn die Streifenpolizisten die Kanonen gezückt haben.

Aber das hier ist eine Sackgasse in einer Wohngegend mit runtergekommenen einstöckigen Häusern, die zu dicht zusammenstehen. Ein alter Straßenzug, wahrscheinlich in den Fünfzigern gebaut, für die Arbeiter im Flugzeugbau, bei Lockheed zum Beispiel, die gleich nach dem Zweiten Weltkrieg hergekommen sind. Und jetzt geht hier alles den Bach runter: Farbe blättert ab, Carports sind eingestürzt, Autos sind auf Backsteine aufgebockt. Wir sind hier nördlich von meinem Distrikt, Feuerwache Nr. 57, darum weiß ich nicht, ob das Revier den Bloods oder den Crips gehört, irgendjemandem gehört's jedenfalls. Die Leute hier sind so wachsam, das muss Gangland sein, und was noch schlimmer ist, sie bewegen sich aufs Feuer zu – und auf uns – wie langsame Motten. Aber das alles geht mich im Augenblick nichts an.

Mich interessiert im Augenblick nur die Sackgasse. Wenn ich die Feuerwehr in eine Lage bringen wollte, aus der sie nur schwer wieder rauskommt, dann würde ich hier Feuer legen. Der einzige Weg, eine Sackgasse zu sichern, ist die Einfahrt abzusperren. Das Problem ist nur, dass das eben auch unser einziger Ausweg ist. Es ist meine Aufgabe, unsere Ausfahrtwege zu klären und das Fahrzeug so zu parken, dass wir sofort einpacken und abhauen können. Ohne Wendemanöver. Sauber rein, sauber raus. Das geht hier aber nicht, und es macht mich nervös, wenn wir nur da wieder rauskönnen, wo wir reingekommen sind, aber der Zugführer sagt, wir sollen diesen Brand löschen, also schließe ich zwei Schläuche an und öffne das Überdruckventil. Ich habe zum Fördern einen Zweieinhalb-Zoll-Schlauch, und raus gehen anderthalb Zoll. Den Dreieinhalb-Zoll-Förderschlauch haben wir nicht mehr dabei, weil wir vor zwei Stunden wegen Zusammenrottungen möglicherweise gewaltbereiter Randalierer unverzüglich das Weite suchen mussten. Aber als wir hier loslegen, läuft alles glatt und gut.

Wir haben fünf Fahrzeuge am Start, also ist der Brand schnell gelöscht. Die Trümmer rauchen noch, als wir den Rückzug einleiten. Üblicherweise würden wir dableiben, bis

nur noch Asche da ist, denn wenn irgendwas wiederauf-
flammt, kriegen sie dich und jeden anderen in deinem Zug
am Arsch. Aber unter Kriegsrecht ist das was anderes. Da
heißt es bloß Schläuche ausrollen, spritzen, Brand löschen,
wieder einrollen und abhauen, weil immer fünf oder zehn
weitere Brände gelöscht werden wollen. Wenn man erst mal
in den Rhythmus kommt, macht es schon fast Spaß.

Zum Beispiel gibt es heute Abend überhaupt keine Ret-
tungseinsätze für uns, seit Anfang der Unruhen nicht. Das
ist schon fast wie eine Belohnung. Keine Personenrettung,
bloß Schlaucharbeit. Darum sind die Einsatzwagen auch
alle in den Wachen, und die primitiven, großmäuligen Ret-
tungsfahrer müssen ausnahmsweise mal richtig arbeiten.

Ich behalte die Menge im Blick, als der Zugführer den
Befehl zum Abzug gibt. Sie haben sich inzwischen zu einem
Mob in der Nähe der Sackgassenausfahrt zusammenge-
ballt, und das ist nicht gut. So schnell ich kann, prüfe ich,
ob der Wassertank vom Hydranten wieder befüllt wurde,
dann kopple ich den Förderschlauch ab und schnappe mir
Gutierrez. Wir laden zusammen den Anderthalbzoller ins
Schlauchbett. Normalerweise würden wir ihn schön ordentlich und fest zusammenlegen, aber jetzt ist keine Zeit für
Vorzeigeprozeduren. Jetzt geht es bloß noch darum, die Aufgabe zu erledigen und zur nächsten aufzubrechen, zwei
Straßen weiter. Tempo ist das Wichtigste, nicht Ordnung. Das
verstößt gegen alles, was man uns beigebracht hat, und das
ist wunderbar. Freiheit, das ist es. Aber mir wäre trotzdem
wohler, wenn der Mob weiter weg wäre. Jedes Mal, wenn ich
den Kopf wende, kommt er mir größer vor, näher dran.

Ich nicke Gutierrez zu, und er weiß, er soll sich verdammt
noch mal beeilen. Er sieht sie auch. Ganz schnell falten wir

den Zweieinhalbzoller auf und heben ihn zu zweit hoch. Einen Augenblick legen wir ihn auf der Trittfläche ab, ehe wir ihn ins Schlauchbett wuchten, während die Verkehrspolizisten wieder in die Streifenwagen steigen und uns die Ausfahrt freimachen, damit alle Löschfahrzeuge abfahren können, aber dann merke ich, dass irgendwas schiefläuft. Beim zweiten Streifenwagen schlagen die Türen zu, wir werden mit Schrott bombardiert, und dahinter stürmt eine Horde direkt auf uns zu.

Wer weiß schon, warum? Irgendein Scheiß-Rassenkonflikt? Hass auf alle Staatsorgane? Tut mir leid, wenn ich mir keine Gedanken über die Motive irgendwelcher beschissenen Gangster mache, ich habe nämlich genug damit zu tun, den Schlauch fallen zu lassen und einem fliegenden Stein so groß wie ein Softball auszuweichen. Das Ding haut eine Beule hinten in meinen Löscher, ehe es auf den Asphalt knallt. Als ich den Kopf wieder hebe, sitzt jemand auf Gutierrez, der ein Bein unterm Schlauch eingeklemmt hat und verzweifelt versucht, es dort rauszuziehen. Ich stürme auf den Schwanzlutscher zu, aber ich bin nicht schnell genug. Dieser große, schwarze Hurensohn, gebaut wie ein Football-Verteidiger, haut Gutierrez einen halbierten Hohlblock ins Gesicht, mit der Bruchkante nach vorn.

Ich sehe den Gesichtsausdruck dieses Jungen, die Entschlossenheit und die widerwärtige Schadenfreude, und ich sehe den Stein wie in Zeitlupe niedergehen, ich spüre das Geräusch im Magen, als er aufs Kinn trifft und der Kieferknochen mit grässlichem Knirschen unter dem Druck zerbricht. Gutierrez schreit blubbernd, als ich das grinsende schwarze Arschloch ramme, das sich dadurch halb aufrichtet, über den Bordstein stolpert und mit dem Gesicht nach unten im Gras landet. Ich bin nicht der Allergrößte, aber ich habe mein ganzes Gewicht reingelegt. Was ich weiter anstelle, darüber muss ich mir nicht den Kopf zerbrechen, weil die Polizisten mit gezogenen Waffen hinter mir stehen und Warnschüsse abgeben, worauf der Junge wie ein Windhund davonkrabbelt. Dabei sehe ich eine glänzende Narbe auf seiner Schulter, als hätte er eine Operation hinter sich.

«Schießt auf ihn», sage ich. «Er hat Guts erwischt! Knallt ihn ab!»

Machen sie aber nicht. Sie lassen ihn entkommen, über einen Zaun. Das macht mich rasend, aber ich kann jetzt keine Energie darauf verschwenden.

Ich schaue nach unten und versuche, den Schaden zu ermessen. Es ist schlimm – richtig übel. Cap steht neben mir. Er sieht es. Suzuki auch.

«Scheiße», sagt er. «Halt durch, Guts!»

Durch den frischen Riss in seinem Gesicht sehe ich Gutierrez' Zunge zucken, als wollte sie sich davonmachen. Der Rest sieht noch schlimmer aus: Sein Kiefer hängt einfach so runter, total aus dem linken Gelenk, so weit aufgeklappt, dass ich die flachen weißen Backenzähne sehen kann.

Mir rutscht das Herz in die Hose. Ich ziehe die Jacke aus und reiße mir das Uniformhemd vom Leib – nichts aus dem Erste-Hilfe-Kasten scheint mir groß genug –, knülle es so gut es geht zusammen und schiebe es zwischen Schulter und Kiefer, drehe seine Wange so, dass es seinen Kiefer erst mal fixiert.

«Halt den Druck so, wenn es geht», sage ich zu Suzuki. «Bloß einen Augenblick.»

Cap läuft zum Funkgerät, wir heben Gutierrez hoch,

legen seine Arme um unsere Schultern und schleppen ihn zum Fahrerhaus. Für Untersuchung oder Schutz der Halswirbel haben wir keine Zeit. Suzuki stützt ihm den Hals mit den Händen, während wir uns so schnell wie möglich aus dem Staub machen, mehr können wir nicht tun. Ich atme schwer und schnell, und ich quatsche dummes Zeug, entschuldige mich mit jedem Wort, das ich rausbringe, sage Guts, wie verdammt leid es mir tut, dass der bescheuerte Cop den Bengel nicht auf der Stelle erledigt hat, dass ich nicht auf mein Bauchgefühl gehört und den Scheißschlauch dagelassen habe, und wenn wir nicht beim letzten Einsatz den Dreieinhalbzoller liegengelassen hätten, dann hätte ich ihm gesagt, lass ihn im Gras liegen, lad ihn nicht auf, aber ich wollte beim nächsten Einsatz nicht ohne Förderschlauch dastehen, und wie dämlich das jetzt alles klingt, und dass es das überhaupt nicht wert war. Nichts davon.

Suzuki und ich bugsieren Gutierrez auf den Beifahrersitz. Wir lagern ihn so vorsichtig wie möglich gegen die Sitzlehne, dann springe ich runter und renne zur Fahrerseite. Suzuki folgt mir und kriecht auf den Notsitz dahinter, schiebt die Trennscheibe weiter auf, damit er Gutierrez' Hals stützen kann. Cap sitzt auch schon hinten und hat das Funkkabel durch die Öffnung gezogen.

Ins Sprechgerät sagt er: «Feuerwehrmann Gutierrez ist verletzt worden.»

«Wiederholen Sie das bitte», sagt der Assistent des Zugführers.

Ohne es zu merken, schreie ich los: «Irgend so ein Gang-Wichser hat Gutierrez einen Backstein ins Gesicht gehauen!»

Cap ignoriert mich und wiederholt, was er gesagt hat.

Die vier Polizisten haben inzwischen alle Leute vertrieben. Sie suchen Vorgärten und Bürgersteige nach versprengten Streunern ab, aber so viel Zeit habe ich nicht. Ich lege den Gang ein.

«Wie schlimm ist es?» Das ist jetzt der Zugführer selbst. Er will Bescheid wissen.

Ich bin jetzt das erste Löschfahrzeug des Zuges und sollte auf einen Streifenwagen warten, der vorfährt, mache ich aber nicht. Mit der Rechten halte ich die Reste von Gutierrez' Kiefer im Gelenk, weil er sich irgendwie vom stützenden Hemd weggedreht hat, und mit der Linken schalte ich Blaulicht und Sirene an, während ich aufs Gas trete und aus der Sackgasse rase.

«Extrem schlimm», sagt Cap.

Er sagt allerdings nicht, dass Guts' Gesicht ein neues Loch hat, dass ein paar Zähne falsch rum im Mund stecken und – den Rest kann ich nicht beschreiben.

Gutierrez gehört zur Wache 57 – einer von uns, und der schlechteste Koch, den man sich vorstellen kann –, und er zittert, während ich sein Gesicht zusammenzuhalten versuche, oder besser, er bibbert. Das ist der Schock. Er murmelt irgendwas davon, dass ich seine Frau anrufen und ihr sagen soll, mit ihm sei alles in Ordnung, und dass ich mir keine Gedanken machen soll, es sei seine eigene Schuld, dass sein Bein unterm Schlauch steckengeblieben sei. Durch das Loch in seiner Wange spüre ich seine Zunge, die an meiner Handfläche zittert, wenn er spricht.

«Hör auf zu reden», sage ich. «Hör einfach auf.»

«Harbor-UCLA», sagt der Zugführer schließlich.

Aus der ganzen Stadt haben Löschzüge berichtet, dass Zivilisten sie zu bremsen oder anzuhalten versuchen, um sie mit Flaschen, Steinen, Dosen zu bewerfen – mit allem Möglichen. Sie stellen sich Hand in Hand auf Kreuzungen, bilden Menschenketten und setzen darauf, dass die Fahrer abbremsen.

«Nur dass du's weißt, Captain», sage ich nach hinten zu Wilts, «wenn sich mir irgendwer in den Weg stellt, dann fahre ich das Arschloch über den Haufen.»

Es kommt nicht gleich eine Antwort, nur das laute Heulen der Sirenen, als die anderen Fahrzeuge unseres Zuges sich hinter mir einreihen. Sie sind bei mir. Alle.

«Tu, was du tun musst», sagt Cap.

2 Niemand stellt sich mir in den Weg, zum Glück. Darüber bin ich froh, so froh, wie man unter diesen Umständen nur sein kann, weil ich wirklich nicht noch mehr Schuldgefühle brauche. Suzuki stützt immer noch Gutierrez' Nacken, aber Guts stöhnt ein bisschen zwischen den Atemzügen. Ich hab es geschafft, das Hemd so an seinen Kiefer zu drücken, dass der einigermaßen im Gelenk bleibt. So kann ich mit der rechten Hand steuern, aber dafür ist das Lenkrad auch ganz klebrig vom Blut, und das fühlt sich so widerlich an, dass ich mich selbst hasse. Es wird noch schlimmer, als ich Cap zuhöre, wie er die Einzelheiten der Verletzung über Funk an den Zugführer durchgibt.

Vermont Avenue ist die nächste große Straße, zu der ich komme, also biege ich links ab, aber ich bin ein bisschen zu schnell, und mein linker Hinterreifen hebt ab und landet dann wieder mit einem kreischenden Rums, der die ganze Kiste zittern lässt. Suzuki grunzt, Gutierrez reagiert nicht, aber trotzdem beschließe ich, das nie wieder zu machen.

223

«Mach langsam, wir haben's eilig.»

Das sage ich mir selbst. Ich spreche es tatsächlich laut aus. Das hat meine Ex immer zu mir gesagt. Das einzig Gute, was ich von ihr behalten habe und was mir hilft, in stürmischen Zeiten Ruhe zu bewahren.

«Du machst das sehr gut», sagt Cap hinter mir.

Wir fahren an ein paar Nationalgardisten vorbei, die an einer Straßenecke ein Fort aus Sandsäcken bauen, am Rand eines Supermarktparkplatzes, und ich kann mir nicht helfen, ich finde, sie würden mehr dort bewirken können, wo wir grad herkommen, aber ich weiß auch, sie sollen vor allem abschrecken, weniger eingreifen. Trotzdem, es wäre ganz schön gewesen, eine Gegend vor dem Feuer zu schützen, ohne dabei von ihren Bewohnern angegriffen zu werden, den Leuten, denen wir eigentlich helfen wollen. Aber das wäre wohl zu viel verlangt, was? Verdammte Tiere.

Der Streifenwagen schließt zu mir auf. Wahrscheinlich denkt er, das ist meine Stadt hier, ich weiß besser, wo es langgeht, und das ist auch gut so, denn es stimmt. Außerdem lässt er mich dadurch wissen, dass er dabeibleibt und mir folgt, und das Gute ist, die Straßen sind so frei, dass er das auch kann, was mich ehrlich gesagt überrascht, denn ich hatte gedacht, die Ausgangssperre würde ohnehin nicht eingehalten, so wie die Stadt gerade explodiert.

Auf der Gage Avenue biege ich wieder links ab, aber diesmal so langsam, dass mein Löscher auf dem Boden bleibt. So schnell ich kann fahre ich die Auffahrt zum Harbor Freeway rauf. Meine Ausfahrt ist Carson, und ich fahre jetzt um die 100, aber nicht drüber. Es ist nicht ratsam, viel schneller zu fahren, wenn man einen fast vollen 2000-Liter-Wassertank und einen 200-Liter-Dieseltank rumschleppt, egal wie voll. In fünf Minuten sind wir da. Wir werden vor die Notaufnahme fahren, und alles wird gut. Sie werden wie ein Wespenschwarm in Krankenhauskitteln über ihn herfallen, ihn mitnehmen und wieder heilmachen.

Mach langsam, denke ich, *du hast es eilig.*

Davon werde ich zwar nicht langsamer, aber ich kann damit meine Gefühle unter Kontrolle halten. Ich möchte dem Jungen weh tun, der das getan hat. Ich möchte ihn finden, den mit der Schulternarbe, und ihm zwei Kugeln in die Kniescheiben jagen. Ich versuche, mich zu erinnern, wie genau der Gangster aussah, aber zwischendurch werfe ich alle paar Sekunden einen Blick auf Gutierrez, ob er auch wirklich fest genug drückt. Ich kann mir gar nicht vorstellen, wie weh das tun muss, die Stelle überhaupt zu belasten. Er ist wirklich ein eisenharter Kerl. Das werde ich allen erzählen, wenn er wieder gesund wird. Allen. *Eines Tages ist das hier bloß noch eine Geschichte,* denke ich. *Eine Kriegsgeschichte.*

Vielleicht wäre es nicht so schlimm gewesen, wäre unser Rettungssanitäter nicht heute mit den 46ern unterwegs. Seine Hilfe hätte ich gebrauchen können. Die SEALs lassen ihre Sanitäter schon seit Jahren inoffizielle Praktika bei uns machen, weil die Marine anscheinend meint, hier könnten sie am effektivsten alles über Kriegsverletzungen lernen: stumpfe Gewalteinwirkung, Schusswunden, Stichwunden, Explosionstrauma – davon gibt es in L.A. mehr als irgendwo sonst in den Vereinigten Staaten. Wir haben hier unser eigenes ziviles Kriegsgebiet, und gerade hat es verdammt noch mal das falsche Opfer gefordert.

Im Augenblick macht der Blutverlust Gutierrez zu schaffen. Er schließt immer wieder die Augen, so wie langsame

Scheibenwischer. Ich weiß nicht, ob er mich hören kann, aber ich rede trotzdem mit ihm.

«Ist ja 'ne tolle Art, Feierabend zu machen, du Held.» Das sage ich so laut, dass er mich über die Sirene hören kann. «Da hast du aber ordentlich was zu erzählen, wenn du wieder nach Hawaii kommst.»

Meine Wangen glühen, bloß weil ich das gesagt habe, und ich komme mir winzig klein vor, denn was ist schon heldenhaft daran, seine Arbeit zu machen und dann von einem Gangster überfallen zu werden, der so breit ist wie ein Kühlschrank? Was soll bitte heroisch daran sein, wenn man sich selbst zu schützen versucht und scheitert? Gar nichts, würde ich sagen.

Ich schüttele den Kopf und fühle seinen Puls. Langsam, aber vorhanden.

In drei Minuten sind wir da, denke ich.

Der Freeway ist so gut wie leer. Nicht viel mehr zu tun als neue rote, blaue und schwarze Graffiti zu betrachten, Sprüche wie *Fuck the Police* und *Fuck the National Guard* und *Kill Whitey*, und sie nicht persönlich zu nehmen, während ich den Löschwagen schnell und schnurgerade laufen lasse. Uns kommen zwei Streifenwagen des LAPD entgegen, unterwegs in die Richtung, aus der wir kommen, aber das war's, zwei, mehr nicht. So was habe ich noch nie erlebt.

Gutierrez ist einer unserer Auswärtigen. In der Probezeit muss man innerhalb der Stadtgrenzen wohnen, aber danach kann man umziehen, wohin man will. Wenn man es schafft, Schichten zu tauschen, und der Captain nichts dagegen hat, kann man sich jeden Einsatzplan zurechtbasteln, der einem passt. Das Einzige, worüber man sich Gedanken machen muss, ist die Moral der Mannschaft, denn wenn jemand die ganze Zeit weit weg ist, kann das schlecht für die Abläufe und fürs Teamwork sein, aber wie gesagt, das ist Captain Wilts Sache. Er ist einer von den Guten. Ich kenne Feuerwehrleute, die in San Francisco oder San Diego oder in Vegas wohnen, aber am weitesten weg ist Gutierrez. Der lebt auf Maui, hat ein kleines Häuschen in Napili mit seiner Frau und seinem Zweitklässler, und zu seiner Schicht kommt er mit dem Flugzeug.

Verdammt. Wisst ihr, wie das ist, wenn man manchmal in der Hitze des Gefechts Sachen vergisst, und später fallen sie einem wieder ein, und dann ist es umso schlimmer? So ist das, als mir Gutierrez' Frau und sein Sohn einfallen. Kehaulani und Junior, so heißen sie. Na ja, Junior ist natürlich nur ein Spitzname. Er heißt so wie sein Vater. Der Nächste in der Reihe. Und süß ist er, große braune Augen wie seine Mutter. Ich habe sie Anfang des Jahres kennengelernt, vor einem Besuch in Disneyland, für den Jungen der erste. In der Feuerwache hat Junior mich gefragt, ob ich sehen wollte, was er der Zahnfee geben würde, und als ich ja sagte, zeigte er in seinen Mund auf einen winzigen weißen Zahn, der locker saß. Er klappte ihn hin und her wie einen Lichtschalter. Danach kicherte er und fragte, ob ich denke, dass Mickey Mouse ihn auch sehen wollen würde.

Ich fühle bei Juniors Vater wieder den Puls. Immer noch das Gleiche.

«Sieh zu, dass du durchkommst», sage ich zu ihm.

Inzwischen bin ich stinksauer auf diese Geschworenen. Ich bin stinksauer auf alles, aber auf sie kann ich besonders sauer sein. Hätten sie nur einen schuldig gesprochen, wäre das hier nicht passiert. Zumindest einen Sündenbock hätten sie uns geben können – aber nein. Jetzt muss die ganze Stadt dafür bezahlen, und Guts zahlt mehr als seinen gerechten Anteil.

Juniors Vater tauscht seine Schichten immer so, dass er einen Monat arbeitet und einen Monat frei hat. Im April hatte er Dienst, also hätte er den Mai frei. Wären die Unruhen nicht, wäre die Stadt nicht hochgegangen, hätte er auch keinen Notdienst mehr geschoben, sondern in der Wache geschlafen und morgen früh gleich den ersten Flug genommen. Das weiß ich, weil ich ihn nämlich schon oft zum Flughafen gefahren habe. Jeder Feuerwehrmann hat noch einen Zweitjob, weil wir alle so viele freie Tage haben. Gutierrez handelt in seinen freien Monaten mit Immobilien. Soviel ich weiß, ist er richtig gut darin. Was mich am meisten fertigmacht: Strenggenommen hätte er gar keinen Dienst gehabt, als er den Stein ins Gesicht gekriegt hat.

Verdammte Scheiße. Der Gedanke geht mir echt unter die Haut. Kreist und kreist und wird zu einem Schuldgefühl, und ich lasse es zu. Ich bin der König der Selbstvorwürfe. Darin ist niemand besser. Außer vielleicht meine Mutter, die macht sich selbst richtig fertig. Als kroatischen Katholiken ist uns das praktisch angeboren. In diesem Fall fängt das Gefühl mit einem Stich in der Magengegend an. Dann breitet es sich in so heißen Wellen aus, bis zu meinen Fingern und Zehen und wieder zurück. Das Gefühl sagt, das ist alles meine Schuld, wir hätten gar nicht wieder aufladen sollen, nicht mal im Schnelldurchlauf, ich hätte meinem Bauchgefühl vertrauen sollen, dann wäre Gutierrez unverletzt. Er wäre heil nach Hause zu seiner Familie gekommen. Aber jetzt nicht mehr. Jetzt nicht mehr.

3 Der Zugführer hat das Krankenhaus angefunkt, dass man uns am Eingang der Notaufnahme erwarten soll, als ich also vorfahre, stehen da schon vier Weißkittel mit einer Trage. Ich rutsche rüber und drücke mein Hemd fester an sein Gesicht, als sie ganz langsam die Beifahrertür öffnen und drei Paar Hände sich durch die Öffnung schieben und ihn vorsichtig stützen, bevor sie die Tür ganz aufmachen und ihn runterlassen.

«Wir haben ihn», sagen sie zu mir.

Ich will ihn nicht loslassen, aber sie sagen es noch einmal. Also muss ich loslassen.

Eine Sekunde bleibe ich einfach sitzen und sehe zu, wie sie ihn auf die Rolltrage betten und ihm eine Halsschiene anlegen, ehe sie dann versuchen, ihm eine Sauerstoffmaske über Mund und Nase zu schnallen und dabei feststellen, dass das in seinem Fall schwieriger ist als gedacht. Als sie ihn dann durch die Tür schieben, habe ich das Gefühl, dass ein kleiner Teil von mir weggerissen wird.

Ich ziehe meine schwere Jacke aus der Fahrerkabine, denn es kommt mir unanständig vor, im blutverschmierten und verschwitzten Unterhemd herumzulaufen, und ich bin schon drin, als mir klar wird, wie lächerlich ich mit der Jacke drinnen wirke, aber da ist es zu spät, ich habe sie schon an.

Schneller als ich zwinkern kann, ist Captain Wilts neben mir.

«Sie werden sich gut um ihn kümmern», sagt er. «Wir können jetzt nichts mehr tun. Hör zu, der Zugführer will, dass wir uns wieder dienstbereit melden, darum schickt uns Revier 79 einen Mann. Sie bringen ihn im Mannschaftswagen her.»

Wir dürfen ein Löschfahrzeug nicht mit nur drei Mann

bedienen, darum wird Gutierrez ersetzt, damit wir weitermachen können. Ich weiß, so läuft das, aber es tut trotzdem weh.

«Ich muss mal pissen», sage ich und entschuldige mich.

«Klar», sagt der Captain. Er klingt erschöpft. Er klingt so, wie ich mich fühle.

Im Waschraum schrubbe ich mir zweimal die Hände ab. Ich wasche sie zu heiß und schaue nur kurz in den Spiegel, um sicherzugehen, dass ich kein Blut mehr an mir habe. Da ist aber noch was. Ein klebrig getrockneter Tropfen hängt mir in der linken Augenbraue, wie alter roter Honig, ein paar Spritzer überm Ohr, einer sogar im Ohr. Wie die dahingekommen sind – keine Ahnung. Ich schrubbe alle weg. Nachdem ich ungefähr zwölf Papierhandtücher verbraucht habe, um mir die Hände abzutrocknen, knöpfe ich die Jacke bis obenhin zu, damit sie, wenn ich sie treffe, das Blut auf meinem Unterhemd nicht sieht.

Die Intensivstation ist nicht weit von hier. Ich weiß, wo, und ich weiß auch, wie ich hinkomme. Ich schätze, mir bleiben ungefähr zehn Minuten, bis unser Ersatzmann hier ist, und ich muss sie sehen, muss heute wenigstens *etwas* Gutes sehen. Das würde bestimmt nicht alles besser machen, aber zumindest würde ich dann nicht versinken. Ich weiß auch nicht. Das klingt bescheuert. Aber vielleicht stimmt es. Ich komme an einem glatzköpfigen asiatischen Hausmeister vorbei, der seinen Walkman zu laut aufgedreht hat, und zu viele Höhen. Ich erkenne den Song – «To Be With You» – und schüttle den Kopf, weil er viel zu kitschig ist, und ehrlich gesagt bin ich ein bisschen verlegen, denn als ich ihn letzte Woche im Radio gehört habe, musste ich an Gloria denken, und dann musste ich mir den Gedanken gleich wieder aus dem Kopf schlagen, weil sie meine Gefühle vielleicht gar nicht erwidert.

Als ich um die Ecke biege und sie direkt vor ihrem Dienstzimmer stehen sehe, werden meine Schritte ruckartig schneller, und ich muss so tun, als sei das ganz natürlich. An dieser Frau ist irgendwas anders. Schwer zu erklären, aber an ihrem Gang und ihrer Haltung kann man schon erkennen, wie sehr sie ihren Beruf liebt und dass sie verlässlich ist, dass man auf sie zählen kann. Das gefällt mir. Sie ist ganz anders als die Mädchen, die ich aus meiner Jugend kenne, von denen keins Interesse am College hatte und die jetzt alle schon seit Jahren verheiratet sind. Diejenigen, die noch frei sind, haben entweder was mit Hafenarbeitern am Laufen oder sind Rumtreiberinnen aus San Pedro, zehn Jahre jünger als ich, die nichts weiter vom Leben erwarten, als nach der Highschool im *Grinder* zu kellnern, bis sie sich auch einen Hafenarbeiter angeln, zu Hause sitzen, Kinder kriegen und Soaps gucken können, und zweimal im Jahr Urlaub auf Catalina Island machen – Balkan-Hawaii, wie meine Mutter es nennt.

Das Wort Hawaii überfällt mich hinterrücks, und wieder denke ich an Gutierrez und was passiert ist und wie ich es hätte verhindern können. Ich schlucke es runter. Ich stelle mir vor, wie ich den Typen finde, ihn überrasche, ihn dafür bezahlen lasse.

Aber auch diesen Gedanken versuche ich tief im Inneren zu vergraben, weil Schwester Gloria jetzt gerade mit der großen blonden Schwester redet – wie heißt die noch? Das vergesse ich immer, aber die Frau ist wie der Schnellvorlauf am Videorecorder. Das zweite Mal, dass ich überhaupt mit ihr rede, fragt sie mich schon, ob ich mit ihr ausgehen

will, und natürlich war ich geschmeichelt, und sie sieht
auch gut aus, aber es hat mich ein bisschen abgeschreckt.
Ich bin wohl eher konservativ. Ich frage lieber selbst. So bin
ich erzogen worden.

Jedenfalls sieht die Blonde mich kommen und gibt Gloria
mit dem Kopf so ein Zeichen. Die dreht sich um und sieht
mich an und – wenn sie mich manchmal so ansieht, weiß ich
nicht, ob ich genau richtig oder nicht gut genug bin. Das ist
so ein Mittelding-Blick, den ich nicht einordnen kann. Ich
versuche so was wie ein Lächeln zustande zu bringen, aber
ich muss immer dran denken, wie klebrig das Lenkrad sich
angefühlt hat.

«Guten Morgen, Schwester Gloria», sage ich, und es
klingt leiser als gewollt.

Vielleicht ist es albern, sie so anzureden, aber ich kann
nichts dagegen machen. In meinem Beruf wird jeder bloß
mit Nachnamen angeredet, und ich schätze, hier ist das so
ähnlich, weil ich nämlich auf den Namensschildern immer
nur Nachnamen sehe. Als ich sie also einmal zufällig treffe
und mit Schwester Rubio anspreche, da sagt sie gleich, ich
soll sie Gloria nennen, und ehe ich richtig überlege, platzt
mir Schwester Gloria raus, und sie lacht und nennt mich
Feuerwehrmann Anthony, und das war's dann.

«Guten Morgen, Feuerwehrmann Anthony», sagt sie.

Es fühlt sich gut an, wie sie das sagt, vertraut. Da sie nicht
lächelt, lächle ich auch nicht. Sie scheint nicht unglücklich
darüber, mich zu sehen, aber auch nicht gerade glücklich.
Aber ich merke, hinter diesen Augen geht irgendwas vor,
und ich weiß nicht, was es ist, aber ich will es herausfinden. Sie hat ein so gutes Pokerface, dass ich mich manchmal
frage, wo sie wohl aufgewachsen ist, ob es dort wohl hart

232

zuging, weil ich das Gefühl habe, sie kann ihre Härte an- und wieder ausknipsen wie einen Lichtschalter.

Ich schaue auf meine Hände und sehe, dass nicht alles Blut von den Fingernägeln abgegangen ist, also stecke ich sie in die Hosentaschen, als sie fragt: «Nach allem, was so reinkommt, sieht es da draußen nicht gut aus. Was ist da los?»

Sie berührt meinen Arm mit den Fingerspitzen und lässt die Hand schnell wieder fallen. Die Berührung ist so sacht, dass ich mir denke, es könnte ein Versehen gewesen sein, aber ich hoffe, das war es nicht. Wegen dieses Augenblicks möchte ich ihr so präzise wie möglich erzählen, was in der Sackgasse und mit Gutierrez passiert ist, aber ich bringe keine Sätze heraus, nicht einmal richtige Wörter, also sage ich letztlich nur: «Äh.»

Es kommt mir vor, als würde ich im Leerlauf stecken- bleiben, und das Schlimmste ist, ich würde gern losfahren, den Gang einlegen, aber mein Hirn macht einfach nicht mit. Was für ein Volltrottel.

Sie denkt wahrscheinlich genau das Gleiche, denn jetzt schaut sie mich an, mustert mich nicht direkt, versucht eher herauszufinden, was mit mir nicht stimmt, kann es aber nicht so recht einordnen. Fast so, als würde sie mir eine Diagnose stellen. So vergeht ein unbehaglicher Moment, ich schaue auf ihre weißen Schwesternschuhe und sehe, dass sie nur innen abgeschabt sind, vielleicht reibt sie die anein- ander, ohne es wirklich zu merken, aber ich sage nichts, und sie sagt auch nichts. Sie sieht mich nur an, und da merke ich, ich muss das Schweigen irgendwie brechen, muss genau jetzt irgendetwas sagen.

«Sorgen Sie bloß gut für ihn», sage ich schließlich.

Ich zucke ein bisschen zusammen, kaum dass ich das gesagt habe. Idiot! Das ergibt doch gar keinen Sinn, weil ich ihr nichts von Gutierrez erzählt habe oder wo er ist, und dabei fällt mir ein, dass ich schon zu lange geblieben bin, aber ich kriege einfach keine Worte dafür zusammen, wie gut es war, sie nur zu sehen, darum sage ich gar nichts. Alle warten auf mich.

Ich muss wieder los, denke ich.

«Sie müssen wieder los», sagt sie, als würde sie meine Gedanken lesen.

Das war's. Ich werde niemals gegen diese Frau Karten spielen, aber ich muss zugeben, die Vorstellung, sie in meinem Team zu haben, ist was ganz anderes. Ich muss den Kopf ein bisschen schräg gelegt haben bei diesem Gedanken, denn sie schenkt mir ein kleines Lächeln, das jede Erwiderung unmöglich macht.

«Sehen Sie sich vor da draußen», sagt sie.

Ihr Tonfall ist so höflich, aber es klingt trotzdem fast wie ein Befehl – ein höflicher Befehl –, weshalb ich nicht weiß, was ich sagen soll, sondern nur halb automatisch nicke und gehe. Ich bin so frustriert und verlegen über den Verlauf unseres Gesprächs, dass ich mich nicht mal mehr umdrehe. Ich ziehe bloß die Hände aus den Taschen und schaue noch mal auf meine Nägel, immer noch Blut an Zeigefinger und Ringfinger, und ich denke wieder an Gutierrez, an Junior und den Anruf, den er und seine Mama bald kriegen werden, der ihnen mitteilen wird, was los ist, und ich gehe schneller.

4 Ich schieb's weg. Das gebe ich zu. Ich packe alles, was eben passiert ist, in eine Kiste in mir drin und versuche, sie nicht mehr zu öffnen. Die Sirenen schweigen, als wir wieder rausfahren, und diesmal fahre ich nicht vorne. Das Fahrzeug des Zugführers ist wieder da, wo es hingehört, und das ist gut, denn ich bin im Augenblick nicht hundertprozentig da. Ich fahre in der Mitte, von vorne und von hinten geschützt.

Wir haben einen Neuen an Guts Stelle, McPherson, und wir fahren wieder nach Norden, eine kleine Lichterkolonne auf dem Freeway. Der Zugführer gibt über Funk schon eine Adresse durch, den neusten Gewinner der Feuerwehrlotterie von Los Angeles, aber ich höre gar nicht richtig hin. Ich versuche mit aller Macht, nicht an der Kiste herumzufummeln, in der die Gedanken an Gutierrez und seine Familie stecken, oder an die so schlecht gelaufene Begegnung mit Schwester Gloria, oder daran, was ich im Gesicht dieses Gangsters mit einem Hammer anrichten würde, und darum bleibe ich einfach in der Formation. Ich versuche, mich abzulenken. Ich überlege, wie viele Gebäude wohl abbrennen werden, weil einfach nicht genug Löschzüge da sind.

Aber eins ist wirklich zum Totlachen: was die Nachrichten aus all diesen Bränden machen. Die Fernsehtypen kommen einfach nicht damit klar, dass die Leute ihre eigenen Viertel in Brand stecken. Sie finden das traurig, meinen, das ist so eine Art hirnlose, urtümliche Wut. Aber das ist es nicht. Es ist größtenteils geplant, und es passiert meistens aus einem von drei Gründen – aus Missgunst, fürs Chaos oder wegen der Versicherung. Das ist jetzt übrigens keine offizielle Definition oder so was. Sind bloß meine Gedanken. Missgunst ist es, wenn ein Typ den anderen aus irgendeinem Grund nicht abkann und sich daher das Durcheinander zunutze macht und die Sache in die Hand nimmt, sogar die Rassenkonflikte gehören also dazu, was die Schwarzen zum Beispiel den Koreanern antun. Fürs Chaos heißt, dass einfach so absichtlich ein Feuer gelegt wird oder man versucht, ein Verbrechen damit zu vertuschen, oder dass es der Ablenkung dienen soll, um Rettungskräfte irgendwohin zu locken, damit man seine Straftaten ungestört anderswo begehen kann, was die Gangs definitiv tun. Das haben sie schon vor den Unruhen getan, das machen sie während der Unruhen, und sie werden es auch danach noch machen. Ich kann euch jetzt schon sagen, dass ich mich kein bisschen auf diesen Sommer freue. Der ganze Mist, der jetzt passiert, wird Vergeltung fordern, wenn nicht in den nächsten Tagen, dann eben später, vielleicht sogar erst im Sommer. Und als letzter und wahrscheinlichster Grund, die Versicherung: Man hat ein Geschäft in einem heruntergekommenen Stadtteil, das nicht so viel einbringt, wie man möchte, dafür aber gut gegen Feuer versichert ist, wofür man schon viel zu lange happige Prämien bezahlt hat, und dann werden eines Tages die rassistischen Cops freigesprochen, und plötzlich bietet sich die Gelegenheit, den eigenen Laden anzustecken, ohne dafür belangt zu werden – man muss ja nur den Gangs oder den Plünderern die Schuld geben, warum also nicht?

Als ich zum ersten Mal von dem Urteil hörte, saß ich neben Charlie Carrillo auf der Baseballtribüne im Peck Park in Pedro. Carrillo gehört zu den 53ern, aber wir sind auf die gleiche Highschool gegangen und spielen jetzt zusammen im lokalen Baseballteam. Ich bin Catcher. Meiner Meinung nach ist das die wichtigste Position auf dem ganzen Feld.

Man kann so ein Freizeitspiel auch ohne Shortstop spielen, wenn es gar nicht anders geht – also acht gegen acht –, aber ohne Catcher? Keine Chance. Der Catcher ist die Konstante. Er zeigt jeden Wurf an, und egal, wie oft auf dem Werferhügel gewechselt wird, der Catcher bleibt. Ohne ihn gibt es kein Spiel. Wie dem auch sei, das Training war gerade vorbei, und zwischen uns stand ein kleines Radio.

Ich sitze also neben Carrillo, als der Nachrichtensprecher die Einzelheiten über den Freispruch von Briseno, Wind und Koon vorliest – wobei mir einfällt, wie unglücklich ist das eigentlich, wenn bei einem Fall, wo es um Rassismus geht, einer der Polizisten Koon heißt, wie «Coon» mit «C», was so viel bedeutet wie «Nigger»? Es wird auch erwähnt, dass die Geschworenen im Fall von Powell nicht zu einem Urteil gelangt sind, aber mich beschäftigt was anderes.

Ich schnalle meine Beinpolster ab und frage Carrillo: «Wieso wird in den Nachrichten eigentlich immer nur von den weißen Polizisten geredet? Briseno ist doch gar nicht weiß, oder?»

«Ich bin ziemlich sicher, dass er Briseño heißt», sagt Carrillo, «und das ist ein Hispano-Name.»

Carrillo ist selbst Hispano, also wird er das wissen.

«Dann ist es doch nicht ganz fair, ihn als weiß zu bezeichnen», sage ich.

«Passt einfach besser zur Story, schätze ich. Weiß gegen Schwarz.»

«Ja klar», sage ich, «aber das verdreht doch die Fakten.»

«Na und», sagt Carrillo, «das machen die doch dauernd. In dem Beruf muss sich kein Mensch verantworten, das weißt du doch. Müsste man im Fernsehen einen Schadensbericht schreiben, wenn man Scheiße gebaut hat, und die

Verantwortung dafür übernehmen, so wie wir, würde niemand mehr Fernsehjournalist werden.»

«Stimmt», sage ich, «aber ich glaube, jetzt spielt das sowieso keine Rolle mehr. Hier wird alles in die Luft gehen.»

Ich habe gleich danach bei der Dienststelle angerufen und gefragt, ob sie mich in der Wache brauchen, aber sie meinten, ich sei doch für den nächsten Tag eingeteilt, ich solle einfach dann zur Schicht kommen.

Das habe ich also gemacht, nachdem tatsächlich alles in die Luft gegangen war, noch schlimmer, als alle gedacht hatten. Da wusste ich allerdings noch nicht, dass unser geschätzter schwarzer Bürgermeister im Fernsehen auftreten und sagen würde, es sei jetzt langsam Zeit, die Sache auf die Straßen zu tragen, oder jedenfalls irgendetwas in der Richtung. Die Jungs in der Wache kriegten sich gar nicht mehr ein deswegen. Sie fühlten sich verraten, so als hätte er uns mit diesen Worten vor den Bus geschubst – uns einem größeren Risiko ausgesetzt –, und das kann ich verstehen, ich fühle mich auch verraten, aber ich bin auch Realist. Glaubt ihr wirklich, die Leute sitzen zu Hause rum und warten, was der Bürgermeister sagt, ehe sie anfangen zu randalieren? Eben, ich auch nicht. Die Crips waren in Florence und Normandie schon unterwegs, bevor Bradley im Fernsehen auftrat.

Die Nachwirkungen sehe ich vor mir ausgebreitet, während ich mich darauf vorbereite, mich wieder mitten ins Getümmel zu stürzen. Vom Fahrersitz sieht es so aus, als sei Los Angeles aus der Luft angegriffen worden. Als wären Bomben gefallen. Rechts und links vom Freeway 110 flackern orangerote Inseln, manche in pechschwarzer Umgebung, weil der Brand die Stromversorgung im ganzen Stra-

238

ßenzug unterbrochen hat, und nicht zum ersten Mal denke ich, so muss es in der Hölle aussehen. Man sieht keine Sterne, wie auch schon in den letzten beiden Nächten. Der Baldachin aus schwarzem Qualm, der im Talkessel hängt, ist undurchdringlich.

Ich schaue auf die Anzeige und informiere Cap, dass meine Treibstoffmenge unter ein Viertel gesunken ist, und wenn das bei mir so ist, dann sagt die ungeschriebene Regel, dass es allen anderen genauso geht. Das ist der entscheidende Zeitpunkt, wo der Zugführer entweder beschließt, dass wir alle bei der nächstbesten Gelegenheit nachtanken und vielleicht noch sechs Stunden auf der Piste bleiben, oder alle dafür zum Materialdepot zurückkehren und dabei gleich auch neue Schläuche aufnehmen. Aber über Funk sagt er zu Cap nichts weiter als danke, was mir keinen Hinweis darauf gibt, wozu er eher neigt. Aber eine gewisse Ansage liegt schon darin – halt's Maul und mach deinen Job.

5 Wir müssen gar nicht so weit fahren wie befürchtet, denn wir werden von einem Brand an der Slauson abberufen und angewiesen, früher vom Freeway abzufahren, weil wir noch dichter an einem anderen Feuer sind. Gebäudebrand Nähe Manchester und Vermont, ein halber Block südlich der Kreuzung. Ich mache meinen Job und bringe uns hin. Die Jungs von der Highway Patrol tun ihren und sperren den Block an beiden Enden ab, halten uns die ganze Straße zum Arbeiten frei, und was noch wichtiger ist, zwei Fluchtwege. Ich parke auf der Vermont, mit der Schnauze Richtung Manchester Avenue, weil das der beste Ausweg ist.

Wir sind bei den 8600er-Hausnummern, Vermont Knolls. Das sieht ganz nach Missgunst aus hier, könnten aber auch Versicherungen sein. Jemand hat nebenan ein Möbelgeschäft in Brand gesteckt, das Koreanern gehört, und die Flammen haben sich zum Nachbargebäude hin ausgebreitet, einen Sandwichladen – *VERMONT SANDWICH SHOP, FOOD TO GO* steht auf dem Schild, und darunter eine Telefonnummer, die langsam schwarz wird –, und wiederum daneben ist das *Universal College of Beauty*. Beide scheinen nicht zu retten zu sein. Sie sind schon ziemlich weit runtergebrannt, als wir ankommen. Keine echte Chance, irgendwas zu erhalten, aber wir können ja immerhin das Feuer löschen.

Ich lasse den Motor laufen. Mit einem 200-Liter-Benzintank läuft der Motor ungefähr sechs Stunden. McPherson legt einen Anderthalbzöller, und ich behalte den Pumpendruck im Auge, aber ich muss nicht die ganze Zeit draufstarren. Die Schläuche fördern 480 Liter die Minute, das heißt, ich hätte bei einem Schlauch etwa vier Minuten, wenn wir nur aus dem Tank löschen würden. Tun wir aber nicht. Nur einen Schlauch fahren wir allerdings schon, den hält Suzuki und legt einen schönen Bogen aufs Dach, während zwei Schläuche von einem anderen Fahrzeug die Überreste des Schaufensters übernehmen. Ich drehe den Druck auf 10 Bar hoch, und der Brand ist schon ziemlich niedergekämpft, grauer Rauch und Wasserdampf dringen aus allen verfügbaren Öffnungen. Ich habe einen Förderschlauch vom Hydranten zu meinem Löscher gelegt, um die Wassertanks wiederaufzufüllen, bevor wir abziehen.

Es gehört zu meinem Job, den Überblick zu behalten und schon zu reagieren, bevor es nötig wird. Bei Gutierrez

habe ich versagt, weshalb ich die Zuschauer jetzt besonders wachsam im Auge habe. Ich schaue mir alle Gesichter
zweimal an, aber keiner hier sieht aus wie ein Gangmitglied.
Sie sehen aus wie Eltern und Verwandte. Tatsächlich stehen
ältere Leute in losen Gruppen auf der anderen Straßenseite
und beobachten uns. Sie machen Fotos, sogar Videos, als
wären wir das Unterhaltungsprogramm.

Ein Typ in Shorts und Slippers und ohne Hemd hat einen
großen Camcorder auf der linken Schulter und das Auge am
Sucher. Er schwitzt, seine Haut glänzt und sieht aus dieser
Entfernung beinahe blauschwarz aus. Außerdem hat er in
der freien Hand ein Sandwich, von dem er abbeißt. Also, ich
bin ja kein Polizist, aber wenn ich den Brandstifter eines
noch brennenden Sandwichladens verhaften wollte, würde
ich doch als Erstes den cleveren Typen fragen, der direkt
gegenüber um was-weiß-ich-wie-viel Uhr morgens – ich
schaue auf die Uhr – um 4:02 morgens ein Schinken-Kä-
se-Sandwich isst.

Es ist noch nicht mal 4:08, als die Verkehrspolizisten
den Einsatzradius um eine Querstraße erweitern, in deren
Nähe eine Einheit der Nationalgarde stationiert ist, und der
Zugführer zwei weitere Fahrzeuge dorthin schickt, um den
nächsten Brand zu löschen, der dort gerade aufgeflammt ist,
aber wir bleiben bei den Überresten des Möbelladens, auch
wenn man durch den Rauch jetzt schon das Dachskelett
sehen kann. Das sagt alles. Das Gebäude ist hinüber.

Über uns fliegt ein Hubschrauber – sieht nach *ABC 7*
aus – und hat einen Scheinwerfer auf uns gerichtet, als
würden wir auf dem Grund eines tiefen schwarzen Lochs
hocken. Die Leute, die hier leben, wissen ganz genau, wie
sich das anfühlt. Die wissen, wie hässlich das Leben sein

kann. Alle anderen, die Leute, die zu Hause sitzen und sich das alles im Fernsehen angucken, die haben keine Ahnung. Die sind richtig geschockt von den Unruhen. Sie verstehen das alles nicht, weil sie die andere Seite nicht verstehen. Sie begreifen nicht, was mit Leuten passiert, die kein Geld haben und in einer Gegend leben, wo die Kriminalität eine zuverlässige berufliche Perspektive bietet, weil es keine anderen Möglichkeiten gibt, und damit will ich das gar nicht entschuldigen oder rechtfertigen oder behaupten, es sei unvermeidlich, ich sage nur, wie es ist.

Und eins kann ich euch noch sagen: Diese Leute haben auch keine Vorstellung davon, wie man sich als frischgebackener Rettungssanitäter fühlt, wenn man in meinem Bezirk im Einsatz ist, in einem der heftigsten Gang-Reviere in der Gang-Hauptstadt der Welt. Denen kann man nicht erklären, wie das ist, wenn du als Ersthelfer zu einem Tatort kommst und einen Menschen mit mehrfachen Stichverletzungen vorfindest – neun im oberen Brustbereich und fünf in der Bauchgegend, darunter ein langer Schnitt, als hätte jemand den kleinen zehnjährigen Gangster wie einen Fisch ausnehmen wollen –, und da liegt nun dieses Kind und heult, Rotz läuft ihm über die Wangen, und er verblutet vor deinen Augen, und er kann nur deshalb noch nach Luft schnappen, weil seine Lunge angestochen ist. Natürlich denkst du da überhaupt nicht nach, sondern machst einfach deinen Job. Klar, wenn er durchkommt, wird er den Rest seines Lebens mit künstlichem Darmausgang leben müssen, aber daran denkst du in dem Moment auch nicht, du tust einfach, was du tun musst, wofür du ausgebildet worden bist. Du ziehst die lebensrettenden Maßnahmen durch und lässt ihn ins County Hospital bringen, und wenn du später nach ihm siehst, kriegst zu hören, dass du sein Leben tatsächlich gerettet hast, und eine kurze Weile hast du das Gefühl, deine Arbeit sei sinnvoll – sogar wertvoll –, du kannst sogar mit dem Finger auf deine Arbeit zeigen und sagen: *Seht her, ich sorge dafür, dass die Dinge besser werden.*

Aber einen Monat und ein paar Wochen später bist du auf denselben Straßen unterwegs und musst den Amtsarzt bei einer Leichenbergung unterstützen – denn dafür haben sie natürlich, um Himmels willen, keine eigenen Mittel –, und als du den Verstorbenen am Grunde eines Abflussgrabens siehst und feststellst, dass er noch nicht zugedeckt wurde, da erkennst du mit langsam heraufkriechendem Schrecken die Wunden wieder – wo die Narben an Rippen und Bauch liegen, die lange über den Unterbauch, wo nicht mehr viel vom Bauchnabel übrig ist, nur eine dunkelrote Wulst, die im Dunkeln glänzt –, die erkennst du, bevor du das Gesicht erkennst. Er ist immer noch zehn. Er wird nie älter werden, weil sie diesmal keine Messer genommen haben. Diesmal haben sie ihn einfach exekutiert, in den Hinterkopf geschossen. Du hast ihn also vor so vielen Leben eingesammelt und zusammengeflickt, und wofür? Um sein Leben zu ändern, zum Besseren zu wenden? Nein. Du hast ihm nur ein paar Tage mehr in der Hölle verschafft. Das ist alles. Das Einzige, was du verlängert hast, war sein Sterben. Wie fühlt sich das an?

Irgendwo da drin steckt eine Wahrheit, und vielleicht ist es diese: Es gibt ein verborgenes Amerika, tief vergraben in jenem, das wir der Welt zeigen, und nur eine kleine Anzahl Menschen kriegt es je zu sehen. Manche von uns sind durch Geburt oder Geographie hineingesperrt, aber wir anderen arbeiten bloß hier. Ärzte, Krankenschwestern, Feuerwehr, Polizei – wir kennen es. Wir sehen es. Wir feilschen mit dem

Tod, dort wo wir arbeiten, denn das gehört einfach zu unserem Job. Wir sehen die verschiedenen Schichten, die Ungerechtigkeit, die Unvermeidlichkeit. Trotzdem kämpfen wir auf verlorenem Posten weiter. Wir lavieren darum herum, manchmal stehlen wir sogar etwas aus dieser Welt. Und wenn du dann einen Menschen triffst, der sie anscheinend genauso gut kennt wie du, dann kannst du gar nicht anders als dich fragen, wie es wohl wäre, mit jemandem zusammen zu sein, der Verständnis hat.

Schwester Gloria zieht mich deshalb so an, weil sie offensichtlich unsere ganze Welt versteht, nicht bloß eine Hälfte. Ich muss ihr nicht alles erklären, weil ich ihr vielleicht nicht mal mich selbst erklären muss. Sie hat diese verborgene Seite ebenso gesehen wie ich. Sie weiß, wie der Tod aussieht und wie sich Vergeblichkeit anfühlt. Diese Last trägt sie. Das sehe ich daran, wie sie sich bewegt, wie sie spricht –

«Hey, Yanic», sagt Suzuki, «guck dir das an.»

Er steht neben mir und streckt die Hand aus, bedeutet mir, ich soll ihm meine auch offen hinhalten, was ich auch tue. Ich sehe, dass McPherson an Suzukis Schlauch steht, und Suzuki drückt mir eine eisengraue Pistolenkugel in die Hand, mit zerdrückter Spitze und ohne Hülse, immer noch ein bisschen warm. Ich muss ihn wohl komisch angeguckt haben – was zum Teufel? –, weil er mir vorspielt, wie jemand mit einer Pistole in die Luft schießt, mit dem Mund einen Knall macht und dann mit dem Finger die Flugbahn des Geschosses nachzeichnet, dazu ein leises Pfeifen, es geht ganz bis nach oben und dann wieder runter, ehe es mit einem Klick des Fingernagels auf seinem Helm landet. Ich drehe das Ding in meiner Hand, aber ich sehe ja nicht zum ersten Mal eine Patrone.

Nach jedem Neujahr und jedem 4. Juli fegen wir das Dach der Feuerwache und finden selbst da schon mehr Kleinkaliber-Patronen, als man glauben würde, aber jetzt im Augenblick ist es einfach beschissen viel. Hab das Gefühl, auf der Straße heute Nacht mehr Schrot gesehen zu haben als Fahrbahnmarkierungen. Die schiere Menge haut mich um. Wie viele Feuerwaffen gibt es im Stadtgebiet von L.A., vorsichtig geschätzt? 360 000? Das wären ungefähr zehn Prozent, also pro zehn Einwohner eine Waffe. Ihr könnt mir glauben, auf keinen Fall ist die Zahl der Waffenbesitzer, legal oder illegal, auch nur annähernd so niedrig, aber wir wollen ja vorsichtig schätzen. Nehmen wir außerdem einmal an, dass mit wiederum stolzen zehn Prozent dieser Waffen in den letzten 48 Stunden nur einmal geschossen wurde. Das würde bedeuten, dass 36 000 Pistolen und Gewehre im Verlauf der schlimmsten Ausschreitungen, die L.A. je erlebt hat, schlimmer als Watts 1965, mindestens einmal abgefeuert wurden. Na klar. Glaubt ihr, ein Gangster wird jemals nur einen einzelnen Schuss abgeben? Und wenn schon, das wären immer noch 36 000 Kugeln. *Sechsunddreißigtausend.* Man käme auf die gleiche Zahl, wenn fünf Prozent der Waffen zweimal abgefeuert würden, oder nur zwei Prozent fünfmal. So richtig will ich das nicht glauben, will es als total verrückt abtun, aber das kann ich nicht. Und diese Zahl ist noch viel zu niedrig, aber noch beängstigender finde ich, dass wir längst nicht aus dem Gröbsten raus sind.

«Gib sie mir zurück», sagt Suzuki. «Die schenke ich meinem Jungen.»

«Wieso solltest du deinem Sohn eine Kugel schenken?», frage ich.

«Weiß ich auch nicht. Vielleicht bohre ich ein Loch rein

und ziehe eine Kette durch, dann kann er sie um den Hals tragen. Und ich erzähle ihm, dass die mal seinen Vater getroffen und der sie aufgehalten hat wie Superman.»

Sie ist noch warm, als ich sie ihm zurückgebe. Ich weiß nicht, ob die Wärme von seiner Hand kommt oder ob sie erst vor kurzem abgefeuert wurde. Ich weiß allerdings auch nicht, ob ich das so genau wissen will.

6 Als der Brand eine Straße weiter auch unter Kontrolle ist, teilt uns der Zugführer mit, dass wir zu einem Busbahnhof des RTD in Chinatown fahren, um Material aufzunehmen, weil der Außenposten an der 44th und Arlington zu stark von anderen Einsatzfahrzeugen beansprucht wird, also packen wir schnell ein und fahren die Vermont rauf zur Manchester, dann die Manchester weiter zum Harbor Freeway und nach Norden. Wir fahren im Konvoi nach Downtown rein, und statt die 101 zu nehmen, fahren wir schon an der 4th Street ab, dann bis zur Alameda, dann links ab und wieder nach Norden. Kommt mir im Großen und Ganzen nicht wie der schnellste Weg vor, aber ich nehme an, der, der uns leitet, weiß irgendwas, was ich nicht weiß, also meckere ich nicht.

«Downtown ist gar nicht so schlimm», sagt Suzuki von hinten.

Cap grinst. Er sitzt wieder vorn. Ich muss ihm zugutehalten, dass er kein Wort über das Blut gesagt hat.

«Stimmt», sage ich, «ich habe auch gedacht, es wäre schlimmer, aber wahrscheinlich gibt es hier einfach nicht mehr viel, was man noch plündern kann.»

Downtown ist seit den Siebzigern erledigt, als die Hausbesitzer aufgaben, billig verkauften und ihr Geld auf der Westside oder im Valley investierten. Gleichzeitig machten sich die Slumlords an die Arbeit und die Innenstadt zum unbewohnbarsten Teil von ganz Los Angeles. Skid Row war nie besonders toll, aber jetzt wurde aus der Gosse eine Arrestzelle. Die Ära der Saisonarbeiter und der Landstreicher ging zu Ende, als die Stadt anfing, billige Absteigen abzureißen, die Lebensmittelmärkte wurden ausgedünnt oder verdrängt durch regionale Supermärkte, und Skid Row war kein Heim für Wanderarbeiter mehr, sondern eine Zuflucht für Menschen mit psychischen Störungen oder Drogenproblemen oder beidem. In den Achtzigern machte Crack die Verhältnisse zum Dauerzustand. Jetzt ist überhaupt nicht mehr viel da außer dem Gerichtsgebäude, ein paar Hotels aus der Stummfilmzeit, die mehr als nur frische Farbe brauchen würden, um wieder Glamour auszustrahlen, verlassenen Varietés auf der Main Street und einem Haufen leerer Lagerhäuser.

Als wir die 3rd Street überqueren, sehe ich zwei Frauen mit Kinderwagen, in denen aber keine Kinder liegen, sondern jede Menge Spielzeug, Kisten über Kisten, als wären sie gerade bei *Macy's* einkaufen gewesen. Eine hat eine Narbe im Gesicht, vom Ohr die Wange hinunter. Die Narbe ist wulstig und sieht fast aus wie ein Stoßzahn. Natürlich ist das nicht das Gleiche, aber sie erinnert mich an die Schulternarbe dieses Gangtypen, und damit fallen die Dominosteine in meinem Inneren wieder. Mein Hass auf ihn erwacht von neuem. Ich will ihm einen Backstein ins Gesicht schlagen und sehen, wie *ihm* das gefällt. Der Gedanke zaubert mir ein krankes Grinsen auf die Lippen, aber dann denke ich an Guts. Die blutigen Nachwehen. Wie seine Zunge aussah, als sie sich bewegt hat. Und dann kann ich bloß noch auf die Gebäude starren, an denen wir vorbeifahren.

Die Zeitlupe steckt wieder in meinem Kopf fest. Der Baustein saust herab – das Geräusch beim Aufprall –, ich erinnere mich, es waren zwei; zuerst das Knirschen, als er den Kiefer trifft, dann ein dumpfer Schlag, als der Stein auf den Boden fällt; und mich schaudert. Das Schlimmste war das Gesicht des Angreifers. Bis ich das sah, hätte ich nie gedacht, dass man gleichzeitig die Zähne fletschen und lächeln kann. Ich habe schon die Folgen vieler verzweifelter Taten von verzweifelten Menschen gesehen, aber das war noch mal was anderes. Ich gebe mir selbst das Versprechen, dass er für seine Tat bezahlen wird. Ich werde ihn finden. So ein Gangster hat doch mit Sicherheit ein Vorstrafenregister. Man fällt nicht einfach so morgens aus dem Bett und beschließt, einem Feuerwehrmann einen Stein ins Gesicht zu rammen. Darauf arbeitet man hin.

McPherson unterbricht meinen Gedankengang mit den Worten: «Was da wohl passiert ist?»

Wir überqueren den Freeway 101, ich sehe, was er meint, und plötzlich wird auch verständlich, warum wir den auf dem Hinweg nicht genommen haben. Unter uns brennt ein Fahrzeug. Es scheint keinen Grund dafür zu geben, dass es dort steht, ist bloß ein Jeep, aus dem Rauch quillt. Ist aber unter Kontrolle. Ich lese die Nummer auf dem Löschfahrzeug, das den Schlauch draufhält: Es ist ein 4er.

Suzuki weist darauf hin, dass weder an der Union Station noch auf dem Marktplatz an der Olvera Street ein Auto parkt. Als wir am *Ord and Philippe's* an der Ecke vorbeikommen, meldet sich mein Magen. Das *French Dip Sandwich* wurde in Los Angeles erfunden. Das wissen nicht viele.

248

Erfunden wurde es bei *Cole's*, angeblich für einen Kunden mit Gebiss, der kein hartes Brötchen essen konnte, weshalb ihm der Barmann eine Schüssel mit Bratensaft dazustellte, damit er die Kruste darin einweichen konnte, und das wurde dann unter der Bezeichnung *au jus* bekannt. Bei uns muss man sich für eine Variante entscheiden. Ich persönlich stippe mein Brötchen gern selbst in den *jus*, also gehe ich zu *Cole's*, auch wenn alle anderen in der Wache 57 anscheinend *Philippe's* vorziehen, wo sie den *jus* in der Küche zubereiten und schon auf das Fleisch gießen, fast wie Soße.

Unser Ziel ist ein Busbahnhof an der North Spring Street, zwischen Mesnagers und Wilhardt. Eine der wenigen sicheren Tankstellen in der Stadt. Wenn kein Notstand herrscht, ist es bloß ein Betriebshof des *Rapid Transit District*, aber jetzt ist es ein provisorischer Befehlsstand für die Polizei von L.A. und ein Materialdepot für uns – Vorräte auffüllen, aufs Klo gehen, zu Hause anrufen, was zu essen besorgen. Es ist eine Sicherheitszone, darum ist es kein Wunder, dass das Gelände bewacht wird, aber jetzt sieht es aus wie in *Mad Max*, wo alle Sprit für ihre Wagen brauchen und bereit sind, dafür zu töten. Diese Vorstellung klingt fast zu passend für eine autoverrückte Stadt wie Los Angeles, also spreche ich sie aus, und Cap nickt, aber weder Suzuki noch McPherson haben den Film gesehen, ich mache mir also nicht die Mühe, meine Beobachtung zu erklären, sondern sage den beiden auf den billigen Plätzen, sie müssten sich den Film schon selbst anschauen. Als das Schiebetor mit dem Nato-Draht obendrauf aufgeht, fahre ich hinein, dicht vorbei an einer Gruppe von Männern in grünen Uniformen mit M-16-Gewehren.

7 Später, als wir uns von unserer Eskorte aus Ventura County verabschieden, die zu ihrem Stützpunkt beim Freeway 101 an der Vermont zurückkehrt, nennt ein Kollege – Taurino heißt er – die Typen am Eingangstor *Ninja Turtles*.

Das passt, sie stecken nämlich von Kopf bis Fuß in olivgrünen Uniformen. Sie tragen Oberschenkelschützer und komisch aussehende Armeehelme, überzogen mit dem gleichen grünen Stoff und mit dunklen Visieren, die ihre Augen verdecken. Aus dieser Entfernung sehen sie echt aus wie mannsgroße Schildkröten. Taurino weiß nicht, ob sie zum FBI oder zum ATF gehören, zur Bundesbehörde für Alkohol, Tabak und Feuerwaffen, aber auf jeden Fall gehören sie zur Bundespolizei, er hat nämlich gesehen, dass sie von außerhalb eingeflogen wurden und in Los Alamitos gelandet sind, dem Stützpunkt der Nationalgarde.

«Sieht aus, als würden sie zum Einsatz aufbrechen, wer weiß wohin», sagt Taurino. «Ich bin auf jeden Fall froh, dass sie nicht zu mir zu Besuch kommen.»

Ich folge seinem Blick über den Parkplatz und sehe die Ninja Turtles in ein schwarzes Fahrzeug steigen, das wie eine Kreuzung aus Panzer und Riesenjeep mit flacher Schnauze aussieht. Es hat kein Nummernschild oder sonstiges Kennzeichen. Es ist einfach nur schwarz, wie ein metallener Schatten. Es müssen mindestens zwölf Mann sein, und sie sind ausgerüstet wie ein Spezialkommando. Einer hat sogar Patronengurte umhängen wie ein mexikanischer Bandit im Western. Sie sehen zum Fürchten aus. Keine Frage.

Ich verabschiede mich von Taurino und wende mich ab, aber er sagt: «Hey, Sekunde mal.»

Ich drehe mich wieder um, und er flüstert mir zu, dass ich getrocknetes Blut im Nacken kleben habe. Mehr muss er nicht sagen. Ich weiß, das ist von Gutierrez.

Ich zwinge mich zu einem Lächeln, bedanke mich bei Taurino und gehe zu meinem Löscher.

Ich gebe den Verkehrspolizisten nicht die Schuld an dem, was Gutierrez zugestoßen ist. Aber ich sage auch nicht, dass sie nicht schuld sind. Es ist kompliziert. Wenn ich es ein paar Tage habe sacken lassen, kann ich mir überlegen, wer welche Schuld und wie viel davon trägt, denn das muss ich, wenn ich meinen Bericht schreibe.

Ich mache meine Fahrerkabine mit einem Putzmittel sauber, das zur allgemeinen Verwendung bereitsteht, vor allem das Armaturenbrett, das Lenkrad und den Beifahrersitz, auf dem Gutierrez gesessen hat. Ich komme gut klar dabei. Ich halte alles in den richtigen Kästchen im Kopf, und nichts quillt heraus.

Der Morgen dämmert noch nicht, Cap ist schon im Büro und erledigt Papierkram, aber ich gehe erst mal zur Essensausgabe, hole mir was zu beißen und nehme ein frühes Frühstück mit Suzuki, McPherson, ein paar 57ern und ein paar Kollegen von den leichten Löschgruppen, dazu kommen nach und nach noch ein paar Jungs aus anderen Mannschaften, die gerade Material aufstocken. Das Essen ist erträglich. Hat kein Feuerwehrmann gekocht, sonst wäre es besser. Es gibt Haferflocken, Schinkenspeck, Eier, Würstchen, Tortillas, Salsa und Bratkartoffeln, die schon ein bisschen lange warm gehalten werden. Ich nehme Haferflocken, schaufele Rosinen drauf und noch zwei Tütchen Zucker.

Wenn so viele Feuerwehrleute auf einem Haufen sitzen, fünf Klapptische auf dem Asphalt des Busbahnhofs besetzen und nichts anderes zu tun haben als zu essen und sich anzustarren, ist es unvermeidlich, dass sie irgendwann anfangen, Kriegsgeschichten auszutauschen. Und klar, ein Typ von den 58ern – ich kenne ihn nicht – fängt an.

«Habt ihr irgendwo Ärger mit Straßenblockaden gekriegt?»

Die meisten von uns kauen, aber ich nicke, die anderen Maschinisten auch, weil natürlich Leute vor uns auf die Straße marschiert sind, bestenfalls unsere Arbeit behindern wollten und uns schlimmstenfalls in Zielscheiben verwandelt haben. Ein Maschinist erzählt kurz, wie sein Fahrzeug mit Steinen bombardiert wurde und dass die beiden Burschen, die draußen auf den Notsitzen hockten, praktisch ungeschützt waren; sie haben einfach die Helme aufbehalten und die Köpfe eingezogen, und niemand wurde verletzt. Suzuki schaut mich an. McPherson nicht. Es liegt auf der Hand, dass sie beide an Gutierrez denken. Ich bin aber nicht bereit, darüber zu reden, also nicke ich dem Kerl zu, der das Gespräch begonnen hat; er soll weiterreden.

«Also, letzte Nacht bin ich in Koreatown, okay? Wir hatten gerade einen Kaufhausbrand in Beverly Hills erledigt, und jetzt sind wir auf dem Rückweg und werden zu einem Großbrand an der Ecke West Adams und Crenshaw gerufen.» Er hält inne und schaut sich um, ob auch alle zuhören, wir hören, er fährt fort. «Ich dampfe also auf der 6th nach Osten, und direkt hinter der Kreuzung Western Avenue rennt so ein Junge auf die Straße und wedelt mit einer Kanone.»

«Und die richtet er auf dich?», frage ich.

«Nein, eher in die Luft, er wedelt so hektisch mit den Armen und versucht, mich anzuhalten. Wenn ich jetzt drüber nachdenke, bin ich gar nicht mehr sicher, ob er sie überhaupt richtig in der Hand hatte.»

252

Jemand fragt nach, was das für ein Junge war.

«Koreaner. Mit Brille. Und mit Schulsakko.»

Darauf folgt eine nachdenkliche Pause, denn das kommt unerwartet. So etwas hatte keiner von uns vor Augen, als von einem pistolenschwenkenden Jugendlichen die Rede war.

Ich frage: «Und was hast du dann gemacht?»

«Was soll ich schon machen? Ich habe auf ihn zugehalten, Gas gegeben und gebetet, dass er verdammt noch mal aus dem Weg geht.»

«Keine andere Wahl», sage ich.

«Und, ist er?», will Suzuki wissen. «Aus dem Weg gegangen?»

«Na klar», sagt der Kollege und grinst.

Als Nächstes erzählt einer von den 58ern, sie hätten von einem mexikanischen Gangster gehört, der zahlreiche Brandstiftungen im ganzen Stadtgebiet begangen und jedes Mal eine Zahl und seinen Namen gerufen habe, so als wollte er mitzählen und es außerdem allen mitteilen.

«Nummerr einundzwanzig!», sagt er in übertriebenem Hispano-Akzent, «Das war Puppet! Nummerr sechsundzwanzig! Das war Puppet!»

Der Name auf seiner Uniform lautet Rodriguez, er darf das also.

Nach einigen ungläubigen Seufzern sagt Suzuki: «Mann, in wirklich jeder *cholo*-Gang gibt es mindestens zwei Puppets! Könnte er nicht einen Namen haben, mit dem man ihn leichter findet? Wie wär's mit Spaghetti? Wie viele Gangmitglieder gibt es wohl, die Spaghetti heißen?»

Die meisten lachen, weil sie wissen, dass er recht hat.

Danach wird die Stimmung gedämpfter, weil ein Maschinist von den 94ern fragt, ob wir was von Miller gehört haben. Die 94er konnten übrigens nicht mal die Wache verlassen, weil sie aus der Nachbarschaft mit schwerem Feuer belegt wurden, und sie hätten womöglich die ganze Nacht dort festgesessen, wenn nicht ein Sondereinsatzkommando die Straße freigeschossen hätte.

«Ich habe gehört, dass Miller getroffen wurde, aber mehr weiß ich nicht», sagt McPherson.

Die bisher bekannten Einzelheiten sind immer noch vage. Mittwochabend hat Miller einen Leiterwagen gesteuert, wurde dabei in den Hals geschossen und hat einen Hirnschlag erlitten. Der Schütze ist neben ihm gefahren und hat ihn einfach abgeknallt, weil er eine Uniform anhatte und ein Feuerwehrauto fuhr, nehme ich an. Miller ist operiert worden, sein Zustand ist stabil, aber mehr wissen wir auch nicht.

Ich bin Miller ein paarmal begegnet, und ich mag ihn. Er ist nicht so ein typischer Einsatzfahrer, so großes Maul und breite Beine – im Grunde sind die meisten wie die Motorrad-Cops auf dem Highway, bloß dass sie Leitern zwischen den Beinen haben. Aber Miller nicht, der ist zurückhaltend. Und das Schlimmste ist, er hat sich erst vor zwei Monaten von den 58ern versetzen lassen, rüber an die Westside, wo es weniger wild zugeht, und dann so was.

«Das ist echt scheiße», sagt Suzuki.

Das Gefühl teilen alle. Wir finden es alle scheiße, aber wir halten den Mund. Wir sagen nicht, dass wir hoffen, dass er durchkommt, weil das sowieso auf der Hand liegt. Das muss man nicht aussprechen. Als ich meine Haferflocken aufgegessen habe, geht's in der Unterhaltung um Kugeln, die vom Himmel fallen.

Das ist Suzukis Stichwort, seine Patrone rumgehen zu lassen, also stehe ich auf, ich habe sie ja schon gesehen. Ich stelle meine Schüssel mit dem Löffel auf den Essenswagen für die Geschirrrückgabe, gehe aufs Klo, um mir noch mal gründlich das Blut vom Genick zu waschen, und als ich damit fertig bin, schlendere ich rüber zum Befehlsstand der Polizei am anderen Ende des Betriebshofs, und mein Kragen klebt hinten nass und glatt an der Haut.

8

Bei der Polizei frage ich, ob ich ihr Mobiltelefon leihen kann, und ein junger Polizist reicht es mir. Es hat eine schwarze ausziehbare Antenne, ein kleines Display, eine graue Hülle, weiße Zahlentasten mit einer grünen Lampe darunter, die sie beleuchtet, noch ein paar Knöpfe, von deren Funktion ich keine Ahnung habe, und eine quadratische Sprechmuschel, die alle Tasten verdecken würde, wäre sie nicht an einem Scharnier aufgeklappt. Ein erstaunliches Ding, ganz ohne Kabel. Ich tippe die Nummer unserer Wache ein und drücke auf den grünen Knopf mit der Aufschrift SND, was wohl *Senden* heißt und die Verbindung herstellt, und so ist es auch, ich höre ein Freizeichen.

Als Rogowski sich meldet, frage ich ihn: «Irgendwas von Gutierrez gehört?»

«Operiert», antwortet er. «Ist gerade wieder rausgekommen. Rücken und Hals sind okay, aber seine Kiefer haben sie zugedrahtet und eine Platte reingeschraubt. War aus dem Gelenk gesprungen und an zwei Stellen gebrochen.»

«Aber er wird wieder gesund?» Ich halte den Atem an.

«Ja», sagt Rogowski. «Er wird eine ganze Weile durch den Strohhalm essen, Monate vielleicht, aber er wird wieder gesund. Ich habe gehört, du warst richtig gut. Hast dir nichts sagen lassen. Es heißt, du bist so schnell da raus, dass der Zugführer gar keine Wahl hatte und alle anweisen musste, *dir* ins Krankenhaus zu folgen.»

«Davon weiß ich nichts», sage ich, aber beim Ausatmen löst sich etwas in mir drin, die Schwerkraft wiegt ein bisschen weniger schwer. Ich frage mich, wo Rogowski diese Informationen herhat, aber dann denke ich, dass vorher bestimmt schon einmal der Captain angerufen hat, wahrscheinlich als ich die Kabine geputzt habe.

«Also, seine Familie ist schon benachrichtigt, sie sind unterwegs.» Rogowski versucht jetzt bloß noch, mich zu beruhigen. «Ist nicht toll, aber so gut wie es unter den Umständen sein kann. Du hast das gut gemacht.»

Ich glaube, danach muss ich gar nichts mehr weiter hören, aber Rogowski lacht und wechselt zu einem Thema, vor dem ich mich schon heimlich gefürchtet habe. Meine Mutter hat zu jeder vollen Stunde angerufen, um zu hören, ob es mir gutgeht. Ich bedanke mich bei Rogowski, lege auf und rufe sie an. Sie nimmt beim ersten Klingeln ab, als hätte sie neben dem Telefon gesessen. Hat sie wahrscheinlich auch.

«Was machst du, *dušo*?», fragt sie.

Meine Mutter spricht immer noch mit starkem kroatischem Akzent, sie kann nicht anders. Ihre Zunge ändert sich nicht. *Dušo* ist einfach ein Kosewort, so wie manche Leute ein «Schatz» an Sätze hängen, die sie zu einem geliebten Menschen sagen. Das ist übrigens immer ihre allererste Frage an mich, egal, wo ich bin und was ich tue. Immer diese Worte. Bei ihr heißt das alles Mögliche gleichzeitig, zum Beispiel *Wo bist du, wie geht es dir, und hast du was gegessen?*

«Mir geht's gut, Mama. Ich bin in der Einsatzzentrale in Chinatown. Ich habe gerade gegessen.»

«Was hast du gegessen?»

«Haferflocken.»

«Das ist doch keine Mahlzeit», sagt sie.

Für meine Mutter ist nur ein Menü aus zwei Gängen, von denen einer Pasta sein muss, eine echte Mahlzeit. In ihrer Welt gilt: Wenn ich keine Pasta gegessen habe, habe ich nicht genug gegessen. Lohnt nicht, sich darüber zu streiten. Ich frage sie, wie es ihr geht.

«Ich bleibe in Haus. Ich mach Wäsche.»

Meine Mutter erzählt Lügen über so manches – wie viel *kruškovac* sie heimlich getrunken hat, wie viele Messer in ihrem Haus versteckt sind, wie wenig sie ihre allerbesten Freundinnen hasst –, aber wenn es um Hausarbeit geht, lügt sie nie. Sie tut bestimmt das, was sie sagt, aber sie sieht dabei fern, und das heißt, sie sieht Nachrichten, und das heißt, sie macht sich Sorgen um mich, und wenn sie sich Sorgen macht, ruft sie in der Wache an, um nach mir zu fragen.

«Welches Haus?», frage ich, nur um sicherzugehen.

Ich wohne drei Häuser neben meinem Elternhaus, in dem meine Mutter immer noch wohnt, auf der West 21st, zwischen Cabrillo und Alma – auf der nördlichen Straßenseite, von wo man auf den Hafen hinuntersieht. Trotzdem hat meine Mutter das Gefühl, dass wir zu weit voneinander entfernt sind. Mein Vater ist diesen Winter gestorben, Herzinfarkt. Deswegen ist im Augenblick jeder Abstand zu groß für meine Mutter.

«Deins. Ist hübscher», sagt sie.

Das meint sie nicht so. Sie findet mein Haus nicht hübscher. Ich bereue oft, dass ich meiner Mutter den Schlüssel gegeben habe. Sie weiß, ich mag es nicht, wenn sie in meiner Abwesenheit allein dort ist – meine Post liest, in Medizinschränken herumschnüffelt, Schubladen aufzieht, was sie alles trotzdem macht – aber im Augenblick lässt es sich nicht ändern. Muss ich sie eben später anschreien. Ich glaube, sie tut das, weil sie sich mir dadurch näher fühlt und weil sie so aus dem Haus rauskommt, das sie über siebenunddreißig Jahre mit meinem Vater geteilt hat. Aber eins muss ich ihr auf alle Fälle sagen.

«Mama», sage ich, «ruf nicht mehr auf der Wache an.»

«Ich denke an dich, dann rufe ich an.»

«Mama.» Ich versuche, meine Stimme ruhig zu halten, obwohl sie mich in den Wahnsinn treibt. «In solchen Ausnahmesituationen brauchen wir jede freie Leitung, damit die Leute mit wirklichen Notfällen zu uns durchkommen.»

«Wenn ich nicht weiß, wo du bist», sagt sie, «ist Notfall für mich.»

«Tschüs, Mama», sage ich mit zusammengebissenen Zähnen.

«*Dušo*. Iss was. Iss was Richtiges. Für mich. Bitte. Und außerdem –»

Ich drücke auf den roten «Auflegen»-Knopf und gebe dem Polizisten das Telefon zurück. Er sagt nichts, aber sein Blick sagt: *Mütter – man kann nicht mit ihnen leben, man kann sie nicht umbringen.* Sein Name ist Najarian, wahrscheinlich armenisch, und wenn das stimmt, versteht er mich vielleicht. Er trägt seine blaue Uniform so, wie man es beim LAPD macht, ein Dreieck ihres albernen weißen Unterhemds guckt zwischen den Kragenecken raus. Er ist noch jung, Anfang zwanzig vielleicht, und wirkt ganz eifrig mit seinem glatt zurückgekämmten schwarzen Haar. Ich frage mich, was er wohl sonst für einen Job hat, dass er sich während der Unruhen so einen Posten angeln kann.

Neben Najarian sehe ich ein Fass, in dem lauter Schrotflinten mit den Kolben nach oben stecken, wie ein Blumenstrauß ohne Blüten, nur Stängel. Müssen mindestens dreißig Stück sein. Die ganzen Kugeln fallen mir wieder ein, und es ist wohl schlicht morbide Neugier, die mich zu der Frage treibt, wie viele Leute während der Unruhen wohl schon umgebracht wurden. Ob er eine ungefähre Ahnung hat.

«Oh», sagt er, «das müssen Sie sich angucken.»

Ich folge ihm, weg vom Gebäude zu einem großen Sattelanhänger, der abseits der langen Reihe von Rettungswagen steht, abseits von allem eigentlich. Er hat keine Zugmaschine vorgespannt, was in einem Betriebshof nicht unbedingt ungewöhnlich ist, aber dann fällt mir auf, dass es ein Kühlwagen ist, und eins ist seltsam: Er brummt.

«Machen Sie ihn auf», sagt Najarian.

So langsam habe ich das Gefühl, dass ich hier in eine Sache hineingezogen werde, mit der ich nichts zu tun haben will.

«Ist schon gut», sage ich.

«Nein, im Ernst», sagt Najarian lächelnd, «machen Sie auf.»

Najarian zeigt auf die drei Gitterstufen, weil man von dort die Tür am leichtesten öffnen kann.

Der Morgen dämmert allmählich hinter dem Spitzdach des Busdepots – na ja, sehr allmählich. Schwach leuchtendes Orange wird durch die schwarzen Rauchschwaden und Wolken über uns gefiltert und glänzt auf der Seitenwand des Anhängers.

«Sie müssen erst daran ziehen.» Najarian zeigt auf einen Metallstab, den ich erst aus seiner Verriegelung nehmen muss, ehe ich die Türen öffnen kann.

Ich gehe die kleine Treppe hinauf und löse den Riegel, worauf die rechte Tür von allein aufgeht und mich eine Nebelwolke und ein Schwall kalter Luft trifft. Erst als ich wieder herunterspringe, wird mir klar, dass ich in ein fahrbares Leichenhaus schaue. Neun – nein, zehn Leichen liegen auf Edelstahlregalen, die wie Stockbetten an die Wände des Anhängers gebaut sind, jeder Körper in weißes Tuch gehüllt.

Najarian klettert rauf und geht hinein. Er drückt auch die linke Tür auf.

Ein Gedanke schießt mir durch den Kopf. *Die Cops knallen einfach Leute ab.* Wenn das stimmt, kann ich es ihnen überhaupt nicht verdenken, nicht nach allem, was ich heute Nacht gesehen habe. Eine Sekunde wünsche ich mir, der Gangster, der Guts erwischt hat, läge auch da drinnen. Aber nur eine Sekunde.

«Dieser hier», sagt Najarian und zieht das Tuch von einer Leiche, «wurde gestern Nachmittag abgelegt, hier an der Spring Street, gleich da drüben.» Er zeigt auf den Zaun zwischen uns und der Straße. «War ziemlich verdächtig, denn vor dem Schichtwechsel war der noch nicht da, danach aber schon, es muss also genau während des Wechsels passiert sein, und das heißt, sie wussten Bescheid, wann der ist, oder sie hatten ziemliches Glück. Jedenfalls richtig raffiniert.»

Er hat das Laken jetzt ganz weggezogen, aber ich sehe nicht, womit ich gerechnet habe. Statt eines Gesichts sehe ich ein Flanellhemd, schwarz-weiß gestreift.

Najarian deutet mit dem Kopf darauf. «Unheimlich, oder?

Wieso verdecken sie sein Gesicht so, wenn es nicht total weggeschossen ist? Ich habe nachgesehen. Ist alles noch da, nur die Wange ist ein bisschen eingedrückt und ein Ohr fehlt, aber daran ist er nicht gestorben. Er wurde erstochen.»

Mir kommt es gar nicht so unheimlich vor. Für mich heißt das nur, das Hemd haben ihm nicht die aufs Gesicht gelegt, die ihn verletzt haben. Denn wer das getan hat, dem hat er etwas bedeutet. Sieht fast so aus, als wollte man nicht, dass er friert. Und noch was: Wie die Ärmel umgeschlagen und herumgewickelt sind – das trifft mich, ich weiß nicht wieso –, die Hemdsärmel sind fast unter seinem Kopf festgefroren, aber sie sind so gefaltet worden, fast wie ein Kissen, fast wie das, was ich für Gutierrez gefaltet habe, nur anders, denn ich weiß – auch wenn ich nicht weiß, woher –, dass jemand das für ihn getan hat, nachdem er gestorben ist. Für mich sieht das aus wie ein Abschiedsgruß, so wie manche Leute den Verstorbenen etwas für die Reise mit in den Sarg geben.

Nein, denke ich, *nicht unheimlich. Irgendjemandem hat er bloß unheimlich viel bedeutet, wer er auch war.*

Als Najarian das Laken wieder über ihn breitet, greife ich wie automatisch nach meiner Halskette, an der mein Medaillon von St. Antonius hängt, mein Namenspatron, und im Kopf spreche ich ein kurzes Gebet für den Mann unterm Flanellhemd, egal, wer er war und wie er hier gelandet ist, und dafür, dass sein Leichnam sicher nach Hause kommt, damit seine Familie immerhin diesen Trost finden kann.

ABEJUNDIO ORELLANA

ALIAS MOMO

1. MAI 1992

16:22 UHR

¡Puchica! Ich hätte Cecilia niemals vertrauen dürfen. Als ich auf die Überreste meines abgebrannten Hauses starre, wird mir klar, ich stecke zwischen Hammer und Amboss, und zwar gleich doppelt. Gibt nur zwei Auswege, auf den Friedhof oder ab durch die Mitte, weil auf irgendeine Seite werde ich mich ganz bestimmt nicht schlagen. Ich muss jetzt cool wie Eiswasser sein. Aber ehrlich gesagt schwitze ich wie irre. Diese ganze Randale ist echt schlecht getimt.

Hammer Nr. 1: Der Motherfucker namens Trouble und zwanzig von seinen wütenden Homeboys sind hinter mir auf dem Bürgersteig versammelt, alle bewaffnet, alle suchen nur nach einem Vorwand, irgendwem irgendwas zu tun, vor allem mir. Wenn ihnen nicht gefällt, was ich hier finde, wenn es in ihren Augen nicht meine Unschuld beweist, legen sie mich um.

Hammer Nr. 2: Die Sheriffs haben mich wegen Drogenbesitz eingebuchtet, als ich vor sieben Wochen was durch Hawaiian Gardens transportiert habe, aber so ein Detective aus dem Morddezernat kam reingeschneit und hat mir einen Rettungsring hingeworfen: Er meinte, die Drogen wären ihm scheißegal, wenn ich was über Morde wüsste und ihm Namen liefern würde, und so wurde ich ein Spitzel des Sheriff-Departments von Los Angeles. Wenn Trouble *das* wüsste, Scheiße, wenn *irgendein* Homeboy das wüsste, selbst von meiner eigenen Crew, dann hätte ich längst ein frisches Loch im Hinterkopf. Aber bisher ist alles gutgegangen. Ich atme noch.

Und trample in der Asche rum. Das ist der Amboss; darin mache ich grade meine guten Stiefel dreckig, die aus Schlangenleder, beim Versuch, die Überreste meines Schlafzimmers zu finden, auf dem Scheißgrundstück, wo mein eines anständiges Haus gestanden hat. Das hier heißt vor allem, dass ich jemandem was heimzahlen muss, wo ich doch eigentlich vorhatte, auszusteigen, das Angebot des Sergeant anzunehmen, woanders hinzuziehen.

Aber jetzt geht das nicht mehr. Jetzt muss ich mich aus der ersten Klemme winden: muss Trouble beweisen, dass ich nichts mit der Knarre zu tun hatte, und das heißt, ich muss den Safe finden. Im Moment versuche ich, den Grundriss zu raten, da sind nämlich ein paar Rohre und Reste von Kacheln, wo mal das Badezimmer war, aber nicht mal die Wände sind mehr zu erkennen, das war echt ein billiger Scheißbau. Ich bin ungefähr da rein, wo die Haustür mal war, aber jetzt liegt da bloß noch das geschmolzene Gitter der Sicherheitstür. Im Kopf rechne ich aus, dass es ungefähr zehn Schritt bis zum Schlafzimmer sind, die mache ich also, schwenke dann nach rechts, als ich am Boden die offene Tür meines Heimlager-Safes sehe. Mann, da entspanne ich mich doch ein bisschen. Ich atme auf, denn das hat mir gerade den Arsch gerettet.

Im Kopf bedanke ich mich bei den Dieben dafür, weil die Arschlöcher immerhin meine Aussage stützen, indem sie die Safetür nicht wieder zugemacht haben. So ein offe-

264

ner Safe ist eben ein ausgeraubter Safe. Mein Waffensafe ist allerdings fest zu, darum glaube ich zu wissen, was passiert ist.

Die das getan haben, sind am Mittwoch hergekommen, Cecilia hat sie reingelassen, die haben sie kaltgestellt oder aus dem Weg geschafft, oder sie steckte mit drin, und dann haben sie den Waffensafe ausgeräumt. Den Inhalt haben sie Fate gebracht und sich dafür bezahlen lassen, dann haben sie vielleicht das Haus im Auge behalten, und als sie merkten, ich komme nicht gleich angerannt, haben sie sich gedacht, sie kommen damit durch, können noch mal wiederkommen, und Cecilia hat sie wieder reingelassen, und dann kam Teil zwei. Mein Heimlager wurde ausgenommen, und dann haben sie das Haus eingeäschert, aber gründlich.

Das wichtige Detail für Trouble ist jetzt, dass der Waffensafe zwar vielleicht zu, der andere aber offen ist. Darum ist er überzeugt, dass jemand meinen Scheiß mitgehen lassen und dann das Haus abgefackelt hat, um den Diebstahl zu vertuschen, denn jetzt hält er sich für Sherlock Homeboy. Er weiß eben nicht, dass dieser Titel schon Fates Jungen Clever gehört. Und das ist der Motherfucker auch. Clever wie nur was.

«Sie haben dich also wirklich abgezogen», sagt Trouble und schaut sich um, als würde er einen Tatort untersuchen. Aber in Wirklichkeit will dieses zähe Arschloch mit den tätowierten Buchstaben statt Augenbrauen mir total *macho* kommen und sagen, was ich denken soll. Schon richtig, der Wichser ist hart, aber nicht so hart wie Big Fate. Er lässt sich von seiner Bitch jeden Tag den Schädel rasieren und Hemd und Shorts stärken. Das erzählt er allen, sogar denen, die es gar nicht wissen wollen. So einer ist Trouble.

Schon tough, aber es gefällt ihm fast genauso sehr, tough zu tun wie tough zu sein.

«Hast wohl doch die Wahrheit gesagt», meint er. «Gut für dich.»

Seine Homeboys in Hörweite grinsen ein bisschen darüber, versuchen es aber zu verbergen. Ich stecke zwar im Augenblick in der Scheiße, aber mit mir macht man trotzdem keine Witze. Wäre alles irgendwie normal, würde Trouble respektvoll mit mir reden. Dann fragt er anständig um Hilfe und kriegt sie auch. Aber nicht jetzt. Sein Bruder ist tot. Die Stadt brennt. Im Augenblick geht ihm das anständige Fragen am Arsch vorbei. Er nimmt sich einfach, was er will. Er weiß, jetzt geht es nur darum, wie viele Männer du hast.

Ich habe eine Crew von acht Mann, die meine Geschäfte erledigen, und Schutz von oben, aber der Schutz greift nicht sofort, der steht nicht vor meiner Tür und schreckt Leute ab, und im Moment hat Trouble eine *clica* von fast hundert hinter sich. Wenn ich meine Karten nicht richtig spiele, löscht er mich aus. Verrückt genug ist er. Aber er braucht mich auch. Und er spielt die eine Karte, die er hat: Sagt, dass Fate mich linken wollte, als er meine Knarre klauen und dann auf Joker und die ganze Party abfeuern ließ. Nach seiner Logik hat Fate meine Pistole absichtlich klauen lassen, damit Trouble denkt, ich würde ihnen helfen, und dann wütend nach mir sucht und mich umlegt.

Das Komische ist, wenn es wirklich so war, hat es beinahe geklappt. Diese Payasa hat meine Knarre bei der Party in den Garten geworfen. Einer von Troubles Junkiefreunden hat sie als meine erkannt, weil der Griff mit weißem Tape umwickelt war. Als sie also alles andere erledigt hatten, Leute ins Krankenhaus gebracht und sich gesammelt, haben sie nach mir gesucht. Über meinen Pager war ich nicht erreichbar, das fanden sie verdächtig, aber ich dachte mir: Woher soll ich wissen, dass sie mich nicht ausrauben oder in die Falle locken wollen?

Hat eine Weile gedauert, bis sie mich in meinem Lager erwischt haben, die Adresse setze ich ja nicht gerade in die Zeitung, aber als sie dann da waren, haben sie auch gleich ganz hart gespielt und gesagt, ich muss einen Ausflug mit ihnen machen. War kein richtiges Kidnapping, ich musste selbst fahren, aber eigentlich doch. Musste mir schon den Mund fusselig reden, um überhaupt so weit zu kommen und jetzt vor dem ersten Haus zu stehen, das ich je gekauft habe. In das ich irgendwann mal meine Tanten aus El Salvador nachziehen lassen wollte. Jetzt steht davon nur noch der Schornstein. Was für ein Scheiß.

Ich will nicht lügen. Ich habe vom Feuer gehört, kaum dass es passiert war, aber ich dachte mir, was soll ich da hinfahren? Wenn es verbrannt ist, ist es verbrannt. Hat doch keinen Sinn, meinen Arsch ins Auto zu schwingen und hinzufahren, bloß um mir den Aschehaufen anzugucken. Und woher sollte ich außerdem wissen, dass mich nicht irgendwer aus meinem Hauptlager wegzulocken versucht, um das dann abzuziehen? Konnte ich nicht wissen. Also blieb ich da. Aber Scheiße, hab ich mich aufgeregt.

Als ich davon gehört habe, war mein erster Gedanke: Cecilia sollte besser bis auf die Knochen verbrannt sein, sonst steche ich sie ab. Wenn sie nämlich nicht tot ist und die Eingangstür nicht mit Brecheisen oder Schrotflinte oder sonst wie geknackt wurde, dann war sie das. Und wenn du so was bringst, dann zahlst du dafür.

267

«Sie haben dich gefickt, *esé*», sagt Trouble. «Regt dich das nicht auf?»

Ich war schon mit einem Bein raus aus diesem Leben, darum, ganz ehrlich: Nein. Erstens ist Aufregen sowieso sinnlos, aber zweitens bewundere ich den Scheiß. Das war eiskalt und abgezockt. Ob sie wussten, dass es meine Knarre war, oder nicht, das war echt abgezockt. Am wahrscheinlichsten ist, sie haben einfach verbreitet, dass sie eine Waffe brauchen, und einer meiner abgefuckten Kunden hat halt gewusst, dass ich woanders war, und zugeschlagen.

«Ich rege mich nicht auf», sage ich, «ich rechne ab.»

Das hört Trouble gern. «Scheiße, Homie, das gefällt mir schon besser!»

Trouble weiß allerdings nicht, dass ich ihm und seiner *clica* genau das erzähle, was sie hören wollen. Wichtig ist, dass sie das nicht merken. Dass sie denken, ich bin bei ihnen, obwohl ich mich niemals auf eine Seite schlagen würde. Ich habe nur deshalb so lange überlebt, weil ich nie Partei ergriffen habe, es sei denn, es war zu meinem Nutzen. Aber diese Zeiten sind vermutlich vorbei. So wie Trouble sich aufführt, muss ich früher oder später Farbe bekennen.

Aber wisst ihr, was mich echt aufregt? Wie die Sache gelaufen ist. Trouble dreht total am Rad, seit er rausgefunden hat, dass mit meiner Knarre Joker, noch zwei Homies und ein Mädchen erschossen wurden. Und als zwei von seinen Homies die Gangster verfolgt haben, haben sie es noch mit der Schrotflinte gekriegt. Einer hat überlebt, der andere nicht. Joker hat einen allegemacht, der kein bisschen drin war, und wie hoch war am Ende der Preis? Fünf Leichen. Wenn ihr mich fragt, haben sie gekriegt, was sie verdienen, aber mich fragt ja keiner. Und wenn sie weitermachen, könnte es nächstes Mal noch schlimmer werden, aber das kommt ihnen gar nicht in den Sinn.

Trouble faselt schon davon, wie sie sich inzwischen alle wieder gesammelt haben, einen Pfandleiher überfallen und ein paar Knarren erbeutet haben, und dass sie aber noch mehr brauchen, bevor sie zurückschlagen. Dafür brauchen sie mich, erzählt er seinen Homies. Connections. Sie grinsen alle und nicken.

Aber was sie sich da ausdenken, ist total dämlich. Sie denken nämlich gar nicht drüber nach, wie es Joker erwischt hat. Das war ein absolut genialer Gangmord, geplant von jemandem, der was davon versteht, der genau wusste, wie die Leute unter den Umständen reagieren würden. Fast schon eine Militäraktion. Als ich davon gehört habe, war mein erster Gedanke, das kann nur Fate gewesen sein, und da hab ich nicht falsch gelegen.

Aber jetzt kommt das echte Problem, weshalb Trouble für keinen Cent mehr geradeaus denkt: Als er noch atmete, war Joker Troubles kleiner Bruder. Von seinem Blut. Und beide waren die Brüder des Mädchens, das Lil Mosco auf diesem Clubparkplatz erschossen hat. Jetzt ist Trouble ein Einzelkind, und seiner Meinung nach liegt das nur an Fates Crew, und das wird er ihnen heimzahlen. So ein persönlicher Scheiß ist das Schlimmste überhaupt. Trübt dein Urteil. Macht dich aber auch gefährlich. Trouble scheißt auf morgen, lebt nur noch im Jetzt, und um es ihnen heimzuzahlen, wird er tun, was nötig ist.

Versteht mich nicht falsch. Trouble ist irre und voll bei der Sache, aber das reicht eben nicht. Der Wichser spielt Tic-Tac-Toe, aber Fate spielt *Risiko*. Er hat schon ordentlich

Armeen zur Verteidigung gesammelt, und er ist auf jeden Angriff vorbereitet, da bin ich sicher, und ich will mich bestimmt nicht auf eine Schießerei mit ihm einlassen, aber trotzdem muss Trouble auf jeden Fall denken, dass ich auf seiner Seite bin, und dabei kommt mir dieser Idiot immer noch so *macho*.

Er hat ein Mädchen mit Riesenzähnen und hochgesteckten Haaren dabei. Sie benimmt sich genauso idiotisch, denn so was steckt immer an wie Erkältung, und manche Leute kriegen es leichter ab als andere. Keine Ahnung, wieso er sie mitgeschleift hat. Das hier ist Männersache.

Sie fragt mich, als wäre es ihr tatsächlich erlaubt zu reden: «Wie hat er denn deinen Safe aufgekriegt, hm?»

Wie kriegt man einen Safe auf? Liegt doch wohl auf der Hand. Man kennt die Kombi, man kriegt sie raus, oder man bricht ihn auf. Das war's. Ist ja keine Wissenschaft. Aber das sage ich nicht. Will ich, sage ich aber nicht. Ich antworte einfach gar nicht. Ich schaue sie nicht mal an.

«Ich muss ein paar Leute anrufen», sage ich und gehe zu meinem Wagen. «Paar Dinge erledigen. Paar Sachen zusammenholen.»

Trouble packt mich am Arm. Ich reiße mich sofort los und baue mich vor ihm auf. Vom Bürgersteig tritt mein Mann Jeffersón zu uns, und eine Sekunde lang stelle ich mir vor, Troubles Kopf mit einer Machete von seinen Schultern zu trennen, so mit einem Hieb, wie es die Todesschwadronen bei uns zu Hause gemacht haben, wie sie mich zum Waisen gemacht haben, weshalb ich dann hierher zu Tio George geschickt wurde, bis der krank geworden und gestorben ist. Ich war schon auf diesen Straßen unterwegs, da hat Trouble noch nicht mal in die Windel geschissen. Cudahy, Huntington Park, South Gate, Lynwood. Früher oder später sollte er einem O.G. mal ein bisschen Respekt erweisen, sonst bringe ich ihm Respekt bei.

«Ist cool», sagt Trouble in einem Ton, der mir sagt, ist es eben nicht. «Aber ich komme mit. Wir stecken jetzt zusammen drin, klar? Wir gegen sie.»

«Logisch», sage ich und lächle, als hätte ich gehofft, dass er das sagt, dabei fühlt sich mein Magen an, als hätte ihn mir gerade jemand in den Hals getreten, denn jetzt stecke ich wieder genau da, wo ich am Anfang war, zwischen Hammer und Hammer und Amboss, bloß dass der Amboss jetzt Fates *clica* ist. Und die ist größer, böser und schlauer, als Trouble jemals in seinen dämlichen Schädel kriegen wird. Es wird enger, der Druck wird stärker. Das merke ich. Aber ich lächle, denn wenn es am schlimmsten wird, bin ich immer am besten.

2 Der offene Safe hat mir ein bisschen Zeit verschafft. Genug, um die Straße rauf und runter zu fahren und rauszufinden, ob irgendwer mitgekriegt hat, wie mein Haus Feuer gefangen hat. Eigentlich suche ich bloß nach einem Typen, einem O.G. namens Miguel, denn der kennt das Viertel, würde die ganze Lage sofort checken, ohne dass ich viel erklären müsste. Ich steuere auf sein Haus zu. Ist ruhig in unserm Block.

Trouble sitzt hinten neben seiner Braut mit den Pferdezähnen, so als wäre ich Miss Daisys Chauffeur. Na klar. Ist aber okay. Ist cool. Ich werde den Scheiß nicht vergessen. Jeffersón sitzt vorn neben mir. Er will Trouble umlegen, das spüre ich, aber ich nicke ihm nur zu, versteht ihr? So wie:

271

Ist cool, Jeffersón. Der kriegt schon noch, was er verdient, aber nicht jetzt.

Und das ist auch gut so, denn in dem Moment merke ich, dass uns noch zwei Autos voll mit Troubles Homies folgen. Trouble merkt, wie ich das merke, nickt mir im Rückspiegel zu und grinst breit. Er lungert hinten in meinem Caddy rum, als wär's seine verfickte Couch, und steckt seinem Mädchen die Hand zwischen die Beine. Ich lächle zurück, denn das ist cool, Motherfucker, klar? Ich *vergesse* den Scheiß nicht. Ich zähle alles im Kopf mit, und er sammelt reichlich Miese.

Früher hätte mir so was den letzten Nerv geraubt, was Trouble da grad treibt. Ein einziger Egotrip. Geht bloß darum, die große Nummer zu sein. Und ich? Ich habe drei Kinder und zwei Frauen. Die kennen sich aber, also ist alles cool. Ich habe genug gesehen und weiß, ich bin nicht die große Nummer und will es auch gar nicht sein. Aber ich bin bereit zum Aussteigen. Ganz raus. In San Diego in der Vorstadt leben oder so. Surfen lernen, wieso eigentlich nicht?

«Hey», sagt Trouble von hinten, «ist echt heiß hier drinnen. Hat die Karre keine Klimaanlage?»

Ich fahre einen 57er Cadillac. Da waren die noch gar nicht erfunden. Ich habe einen Verdunstungskühler im Kofferraum, den ich manchmal anschließe, aber das erzähle ich ihm nicht. Fick dich doch. Du kannst schwitzen.

«Nein», sage ich bloß.

«Solltest du mal einbauen!» Als Trouble sieht, dass ich darauf nicht reagiere, wechselt er das Thema. «Ich hab mich gefragt, wie hast du eigentlich diesen Namen Momo gekriegt?»

Dieser Wichser, der hat keine Ahnung, dass ich in Motels groß geworden bin, in Momos, wie wir die immer genannt haben, von einem zum nächsten gezogen, gedealt, gehurt, was eben Geld brachte. Wenn die Besitzer oder die Bullen vorbeikamen, habe ich das Motel sausen lassen und das nächste gesucht. Mich neu eingerichtet. Das war mein Momo-Leben, und die Leute wussten immer, wo sie mich finden: in irgendeinem Scheiß-Momo. Man musste bloß rumfragen, dann erfuhr man schon, in welchem. Dauerte nicht lange und das war mein Name. Und Momo war auch leichter auszusprechen als Abejundio, und so hieß ich dann eben. Ein Name, den die Leute kannten, vor dem die Leute Angst hatten. Aber eins sage ich euch, wenn man dieses Leben lange genug führt, immer wieder neu anfängt, dann kommt es einem gar nicht mehr so schlimm vor. Der Neustart. Tio George hat immer gesagt, lass nichts zurück, was du nicht zu verlieren bereit bist. Klingt aber auf Spanisch viel besser.

«Keine Ahnung», sage ich. «Einer von den O.G.s hat ihn mir verpasst.»

«Quatsch», sagt Trouble.

Ich zucke die Achseln. Ich habe keine Lust auf dieses Spiel. Die Jungen, die wollen bekannt werden. Dafür tun sie alles. Ist total wie im Mittelalter. Ich bin mal mit meinen Töchtern im Buena Park gewesen. Da gibt es so einen roten Ritter und einen blauen Ritter und einen grünen Ritter und einen gelben Ritter, und die stehen alle auf und sagen, wo sie herkommen und was irgendwie so ihre Tugenden sind und ihre tapferen Taten waren. Meine Kinder waren ganz versessen drauf, und ich dachte, ist doch fast das Gleiche wie auf der Straße, oder? Du kommst von irgendwoher. Du hast einen Namen, vielleicht auch einen Titel. Und du hast irgendwas getan. Ist genau das Gleiche, fast genau.

Ehe ich zu Miguels Haus komme, sehe ich einen Penner durch die Gegend laufen, die Kapuze hochgeschlagen, und ich fahr zu ihm ran. Penner wissen allen möglichen Scheiß und reden normalerweise mit einem, wenn sie nicht zu verrückt sind. Ihr wärt überrascht, was die so erzählen, wenn man sich bloß mal die Zeit nimmt, sie zu fragen. Ich fahre also dicht an ihn ran und halte an, und ehe Trouble sein großes Maul aufreißen und mich fragen kann, was ich vorhabe, frage ich ihn: «Hey, Mann, weißt du von dem Haus, das hier im Block abgebrannt ist? Hast du irgendwas gesehen?»

Der Typ dreht sich um, und es ist ein Schwarzer, aber er hat blaue Augen, so ganz glasige, und er sagt: «Ich habe gesehen, wie die Stadt sich in Stücken in den Himmel hebt.»

Oh Mann, *alles klar*. Ich trete aufs Gas. Der Kerl ist zu durchgeknallt, aus dem kriegt man nichts Vernünftiges raus, und das wissen auch alle im Auto, also fahre ich durch zu Miguel, der nur eine Straße weiter wohnt. Der kleine europäische Motorroller seines Jungen Mikey steht in der Auffahrt, als ich davor parke und aussteige. Ich muss aber gar nicht klingeln, weil Mikey gleich rauskommt und mich auf halbem Weg trifft, in seinen roten Hosenträgern und dicken schwarzen Stiefeln und so einer Art Polohemd, bis oben hin zugeknöpft. Keine Ahnung, wieso er glaubt, sich so anziehen zu können, vor allem mit einem Vater wie Miguel. Normalerweise würde ich ihn drauf ansprechen, aber heute habe ich keine Zeit für so was.

«Ist dein Vater da?», frage ich.

Sein Alter hat früher richtig hardcore mitgemischt, aber jetzt ist er sauber. Es heißt, dass er meist oben in East L.A. aktiv war. Ich habe 'nen Heidenrespekt vor Miguel, er hat seine Arbeit getan und ist ausgestiegen. Danach hat er sich ein Tattoo direkt aus der Hand geschnitten, aus der Haut zwischen Daumen und Zeigefinger, damit die Leute nicht gleich sehen, dass er mal voll drin war. Aber ich habe ihn mal auf die Narbe angesprochen, und er meinte, er hat es mit einem heißen Messer gemacht. Ist eine richtig fette Narbe, rund wie eine Raupe, drei Zentimeter lang, echt kein Witz. Wie gesagt, hardcore.

«Nein», sagt Mikey. «Mein Vater ist unterwegs.»

Das bringt mich aus dem Konzept, aber nur kurz, weil ich weiß, dass Mikey alles mitkriegt, was hier so passiert, er saust nämlich immer mit seinem Roller in der Gegend rum. Und schlau ist er auch.

Also frage ich ihn: «Hast du gesehen, was mit meinem Haus passiert ist?»

«Ja», sagt er.

Ich lächle, und mein Blick sagt: *Na los, dann spuck's aus.*

«Ich habe so einen mageren Typen gesehen, der einen Molotowcocktail durch die Haustür geworfen hat.»

«Wie mager?», frage ich. «Und was hatte er an?»

Mikey beschreibt Lil Creeper bis ins kleinste Detail: wie er sich kleidet, wie er sich bewegt, dass er immer so aussieht, als würde er mit sich selber reden. Ich schwöre mir selbst, dass ich den Motherfucker so schnell wie möglich umbringe oder umbringen lasse.

Aber ich versuche, mir die Szene bildlich vorzustellen, also komme ich noch mal auf eine Sache zurück: «Die Haustür stand offen?»

Denn das bedeutet, Cecilia steckte wahrscheinlich mit drin, oder sie war saudumm, eine Möglichkeit, über die ich noch nicht richtig nachgedacht habe.

«Ja», sagt er.

275

«War ein Mädchen bei ihm?»

«Nein. Sie war noch drin, als er das Ding geworfen hat.»

Das haut mich tatsächlich kurz aus der Bahn, und ich frage: «Woher weißt du das denn?»

«Als er weg war, hab ich reingeschaut und sie auf dem Teppich liegen sehen.»

«Tot?», frage ich. «Oder bewusstlos oder was?»

«Konnte ich nicht wissen, also habe ich sie gepackt und rausgeschleift. Hab mir dabei alle Haare am Arm abgesengt.»

Er hält die Arme hoch, und tatsächlich, der rechte ist ganz glatt, der linke sehr behaart.

Ich will nur noch eins wissen. «Wo ist sie jetzt?»

«Keine Ahnung», sagt er, «sie ist letzte Nacht abgehauen. Hat einunddreißig Dollar von mir mitgehen lassen.»

Klingt ganz nach Cecilia. Bei der darf man keine Brieftasche rumliegen lassen, ohne dass sie drangeht.

«Richte deinem Alten Herrn schöne Grüße von mir aus», sage ich zu Mikey und wende mich zum Gehen.

Ich steige wieder ins Auto und haue den Gang rein.

3 Auf dem Weg zum Imperial Highway kommen wir am Ham Park vorbei, ich sehe einen großen schwarzen Fleck, wo früher mal die Handball-Wand war, und in Gedanken frage ich mich, *Warum zum Teufel fackelt jemand das Ding ab?* Aber Trouble beantwortet meine Frage schon, ehe ich sie ausspreche.

«*Endlich*, Mann!», sagt er. «Die Splitter von dem Scheißding waren echt mies. Vielleicht bauen sie ja jetzt eine anständige Wand.»

Am oberen Ende des Parks sehe ich einen Haufen Schwachköpfe, also fahre ich ran. Sind hauptsächlich junge Homies und Möchtegerns. Einer von den Kleinen mit einer Narbe überm linken Auge erkennt mich und kommt mit leicht gesenktem Kopf zum Auto, so wie es sein soll. Ich gehe ganz schnell die Liste durch: Nur damit sie es wissen, Plünderer sind zum Abschuss freigegeben, und wenn sie mir nicht glauben wollen, okay, sollen sie es selbst rausfinden, wenn sie eingelocht werden. Außerdem mache ich ihnen klar, dass keiner Feuerwehrleute anrührt. Wir machen es nicht so wie die schwarzen Gangs, sage ich, die mit Feuer Fallen stellen, weil wir unsere Geschäfte nicht gefährden wollen. Wenn ich mitkriege, dass irgendwer hier bei uns Feuer legt und die Cops herlockt, dann finde ich den und erledige ihn jamaikanisch, wie sie es unten in Harbor City machen: Schütte ihm ganz langsam durch einen Trichter Lauge in den Hals, und dann lege ich ihn auf die Schienen, damit er langsam von innen verbrennt.

«Das war ja ganz schön hart», sagt Trouble, als ich wieder losfahre. «Das muss ich mir merken.»

Darauf antworte ich nicht, aber ich lächele, damit er weiß, ich habe ihn gehört, er ist nämlich so der Typ, der es nicht ertragen kann, wenn man ihn ignoriert.

Beim *Cork'n Bottle* halte ich an, weil ich das Münztelefon vorm Eingang benutzen muss. Genau genommen hängt es an der Wand der Reifenwerkstatt, aber die ist ja gleich daneben.

Trouble will natürlich wissen, wieso, also erzähle ich ihm, ich müsste ein paar Absprachen treffen, ein paar Leute anrufen. Die Leute, zu denen wir jetzt müssen, mögen es nicht so, wenn man einfach so auftaucht. Das ist gelogen. Aber Trouble glaubt es. Die Leute sind Profis. Ich bin schon ganz oft aus heiterem Himmel bei ihnen aufgekreuzt, weil ich was brauchte, und es hat immer geklappt.

Ich parke hinterm Laden und nicke Jeffersón zu, dass er im Wagen bleiben soll, damit die beiden Turteltauben nicht auf meiner Rückbank ficken.

Als ich aussteige, sagt der Pferdezahn: «Hey, bring mir so einen Eistee mit Zitrone mit.»

Trouble und sein Mädchen lachen sich schlapp darüber, als die beiden Wagenladungen Homies hinter uns parken und die Ausfahrt blockieren. Ich schätze, ich habe zwei Minuten, bevor es sie juckt, auch auszusteigen.

Ich wähle eine Nummer, die ich auswendig kann, es klingelt und klingelt, aber niemand geht ran. So ist das schon seit zwei Tagen. Macht mich wahnsinnig.

Also lege ich auf und rufe Gloria an. Es klingelt.

Ich lege mir im Kopf schon eine Nachricht fürs Band zurecht, mache ich eigentlich schon seit drei Monaten. Aber das ist echt hart. Ich meine, wie erklärst du einer Frau, dass sie die Einzige ist, die du je geliebt hast, die Einzige, die dich auf Linie gehalten hat, und seit sie dich verlassen hat, hat sie richtig was aus sich gemacht, ist Krankenschwester geworden und so, und du musst bloß noch einmal ihre Stimme hören, musst ihr sagen, dass du bereit bist, noch einmal euren Sohn zu sehen, er ist schließlich auch deiner und –

«Hallo?» Gloria ist dran. Sie klingt erschöpft.

In meinem Kopf dreht sich noch alles, weil sie selbst dran ist, also fällt mir nichts Besseres ein als: «Ist da, ähm, bist du das, Gloria?»

Echt lässig. Ich merke gleich, dass ich es verbockt habe, als ihr der Atem stockt und sie mich erkennt, denn sie hat mir verboten, jemals wieder anzurufen.

«Dreißig Sekunden, Abejundio. Ich schaue auf die Uhr. Los.»

Sie ist der einzige Mensch außerhalb meiner Familie, der mich je so genannt hat.

«Ich rufe an», sage ich und mache eine Pause, schaue mich nach allen Seiten um, auch hinter mir auf dem Parkplatz, ob niemand in Hörweite ist, «ich rufe an, weil ich aussteige.»

Darüber schnaubt sie nur. Kann ich ihr nicht verdenken.

«Zwanzig», sagt sie.

Darauf werde ich total panisch und schwindelig, also rede ich hektisch weiter. «Ich bin von den Sheriffs hochgenommen worden. Ich kann jetzt nicht drüber reden. Aber ich habe ihnen geholfen, und jetzt werden sie mir beim Aussteigen helfen. *Uns* beim Aussteigen helfen.»

Sie sagt bloß: «Zehn.»

«Wir, äh, wir können doch zusammen weggehen. Du und ich und unser Kleiner. Irgendwohin, ganz weit weg. Ich weiß, es ist lange her, dass ich unseren Kleinen gesehen habe, aber ich habe mit der Polizei geredet, und sie sagen, sie können uns alle drei rausbringen. Sie nennen das, äh, sie nennen das Relok –»

Es macht *klick*, und die Verbindung ist weg. Eine Sekunde starre ich den Hörer an. Ich weiß, dass sie aufgelegt hat, aber mein Herz hat es noch nicht begriffen, es rast noch, schlägt noch fröhlich wegen ihrer Stimme, versucht immer noch zu erklären, aber mein Hirn sagt ihm schon, es soll die Fresse halten, weil die Brücke abgebrochen ist, und mein Herz knallt voll gegen die Wand, als ich auflege und einen neuen Vierteldollar in den Schlitz stecke.

Einen Anruf muss ich noch machen.

4 Ehe ich wähle, gucke ich noch mal um die Ecke, dann checke ich die andere Seite, ob auch niemand um das *Cork'n Bottle* herumgelaufen ist, aber ist alles okay. Ich wähle noch mal die erste Nummer, aber irgendwie habe ich das Gefühl, dass niemand am Schreibtisch von Detective Sergeant Erickson im Morddezernat der Sheriffs sitzt. Er hat ein Büro in Commerce, nicht weit von der Eastern Avenue, da war ich bloß einmal wegen so Papierkram, aber dafür musste ich zweimal das Auto wechseln, damit ich ganz sicher nicht verfolgt werde. Und als ich dann ins System aufgenommen war, war ich drin.

Ich singe nicht oft. Nicht unter der Dusche und nicht am Telefon, wenn ihr versteht, was ich meine. Meistens werde ich im Auto beim Rumfahren befragt. Also, ich gehe zu Fuß weg aus meinem Viertel, sorge dafür, dass ich nicht verfolgt werde, und steige in ein Bullenauto ohne Kennzeichen und mit getönten Scheiben. Dann lassen sie das Band laufen und stellen Fragen, und ich spucke aus, was ich weiß. Vor Gericht aussagen muss ich erst, wenn sie alle Fälle wasserdicht haben, aber das dauert ewig.

Der Anrufbeantworter springt an und erzählt mir, was ich schon weiß: Dies ist Ericksons Anschluss, und dass ich eine Nachricht hinterlassen soll.

Nachdem ich mich melde, muss ich eine ID-Nummer sagen, damit sie wissen, dass ich schon in der Datenbank bin. Danach flüstere ich so schnell ich kann: «Ich rufe schon seit zwei Tagen an, und Sie wissen, ich spreche nicht auf Band. Wenn alles normal wäre, würde ich das hier nicht machen, aber hier geht grad richtig die Scheiße ab, und ihr müsst mich sofort hier rausholen, denn wenn es losgeht, wird es eine Menge Leichen geben. Ich glaube, es wird an der Duncan passieren. Duncan Avenue. Irgendwann heute Nachmittag oder Abend. Wenn ich Genaueres weiß, rufe ich an, aber in zwei Stunden bin ich wieder zu Hause. Ihr *müsst* mich abholen.»

Ich schaue mich wieder nach hinten und nach beiden Seiten um. Niemand schaut zu, also atme ich aus.

Zuerst wollte Erickson unbedingt Gang-Sachen wissen, also habe ich ihnen so Kleinigkeiten geliefert, damit sie mir an den Haken gehen. Bloß Krümel, aber wahre Krümel. Hab ihnen verraten, dass man sich erzählt, Lil Mosco hätte vor 'nem Club rumgeballert und Jokers Schwester eine Kugel verpasst, und dass dafür früher oder später jemand bezahlen wird. Das Bezahlen interessierte sie weniger, sie wollten den Mord aufklären. Darum versuchen sie seitdem, Lil Mosco zu verhaften, habe ich gehört, aber der ist verschwunden, Fate ist nämlich zu schlau, um ihn weiter draußen rumlaufen zu lassen.

Ich habe Erickson natürlich nicht erzählt, dass ich dabei war – dass ich mir auf dem Parkplatz von Cecilia einen blasen ließ, als Lil Mosco auf die beiden zugegangen ist und geschossen hat. Ich habe auch den Anfang des Streits gehört, wie der Freund von Jokers Schwester hinter Lil Mosco hergebrüllt hat, er würde Moscos Schwester Payasa mit einem Messer ficken und so was. Also, ich stehe genauso auf Messer wie die meisten hier, nichts bringt andere so gut zum Reden, aber da hat der Typ eine Grenze überschritten, ist drübergetrampelt wie ein Büffel und fand das auch noch cool. Kann ihn nicht wirklich gewundert haben, dass Lil Mosco da auf ihn losgegangen ist.

Nachdem sie geklärt hatten, dass meine Informationen zutreffen und ich verlässlich bin, teilte Erickson mir mit, dass sie mit dem FBI kooperieren, so nennt er das wirklich, *kooperieren*, um einige der großen Nummern dranzukriegen. Da hätte ich ihm beinah laut ins Gesicht gelacht. Ich kenne natürlich keinen von den großen Homies, habe ich ihm gesagt, aber ich weiß, wer die Schlüssel hat. Und dann habe ich gesagt, wenn er die Großen fangen will, dann muss er mich ins Zeugenschutzprogramm stecken, denn dazu sag ich erst was, wenn ich meinen Namen in Theodore Hernandez ändern und nach Argentinien ziehen kann. Aber um zu beweisen, dass ich es ernst meine, habe ich ihnen dann ein paar Jamaikaner aus Harbor City geliefert. Da haben sie gut zugehört.

Wie ich gehört habe, stehen die inzwischen kurz vor Verhaftung und Anklage, und darum wird es auch langsam Zeit abzuspringen. Letzte Woche haben sie mir gesagt, ich soll meine Sachen packen, und das habe ich gemacht. Ich habe eine Tasche im Kofferraum. Ich kann jederzeit los, aber jetzt erreiche ich niemanden. Und das ist ein Scheißgefühl, wenn ihr's genau wissen wollt.

«Hey», sagt Trouble, der aus dem Vordereingang des *Cork'n Bottle* kommt, in der Hand den bestimmt letzten Eistee aus dem geplünderten Laden, «bist du mal fertig oder was? Los jetzt.»

Er wendet sich ab, aber dann dreht er sich noch mal um und fasst in die Hosentasche. «Was hab ich bloß für Manieren? Willst du ein Blaubeer-Kaugummi?»

Zum ersten Mal heute wird Trouble danach ganz still.

«Das Zeug hat mein Bruder geliebt», sagt er. «So richtig, richtig geliebt.»

282

5 Auf der Fahrt nach Harbor City denke ich, was für eine Schande, dass der Waffenladen abgebrannt ist, das wäre doch ein erstklassiges Ziel gewesen, und dann hätte ich auch keine Notfallpreise für irgendwelche Scheißpistolen zahlen müssen, um Trouble und seine Homies auszurüsten. Wird mich um die 8000 Dollar kosten, aus der Sache rauszukommen.

Wir fahren zu meinem Bekannten Rohan in Harbor City. Das ist der Typ, der mir die Sache mit der Lauge verraten hat. In einem Bürogebäude aus Backstein nördlich des Pacific Coast Highway, wo die Frampton Avenue in die 250th übergeht, da hat er ein kleines Lagerhaus, ganz anständig, ein bisschen zurück von der Straße, sogar ein paar Bäume drum herum, richtig nett. An der Seite ist so ein Garagentor – kann man hochfahren, um Lieferungen anzunehmen –, und da wartet er auf uns.

Langer Typ, fast einen Kopf größer als ich, und ein jamaikanischer Mischling, teils weiß, teils schwarz, teils asiatisch, würde ich sagen. Asiatisch wegen der Form seiner Augen. Aus dem Lagerhaus betreibt er einen Klempnerfachhandel, alles vollkommen legal. Drinnen ist alles voll mit allen möglichen Rohren und Zubehör. Sein Spanisch hat er auch verbessert.

«¿Qué onda, vos?», sagt Rohan zu mir.

Ich höre Trouble hinter mir mit einem seiner Homies flüstern: «Das ist ja der Hammer, Mann! Der Inselaffe spricht Salvi!»

Wenn Rohan das gehört hat, springt er jedenfalls nicht drauf an. Stattdessen fragt er, ob ich Geld habe. «¿Tienes pisto?»

Ich nicke, und er führt uns ins Büro, wo Musik läuft.

Wenn man mit Jamaikanern abhängt, lernt man viel zu viel über Reggae. Ich höre zum Beispiel sofort, dass ausnahmsweise mal nicht Shabba Ranks läuft. Stattdessen liegt ein Livealbum von Toots and the Maytals auf, mit einem Lied über eine Häftlingsnummer, «54–46» – echt komisch, wie gut das passt. Die Aufnahme stammt aus den frühen 80ern, live im Hammersmith Palais. Diese Sachen weiß ich, weil es Rohan wichtig ist, dass ich sie weiß, dass ich seine Kultur respektiere, wie er sagt. Ich bin ja noch nie in England gewesen, aber das Verrückte an der Aufnahme ist, wie laut die Zuschauer auf der Platte singen, als ich mich mit Jeffersón und Trouble in Rohans Büro setze.

Jeffersón kennt Rohan schon, also stelle ich ihm Trouble vor, und irgendwie schafft es Trouble, mal nichts Bescheuertes zu machen, was ganz hilfreich ist. Alles geht kurz und schmerzlos über die Bühne, allerdings schmerzt es schon ein bisschen, dass ich 2000 Dollar mehr bezahlen muss: Rohan rundet den Preis für sechs Schrotflinten und fünfzehn Halbautomatische verschiedener Typen, alle nicht registriert, auf glatte 10 000 Dollar auf, weil, na ja, ich sehe doch selbst, die ganze Stadt ist ein riesiger Arsch, der gefickt werden will.

«Und wenn wir die richtigen Schwänze haben», sagt Trouble, der es kaum erwarten kann, die Knarren in die Finger zu kriegen, «können wir alles ficken.»

Diskutieren hat keinen Sinn. Ich habe 9000 Dollar in bar dabei, die Jeffersón aus dem Fach in der Beifahrertür holt, und als Rohan es durch die Zählmaschine laufen lässt, sagt er, den Rest könnte ich später zahlen, weil er sich auf mich verlassen kann, und es sei ihm ein Vergnügen, Geschäfte mit uns zu machen, und ob ich wüsste, was da aus den Lautsprechern kommt? Als ich antworte, das sei Toots, lacht er und lächelt dann, er ist stolz auf mich. In dem Moment frage ich mich, ob er je erfahren wird, dass ich ihn verpfiffen habe, wenn die Sheriffs in bald hochnehmen. Hat es nicht besser verdient, wenn er den Preis so hochtreibt, verfluchter Blutsauger. Ich lächle zurück, ganz warm und freundlich, dann danke ich ihm und gehe nach draußen.

Ich stehe auf dem Parkplatz, nur unsere Autos um uns herum, schaue zu, wie die Waffen in schlichten Rohrkisten in die Kofferräume von Troubles Homies geladen werden, und ich denke: *Gott sei Dank habe ich mit dem Scheiß nichts mehr zu tun.* Mit diesem Einsatz habe ich weit mehr als nötig für Troubles Crew getan, aber für mich war das vor allem ein Trick, sie loszuwerden, weil ich so ein eiskaltes Gefühl habe, dass es den großen Jungs überhaupt nicht gefallen wird, wenn Fates und Troubles *clicas* aufeinander losgehen, und noch weniger, dass ich ihnen dabei unter die Arme gegriffen habe, aber jetzt muss es einfach durchgezogen werden. Es ist unvermeidlich, und ich habe keinen Schimmer, wie es laufen wird. Am liebsten würde ich es gar nicht so genau wissen, aber so wie die Stimmung jetzt ist, wird es so ein O.K.-Corral-Scheiß, ein großer blutiger Showdown, denn diese Wichser werden *hart* zuschlagen.

Ich sehe zu, wie sie alles verstauen und die Kofferraumdeckel zuklappen. Ich mache mich bereit, mich von ihnen zu verabschieden, wie es sich gehört, aber Trouble sieht mich so von der Seite an und sagt: «Jetzt gibt es keine Zuschauer mehr, Mann. Du kommst verdammt noch mal mit. Du hast uns unterstützt, also gehörst du jetzt zu uns.»

Ich lächle, denn als er das sagt, fühlt es sich an, als ob der untere Teil meiner Lungen zusammenschrumpelt. Ich versuche, ganz normal Luft zu holen, geht bloß nicht, aber Scheiße, Mann, wenn ich schauspielern muss, dann kann ich schauspielern.

Ich grinse ihn an und zeige ihm die 9 mm, die ich im Hosenbund stecken habe, auch mit weißem Tape um den Griff, weil ich es hasse, wenn meine Hände an der Waffe schwitzen, und ich sage: «*Símon*, Mann, ich habe gehofft, dass du das sagst. Wir überlegen uns einen Plan, und –»

«Plan?» Trouble lacht. «Wir gehen gleich rein. Überraschungsangriff. Guerilla-Style, *vato*.»

Bis jetzt habe ich mitgespielt, aber das ist echt absoluter Selbstmord, und da wird es mir klar. Ein Selbstmordkommando, genau das hat Trouble vor. Mein Magen verknotet sich, wenn ich bloß dran denke, auf keinen Fall kann ich bei so was mitmachen.

«Vergiss es», sage ich. «Fate hat die Schlüssel zu Lynwood.»

Wenn sie irgendwelchen Scheiß bauen, ein Haus zu Klump schießen oder so, und mich dabei mitschleifen, dann sind wir alle geliefert. Selbst wenn wir es überleben, sind wir geliefert. Zum Abschuss freigegeben. Mein Magen ist kein Knoten mehr, sondern ein schwarzes Loch, das meinen Körper von innen auffressen will.

«Verdammt, Momo», sagt Trouble, «ich dachte, du liest Bücher und so 'nen Scheiß. Schlüssel sind doch bloß Sachen, die kann man sich *nehmen*, Mann. Die kann jeder haben. Wenn der König stirbt, muss es einen neuen geben, oder? *El rey ha muerto. ¡Viva el rey!*»

Seine Homeboys nicken dazu.

«Und außerdem», sagt er, «kann ich mich nicht erinnern, dir die Wahl gelassen zu haben.»

Ich spüre, wie mein Lächeln einfriert, als ich nicke, und wie mir der Schweiß ausbricht, weil ich einfach nicht fassen kann, wie dumm er ist, und ich weiß genau, hier kommen wir nicht mehr raus, also nicke ich Jeffersón zu, er soll ins Auto steigen, steige dann selbst ein, und ich bete, dass Erickson meine Nachricht gekriegt hat. Wir fahren denselben Scheißweg wieder zurück, aber diesmal liegen die Wagen hinter uns tiefer auf der Straße, weil sie mit genug Knarren beladen sind, um ein ganzes Viertel auszuradieren.

VIERTER TAG

SAMSTAG

Das war Wilder Westen mit asphaltierten Straßen.

Ronald Roemer,
ehemaliger Battalion Chief des
Los Angeles Fire Department,
über seine Dienstzeit in South Central

BENNETT GALVEZ

ALIAS TROUBLE
ALIAS TROUBLE G.

2. MAI 1992

01:09 UHR

1 Wenn ich 'ne krasse Sache vorhabe, dann fange ich nicht an zu zittern, sondern zu schwitzen. Mir wird richtig heiß im Nacken, fühlt sich an wie Sonnenbrand oder so, und alles wird glitschig. Kann ich nichts gegen machen. So bin ich gebaut. Ist, wie es ist. Jetzt grad ducke ich mich in meinen Kragen, damit der Stoff den Schweiß aufsaugt, wir sind mit drei Wagen unterwegs, dieses Ding durchzuziehen, und ich lebe nur noch dafür, diese Bitch Payasa in einer Pfütze von ihrem eigenen Blut zu ertränken, weil da, wo ich herkomme, da bezahlst du, wenn du meiner Familie so was antust. Ich will, dass sie fühlt, was ich in den letzten Tagen gefühlt habe. Das *brauche* ich. Wenn man mir die einzige Schwester und den einzigen Bruder nimmt, kann man nichts anderes erwarten.

Ich hab das noch keinem erzählt, aber ich brenne richtig, seit Ramiro vor meinen Augen gestorben ist. Mein Körper fühlt sich nicht mehr richtig an. Manchmal ist es so eine schwache Hitze in den Füßen, unter den Sohlen, und außerdem in den Kniekehlen, manchmal kommt es mir vor, als würde mein ganzer Körper brennen, und ich kann es nicht aufhalten. Manchmal verändert sich die Hitze mit meinen

Gedanken, je nachdem, was ich denke. Dann wird es heißer, wenn ich es im Kopf noch mal durchspiele. Kann ich nichts gegen machen.

Ich war im Wohnzimmer und wartete auf das Bier, das mein Mädchen mir aus der Küche holen sollte, und ich weiß noch, wie gut ich mich fühlte, weil wir einen von ihnen erwischt hatten, diesen Ernesto. Endlich! Fühlte sich richtig gut an, versteht ihr? Über einen Monat mussten wir warten, dass wir meine kleine Schwester rächen konnten. Meine Eltern mussten ins Fernsehen, in die Nachrichten und alles. Wir mussten die Trauerfeier zu Hause abhalten, der Sarg neben dem ausgeschalteten Fernseher, das hat den Bestattern gar nicht gefallen, aber sie haben's gemacht, weil ich sie bezahlt habe, und ich hab sie bezahlt, weil meine Mutter sich umgebracht hätte, wenn ihre Kleine nicht wenigstens noch ein einziges Mal nach Hause gekommen wär. Danach mussten wir in Kolonne raus zum Friedhof, um sie zu begraben. Ich musste zusehen, wie meine kleine Schwester in der Erde verschwand, durch diesen fetten grünen Rand aus Kunstrasen um das Loch rum. Ich musste direkt daneben stehen und die Zahnräder des kleinen Hubkrans knirschen hören, der sie in den Boden senkte. Hat sich angehört wie ein Hund, der an einer Metallkette kaut. Ich glaube, dieses Geräusch kann ich niemals vergessen, obwohl ich es will. Ich musste als Erster Erde in die Grube schaufeln, weil mein Dad es nicht konnte. Wollte schon, aber *konnte* nicht. Er saß in seinem Rollstuhl und hatte den Hut in der Hand, also mussten Joker und ich ans Grab gehen und Erde auf den Sarg unserer kleinen Schwester werfen. Auf unsere Yesenia. Und als die Erde aufs Holz klopfte, fing unsere Mutter an zu heulen. Ganz hoch. Das Geräusch vergisst du auch nicht. Das bleibt dir im Ohr. Manchmal wachst du nachts davon auf.

Also, als ich hörte, dass dieser Typ vom *Tacos El Unico*-Wagen mit Lil Mosco *verwandt* war, der unsere Yesenia umgebracht hat, sogar sein richtiger großer Bruder war, was ich vorher nicht wusste, weil er ja überhaupt nicht drin war, da war die Sache natürlich *klar*. Vorher hatte er gar keinen Namen. Nachdem ich das erfahren hatte, war er für mich Lil Moscos toter Bruder. So hab ich ihn vor allen meinen Homies genannt, und zuerst haben sie gelacht, weil sie wohl nicht wussten, wie ernst es mir war.

Um ehrlich zu sein, es war mir scheißegal, ob er drin war oder nicht. Wie ich das sehe, hat Lil Mosco ihn selbst ins Spiel gebracht. Wenn Lil Mosco meine Schwester umbringt und verschwindet, dann ist es, wie es ist. Im Grunde hat Lil Mosco seinen großen Bruder selbst umgebracht, als er diese feige Nummer abgezogen hat, anstatt wie ein Mann das zu nehmen, was auf ihn zukommt. Als die Stadt also beschließt, wegen Rodney King und dieser Scheiße einen Krieg anzuzetteln, da denk ich mir, es wird Zeit, Joker, dem Arschloch, zu folgen und uns ein bisschen was von dem zurückzuholen, was sie uns mit unserer Yesenia genommen haben. Wir haben nicht den gekriegt, den wir wollten, nicht Lil Mosco, aber einen von ihnen, und damit waren wir quitt. Meine kleine Schwester, dein großer Bruder. Faire Sache, dachte ich. Das war's, dachte ich.

Und dann stand ich am selben Abend in diesem Wohnzimmer und guckte nach oben auf den Fernseher, wo das Tuch mit den Kanarienvögeln drauflag, das meine Mutter dreimal gefaltet hatte, damit es nicht zu weit runterhing, und auf dem Tuch standen die ganzen großen und glänzenden Gebetskerzen mit Heiligen drauf, und Jesus mit einem fetten roten Herz, das vor seiner Brust schwebt. Und davor ein Bild von meiner kleinen Schwester, lächelnd und mit Zahnklammer, obwohl das Ding ihr immer heftig in den Mund geschnitten hat, und Ramiro und ich hätten auch eine gebraucht, aber da war mein Dad schon arbeitsunfähig, und die Ersparnisse reichten gerade für ihre, und links vom Fernseher war noch der leere Platz, wo ihr Sarg bei der Trauerfeier gestanden hatte, und ich weiß noch, an dem Abend, nachdem Ernesto gestorben war, habe ich auf das Stück Teppich geschaut, wo ihre Leiche gewesen war, und es kam mir nicht mehr so leer vor, versteht ihr? War auch nicht voll, aber immerhin. Sie war gerächt. Jemand hatte dafür bezahlt.

Was dann passiert ist, macht mich immer noch fertig. Ich sehe im Kopf ständig Wiederholungen davon, die nie aufhören. Geht immer weiter, immer weiter. Es fängt mit meinem Mädchen an, die kommt mit dem Bier in so einem glänzenden roten Plastikbecher, sie lächelt, als wär sie stolz auf mich, schiebt sich mit der anderen Hand die Haare hinters Ohr, und dann einfach so *peng*. Draußen. Ein Schuss. Mein Mädchen zuckt zusammen, weil sie so überrascht ist, das Bier schwappt aus dem Becher und durch die Luft auf mich zu, und als es mich trifft, sind mein Hemd unten und meine Shorts oben klitschnass.

Ich weiß, der Knall war eine Knarre, das weiß ich schon, als ich mich zur großen Glasterrassentür wende. Über die anderen Köpfe hinweg sehe ich Joker fallen, Blut spritzt aus seinem Ohr oder Hals oder was weiß ich, und als ich das sehe, da bricht das letzte Gute in mir, das einzig Gute, was ich noch hatte, das bricht in eine Million Stücke, aber das weiß ich noch nicht, denn ich kann nur das Mädchen mit den Spitzenhandschuhen und der hocherhobenen Glock ansehen, die jetzt auf Fox zielt und ihm die Brust hinten aus dem Rücken schießt, da kommt so viel Blut, dass es aussieht, als hätte jemand eine Ketchupflasche an die Wand geschmissen und die wär explodiert, und –

Jetzt sagt Momo vom Rücksitz zu mir: «Alles in Ordnung bei dir oder was?»

Ist eigentlich keine richtige Frage. Klingt eher so *überlegen*, wie er das sagt, so als wär er was Besseres. Aber wenn er nichts gesagt hätte, dann hätte ich gar nicht gemerkt, dass ich meinen Kragen in beiden Händen halte und übers nasse Genick hin und her ziehe wie ein Handtuch oder so. Muss ich schon länger gemacht haben, ohne es zu merken.

«Mach dir um mich keine Sorgen», sage ich. «Kümmere dich um dich selbst.»

Aber ich lasse den Kragen los. Lege die Hände in den Schoß. Wir sind fast da. Fast beim Boardwalk, den die Wichser so mögen. Gleich bringen wir es zu Ende.

In letzter Zeit bin ich öfter so, stecke irgendwie so in mir fest, verliere Zeit und Umgebung aus den Augen. Ist, wie es ist. Ging mir schon so, als es meine Schwester erwischt hat, aber nicht ganz so schlimm, weil es nicht vor meinen Augen passiert ist. Ihr Blut hab ich nicht gesehen. Aber Jokers? Und wie. Zu viel.

Ich erinnere mich, wie ich zur Terrassentür renne, während alle anderen davon weglaufen, dann fallen noch mehr Schüsse, und ich kann nicht richtig sehen, weil zu viele Leute vor mir sind, und ich schreie sie an, sie sollen sich verpissen, die Tür gleitet weiter auf, und da höre ich so ein lautes *Buumm*, wie der Knall eines Revolvers, Kaliber .357

oder .44, ein fettes Teil. Ist mir aber egal, wo das herkommt, ich drängle mich zur Tür und trete und boxe die Idioten aus dem Weg, mir scheißegal, ich will bloß zu Ramiro, und als ich aus der Tür komme, hab ich ganz vergessen, dass da zwei Betonstufen sind, ich stolpere und knalle voll hin, reiße mir übel das linke Knie und beide Hände auf, spüre ich aber gar nicht, ich steh auf und bin neben ihm, und er atmet noch und guckt mich an, und dabei zittert er irgendwie so am ganzen Körper, und er versucht … was? Zu reden? Und das einzige Wort, das ich noch sagen kann, ist *nein*, und das sage ich immer und immer wieder, so oft und so schnell, dass es gar nichts mehr bedeutet. Es ist bloß noch so ein Geräusch, das aus meinem Mund kommt, als Ramiro aufhört zu atmen, dieser kleine Scheißer, dem ich das Radfahren beigebracht habe, weil Dad es nicht mehr konnte, wegen seinem Rollstuhl. Ich halte den kleinen Scheißer im Arm, diesen kleinen Scheißer, der immer bloß so sein wollte wie ich, und ich denke, der verarscht mich doch. Er wird wieder atmen. Er macht bloß 'nen Witz. Also lache ich, vielleicht hat er darauf bloß gewartet, denke ich, dass ich lache, damit er wieder atmen kann … aber er atmet nicht. Seine Lunge füllt sich nicht, sie fällt zusammen. Und aus seinem Hals kommt so ein Gurgeln, darum versuche ich ihn mit der Hand zuzuhalten. Kann nicht anders. Ich versuche, das Einschussloch zuzuhalten, das so groß ist wie zehn Cent. Ich drücke mit beiden Händen. Fest. Ich drücke und drücke, aber ich fühle, sein Herz schlägt nicht mehr. Und ich sage immer noch nein. Ganz leise. Nicht so laut und dramatisch, bloß nein. Nein. Nein. Nein. Und dann kommt der lauteste Knall von allen. Die Schrotflinte.

Wahrscheinlich hab ich darum nicht geschlafen seitdem,

nicht so *richtig* geschlafen. Ich trinke, damit ich das Gesicht meines Bruders nicht mehr so sehe. Ich dröhne mich zu, damit ich seinen Hals nicht mehr offen sehe. Mehr kann ich nicht tun. Ich kann nur schlafen, wenn ich mich richtig wegknalle, aber wenn ich dann Stunden später die Augen wieder aufschlage, ist alles egal. Ist alles noch da, alles wieder in meinem Kopf, und mir tut alles weh, überall, und ich brenne immer noch. Ist, wie es ist.

Jetzt ist mir die Sache so richtig ernst, als ich eine fette Line Koks vom Daumen ziehe, nachdem wir uns an der Virginia Avenue getroffen haben, alle drei Wagen. Das brennt auch. Danach stecke ich alle Erinnerungen an Joker in mir weg, denn jetzt geht's an die Arbeit. So als ob ich meine Rippen aufklappe und sie da verstaue und dann wieder zumache und die Brust fest verschließe. So halte ich ihn in mir drin. Nah bei mir. Dauert nicht lange, dann durchzuckt es mich wie Blitze, ich bin total aufgedreht. Und das ist auch gut so, weil, jetzt kann ich nicht mehr ich sein. Kann nicht Bennett mit all seinen Scheißproblemen sein. Ich muss Trouble sein. Derjenige, von dem alle wissen, dass er voll drin ist, egal, was passiert.

Kein Mensch auf der Straße außer uns und so einem Obdachlosen, so ein schwarzer Wichser, der ein Stück die Straße rauf die offenen Mülltonnen durchwühlt. Der Müll ist seit Tagen nicht mehr abgeholt worden, aber die Leute stellen die Tonnen trotzdem noch raus. Schwachköpfe. Ich muss gar nicht lange hinstarren, um zu merken, das ist derselbe Spinner, den Momo gefragt hat, ob er was über seinen kleinen Hausbrand weiß, worauf er bloß so irres Gefasel geantwortet hat, dass irgendein Scheiß in Stücken zum Himmel fährt oder so.

299

Abgesehen von dem lahmen Schlurfen des Verrückten ist das 'ne Geisterstadt hier. Im ganzen Block sind die
Lichter aus, die Vorhänge zu, nur die Straßenlampen brennen. Das Schöne ist, es riecht nach Blumen, ich weiß nicht,
was für welche, und nur ein bisschen nach Rauch. Wir sind
eindeutig über ihre Grenze, gleich neben diesem Weg, den
sie Boardwalk nennen. Davon hat mir mein kleiner Bruder erzählt. Fate und seine *clica* nutzen ihn als Fluchtweg,
vor den Sheriffs oder sonst wem, aber jetzt ist es unser Weg
mitten hinein in ihr Revier.

2 Das Koks wirkt, und ich fühle mich schon besser.
Stark. Es wird Zeit zurückzuschlagen, finde ich, ein
paar Lichter auszupusten. Wir sind neun Homeboys,
nur hardcore *veteranos*, denn heute können wir keinen
Affenzirkus von irgendwelchen kleinen Homies gebrauchen, die sich einen Namen machen wollen. Sie wissen alle,
das hier ist ein Selbstmordkommando, und sie sind dabei,
weil ich dabei bin. Ich mache so was schon lange, und ich
bin unschlagbar darin. Kein Mensch rechnet damit, dass
jemand einfach in ein Haus stürmt und irgendwelche Idioten auf dem Sofa abknallt, so richtig *vato-loco*-Style. Aber
ich hab das durchgezogen und bin am Leben geblieben.
Und im Augenblick ist das mein Trumpf, dass mir alles egal
ist. Mich juckt überhaupt nichts mehr. Früher habe ich solche Nummern immer allein durchgezogen. So einen großen
Einsatz habe ich noch nie geleitet. Allein schon alle über die
Atlantic zu kriegen, war harte Arbeit. Immer mehr von der
Nationalgarde patrouillieren auf den großen Straßen oder
sitzen an Kreuzungen, deshalb konnten wir keinen Kon-

voi fahren. Wir mussten schlau sein und haben uns auf drei Wagen verteilt, dann sind wir verschiedene Wege gefahren und haben uns hier wieder getroffen und geparkt.

Der Garde wollen wir nämlich auf keinen Fall in die Quere kommen. Wir haben drei Jungs da drin, die einberufen wurden und von Inglewood aus eingesetzt werden. Was, habt ihr gedacht, in der Nationalgarde gibt es keine Gangster? Scheiße. Wacht mal auf. Ihre Namen werde ich euch allerdings nicht sagen. Ich bin sicher, andere Gangs haben auch ihre Homies drin. Da kann man nämlich eine Menge über Waffen und Taktik und so was lernen. Was mit nach Hause nehmen, versteht ihr?

Ich habe Momo erzählt, wir würden Fate und seine Leute am Nachmittag angreifen, gleich nachdem wir bei dem jamaikanischen Schlitzauge waren und die ganzen Schießeisen eingesackt haben, aber das war nie der Plan. Ich hab gelogen. Fick dich, Momo. Niemals würden wir am helllichten Tag reingehen. Außerdem hatten wir zuerst noch was zu erledigen. Mussten ein Haftbüro hochnehmen und ein hübsches Feuerchen anzünden, damit ein paar Leute ihre Freiheit behielten.

Das war so ein Spaß – danach mussten wir uns zur Feier des Tages erst mal abschießen. Nein, das muss ich noch mal richtig ausdrücken. Momo hat uns aus reiner Herzensgüte bisschen Stoff spendiert, weil er so großzügig ist und natürlich nicht bloß seinen Arsch retten wollte wie eine *vibora*. Der Typ ist wirklich eine Natter, beißt dich, wenn du ihn lässt.

Momo benimmt sich schon seit Wochen komisch. Ich bin nicht der Einzige, der das bemerkt hat. Er hat nicht auf Anrufe reagiert oder auf direkte Fragen geantwortet. Er verschwindet ab und zu, versteht ihr? Wenn ich es nicht besser wüsste, würde ich sagen, er will uns verpfeifen, denn als ich ihn kennengelernt habe, also *richtig* kennengelernt, da war er nicht so. Er hat nicht viel geredet, aber er war ehrlich. Und ich weiß, dass er nicht die Wahrheit gesagt hat, als er meine Anrufe auf seinem Pager ignoriert hat, obwohl wir *wussten*, dass Ramiro mit seiner Waffe erledigt wurde, und da habe ich angefangen, mir Sorgen zu machen. Und jetzt muss ich ihm auch nicht mehr die Wahrheit sagen.

Mein Mädchen hat auch was Kluges gesagt: Ich sollte Momo nicht mehr telefonieren lassen, er könnte ja irgendwen anzurufen versuchen, weil wir ihn so respektlos behandeln. Daran habe ich mich dann auch gehalten, und noch besser, ich habe seinen Jungen Jeffersón mit meiner neuen Schrotflinte den Weg nach Hause gezeigt. Hat ihm nicht gefallen, in den Lauf zu starren, aber was will er schon machen? Außer aufhören, so hart zu gucken, und sich verpissen, immer schön rückwärts, weil er mich nicht aus den Augen lassen will? Gar nichts kann der machen.

Als er ging, habe ich ihm gesagt, Momo braucht bloß einen, der ihm Deckung gibt, nämlich mich. Und genau deshalb steht diese Muschi jetzt neben mir und sieht so was von panisch aus, klammert sich an seine klapprige Knarre mit dem Tape drum, weil seine Hand so schwitzt, weil er nämlich sowieso niemals schießt, darum.

Ich schaue ihn an und frage: «Jetzt hast du keine schlauen Fragen mehr an mich, oder?»

«Es gibt eine Zeit zu reden», sagt er, «und eine Zeit zu handeln.»

Klingt hart, aber man sieht einfach, er will das hier überhaupt nicht, er macht nur mit, weil er weiß, sonst blase ich ihm aus nächster Nähe den Schädel von den Schultern. Das ist das Schöne daran, dass ich jetzt eine Flinte ganz für mich allein habe. Ich hätte ihn auch schon früher erledigen können, aber es macht einfach viel mehr Spaß, wenn ich ihn mitmarschieren lasse.

Ich gebe den Fahrern die Anweisung, bei den Wagen zu bleiben und sie laufen zu lassen, denn wir werden mit heißen Füßen rauskommen, und als wir alle bereit sind, lasse ich Momo als Ersten gehen, vor mir her. Als Schutzschild, wenn nötig, versteht ihr? Wir sechs und Momo gehen rein wie 'ne Armee, so richtig superstill und heimlich den Boardwalk rauf, die einzige Geräusche kommen von unseren Schritten und den Ästen, die wir zur Seite schieben. Ich muss lächeln, weil ich weiß, sie werden uns nicht kommen sehen. Wir sind wie der Scheiß-Vietcong. Für Ramiro, für Fox, für Lil Blanco, den es am Zaun erwischt hat, und für alle anderen, die bei der Party was abgekriegt haben.

Wir gehen durch eine Gasse mit Garagen auf beiden Seiten und dann wieder auf den Boardwalk und raus auf die Pope Avenue, in einer langen Reihe wie die Ameisen, wir schauen links und rechts, aber da ist niemand, also durch noch eine Gasse in die Duncan Avenue. Momo kommt als Erster raus, ich als Zweiter. Ich sehe sofort das Haus, wo Fate und diese *manflora* Payasa und die anderen wohnen, und ich laufe die Straße rauf.

War Momo also doch noch zu was gut, weil er nämlich genau sagen konnte, wo sie wohnen. Ich habe ihn gefragt, woher er das so genau weiß, und er meinte, seine Kunden erzählen allen möglichen Scheiß, wenn sie high sind, und wenn dieser Motherfucker Lil Creeper drauf ist, dann redet er ohne Ende, und manchmal hat Momo ihn Sachen über

303

Fates *clica* gefragt, damit er wusste, was so läuft, klar? Als er mir das erzählt hat, habe ich bloß genickt, denn das war zwar schlau, aber auch irgendwie natternmäßig.

Das Haus liegt hinter einem hüfthohen Maschendraht, mein Blick wandert dran entlang bis zu drei Briefkästen, die vorn an einer gemeinsamen Einfahrt stehen, die bis weit nach hinten führt. Rechts von diesem Betonstreifen liegt das Haus. So ein sandfarbener, billig verputzter Kasten, das Dach fällt zur Straße hin ab, wie eine tief ins Gesicht gezogene Basecap, gehalten von sechs Säulen. Zwischen den beiden mittleren Pfosten ist die Eingangstür, und daneben auf beiden Seiten Fenster, die auf den traurigsten Rasen aller Zeiten hinausgehen.

Die Jalousien sind ganz runtergelassen, aber hinter der linken sieht man einen Lichtstreifen, eine Lampe oder so was. Und ein Fernseher wirft auch bunte Farben nach draußen. *Gut.*

Ich hebe die Hand und gehe als Erster die Einfahrt rauf, um die Briefkästen herum auf den Rasen, direkt auf die Haustür zu. Kein Zögern. Für Ramiro. Für unsere Yesenia. Als ich eine gute Position gefunden habe, stelle ich mich auf, alle anderen auch. Als ich das Feuer eröffne, machen alle mit. Wir ziehen es ab wie Al Capone, eine Reihe ballernder Gangster.

Die Fenstergitter sind kein Hindernis, aber irgendwas müssen sie doch ausrichten, ich höre nämlich dauernd so ein *Ping, Ping, Ping*, das finde ich komisch, denke mir aber nicht viel dabei, weil wir sämtliches Glas raushauen. Es fliegt in alle Richtungen, über den Fußweg, über den Rasen.

Ich lache, als ich die Sicherheitstür wegballere, *boo-yaa* macht die Schrotflinte, und ich fühle mich unbezwingbar, man sieht gleich, dass die Tür nicht aus Eisen ist, so wie die sich verbiegt, als ich mit der Flinte draufhalte, durchlade und noch mal abdrücke, und als sie bloß noch so schräg da hängt, bin ich ganz dicht dran, weil ich zum Haus gelaufen bin, und jetzt trete ich sie aus den Angeln, ich reiße am Türknauf, der vom Schrot ganz verbeult ist, und habe ihn gleich in der Hand, und ich so: «Yo, Mann!»

Ich hole so weit wie möglich aus und trete gegen die Tür, lege mein ganzes Gewicht rein, und da ist bloß noch Holz ohne Türknauf oder Riegel, sollte also einfach unter meinem Stiefel einknicken.

Tut es aber nicht. Ich pralle total ab!

Und mein Hacken tut *echt* weh. Mein Knie auch.

Also trete ich noch mal zu. Das Gleiche. Nichts rührt sich.

Hinter mir sagt jemand: «Ist denn das für 'n Scheiß?»

Ich gucke ganz schnell durch das Loch, das der Knauf gelassen hat, aber da ist eigentlich gar kein Loch. Ich meine, da ist schon ein Loch, aber dahinter ist noch was. Eisen.

Ich ramme meinen Gewehrlauf rein, aber der kommt nicht weit. Muss so dick sein wie ein Gullydeckel. Sind kleine Dellen drin von den Schrotkugeln, ich fahre mit dem Finger drüber, und es ist noch so heiß, dass ich sie mir verbrenne, und als ich sie wegreiße, denk ich auch so: *Ist denn das für 'n Scheiß?*

Und dann trifft es mich wie ein Schwall heißes Wasser den Nacken runter. Mein ganzer Körper wird wieder heiß. Ich schäme mich, bin traurig, bin wütend, alles auf einmal. Nein. Nein, nein.

Was für 'n Scheiß das ist? Eine *Falle*, das ist es. Die abgefuckteste Falle, die es je gab. Oh nein.

Und ich hab uns geradewegs reingeführt. Ich. *Fuck!*

Mein Mund ist total trocken, als ich meinen Homies zurufen will, sie sollen sich retten, aber dann gehen Lichter an. Nein, nein ...

Blendende gelb-weiße Lichter hinter mir und von der Seite, ich muss blinzeln, als ich mich umdrehe, muss die Augen schließen und die Flinte davorhalten, um sie abzuschirmen, muss mich ducken, und da höre ich den ersten Schuss von weit weg und wie Leute wegrennen.

Und ich denke *was?* und krümme mich, so tief ich kann, mit dem Rücken zum Haus schiebe ich mich am Putz entlang, der mir das Rückgrat aufschabt, als ich mich schnell zur Seite bewege, zur Hausecke, damit ich nach hinten abhauen kann.

Ich schreie laut «Scheiße, alle abhauen!» Aber es klingt ganz erstickt.

Ich höre noch mehr Schüsse knallen, diesmal schneller, dichter. So *blam-blam-blam* ...

Nein.

Kugeln pfeifen, eine knallt über mir in die Hauswand, der Putz explodiert krachend über meinem Kopf, Staub und Kiesel rieseln mir ins Gesicht, und dann kommt der schlimmste Lärm, den ich je gehört habe, so ein *Brrrrt, brrrrt* ...

Das ist die dicke Dame, die singt, so ein Geräusch macht eine AK, wenn sie Kugeln spuckt. Ich weiß nicht, wie weit sie weg ist oder wohin sie zielt, aber ich spüre das Geräusch in der Brust, es lässt mein Herz zucken, und ich weiß, wir werden fertiggemacht, genau hier, genau jetzt. Nein, nein.

Überall höre ich Schreie, rund um mich herum. Mein Puls pocht schnell und heftig in den Ohren, davon schmerzt mir der Kopf und wird heiß.

Nein. Jetzt ist alles zu laut. Zu schnell.

«Nein», sage ich, und mehr kann ich nicht denken.

Der Scheiß hier ist allein meine Schuld. Aber jetzt ist nicht die Zeit, über Schuld nachzudenken. Das Einzige, was wir tun können, ist uns den Weg freischießen.

Durch meinen Kopf läuft fast so eine Ansage mit den Namen aller Homies, die ich in die Scheiße geritten habe. Das Beste, was ich jetzt für Ramiro tun kann, und für unsere Yesenia, und Lil Blanco, und, und …

Für Fox, für Looney und …

«Schießt die Lichter aus», schreie ich, lade meine Flinte durch und ballere auf die schwarzen Umrisse, die sich vor der Helligkeit bewegen.

Ich lade durch und schieße und erledige einen der Scheinwerfer mit Funkensprühen und lautem Zischen, also lade ich wieder durch und schieße noch mal, dann ist mein Magazin leer, das weiß ich, aber ich lade trotzdem noch mal durch und drücke den Abzug. Nichts passiert.

Ist, wie es ist.

Ich sage: «Ihr Motherfucker, bringt mich doch um! Ihr sollt mi–»

Was ich auch sagen wollte, es kommt nichts mehr. Ich liege platt auf der Seite und weiß nicht mal mehr, wie ich hingefallen bin.

Mir heulen die Ohren, als wären Sirenen drin. Und ich huste. Dann höre ich vier schnelle Schüsse, so *pop-pop-pop-pop*.

Und dann fällt jemand auf mich drauf, genau auf meine Schulter. Wie ein Stein.

Und ich will sehen, was los ist, aber ich kann meine Augen nicht mehr richtig offen halten, die Lider sind so schwer.

ROBERT ALÅN RIVERA

ALIAS CLEVER
ALIAS SHERLOCK HOMEBOY

2. MAI 1992

00:58 UHR

1 So wie wir Joker und die anderen abgeknallt haben, wussten wir natürlich, dass seine Homies irgendwann kommen würden, wir wussten nur nicht wann, also ließ Fate alles vorbereiten, wir bunkerten uns ein, so gut es ging. Lu war zuerst nicht so glücklich über den Plan, weil ihr Haus als Köder herhalten musste, aber sie hat es eingesehen. Zu leben gefiel ihr doch besser als die andere Möglichkeit.

Vor zwei Abenden sind wir also von Tür zu Tür und haben die Straße drei Häuser in beide Richtungen geräumt. Das haben vor allem Fate, Apache und ich erledigt, außer wenn sowieso Homies in den Häusern wohnten, die konnten dann selbst mit ihren Familien reden. Wir haben den Leuten erklärt, dass jetzt ein guter Zeitpunkt wäre, Freunde oder Verwandte zu besuchen. Manchen haben wir sogar geholfen, den Kofferraum vollzuladen. Apache hat sogar irgendeinen *abuelo* zum Auto getragen, weil der nicht mehr selbst laufen konnte. Zuerst hat es den meisten nicht so gefallen, aber sie haben getan, worum wir sie gebeten haben, und das war auch gut so, Fate wollte sie nämlich nicht auf dem Gewissen haben, falls die Kugeln hier so rumfliegen sollten, wie er es erwartete.

Lu ist nicht mitgegangen. Sie hat sich mit ihrem Mädchen gestritten, mit Lorraine, grade als wir loswollten. Ging in ihrem Zimmer los und wurde immer lauter, bis die Zimmertür aufflog und sie im Wohnzimmer weitermachten. Lorraine schrie und heulte, und durch die Tür sah ich Lu, die alle Klamotten und Sachen ihrer Freundin in eine Tasche packte und zu Lorraine sagte, sie solle nicht so bescheuert sein und nicht so ein Drama machen. Darauf schmiss Lorraine eine Flasche Nagellack nach ihr, richtig heftig. Hat Lu am linken Auge getroffen, als sie sich wegdrehte, und sie kriegte fast sofort ein blaues Auge. Ich war überrascht, dass Lorraine danach nicht windelweich geprügelt wurde, Lu hielt sich zurück, und da wurde mir klar, dass Lu nur das Beste für sie wollte, sie wollte sie rausschmeißen, weil es hier nicht mehr sicher war. Sie schickte Lorraine weg, weil die ihr was bedeutete, aber manchen Leuten kann man so was einfach nicht erklären, und Lorraine hat es nicht geschnallt. Sie ist weinend weggefahren.

Für Lu lief es im Grunde ganz gut, denn kurz danach kam Elena Sanchez vorbei, um sich bei ihr dafür zu bedanken, dass sie Joker umgelegt hat, und dann sind sie in Lus Zimmer und haben die Tür hinter sich zugemacht. Zuerst dachte ich, sie wollte bloß hören, wie es gelaufen war, obwohl ich weiß, dass Lu über so was gar nicht gern redet. Ich weiß nicht, ob Lu versucht hat, sie zu knacken, aber würde mich nicht wundern. Sie geht immer aufs Ganze. Wenn sie könnte, würde sie. Hängt wohl davon ab, wie Elena so drauf ist, ich kann nicht sicher sagen, ob da was abging. Sie waren auf jeden Fall eine ganze Zeit da drinnen.

Ich bin vor Elena weg, weil Fate mich auf der anderen Straßenseite brauchte. Ein paar O.G.s hatten den Fang ihres

Lebens gemacht, als sie in der ersten Nacht der Unruhen einen offiziellen Stadttransporter klauten, so ein großer weißer Pritschenwagen mit dem Siegel der Stadt auf den Türen und über ein Meter hohen Bordwänden an der Ladefläche. Seit sie das Ding hatten, kamen sie mit ihren orangen Warnwesten überall durch, wo immer sie wollten, also sind sie die ganze Zeit rumgefahren und haben geplündert, vor allem an Baustellen. Sie hatten alle möglichen Werkzeuge und Material, das liegengeblieben war, als alles in die Luft ging. Das haben sie den Leuten im Viertel vertickt.

Außerdem haben sie eine Ladung Stahlplatten mitgehen lassen, haben einfach ein paar Jungs von der Straße angeheuert, sie aufzuladen. So die Sorte, die städtische Straßenarbeiter als Unterlage zur Asphaltierung nehmen, oder auch bloß zum Abdecken von Schlaglöchern, die sie noch nicht flicken können oder nie flicken werden. Der Stahl ist zwölf Millimeter stark, und manche Bleche können drei Zentner wiegen, hängt von der Größe ab. Das Zeug haben wir ihnen direkt abgenommen und das Haus damit gesichert.

Ein paar Homies haben die Dinger durch die Haustür reingetragen und an der Vorderwand aufgestellt. Für jede Platte brauchten wir sechs von unseren größten Jungs. Das Metall war so schwer, dass die Trockenbauwände ächzten, als wir sie rechts und links vom Vorderfenster belastet haben. Das hatten wir auch abgedeckt, wenn also jemand reinschießen wollte, hätte er auf die oberen fünf Zentimeter zielen müssen. Zuerst war das Fenster total verbarrikadiert, aber als ich mir das anschaute, war mir klar, das würde nicht funktionieren, also ließ ich die Dinger ein bisschen runterschieben, bis ein Lichtschlitz durchfiel, und dann zog ich den Vorhang so, dass man den Stahl von außen nicht sehen konnte. Für mich war das der entscheidende Punkt der ganzen Sache. Es würde nur klappen, wenn man wirklich glaubte, dass Leute drin waren, also stellte ich noch den Fernseher an und sorgte dafür, dass man ihn vom Vorgarten und von der Straße aus sehen konnte.

«Wenn du kein Licht anzündest», sagte ich, als Apache mich fragte, wozu das alles, «lockst du keine Motten an.»

2 Seit wir fertig sind, halten wir auf der anderen Straßenseite abwechselnd Wache, wir warten in dem Haus von unserem *compadre* Wizard. Das ist so ein kleines Haus-Casino, das er da betreibt, aber jetzt ist er nicht da. Er ist mit seiner Frau in eine Wohnung gegangen, die sie noch von früher behalten haben, als sie in Little Tijuana lebten, in der Louise Street, er ist nämlich ein ziemlicher *paisa*, aber von der guten Sorte, verlässlich, wenn auch ein Landei.

Das ganze Haus ist leer bis auf uns. Es gibt eigentlich kein richtiges Wohnzimmer, nicht so eins mit Sofas und Sesseln um einen Fernseher herum oder so. Stattdessen stehen Spielautomaten ringsum an den Wänden und davor so kleine braune Stühle, die billige Sorte, die in Bars steht, wo es nicht viel ausmacht, wenn sie kaputtgehen.

Das Spielcasino ist ein netter Nebenverdienst. Ihr würdet nicht glauben, wie viel Geld wir damit im Monat machen. Die ganze Straße kriegt nie genug davon. Die Leute kommen sogar aus anderen Vierteln, um es auszuprobieren, weil sie davon gehört haben. Zwölf Automaten stehen insgesamt hier drin. Zehn sind einarmige Banditen, zwei Kartenspielautomaten. Wir nennen es Mini-Vegas. In der hinteren Ecke steht ein Geldwechselautomat, gleich daneben ein Bügeleisen und ein Bügelbrett, auf dem ein Karton Wachspapier steht, weil der Wechselautomat wählerisch ist. Manchmal müssen Kunden ihre Geldscheine glatt bügeln und sie dafür zwischen zwei Bögen Wachspapier legen. Das war Lus Idee, es funktioniert. Wenn der Schein glatt genug ist, schiebt man ihn rein, und das Ding spuckt Vierteldollars aus, mit denen man *Gold Rush* spielen kann, wo die kleinen Goldschürfer ihre vollen Pfannen hochhalten, oder *Star-Spangled Winner* oder jeden anderen Automaten.

Jetzt spielt niemand, weil wir den Laden vor einem Tag geschlossen haben, aber die Automaten stehen immer noch rum und blinken. Wir sitzen hier alle bloß rum, ich, Lu, Fate, Apache, Oso und noch zwei Soldaten. Alle anständig bewaffnet. Heute Abend wird nichts geraucht, hat Fate gesagt. Er will, dass wir wach sind, also keine Drogen. Im Hintergrund läuft ein Cypress-Hill-Tape, aber so leise, dass ich höchstens mal ein Gitarren-Sample quietschen oder eine Hi-Hat aus dem Ghettoblaster höre.

So warten wir also, so warten wir schon lange. Lu ist still und starrt aus dem Fenster, eine abgesägte Schrotflinte im Schoß. Sie hat inzwischen ein schön lila-blaues Auge. Am anderen Ende des Raums liest Fate ein Buch, *The Concrete River* von Luis J. Rodriguez, hört eigentlich nur auf zu lesen, wenn er eine Seite umblättert oder einen Schluck aus der Bierflasche nimmt, die zwischen seinem Stuhl und einer AK-47 steht, die er an die Wand gelehnt hat. Oso läuft auf und ab und passt auf, dass er nicht auf Apache tritt, der mitten im Zimmer flach auf dem Rücken liegt und schnarcht. So ruhig ist der. Die anderen beiden sitzen bloß auf Stühlen rum und starren auf ihre Waffen. Wir haben alle Sonnenbrillen vorn im Hemdkragen hängen, sogar der schlafende Apache, weil wir sie später noch brauchen werden.

Normalerweise sind wir nicht so leise, aber es lastet eine Menge auf diesem Zimmer. Nicht nur, dass wir uns fragen, wann Trouble sich wohl entschließen wird, Dummheiten zu machen; wir sind inzwischen auch alle ziemlich sicher, dass Lil Mosco nicht mehr wiederkommt, und darüber wird nie gesprochen werden. Wenn jemand so verschwindet, herrscht danach immer Schweigen. Ist nicht so, dass man sich zusammensetzt und gemeinsam rausfindet, was tatsächlich passiert ist, und dann entschuldigen sich die, die es müssen, und alle heulen und verstehen sich, so wie es im Fernsehen läuft. Hier bei uns müssen manche Dinge ungesagt bleiben, wenn man überleben will.

Mich fragt zwar niemand, aber ich finde es okay, dass Lil Mosco weg ist. Ich will nicht sagen, dass ich es gut finde, aber es ist okay. Er war einfach unkontrollierbar, man konnte sich nicht mehr immer auf ihn verlassen, aber trotzdem, ans Messer geliefert wurde er bestimmt nur, weil es *wir oder er* hieß, so ein Tausch, wie bei den Baseballteams. Man schickt einen Typen weg und kriegt dafür einen anderen. Fate gibt den großen Jungs Lil Mosco, und wir behalten Fate, oder vielleicht auch so: wir liefern Lil Mosco aus, und die ganze *clica* darf am Leben bleiben. Ich bin ziemlich sicher, es ist eine dieser beiden Möglichkeiten, also rede ich mir ein, dass es so gelaufen ist, denn im Augenblick gibt es Wichtigeres.

«Trouble kommt nicht», sagt Oso. «Letzte Nacht sind sie auch nicht aufgetaucht, weil nämlich kein Mensch so blöd ist, hierherzukommen und uns abknallen zu wollen. Ich meine –»

Er hält schnell wieder das Maul, als Fate ihn ansieht und auf Apache zeigt; er soll ein bisschen Rücksicht nehmen. Ist aber schon zu spät, Apache wacht blinzelnd auf. Er gähnt.

«Tut mir leid, Patch», sagt Oso. Es gibt nur einen Menschen auf der Welt, der Apache ungestraft so nennen darf, und das ist Oso. Familienbonus, würde ich sagen.

Apache zuckt die Achseln. Er nimmt es nicht persönlich. Oso, der große dumme Bär, ist sein Cousin und eigentlich nur dabei, um schwere Sachen zu schleppen, wenn alles gutgeht. Wir wissen alle, dass er nervös ist. Sind wir alle, jeder auf seine Weise. Er hat noch nie so eine Wacht mitgemacht, und das Warten darauf, zu töten oder getötet zu werden, kann einen echt erschöpfen. Es ist ermüdend, stundenlang die Straße im Auge zu behalten. Wobei mir einfällt, habt ihr schon mal bemerkt, dass die lautesten Geräusche die sind, wenn Leute sich total anstrengen, kein Geräusch zu machen? Ich glaube, das kommt, weil man so drauf achtet. Man lauscht ganz angespannt. Man ist wachsam. Und genau so ist es jetzt gerade in Mini-Vegas. Ich schätze, deshalb ist Oso auch so nervös, denn er hat bloß angefangen zu reden, um zu reden, um was anderes zu hören als Stille.

«Hey Patch», sagt Oso. «Erzähl uns noch mal, wie du den Idioten skalpiert hast.»

Apache schüttelt den Kopf. Auf keinen Fall wird er das jetzt erzählen. Kann ich verstehen.

«Okay, dann» – Oso versucht weiter, der Stille zu entgehen, indem er einfach drauflosplappert – «habt ihr von dem O.G. gehört, der sich das Pachuco-Kreuz mit dem Messer direkt aus der Hand geschnitten hat? Einfach so» – Oso streckt Zeige- und Mittelfinger seiner rechten Hand aus

315

und stochert damit zwischen Daumen und Zeigefinger der linken herum – «aahhh.»

Ich schwöre euch, Oso steht zu sehr auf Geschichten. Wir wissen alle, dass diese Story schon seit Ewigkeiten rumgeht. Sie folgt mir, was vielleicht auch nicht verwunderlich ist, denn sie handelt von meinem Vater. Das weiß allerdings niemand so richtig, außer Fate. Die meisten denken, es geht um irgendeinen unbekannten Homie, aber meine Mutter hat mir erzählt, als er seine *clica* in East L.A. und auch uns verlassen hat, da hat er sich das Kreuz aus der Hand geschnitten, damit keiner merkt, dass er mal drin war. Er hat seine Gang im Guten verlassen, er hatte seine Arbeit getan und hat den Mund gehalten. Dieser ganze Quatsch, dass man sterben muss, um aus der *clica* rauszukommen, ist eben nur Quatsch. Aber irgendwie ist aus der Sache mit meinem Vater diese Story von einem Typen geworden, der so dringend aus der Gang rauswollte, dass er sich das Kreuz auf einer Party vor allen Leuten rausgeschnitten hat, um zu beweisen, wie ernst es ihm ist. So war es aber gar nicht. Meine Mutter sagt, er hat es in der Garage getan, mit einem Küchenmesser, das er vorher auf der Herdplatte heiß gemacht hat.

Fate weiß das alles. Er weiß auch nach einem Blick zu mir, dass ich das alles nicht schon wieder in Osos Version hören will, also sagt er: «Hey, Oso, erzähl uns doch noch mal, wie du ganz allein die vielen Crips erledigt hast, als dein Auto liegengeblieben ist?»

Oso grinst und fängt an zu erzählen, wie er mal rumgefahren ist und an einer roten Ampel auf dem Imperial ein Auto mit fünf Schwarzen neben ihm gehalten hat, und sie haben ihn angeguckt, und er sie auch, und der große

Motherfucker auf dem Fahrersitz leckt sich so die Lippen
wie ein Wolf im Trickfilm, und Oso will Vollgas geben, aber
würgt seine Kiste ab, und genau an dieser Stelle, als er für
den dramatischen Effekt ganz leise wird, muss ich schniefen. Nicht mit Absicht. Ich kann nicht anders. Der Qualm in
letzter Zeit ist mir echt auf die Nebenhöhlen gegangen.

Oso springt sofort drauf an. «Mann, schniefst du immer
noch so? Steck mich bloß nicht an.»

«Er ist nicht krank, und er wird dich auch nicht anstecken.» Lu verteidigt mich, ohne sich überhaupt umzudre-
hen. «Er ist allergisch, und der Rauch geht ihm auf die Nase,
seit die Stadt zu brennen angefangen hat.»

«Oh», mehr sagt Oso nicht dazu, ehe er seine Erzählung
mit einem traurigen Satz beendet: «Also, ihr wisst schon, ich
hab die Sache korrekt erledigt.»

Lu schüttelt schon den Kopf darüber. Sie konnte Oso
noch nie leiden.

«Verdammter Anfänger», sagt sie leise.

Ich kenne die Veras und vor allem Lu schon lange, schon
bevor sie drin waren, das sind jetzt fast zwölf Jahre, seit
wir in der Louise Avenue Nachbarn waren, gegenüber
vom Lugo Park. Also im August werden es zwölf Jahre, weil
unsere Mutter 1980 mit uns aus East L.A. hergezogen ist. Lu
kennt mich von allen Menschen auf der Welt am längsten.
Wir sind gleich gut miteinander klargekommen und waren
all die Jahre eng befreundet. Als ich eingestiegen bin, hat
sie mitgezogen.

Ich bin mir ziemlich sicher, dass ich nicht so bin wie die
meisten Leute. Wenn irgendwelche Homies weg sind, vermisse ich sie nicht, selbst wenn wir viel Zeit miteinander
verbracht haben. Für mich ist das so: Wenn sie nicht da sind,

317

dann sind sie eben nicht da. Ich denke gar nicht drüber nach. Ich weiß nicht, ob da irgendwas mit mir nicht stimmt, wahrscheinlich schon. Im Augenblick jedenfalls macht Lu was durch, was ich mir nicht vorstellen kann. Ernesto war auch für mich wie ein großer Bruder, aber nicht wirklich, er war nicht von meinem Blut. Ich war immer Einzelkind, aber sie war vor ein paar Tagen noch die Jüngste von dreien und jetzt ist sie allein. Das muss hart sein.

Ich habe drüber nachgedacht und bin zu dem Schluss gekommen, auch Lu weiß, dass Lil Mosco nicht mehr wiederkommt. Das wusste sie schon vor ein paar Tagen auf der Straße, als sie auf dieses Auto geschossen hat. Sie saß auf dem Rücksitz neben mir, und ich habe sie beobachtet, wie sie eingeatmet und die Luft angehalten und sich auf die Unterlippe gebissen hat. Ich habe schon ein paarmal gesehen, wie sie so ein Gesicht gemacht hat: Als ihr Vater gestorben ist, als Fate ihr gesagt hat, das Haus ist zu gefährlich und sie muss ihre Mutter woandershin schaffen, und nachdem sie auf dem Heimweg auf der Wright Street ausgeraubt wurde. So ein Gesicht macht sie nur, wenn sie etwas akzeptiert, das ihr nicht gefällt und das sie aber nicht ändern kann, und als sie da den Atem angehalten und sich auf die Lippe gebissen hat, bevor sie ausatmen musste, da muss ihr die Sache mit Lil Mosco klar geworden sein, weil sie dann «Scheiße» gesagt hat. Eigentlich hat sie es geflüstert, als würde sie es endlich einsehen. Ich glaube, außer mir hat das kein Mensch gehört.

Und jetzt, in diesem Moment, richtet Lu sich am Fenster kerzengerade auf, als würde sie was sehen. Sie beugt sich vor und drückt fast die Nase ans Glas, und ihr Rücken wird ganz steif, wie bei einem Raubtier, wenn Beute in Reichweite kommt.

«Sie sind hier», sagt sie, so wie das unheimliche blonde kleine Mädchen aus *Poltergeist* – «Sie sind hii-ier» –, es sticht mir ins Herz. Ich schließe meine Hand fester um die .32er Beretta, bereit für alles, was kommen mag, denn ich weiß zwar, dass wir uns auf alles Mögliche vorbereitet haben, aber ich bin auch schon lange genug dabei, um zu wissen, dass trotzdem alles passieren kann.

Nur weil man einen Plan hat, heißt das nicht, dass alles so läuft, wie man denkt.

3 Fate ist aufgestanden und bewegt sich, wirft sein Buch über den Teppich wie ein Frisbee, zieht Handschuhe an, steckt die Ärmel in die Handschuhe, schnappt sich seine AK. Apache ist gleich hinter ihm und dreht die Hauptsicherung raus. Die Musik aus dem Ghettoblaster verstummt, «Hand on the Pump» fing gerade an. Alle Spielautomaten gehen gleichzeitig aus, und wir stehen im Dunkeln. Ich höre, wie Oso seine geliehene Glock spannt, als wäre er auf der Leinwand oder so was, er zieht den Schlitten ganz weit zurück, aber er hat schon eine in der Kammer, darum fliegt die Patrone raus, landet auf dem Teppich und rollt mit einem *Klack* gegen die Fußleiste.

«Fuck», sagt er, kniet sich hin und sucht sie.

«Sauber, Trottel», sagt Lu.

Ich stehe am Fenster neben ihr. Mein Herz schlägt ziemlich ruhig, als wir die Reihe von sieben Idioten sehen, die schwer bewaffnet durch die Dunkelheit schleichen. Das Beste ist, dass sie auf der anderen Straßenseite laufen und so konzentriert sind, dass sie die Verlängerungskabel gar nicht bemerken, die wir von diesem Haus zum Bordstein und dann auf die Ladefläche des städtischen Lasters verlegt haben, der direkt gegenüber von Lus Haus geparkt ist. Zwei geklaute Lampenständer von Baustellen mit mehreren Scheinwerfern stehen darauf, so megahelle Dinger, alle angeschlossen. Bisher läuft alles richtig, und das ist gut, ich zähle nämlich vier Schrotflinten. Lu auch.

Sie lehnt sich zurück und stupst den Finger an die Scheibe, gerade als Oso die Suche nach seiner verlorenen Kugel aufgibt.

«Moment», sagt sie, «ist das nicht Momo? Wieso macht der denn bei dieser Nummer mit?»

Das höre ich nicht gern. Ihn umzubringen könnte schlecht bei den großen Jungs ankommen, denn einer wie Momo zahlt seine Steuern, aber andererseits lässt er uns kaum eine andere Wahl. Wenn es mit den Großen wegen Lil Mosco so gelaufen ist, wie ich glaube, dann hat Fate bestimmt noch genug in der Hand, um die Sache zu regeln, nachdem wir getan haben, was wir tun müssen.

«Gibt nur einen Weg, das rauszufinden», sagt Fate, löst den Riegel und öffnet ganz langsam die Haustür, tritt aus dem Haus und schaut nach oben. Er gibt dem Homie einen kleinen Wink, der mit einem Scharfschützengewehr auf dem Dach liegt. Ranger heißt er, war in der Armee, bis er unehrenhaft entlassen wurde, weil er sich mit irgendwelchen anderen Gangmitgliedern in seiner Einheit geschlagen hat. Die waren aus Detroit. Er hat einen von ihnen ins Koma geprügelt und dafür erst mal ein Jahr lang in Colorado im Militärknast gesessen, aber jetzt ist er wieder draußen. Er ist unser bester Schütze, und er weiß, dass er erst schießen soll, wenn die Lichter angehen.

Ich habe Trouble noch nie aus der Nähe gesehen – aus

gutem Grund –, aber ich habe von ihm gehört. Hat jeder. Bei seinem Namen denken alle an die Selbstmordkommandos, mit denen er aufgestiegen ist. Er wurde dafür bekannt, in die Häuser von Spitzeln zu stürmen und sie auf dem Sofa, in der Küche, wo auch immer zu erschießen. Einmal hat er einen Homeboy erschossen, der gerade auf dem Klo saß, mittendrin. Es heißt, er hat seinen Namen gekriegt, bevor überhaupt jemand sicher wusste, wer diese Sachen eigentlich abzog. Die Leute sagten: *Hast du von Soundso gehört?* Und die Antwort war: *Klar, der Typ, der ihn umgelegt hat, macht echt Trouble.* Und bald nannte man ihn eben einfach so.

Jetzt sind sie im Vorgarten, alle sieben, heben die Waffen, als ob sie glauben, es ist jemand im Haus, und ich bin stolz, weil klar ist, die Falle hat funktioniert. Fate weiß es auch, denn er schlägt mir leicht auf die Schulter. Das ist unser letzter ruhiger Augenblick, ehe die Nacht explodiert.

Klingt wie am 4. Juli, als sie auf das Haus losballern, nur schwerer und tiefer. Hier platzen die Knaller nicht in der Luft, sondern es macht *bumm*, gefolgt von schnellen, harten Schlägen, wenn die Pistolenkugeln und Schrot in Wände und Fensterrahmen dringen. Oder gefolgt von *kling* und *ping*, wenn sie auf die Sicherheitstür oder die Stahlwände hinter den Fenstern prallen, die ruckzuck in alle Richtungen zersplittern.

Wir ducken uns hintereinander und schleichen zum Lastwagen. Ein kleiner Homie auf der Ladefläche streckt den Kopf hoch, als er uns sieht. Das Mündungsfeuer lässt seine Augen leuchten, und ich sehe, was für eine Scheißangst er hat, aber ist schon in Ordnung, er muss ja nur auf Fates Zeichen die Lichter anschalten. Noch nicht, noch nicht.

Der kleine Homie schaut weiter Fate an, während einer der Schützen mit Schrotflinte aufhört zu feuern und zur Haustür rennt. Das muss Trouble sein, weil ihm alle folgen.

Als er zur Tür kommt, ruft er: «Yo, Mann!»

Er tritt hart gegen die Tür und stolpert rückwärts, und mir geht durch den Kopf, wie weh das tun muss, wenn man eine Tür mit hundert Kilo Stahl dahinter eintreten will. Schlimmer als gegen einen Felsen zu treten. Aber er tritt noch mal zu, weil er es offensichtlich beim ersten Mal noch nicht kapiert hat. In diesem Moment nimmt Fate seine Sonnenbrille vorn vom Hemdkragen und setzt sie auf, also tun wir andern das auch.

Irgendwer anders auf dem Rasen sagt: «Ist denn das für 'n Scheiß?»

Jetzt muss Trouble die Eisenplatten sehen, er rammt nämlich zuerst seinen Flintenlauf gegen die Tür, dann fasst er sie an und reißt die Finger schnell wieder weg, als wäre die Tür heiß. Dann richtet er sich auf.

Da gibt Fate dem Kleinen auf der Ladefläche das Zeichen, und die zwei Meter hohen Baustellenscheinwerfer hinter uns gehen mit leisem Knall an. Fast gleichzeitig gehen auch die Lampen an den beiden Nachbarhäusern an. Danach ist Ranger der Schnellste. Er jagt dem Typen, der uns am nächsten steht, einen perfekten Schuss durch die linke Augenbraue, und ich sehe das Blut hinten aus seinem Schädel sprühen wie aus einer Flasche Glasreiniger. Er geht zu Boden wie eine Marionette, der man alle Fäden durchgeschnitten hat.

Darauf duckt sich Trouble und versucht die Augen abzuschirmen. Er versucht seiner kleinen Crew zuzurufen, sie sollen abhauen, aber das kriegt er nicht besonders laut raus, und es ist sowieso zu spät. Lu und ich knien am Zaun und stecken unsere Gewehre durch, legen die Läufe in die untere Ecke der Drahtmaschen.

Wir feuern in Hüfthöhe auf die Flüchtenden. Lu zerbröselt ein paar Kniescheiben, lädt durch und macht es noch mal. Ich ziele auf Trouble und schieße zu hoch, aber hinter mir kommt Fate an und legt mit der AK los. Obwohl er mehr als einen Meter weg ist, schüttelt es meinen ganzen Körper durch, als er eine Salve abfeuert, quer über die ganze Hausfront, und die Leute nacheinander niedermäht. Da fangen diejenigen, die noch können, an zu schreien, was in Trouble irgendwas auslöst, denn er richtet sich auf und kommt direkt auf uns zu.

«Schießt die Lichter aus», schreit er, lädt die Pumpgun durch, legt an und schießt.

4 Schrot prasselt gegen den Laster hinter mir, ich spüre etwas Heißes, das mich in den Nacken sticht, aber als ich mit der Hand drüberwische und kein Blut sehe, weiß ich gleich, es ist nichts. Mehr Sorgen macht mir, dass Trouble wieder durchlädt, nach oben feuert und eine der Baustellenleuchten ausknipst. Wieder lädt er durch, aber nichts passiert. Trouble hat keine Munition mehr, und dass weiß er auch.

Er ruft: «Na los, ihr Motherfucker, bringt mich schon um! Ihr sollt mi–»

In dem Augenblick tritt der Typ hinter ihm dicht an ihn ran, hält ihm eine Pistole unters Ohr, auf den dunklen Fleck eines seiner Hals-Tattoos, und drückt ab. Die Kugel kommt auf der anderen Seite aus Troubles Hals, eine lange

Sekunde passiert nichts, weil niemand damit gerechnet hat, nicht mal Fate, und Trouble schlägt lang hin.

«Scheiße, Momo hat ihm eine verpasst!», sagt Lu.

Einer von Troubles Homies, den ich in die Seite geschossen habe, jagt Momo direkt danach vier Kugeln in die Brust. Das Letzte, was Momo im Leben tut, ist Troubles Leiche hämisch anzugrinsen, so als hätte er schon lange darauf gewartet, und als ihm die Beine nachgeben und er hart auf Trouble stürzt, hat er ein Lächeln auf den Lippen. Dann schießt Ranger dem Typen in den Hals, der Momo erwischt hat.

Halswunden sind die hässlichsten. Nichts als Husten und Spucken und Ausbluten. Der Typ stolpert und fällt um, während Rangers nächste Kugel an der Stelle ins Haus schlägt, wo eben noch sein Kopf war.

«Verdammte Scheiße», sagt Apache, tritt vor, hält dem Typen die Pistole an den Schädel und bläst ihm eine Kugel durchs Hirn.

Der Schädel hüpft hoch, und der Typ hört auf zu atmen, aber danach ist es einen Augenblick so leise, dass man das Blut mit leisem Plätschern aus seinem Hals sprudeln hört, während Oso und zwei andere Soldaten ganz vorsichtig von einem Körper zum anderen gehen und ihnen die Waffen abnehmen. Ein paar atmen tatsächlich noch, sodass sich ein paar kleine Homies ihre Sporen verdienen können, indem sie die mit einem Kopfschuss erledigen, aber ich bin schon unterwegs woandershin, denn wir haben nicht viel Zeit.

Bald werden die Sheriffs hier sein. Wahrscheinlich auch Vikings. Vielleicht sogar Nationalgarde. Trotz drei geräumter Häuser in beide Richtungen wird irgendjemand die Polizei gerufen haben. Um ihr Eintreffen zu verzögern, haben wir ein paar Homies zum Revier Montgomery geschickt, als das hier losging, wo sie mit einem alten Chrysler durch ein Sicherheitstor brechen sollten. Außerdem haben wir sechs Notrufe zu sechs verschiedenen Orten meilenweit weg abgesetzt.

Wir können davon ausgehen, dass wir höchstens zehn Minuten zum Aufräumen haben und mindestens drei.

5 Einer der O.G.s, die den Stadttransporter geklaut haben, springt rein und setzt rückwärts an den Bordstein vor Lus zerschossenem Haus. Als der Rückfahrwarner zu piepen aufhört, werfe ich meine Waffe auf die Ladefläche. Bisschen schade, sie wegzugeben, aber nicht so schlimm wie irgendwann damit erwischt zu werden. Alle, die eine Knarre abgefeuert haben, tun das Gleiche. Das sind meine Regeln. Lus wandert als nächstes auf den Laster, dann Osos, Apaches, die von den Soldaten, sogar Rangers Gewehr und die AK. Noch ein paar Schüsse, um die Überlebenden zu erledigen, dann wandern auch die Pistolen dazu, genau wie sämtliche Waffen von Troubles Crew.

Die Scheinwerfer lassen wir auf der Ladefläche, ebenso die Leiche des kleinen Homeboys, der sie angeknipst hat. Trouble hat ihm mit dem letzten Schuss, der ein paar Lampen ausgeschaltet hat, auch das halbe Gesicht weggeschossen. Ich kannte nicht mal seinen Namen. Lu hat es nicht gefallen, wie er da saß, halb aufgerichtet an der Rückwand des Lasters, als würde er Verstecken spielen und darauf warten, dass man ihn findet.

Sie spuckt aus und sagt dann: «Dummer kleiner Junge.

Wollte zugucken. Hätte er mal den Kopf unten gehalten. Dann hätte er ihn noch.»

Aber da ist noch was auf dem Laster, das sie beschäftigt, und mich auch. Die Pistole, mit der Momo geschossen hat, die mit dem Tape um den Griff, sieht haargenau so aus wie die, die Fate Lil Creeper abgekauft hat.

«Meinst du», fragt sie, «dass die Knarre, mit der ich Joker erledigt habe, auch von da kam? Dass die auch Momo gehörte?»

«Würde ich Lil Creeper zutrauen, dass er Momo beklaut», sage ich und schniefe. «Aber das heißt noch nicht, dass Trouble es wusste. Könnte aber erklären, wieso Momo bei ihnen war, und vielleicht sogar, wieso er Trouble abgeknallt hat, als er Gelegenheit dazu hatte. Vielleicht haben sie gedacht, er hätte uns geholfen, und darum haben sie ihn gezwungen mitzukommen.»

«Ist jetzt auch nicht mehr so wichtig», sagt sie. «Er ist *erledigt*.»

Sie hat recht, also zucke ich bloß die Achseln und trete zur Seite, um Platz für die anderen Leichen zu machen, die von Momo, Trouble und Troubles Crew, die auch auf die Ladefläche kommen. Oso, Fate und die Soldaten schleppen problemlos alle sieben, schmeißen die Körper hinten drauf wie dicke, blutige Reissäcke. Jetzt ist Lus Haus bloß noch Schauplatz eines Schusswechsels. Keine Leichen und keine Waffen mehr da.

Apache, Lu und ich zerren Mülltonnen vom Bürgersteig hinter dem Laster und öffnen sie. Der Geruch haut uns zuerst fast um, aber zu dritt ziehen wir schließlich drei Sätze Bettwäsche heraus, die seit Tagen in Benzin einweichen, und heben sie auf die Ladefläche, wo ein kleiner Homie sie

326

über die Leichen breitet. Er hält dabei die ganze Zeit die
Luft an. Das hilft auch nicht. Als er ganz wacklig vom Laster springt, schmeißen Oso, Fate und die anderen Feuer-
holz obendrauf, das hinten auf einem Pick-up lag, den wir
gestern Abend direkt neben dem Lastwagen geparkt haben,
und über das alles wirft Lu noch mal einen Satz Bettwäsche.

Danach ziehen wir uns alle aus und werfen Klamotten
und Schuhe in einen großen schwarzen Müllsack, den Apache aufhält. Anbehalten dürfen wir nur Boxershorts oder
Unterhosen, wenn sie kein Blut abgekriegt haben. Wenn
doch, wandern auch die in den Sack. Wer bis auf die Haut
ausgezogen ist, kriegt eine Decke vom Boden des Pick-ups,
und alle verschwinden in verschiedene Richtungen, bevor
die Sheriffs kommen. Wenn die einen von uns erwischen,
soll er lügen, dass man ihn überfallen und ihm sämtlichen
Besitz abgenommen hat. Und wenn die ihn fragen, wieso
er eine Decke hat, soll er sagen, dass eine Nachbarin ihm
aus Mitleid eine gegeben hat. Wäre nicht das erste Mal, dass
so was hier in der Gegend passiert. Es muss aber auch niemand weit laufen, höchstens drei Straßen weiter.

Für Fate, Lu, Apache und mich gibt es neue Klamotten. Zuerst Lu, dann Apache. Als er fertig ist, nimmt er den
schwarzen Sack und springt in den Laster. Der fährt los
Richtung MLK, gefolgt vom Cutlass. Den fährt Lu. Noch
höre ich keine Sirenen. Wir haben vielleicht noch zwei
Minuten.

Als ich in eine frische Shorts springe, sehe ich zufrieden
vier kleine Homies an, die ich vorher eingewiesen habe, mit
Schuhkartondeckeln unter die Füße gebunden und Plastikhandschuhen aus dem Krankenhaus. Ohne Fingerabdrücke
zu hinterlassen, sammeln sie so viele Patronenhülsen ein,

wie sie in einer Minute schaffen, und verstreuen dann alte aus allen möglichen verschiedenen Waffen, die nicht zu den Kugeln passen, die aus den Hauswänden gezogen werden.

Wenn sie über den Tatort spazieren, hinterlassen die Jungs rechteckige Abdrücke, aber nichts Identifizierbares, keine Schuhsohlenprofile. Ist simpel und selbstgemacht, aber so kriegen die Sheriffs nichts. Die Abdrücke sind weg, und ebenso die Schuhe, die sie gemacht haben. Danach drehen die kleinen Homies den Schlauch an der Hausseite auf und wässern gründlich den Rasen, wodurch sie sämtliche Blutspuren verwischen. Fast tut mir der Typ leid, der an diesem Tatort die Spurensicherung machen muss.

Ich habe einen Professor namens Sturm, war mal beim Militär, und der benutzt ständig den Ausdruck *FUBAR*. Ich musste ihn erst fragen, was das bedeuten soll, und er sagt, das sei so eine Abkürzung aus der Armeesprache, für *Fucked Up Beyond All Recognition*. Bis zur Unkenntlichkeit zerstört. Als ich das zum ersten Mal gehört habe, dachte ich, das wäre ein Supername für einen Homie, aber Sturm beschreibt damit immer, wie Naturereignisse die Spuren am Tatort ruinieren können, Regen oder Wind oder andere unvorhergesehene Einflüsse. Ich glaube nicht, dass ihm jemals in den Sinn kommt, warum ich bei seinen Vorträgen immer so gut aufpasse: Damit ich selbst mal so ein Ereignis sein kann.

6 Es war Fates Idee, auf dem Bürgersteig auf die Sheriffs zu warten, ich muss also dafür sorgen, dass er nichts an sich hat, wenn sie auftauchen. Er will bleiben, um zu verhindern, dass sie an Türen klopfen. Er weiß, sie werden versuchen, ihn zu finden, werden mit ihm sprechen wollen, weil sie an der Adresse ablesen können, dass er wahrscheinlich das Ziel war, und er hat keine Lust, wegzurennen, wenn er es einfach so erledigen kann. Wäre ja nicht das erste Mal, dass er verhört wird.

Tatsächlich hoffen wir, dass zuerst die Nationalgarde eintrifft. Mit der Garde ist uns wohler als mit den Vikings. Bei denen weißt du nie, was sie mit dir anstellen. Die sind hinterhältig. Und das Schlimmste ist, dass man nie genau weiß, wer dazugehört. Klar, sie haben ihre Tattoos, aber die habe ich noch nie zu sehen gekriegt. Wir können ja nicht durch die Socken sehen oder durch die Uniform. Man erkennt sie im Grunde nur an dem, was sie tun, und dann ist es zu spät.

Und darum soll Fate auch in aller Öffentlichkeit warten, wo viele Leute zusehen können. Das ist aber noch keine Garantie, dass ihm nichts zustoßen wird, darum muss man seinen Mut bewundern. Ehe ich ihn nach draußen schicke, muss ich ganz sicher sein, dass er keine Schmauchspuren an den Händen hat.

Jetzt sind bloß noch Fate und ich im Casino-Haus. Sonst ist niemand in der Nähe, damit niemand stört, wenn ich seine Hände untersuche. Ist unwahrscheinlich, dass etwas da ist, aber wenn, dann finde ich es.

Wenn eine Waffe ein Geschoss ausstößt, streut sie mit den winzigen Partikeln des Schießpulvers zwei Kaliumverbindungen in die Umgebung: Kaliumnitrat und Kaliumnitrit. Aber das ist vereinfacht ausgedrückt. Die möglicherweise in Schmauch enthaltenen chemischen Elemente hängen von der Art der Munition ab. Die wichtigsten Bestandteile des Zündsatzes sind Blei (Pb), Barium (Ba) und Antimon (Sb), die eigentlich überall drin sind, immer. Um die auswendig zu lernen, habe ich mir einen Satz ausgedacht:

329

«Playboy-Barbiere stehlen *besos*». Macht das Sinn? Haare schneidende Frauenhelden, die Küsse klauen? Nicht wirklich, aber es hilft beim Erinnern, also muss was dran sein.

Die Kombination der weniger häufigen Elemente hängt von der Geschossgröße (dem Kaliber) und vom Hersteller ab (und manchmal auch vom *Ort* der Herstellung, weil gewisse Dinge in manchen Weltregionen leichter oder billiger zu bekommen sind), es können also Anteile folgender Stoffe sein: Aluminium (Al), Kalzium (Ca), Chlor (Cl), Kalium (K), Kupfer (Cu) – «Al Capones *clica* kocht Curry» –, außerdem Schwefel (S), Silizium (Si), Zinn (Sn) sowie Strontium (Sr), Titan (Ti) und Zink (Zn) – «Schnüffler Sinatra singt» sowie «Sheriffs ticken Zombies nachts».

In der leeren Küche mache ich Wachs über einer der kleinen Gasflammen warm und drücke es auf Fates Hände. Er grunzt, sagt aber nichts. Er kennt die Prozedur. Als das Wachs ausreichend abgekühlt ist, ziehe ich es wieder ab und entferne so die Schmauchspuren. Man nennt das Adhäsionsmittel, aber im Grunde ist es bloß Paraffin. Wenn irgendwas durch die Handschuhe an die Hände gedrungen ist, dann sollte ich es jetzt abgezogen haben und also alle Substanzen, die sie so gern als Beweismittel dafür verwenden, dass jemand am Tatort war und geschossen hat.

Früher haben die Cops auf diese Art Spuren gesichert, und dann haben sie ein bisschen Diphenylamin und Schwefelsäure auf das Wachs gesprüht. Das mache ich jetzt auch. Wenn es blau wird, sind Nitrate drauf und Fate wäre überführt. Heutzutage benutzen die von der Spurensicherung meistens eine fünfprozentige Salpetersäurelösung, die sie auftragen, und die Tupfer schicken sie dann ins Labor, aber Sturm sagt selbst, die Labore sind schon in guten Zeiten voll ausgelastet bis überlastet. Ich kann mir gar nicht vorstellen, wie es jetzt bei diesem Chaos aussieht.

«Hey», sage ich zu Fate, drehe mich um und zeige ihm mein Genick, «habe ich da einen Schnitt oder so was? Hatte vorhin das Gefühl, als hätte mich irgendwas Kleines getroffen.»

«Da ist eine rote Stelle, eine kleine Verbrennung. Aber ist nicht durch die Haut gegangen», antwortet er.

Ich nicke und halte das Wachs unter die Küchenlampe über der Spüle, suche nach den Blautönen, die auf eine Nitratmenge hindeuten würden, die das kürzliche Abfeuern einer Schusswaffe nahelegt, aber es ist nur ein ganz schwacher Schatten. Nach meiner Einschätzung ist das kein konsistenter Befund, und wenn ich das so einschätze, werden es alle anderen genauso tun.

«Sauber», sage ich.

Fate nickt mir zu und geht raus auf den Bürgersteig, um zu warten, auf was auch immer kommen wird.

7 Das Timing könnte nicht besser sein. In nicht mal einer Minute wimmelt es in unserer Straße nur so von Nationalgardisten, zwei Humvees voll, ungefähr sechs Mann in jedem. Mit denen haben wir keinen Stress. Ich sehe zu, wie sie die Straße abriegeln. Ich sitze am Fenster des Casinos, die Lichter sind immer noch aus, aber ich habe das Fenster einen Spalt aufgemacht, damit ich hören kann, was abgeht.

«Scheiße, verdammte», sagt einer der Soldaten, als er Lus zerschossenes Haus sieht. «Das war ja mal ein Geballer.»

Sie entdecken Fate und steuern auf ihn zu, fordern ihn

auf, mit nach beiden Seiten ausgestreckten Armen vorzutreten, damit sie ihn abtasten können. Als sie feststellen, dass er keine Waffe trägt, fragen sie ihn, wieso er hier direkt gegenüber von einem Tatort auf dem Bürgersteig sitzt.

«Ich warte», sagt Fate.

Einer der Gardisten, ein kurzer Schwarzer mit Schnauzbart, fragt nach: «Worauf?»

«Auf die Sheriffs», sagt Fate.

«Ach, ein ganz Harter, was?» Der Gardist baut sich vor Fate auf. «Wie lange bist du schon in einer Gang?»

«Ich weiß nicht, was Sie meinen, Sir. Ich wohne bloß hier.»

«*Klar.*» Der Gardist sieht so aus, als will er irgendwas tun, weicht dann aber zurück. «Na, dann setz dich mal wieder hin, bis die Polizei kommt. Ich bin sicher, die wird viel mit dir zu besprechen haben.»

Da Fate sich nicht auffällig verhält und nicht bewaffnet ist, haben sie keinen Grund, ihn festzunehmen, aber sie lungern in seiner Nähe herum, während allmählich die Nachbarn auf die Straße treten und sich bei den Nationalgardisten bedanken, dass sie so schnell gekommen sind. Das haben wir ihnen aufgetragen, aber es klingt, als kommt es von Herzen, was einen guten Eindruck macht.

Ungefähr eine Minute später treffen die Sheriffs ein. Sie kommen mit heulenden Sirenen und Blaulicht angerast, reißen die Türen auf und stürmen auf die Straße. Als drei oder vier schwarzweiße Streifenwagen da sind, kriegt die Nationalgarde einen weiteren Notruf und fährt im Konvoi in die Nacht. Inzwischen sind mindestens zwanzig Leute auf der Straße. Die Sheriffs ziehen ein Absperrband um das Haus und drängen die Leute zurück, als ein schwarzes Zivilfahrzeug vorfährt und ein blonder Typ aussteigt.

Ich erkenne ihn, weil er schon mal hier war. Er heißt Erickson und ist Mordermittler. Fate ist schon öfter vorgeladen worden, um Fragen zu beantworten. Sie kennen ihn. Einmal haben sie ihn sogar festgenommen. Aber sie sind gerade mal so weit gekommen, dass der Staatsanwalt ein Ermittlungsverfahren eingeleitet hat, der Vorwurf lautete Beihilfe zum Mord, aber der Ermittlungsrichter wies den Antrag wegen Beweismangel gleich wieder ab. Sie wollen ihn unbedingt drankriegen. Schon seit Jahren. Erickson geht zum Zaun und schaut sich an, was Trouble angestellt hat, Fate bemerkt ihn und steht auf.

Wirklich seltsam, dass Erickson jetzt hier ist, denn das verstößt gegen das Protokoll. Normalerweise würde er nur auftauchen, wenn eine Leiche gefunden wird. Sie haben natürlich Meldung von der Schießerei bekommen, aber ohne dass Polizisten am Tatort einen Todesfall bestätigen, wird keiner von der Mordkommission losgeschickt. Die haben auch so genug zu tun, gerade in South Central. Als ich Erickson jetzt hier sehe, kommt mir der Gedanke, dass er vielleicht irgendwas weiß. Er ist viel zu schnell vor Ort, und so wie Fate den Kopf schräg legt, denkt er das auch.

Wir wissen nicht genau, ob Erickson ein Viking ist; er hat auf jeden Fall einen Wikingernamen. Aber er sieht echt mitgenommen aus, als hätte er seit Anfang der Unruhen eine Schicht nach der anderen abgerissen und noch nicht eine Minute geschlafen. Er sieht müde aus, er blinzelt, leckt sich dauernd die Lippen, als ob er vom ständigen Kaffeetrinken ganz ausgedörrt ist. Seine Haare sind zerwühlt, sein Sakko zerknittert, seine Jeans fleckig, als ob er schon seit Tagen dieselben Sachen trägt und nicht geduscht hat.

Vikings tischen dir immer Lügen darüber auf, was sie

schon gegen dich in der Hand haben, Zeugen oder Beweise oder was auch immer. Das ist an sich noch nicht ungewöhnlich, Ermittler dürfen irreführende Dinge sagen, wenn sie dadurch an Geständnisse oder weitere Beweismittel kommen können, aber diese Neonazi-Motherfucker gehen weit darüber hinaus. Viele von ihnen erinnern sich noch daran, dass Lynwood mal ein vorwiegend weißes Viertel war, und sie würden uns alle umlegen, wenn sie damit durchkämen. Manche haben es auch schon getan. Wir haben bisher sechs Homies an die Vikings verloren. Wir unterstützen ein paar Familien, eine Sammelklage wegen rassistisch motivierter Übergriffe und Anfeindungen einzureichen. Eines Tages kriegen sie, was sie verdienen. Ich weiß nicht wann, aber irgendwann ist es so weit.

Aber eins kann ich euch jetzt schon sagen: Niemand wird Hand an Fate legen, nicht vor so vielen Zeugen, und was noch besser ist, es kann ihm auch niemand was anhängen. Ich habe ihn gut eingewiesen. Er weiß, dass er über seinen Anwalt eine Teilchenzählung verlangen soll, wenn sie testen wollen, ob er eine Waffe abgefeuert hat. Wenn sie ihm erzählen wollen, dass der Test positiv war, was nicht sein kann, das weiß ich jetzt schon, dann soll er seinem Anwalt erzählen, dass er an seinem Auto geschraubt hat, an den Bremsbelägen, denn einige der Teilchen im Schmauch können auch daher stammen. Er weiß auch, wenn sie seine Hände nicht in Plastiktüten stecken, kann man mit nachträglicher Verunreinigung argumentieren. Das heißt, dass die Teilchen von Polizisten am Tatort stammen, oder einfach aus der Umgebung.

Erickson entdeckt Fate aus dem Augenwinkel, fährt herum und geht schnell auf ihn zu. Er hat schon mehr oder weniger Schaum vorm Mund, und Fate ist eine Handbreit größer als er, aber Erickson zieht seinen Gürtel hoch und fuchtelt Fate mit seinem Scheißzeigefinger unter der Nase herum, total respektlos.

«Du wirst mir jetzt erzählen, was zum Teufel hier abgegangen ist, José, und das ein bisschen plötzlich.»

Ist nicht so schlau, einen Homie in seiner eigenen Hood so vorzuführen. Aber Fate zuckt nicht mal mit der Wimper.

«Anwalt», sagt er, und das ist alles, was er sagt. Dieses Wort bringt Polizisten überall auf die Palme, ganz besonders aber in South Central. Denn hier reden die meisten Idioten mit den Ermittlungsbehörden. Womöglich verzichten sie sogar auf ihr Recht auf Aussageverweigerung. Wir aber nicht. Wir wissen, das Rechtssystem schützt uns.

«Hört euch den an», sagt ein stiernackiger weißer Sheriff an der Absperrung. «Will jetzt schon einen Anwalt! Der ist doch schuldig wie nur was.»

Erickson wirft dem Typ einen Blick zu, dass der sofort das Maul hält und sich abwendet.

«Hör mal zu, ich weiß, wer hier war und warum», sagt Erickson zu Fate. «Wahrscheinlich war es sogar Notwehr für dich und deine Homeboys, aber soll ich dich trotzdem einbuchten, weil du in Tatortnähe aufgegriffen wurdest? Wegen des Verdachts der Tatbeteiligung? Ich will doch bloß wissen, was passiert ist.»

Fate sagt bloß «Anwalt.» Noch mal wird er es nicht sagen.

Erickson wendet sich angewidert ab.

«Leg einer diesem Scheißschlaumeier hier Handschellen an», sagt er.

Und sie legen ihm tatsächlich Handschellen an, und da verbocken sie es, weil sie ihm nämlich vorher keine Plastikhandschuhe überstreifen. Wenn ihr Schmauchspurentest vor Gericht Bestand haben soll, müssen sie jede nachträgliche Verunreinigung ausschließen. Das können sie nur mit Plastikhandschuhen, aber die vergessen sie, diese Amateure. Sie schieben ihn einfach hinten in Ericksons Zivilwagen und hauen ab.

Es dauert dreiundzwanzig Minuten, bis ein anderer Detective kommt und sich das Haus ansieht. Ich habe die Zeit gestoppt. Als er da ist, beobachte ich ihn, wie er den Rasen untersucht, dann das Haus, und dabei den Kopf schüttelt. Man sieht, eigentlich will er sich gar nicht die Mühe machen, und das freut mich. Er weiß, er kann bloß Kugeln aus den Hauswänden ziehen, alles, was so drin steckengeblieben ist, aber im Grunde hat er überhaupt nichts in der Hand.

Sie wissen nicht, wie viele Leute da waren, wie viele Waffen abgefeuert oder wie viele Leute getroffen wurden, und noch viel weniger, wer getroffen wurde oder wo sie dabei standen, oder ob die Treffer tödlich waren. Das hier ist ein zerstörter Tatort, und ohne Leichen – wenn es überhaupt Leichen gibt – haben sie gar nichts. Nichts, was auch nur im Ansatz strafbar sein könnte und sich zu verfolgen lohnt. Alles komplette Zeitverschwendung, aber der Detective läuft trotzdem über den matschigen Rasen und legt Zahlen neben Patronenhülsen, die wahrscheinlich nicht mal zu den Kugeln in den Hauswänden passen, fotografiert die Einschusslöcher im Putz und alles. Mit diesem Mangel an Beweisen werden sie Fate nicht mal über Nacht in der Zelle behalten können. Das könnten sie nur, wenn sie eine Zeugenaussage hätten, und die haben sie nicht und werden sie auch niemals kriegen.

Er wird in ein paar Stunden wieder draußen sein.

8

Ich warte über eine Stunde, dass die Sheriffs endlich verschwinden, ehe ich Wizards kleine .22er vom Regal im Wandschrank nehme und nach hinten in die Gasse schleiche. Ich stecke sie nur zur Vorsicht ein. Ich bin ziemlich sicher, dass Trouble mindestens zwei Fluchtfahrer hier irgendwo platziert hat. Wenn ich Glück habe, sind sie abgehauen, als sie die AK gehört haben und keiner von ihren Jungs zurückgekommen ist. Aber man kann nie wissen, also gehe ich kein Risiko ein.

Die Gasse hinter Mini-Vegas ist leer, abgesehen von einem streunenden Hund, der am Ende des Blocks am Fuß eines Telegraphenmasts herumschnüffelt. Die schwarzen Schattenrisse von Palmen schwanken sanft über Garagen. Es weht kaum Wind, aber doch ein bisschen. Ich habe vor, zu meiner Freundin Irene zu gehen und dort abzuwarten, bis Fate mich holen kommt. Ich schniefe und spucke beim Gehen auf den Asphalt. Bevor ich auf den Boardwalk einbiege, rieche ich eine Sekunde lang Magnolien, süß und sauber, ein bisschen zitronig, aber dann ist meine Nase wieder verstopft und der Duft weg. Diese schöne Sache ist nach nur einer Sekunde vorbei.

Ich entscheide mich für einen Umweg. Ich muss in der Gasse vorbei, in der es Ernesto erwischt hat, und nachsehen, ob sie ihn endlich abgeholt haben. Seit wir die Sache mit Trouble planen, bin ich zu beschäftigt, mich darum zu kümmern, ich habe nicht mal einen kleinen Homie gebeten, rüberzurennen und nachzusehen, und seit ich Lu ins Gesicht gelogen habe, dass Ernesto nicht mehr da liegt, nagt es an meinem Gewissen. Als wir einen Tankstellenbetreiber aus dem Bett seiner Freundin gezerrt haben, damit er uns eine Unocal am MLK-Boulevard aufschließt und wir ordentlich Benzin abziehen können, um die Bettlaken drin einzuweichen, musste ich an Ernesto denken, wie er da auf dem Asphalt liegt. Das ist mir bei den Vorbereitungen ein paarmal passiert. Ich suche im Lastwagen nach einem Twist-Lock-Adapter, damit wir die Baustellenlichter richtig anschließen können, weil die nämlich andere Anschlüsse haben, und dann fällt es mir ein, wie ein Stich in den Magen, und ich will wissen, ob er noch da draußen liegt, aber dann müssen noch sechs andere Sachen erledigt werden, und ich vergesse es wieder. Das ist alles ganz komisch für mich. Wie gesagt, ich bin es nicht gewohnt, Leute zu vermissen oder überhaupt nur an sie zu denken, wenn sie nicht mehr da sind, aber hier ist es anders. Ich muss wissen, was passiert ist. Als ich in die Gasse einbiege, wird es eng in meiner Brust, und ich rechne damit, dass er immer noch da liegt, flach auf dem Rücken, den Kopf in Lus schwarzweißes Flanellhemd gewickelt wie in eine Kapuze.

Aber er ist nicht mehr da.

Ich muss schniefen. Ich nicke erleichtert, und meine Lunge entspannt sich. Ich gehe zu der Stelle, wo Joker und seine Homeboys ihn eingeholt haben müssen, und stelle mich daneben. Eines Tages, wenn sie so weit ist, wird Lu alles erfahren wollen. Sie wird wissen wollen, wie oft man auf ihn eingestochen hat. Fünfzehn- oder siebzehnmal nach meiner Zählung. Wegen der ausgefransten Wundränder und der schlechten Beleuchtung war bei zwei Stichen kaum zu erkennen, ob das Messer eingedrungen und bloß in anderem Winkel wieder herausgezogen worden war, oder ob er zweimal an derselben Stelle verletzt worden war. Sie wird wissen wollen, wie sie ihn noch verletzt haben, und ich werde ihr von dem stumpfen Gegenstand erzählen müssen, so was wie ein Baseballschläger.

Zwanzig Meter weiter, am Eingang einer offenen Garage, der dritten auf der rechten Seite, deren Deckenlicht aus ist, glüht ein orangeroter Punkt auf und verblasst wieder. Ich erstarre. Jemand lehnt an einem Kofferraum und raucht eine Zigarette. Ich stecke die Hand in die Tasche mit Wizards Knarre und gehe ein paar Schritt näher heran, bis ich sehen kann, dass ich mir keine Sorgen machen muss. Dann nehme ich die Hand wieder aus der Tasche und lasse sie herunterhängen.

Zuerst bemerkt sie mich gar nicht, es ist die Krankenschwester, die Ernesto helfen wollte, die Lu erzählt hat, was sie gesehen hat. Sie heißt Gloria. Das weiß ich, weil meine Freundin unbedingt Krankenschwester werden will wie sie. Irene ist mit Glorias kleiner Schwester Lydia befreundet, und sie gehen beide zusammen abends zur Schwesternschule. Irene hat noch ungefähr ein Jahr vor sich.

An Glorias gebeugter Haltung kann ich ablesen, dass sie ihn auch noch sieht, immer noch, ihr Blick ist auf den Boden der Gasse gerichtet. Sie denkt an Mittwochabend, das weiß ich. Sie hat auf die Stelle gesehen, wo Ernesto am Ende zur Ruhe kam, wo wir ihn gefunden haben, nachdem sie ihn geschleift und das Drahtseil wieder von den Füßen gelöst hatten. Diese Krankenschwester hat genau dahin gesehen, wo auch ich hingesehen habe. Auf die Stelle, wo ein Mensch gelegen hat. Wo kein Mensch mehr liegt. Aber auch sie sieht Ernesto noch, die Erinnerung an ihn.

Ich mache ein kleines Geräusch, trete ein paar Steinchen weg, als ich am Rand der Gasse auf sie zugehe. Ich will sie nicht erschrecken, aber sie zuckt trotzdem ein bisschen zusammen, als sie mich sieht, und das Auto, auf das sie sich stützt, schaukelt kurz hoch, bevor die Stoßdämpfer wieder zur Ruhe kommen. Trotzdem wechseln wir einen Blick, ich bin nicht ganz sicher, ob ihrer das Gleiche bedeutet, aber vielleicht schon. Der Blick zeigt Verständnis, er sagt *Ich weiß, ich habe es auch gesehen,* und ich weiß zwar nicht genau, was das eigentlich ist, was das bedeutet, wenn es überhaupt etwas bedeutet, aber vielleicht hilft es Menschen, zu wissen, dass sie nicht allein schlimme Gefühle haben.

Ich nicke ihr zu. Sie erwidert das Nicken nicht. Stattdessen wandert die Zigarette wieder zu ihrem Mund, und der rötliche Punkt wird heller, als sie daran zieht. Um ihr zu zeigen, dass ich keine Bedrohung darstelle, breche ich den Blickkontakt ab, schaue woanders hin. Ich schaue nach oben.

Der Himmel ist heute eher dunkelviolett, nicht so schwarz vom Qualm wie die letzten beiden Nächte, und das bedeutet wohl, dass die Brände weniger werden. *Es ist fast vorbei,* denke ich, *die Unruhen, diese Tage der Freiheit.* Über uns sehe ich die rot blinkenden Positionslichter eines Flugzeugs. Es ist im Sinkflug Richtung LAX. Mir fällt auf, dass ich seit einiger Zeit kein Flugzeug mehr gesehen habe, ich gehe weiter. Ich sehe die Krankenschwester nicht noch einmal an. Wir haben miteinander geteilt, was wir teilen mussten.

9 Ich muss jetzt zu Irene, also gehe ich schneller. Ich darf nicht mehr lange draußen herumlaufen. Ich schniefe und schaue noch einmal hoch zum Flugzeug, kurz bevor es aus meinem Sichtfeld verschwindet. Ich frage mich, wer wohl darin sitzt, warum jemand zu so einer Zeit nach L.A. fliegt. Vielleicht Menschen, die ihren Urlaub schon gebucht hatten und ihn nicht absagen wollten. Ich wusste nicht mal, dass es solche Menschen gibt, bevor ich diesen Spurensicherungskurs am Southwest College belegt habe. Solche Leute hatte ich bis dahin immer nur im Fernsehen gesehen. Ehrlich, das College ist eine ganz andere Welt.

Und weil ich diese Welt sehe, weil ich mich darin zurechtfinde und mir neue Fähigkeiten im Umgang mit Menschen aneigne, von denen ich gar nicht wusste, dass man sie braucht, fühle ich mich wie zwei unterschiedliche Menschen. Da bin ich, der Homeboy Clever, zu allem bereit, und da bin ich, der Student Robert Rivera. Mr. Rivera, wie Sturm mich nennt. Zwischen diesen beiden Seiten von mir steht eine Wand. Ist fast wie ein Doppelleben.

Da bin ich auf eine Art hineingewachsen. Als kleiner Homie wollte ich mich unbedingt beweisen, wollte jemand sein, irgendjemand. Ich habe die Schule mit dreizehn geschmissen, weil Lu sie geschmissen hat. Fand ich langweilig und langsam. Ich begriff alles immer sehr schnell, und dann musste ich rumsitzen und warten, bis alle anderen auch so weit waren. Zu Hause war meine Mutter nie da, aber das ist eigentlich keine Entschuldigung, bloß Tatsache. Um nicht allein zu sein, hing ich mit Lu ab, und wir machten allen möglichen Blödsinn.

So hätte ich vielleicht weitergemacht, wenn Fate nicht in uns beiden noch mehr gesehen hätte, wenn er mir nicht gesagt hätte, dass ich zu schlau bin, um bloß den üblichen Gangscheiß abzuziehen wie die anderen Homies. Ich sollte meinen Kopf benutzen, der ist eine gefährlichere Waffe. Er sorgte dafür, dass ich so einen GED-Test machen konnte – bevor er mir davon erzählte, hatte ich gar keine Ahnung, dass es so einen Test überhaupt gibt, der fast so was wie ein Highschool-Abschluss ist.

Er organisierte eine Nachhilfe für mich, damit ich alles aufholen konnte. Und das war Irene. Vier Tage die Woche hat sie mit mir gearbeitet, bis ich besser lesen und Referate schreiben konnte, den Unterschied zwischen gesprochener und geschriebener Sprache gelernt habe; dass ich also nicht einfach schreiben kann, wie ich will, wenn man mich verstehen soll; dass es dafür Regeln gibt. Selbst Algebra brachte sie mir im Handumdrehen bei. Ohne sie und Fate würde ich immer noch auf der Straße rumhängen, weiter nichts. Sie haben mein Leben verändert. Dafür schulde ich ihnen beiden was. Ich verdanke ihnen alles.

Letztes Jahr habe ich am Southwest angefangen, weil Fate das wollte und weil er dafür zahlt. Zuerst hatte ich Schiss, weil ich noch nie aus unserem Viertel rausgekommen war, aber ich habe gemerkt, dass es mir richtig Spaß macht. Und dass ich gut bin. Vielleicht ist das auch gefährlich, weil ich dadurch schon so oft darüber nachgedacht habe, wie ein Leben außerhalb der Hood wohl aussehen würde, oder was ich tun müsste, um das zu erreichen, aber davon habe ich Fate nie erzählt, und Lu auch nicht.

Neulich habe ich mich bei dem Gedanken erwischt, mir mit Irene eine Wohnung zu suchen, womöglich eine Familie zu gründen. Mit achtzehn ist man vielleicht noch zu jung für solche Gedanken, aber ich kenne Idioten, die schon mit fünfzehn Kinder in die Welt gesetzt haben, oder noch früher. Ich weiß allerdings nicht, ob Irene mitspielen würde. Sie ist nicht so der Typ für Sozialhilfe. Außerdem bin ich ziemlich sicher, dass wir dafür heiraten müssten. Ihre Familie ist ziemlich traditionsbewusst. Sie sind 1973 aus Thailand nach

Lynwood gekommen, da war sie zwei Jahre alt. Sie spricht kaum Thai, weil ihre Eltern wollten, dass sie eine richtige Amerikanerin wird. Sie wollten nicht, dass sie durch eine Sprachbarriere behindert wird. Sie ist drei Jahre älter als ich und das klügste Mädchen, das ich kenne. Sie hat die Lynwood Highschool ein Jahr früher abgeschlossen als üblich und ist an der California State University hier in L.A. zugelassen worden, aber sie hat kein Stipendium gekriegt und konnte sich das Studium darum nicht leisten.

Kurz bevor ich zu ihrem Haus komme, nehme ich die Abzweigung hintenherum, vorbei an den Garagen am Ende der Gasse, springe über einen Zaun und klettere auf den Rand des Backsteinfundaments vor Irenes Zimmer. Ich klopfe sacht ans Glas, bis sie aufwacht und mich mit ihren großen Augen vom Bett her anblinzelt. Sie ist eins fünfundsechzig, hat hellbraune Augen und langes schwarzes Haar, das sie manchmal mit einem Bleistift drin zu einem Knoten hochsteckt. Sie macht jeden Tag in ihrem Zimmer mit einer Videokassette Jazztanz-Übungen, deshalb ist sie schlank und durchtrainiert, hat überall Muskeln, und die zeigt sie mir, als sie das Fenster so weit aufmacht, dass ich reinklettern kann.

«Alles in Ordnung bei dir?», fragt sie. «Ich habe Schüsse gehört.»

Ich würde das nie zugeben, aber sie ist so hübsch wie ein Kunstwerk. Jedes Mal, wenn ich sie ansehe, fühle ich mich angezogen, aber auch ein bisschen abgeschreckt, weil ich fürchte, ich werde sie nie ganz verstehen können.

«Ich habe auch Schüsse gehört», sage ich. In dem Moment beschließe ich, ihr nichts von meiner Begegnung mit Gloria zu erzählen. Da müsste ich zu viel erklären.

Irene seufzt, weil sie weiß, ich habe was Schlimmes ange-stellt, und macht einen Schritt zurück, um mich ins Zimmer zu lassen. Ich schwinge ein Bein über die Fensterbank und klettere rein. Drinnen streife ich sofort die Schuhe ab. Es riecht nach Jasmin, jedenfalls soweit ich das mitkriege. Sie hat immer noch Poster von Janet Jackson und Boyz II Men an einer Wand und an einer anderen eins von Ice Cubes Album *AmeriKKKa's Most Wanted*, obwohl ich schon hun-dertmal gesagt habe, wie schräg das ist, dass sie schwarze Musik mag, aber dann hält sie mir immer vor, dass ich auf Motown stehe, und will wissen, wieso ich mit zweierlei Maß messe. Darauf weiß ich keine Antwort, also lässt sie die Pos-ter an der Wand, aber auch wenn ich eine wüsste, würde sie keins abnehmen, glaube ich. So ist Irene. Loyal.

Bis letztes Jahr wohnte sie in einer eigenen kleinen Woh-nung mit Lydia, aber dann wurde ihr Vater abgeschoben, weil er in einer Karosseriewerkstatt gearbeitet hat, wo ohne sein Wissen Autoteile geklaut und vertickt wurden, und des-halb ist sie wieder zurückgezogen zu ihrer Mutter und zu ihrer großen Schwester. Jetzt arbeiten die beiden Töchter tagsüber bei Ralphs an der Supermarktkasse, und abends geben sie Thai-Massagen in einem Laden in Carson, wenn sie Schichten kriegen. Irene ist nicht so scharf darauf, aber sie beschwert sich nie. Ihre Mutter hat Lungenkrebs und kann nicht arbeiten, darum unterstützen die Töchter sie und versuchen nebenbei noch was für die Ausbildung zur Seite zu legen und irgendwie ihren Vater wieder herzubringen.

«Wie geht es deiner Mutter?», frage ich. «Besser?»

Irene schüttelt den Kopf, lächelt aber. «Sie kriegt jetzt ein Medikament, das Taxol heißt. Ist ganz neu, wird aus Baum-rinde gewonnen. Sie sagt, davon tun ihr die Gelenke weh.»

«Weiß sie, dass ich heute Nacht vorbeikomme?»

Mrs. Nantakarn konnte es früher nicht ausstehen, wenn ich spätabends hier war, und noch viel weniger, wenn ich über Nacht blieb, aber jetzt findet sie es nicht mehr so wild, weil sie Krebs hat und ich meinen Fortbildungskurs angefangen habe. Vor ein paar Monaten habe ich sogar gehört, wie sie Irene gefragt hat, wann unsere Hochzeit ist. Sie hat gesagt, sie wollte vor ihrem Tod wenigstens eine ihrer Töchter heiraten sehen, aber Irene hat gesagt, sie soll davon aufhören, sie wird heiraten, wenn sie dazu bereit ist.

«Ich habe ihr gesagt, du würdest vielleicht heute Abend kommen, also hat sie mich grünes Curry machen lassen, nur für den Fall», sagt Irene. «Wo wir schon bei Müttern sind, deine hat angerufen und nach dir gesucht. Ich glaube, sie macht sich Sorgen.»

Irene hält immer noch große Stücke auf meine Mutter. Sie kennt die Frau nicht so gut wie ich. In Wirklichkeit macht sich meine Mutter größere Sorgen um ihren nächsten Schuss als um mich, und wenn sie hier angerufen hat, dann brauchte sie entweder Geld oder Stoff, obwohl sie weiß, von mir kriegt sie keins von beidem.

Meine Mutter ist ein O.G., aufgewachsen in East L.A., ewig lang in einer Gang, genau wie mein Vater. Sie haben jung geheiratet und sich jung wieder scheiden lassen. Dass ich in einer Gang bin – auch wenn es nicht die gleiche ist –, ist also gewissermaßen vererbt. Meine Mutter wäre froh, wenn ich nicht drin wäre. *Wer spielt, muss zahlen.* Das hat sie mir schon erzählt, als ich noch ganz klein war. Sie weiß es aus Erfahrung. *Vielleicht nicht immer so, wie du es erwartest,* hat sie gesagt, *aber irgendwie musst du immer bezahlen.*

«Hast du Hunger? Wenn du kein grünes Curry willst,

kann ich dir auch was anderes kochen.» Sie gähnt und schenkt mir dann so einen ihrer fürsorglichen Blicke, von denen ich nie genug kriege. «Brauchst du irgendwas?»

Ich habe zwei Nächte in Mini-Vegas auf dem Fußboden geschlafen, mir tut alles weh, also frage ich: «Könntest du mich vielleicht massieren?»

10

Irene sagt nichts. Sie kommt nur zu mir, so dicht heran, dass ihr Scheitel direkt unter meiner Nase ist. So eine Frau ist sie. Müde, gerade aufgewacht, aber sie kümmert sich trotzdem um mich. Ich frage mich, womit ich so ein Glück verdient habe. Ich schniefe, als sie mir aus dem Sweatshirt hilft, und ich lege es auf den kleinen Stuhl mit dem kleinen Stoffhund unter ihrem Fenster. Sie gibt mir ein Taschentuch, ich putze mir die Nase und sage ihr dann, sie soll sich von meiner linken Hosentasche fernhalten, mehr nicht, weil darin Wizards kleine Pistole steckt, und ich weiß, es würde ihr nicht gefallen, dass ich sie habe. Ich werfe das Taschentuch in den Müll. Sie riecht nach Zimt und sauberer Bettwäsche, als sie mir aus dem Hemd hilft, ein Handtuch auf den Teppich legt und mich darauf.

«*Mi corazón*», sagt sie und weiß, ich werde schwach, wenn sie spanisch mit mir spricht, «wird es nicht Zeit, dass du aussteigst, also *richtig* aussteigst?»

Ihre Stimme klingt immer noch ein bisschen belegt vom Schlaf. Einen Moment habe ich ein schlechtes Gewissen, weil ich sie aufgeweckt habe und jetzt auch noch arbeiten lasse, aber als sie anfängt, schmilzt das alles weg.

Seit ich fünfzehn bin, kann ich meinen linken Arm nicht mehr über Schulterhöhe heben, weil wir uns mit einer

346

Bande Bloods im Ham Park geprügelt haben, als die mit
Sprühdosen ankamen, um direkt vor unserer Nase unsere
plaqueasos zu crossen, so als wären sie die ganz Harten.
Total dämlich. In der anschließenden Schlägerei hat mich
so ein kleiner Typ mit rundem Afro und einem Gesicht wie
eine Ananas zu Boden geworfen und mich sechsmal mit
einer abgebrochenen Flasche gestochen. Er hat meine linke
Schulter und den Latissimus übel zerschnitten. Lu hat ihn
mir vom Leib geschafft. Sie hatte auch eine abgebrochene
Flasche, die sie ihm immer und immer wieder auf den Schädel gezogen hat. Jedes Mal, wenn sie ihm den Kopf aufgeschnitten hat und das Blut spritzte, hat sein krauses Haar
es aufgesaugt. Kein Witz. Hat sogar jedes Mal ein kleines
Geräusch gemacht, so *fwuupp*.

Das werde ich nie vergessen. Kann man nicht. Er hat
überlebt, habe ich gehört, aber ich möchte seinen Schädel nicht sehen, wenn er den mal kahlrasieren muss, kann
ich nur sagen. Als sie mich wieder zusammengeflickt hatten, war mein linker großer Rückenmuskel drei Zentimeter kürzer als der rechte, und jetzt bin ich schwächer auf der
Seite. Darum lässt Fate mich auch nie was Schweres heben,
so was wie Leichen. Ihr solltet mal meine Narben sehen.
Sehen aus wie kleine braune Sternbilder, die sich von meiner Haut abheben. *Galaxien* hat Pint sie genannt, als er mir
vor einiger Zeit die kleine grauschwarze Eule auf die Brust
tätowiert hat. Seine Bezeichnung hat mir immer am besten
gefallen. Da kamen mir die Narben weniger wie verheilte
Wunden vor, eher wie etwas Größeres, Besseres.

Irene sagt mir, ich soll mich auf den Bauch legen, und
fängt dann mit meinen Füßen an. Sie beugt mein linkes Bein
am Knie und stemmt ihr Gewicht dagegen, streckt mein

ganzes Bein, Wade, Schenkel, Gesäßmuskel. Thai-Massagen sind anders als normale Massagen. Ich habe eine Weile gebraucht, mich daran zu gewöhnen, aber jetzt will ich gar keine andere mehr. Es ist eher so ein Strecken und Drücken, ein Ziehen und Schieben, was irgendwie auch zu unserer Beziehung passt. Sie streckt und drückt mich immer in verschiedene Richtungen. Sogar jetzt beim Massieren.

«Wir könnten überallhin», sagt sie. «Du weißt doch, ich muss nicht hier zur Schwesternschule gehen. Ich könnte die Schule wechseln.»

«Dafür braucht man Geld», sage ich, «und was ist mit deiner Mutter und deiner Schwester?»

«Die können mitkommen, und wegen des Geldes können wir uns immer was einfallen lassen.»

«Wir könnten Bonnie und Clyde sein», sage ich lachend. «Ich bin Clyde.»

«Ich würde eine gute Bonnie abgeben, aber auf die Waffen kann ich verzichten», sagt sie. «Dreh dich um», sagt sie außerdem, und das tue ich.

Jetzt liege ich auf dem Rücken und starre an die Decke, und sie hat ihre rechte Fußsohle in meiner linken Achselhöhle. Langsam zieht sie meine schlimme Schulter zu sich heran. Ich spüre die Streckung bis ins Rückgrat und noch weiter, bis in die rechte Hüfte. Es brennt ein bisschen.

«Ich kann Fate nicht im Stich lassen», sage ich. «Niemals. Er braucht mich.»

«Aber wenn irgendwas schiefgeht? Nicht jeder ist so klug wie du, Baby. Wenn nun irgendwer was anstellt, das auf dich zurückfällt, oder dich sogar verpfeift? Was, wenn du eingesperrt wirst?»

Ich denke an Apache. Er ist vielleicht nicht der Hellste,

348

aber er tut, was man ihm sagt, man kann sich immer auf ihn verlassen. Er hat nur eine einzige Aufgabe, denke ich, nämlich den Lastwagen zu einer Unterführung zu fahren und zu verbrennen. Aber eine Sekunde lang verunsichern mich Irenes Worte, ich kriege Angst, dass er versagen könnte, und was dann mit uns passiert.

«Ich will ja nur sagen, du hast deinen Teil geleistet», sagt Irene. «Du weißt, du kannst nicht für immer in der Gang bleiben, oder? Du wirst bald einen Abschluss machen. Du könntest eine Stelle kriegen. *Vielleicht* kannst du sogar eines Tages eine Familie gründen.»

«Ich könnte nie Polizeiarbeit machen. Auf gar keinen Fall», sage ich.

«Das musst du ja nicht unbedingt. Denk einfach drüber nach», sagt sie. «Das ist wie bei der Nachhilfe, okay? Ich sage dir nicht, was du tun sollst, ich fordere dich nur auf, nachzudenken und es selbst rauszufinden.»

«Willst du damit sagen, ich soll so aussteigen wie mein Vater?» Ich merke erst, wie wütend das klingt, als ich es gesagt habe. «Der Frau und Kind verlassen hat und weggezogen ist? Woanders eine neue Familie gegründet hat?»

Irene ist einen Augenblick still, aber ihre Hände ruhen nicht. Ich spüre, dass sie über Gespräche nachdenkt, die wir geführt haben, über Einzelheiten. Darüber, dass ich nicht gern darüber rede, wie meine Mutter heftig auf Drogen kam, als mein Vater abgehauen ist und ich noch nicht mal zwei Jahre alt war. Darüber, dass ich mich nicht mehr erinnere, wie er aussah, weil Mom alle verdammten Fotos vor Wut verbrannt hat; aber kaum hatte sie rausgefunden, dass er irgendwo nach Lynwood oder Compton gezogen war, lieh sie sich Geld von ihren Eltern und zog mit mir hierher. Und ich war der Neue an einem Ort, wo das kein Zuckerschlecken ist, denn das hieß, dass ich fast jeden Tag übel verprügelt wurde, bis Ernesto sich erbarmte und eine Art großer Bruder für mich wurde, der dafür sorgte, dass ich mit den Veras zur Schule ging. Und darüber, dass meine Mutter sich mit ihren Drogen ein so tiefes Loch gegraben hatte, dass sie überhaupt nicht mehr versuchte, meinen Vater zu finden, sondern bloß noch jeden Tag den Schmerz abzutöten. Über *all* das. Und immer noch machen Irenes Hände weiter.

«Du bist nicht dein Vater.» Das sagt sie, als sei das Gespräch damit beendet. Endgültig. Ihre Worte klingen hart, als ob sie mit mir streiten wird, wenn ich widerspreche.

Ich stöhne auf, aber nicht wegen ihrer Worte. Sondern weil Irene fester zieht als je zuvor, und die Streckung fühlt sich an, als ob es mir das Steißbein rausreißt. Sie weiß, dass ich schon lange in der Gang bin, aber Genaueres weiß sie nicht, und ich erzähle ihr auch nichts davon. Bettgeflüster ist tabu. Sie kriegt Fate oder die anderen überhaupt nur zu sehen, wenn wir zusammen essen, also beim Barbecue oder so, und da redet niemand übers Geschäft, da essen wir bloß.

So geht es weiter. Sie schiebt. Sie zieht. Sie stemmt ihre fünfundfünfzig Kilo dagegen und streckt mich. Es tut weh, wenn ich ehrlich bin. Sie sagt, ich kann mein Leben selbst bestimmen. Es ist meine Entscheidung. Ihr Vater hatte nie eine Wahl, und mein Vater ist zu weit gegangen, aber ich kann tun, was *ich* will. Manchmal ist es schwer, sie so reden zu hören. Sie weiß nicht von allem, was ich getan habe. Sie hat keine Ahnung vom Großen und Ganzen. Sie kommt aus einer guten Familie. Ich nicht.

Ich war bloß ein wütendes kleines Schlüsselkind, ich suchte Streit, um zu beweisen, wie hart ich war, wie wenig es mir ausmachte, dass ich allein war. Ich bin jetzt nur ein anderer, weil Fate mich dazu gemacht hat, und Irene begreift nicht, dass dieses Spiel für mich schon vor langer Zeit begonnen hat. Jetzt kann ich nicht mehr aufstehen und den Tisch verlassen. Ich habe mein Blatt bekommen, als ich meinen Namen bekommen habe, als ich Clever wurde. Sicher, es sind auch früher schon Leute ausgestiegen. Sind aus dem Viertel weggezogen, haben Kinder gekriegt. Aber das war bevor Joker, Trouble und Momo plattgemacht wurden. Jetzt spielt in Lynwood kein anderer mehr mit, bloß noch wir und ein paar Crips, aber mit denen kommen wir klar. Wir haben eine Abmachung. Ich verstehe nicht viel vom Kartenspiel, aber ich weiß, du musst mit dem Blatt spielen, das dir gegeben wurde.

Manchmal kommt es mir so vor, als würden Irenes Hände kein Nein akzeptieren. Sie hat den kräftigsten Griff, den ich kenne. Und je mehr ihre Hände arbeiten, desto mehr erzählen sie mir, dass ich auch immer noch Robert bin, dass ich sowohl er als auch Clever bin. Und das ist vielleicht genau das Problem, denn ich öffne mich langsam dem Gedanken, mein Leben könnte auch anders sein. Ich glaube, daran ist das College schuld. Und sie auch. Und immer noch zerrt und stößt sie, versucht, mich das Gute erkennen zu lassen, und irgendwie wachse ich dabei. So war es immer mit uns beiden. So habe ich meinen Test bestanden. So bin ich ans Southwest College gekommen. Und vielleicht kann ich so sogar eines Tages was ganz anderes machen. Wenn überhaupt, dann geht es nur so. Nach den vielen üblen Sachen, die ich angestellt habe, bin ich nicht so sicher, ob mein Leben ein Happy End verdient, aber Irene will mir immer eins schenken, ob mit Ziehen oder Schieben.

GABRIEL MORENO

ALIAS APACHE

2. MAI 1992

1:22 UHR

Das Gute an einem Ruf ist, man muss eine Sache nur einmal machen und dafür sorgen, dass es jemand sieht, damit der es erzählen kann. Ja, ich hab jemanden skalpiert, aber es war nicht so schlimm, wie die Leute denken. Ich meine, erst mal war der Idiot schon tot, ich hab nämlich erst angefangen, nachdem ich ihm eine .22er in die Nase gesteckt und abgedrückt habe.

Das war gut, nur hat es ihm alle Haare aus dem linken Nasenloch gebrannt, also das Mündungsfeuer. Der Rest, also wo die Kugel dann hinging und wie sie ihn erledigt hat, das ging fast augenblicklich, das Kaliber war ja so klein, dass sie im Kopf steckenblieb und nicht wieder rauskam. Hat sein Hirn bloß durchgequirlt wie Rührei, er hat also nicht gelitten oder so. Ging schnell.

Es war der dritte Auftrag, den ich für Fate erledigt habe, vor vielleicht vier Jahren, im Sommer. So ein Afromex, also halb Schwarzer, halb Mexikaner, kam aus der Hood, wurde Millionaire genannt, hatte Geld von der Gang geklaut, die Einnahmen von Mini-Vegas unterschlagen und gemeint, es merkt keiner. Wizard hat das Casino nämlich nicht immer geleitet. Zuerst war das Millionaire. Der hatte ursprünglich die Idee. Aber später stellte sich raus, er macht das bloß, weil er zwei Mädchen am Start hat, denen er gern Geschenke kauft. Er ging am liebsten mit ihnen in die Mall in Baldwin Hills zum Shoppen. Wenn ihr's nicht schon an seinem Namen gemerkt habt: Er wollte gern, dass man ihn für eine große Nummer hält, dabei war er ein Niemand. Wir haben ihn immer Hundredaire genannt, haben wir ihm direkt ins Gesicht gesagt. Ich weiß noch, er machte sich auch ständig Gedanken über sein Aussehen. Als eine seiner Exfreundinnen ausplauderte, dass er sich Haare transplantieren lassen wollte, weil sie ihm schon ausfielen, obwohl er noch jung war, da wusste ich, was zu tun war. Eines Tages kommt er also in seine Wohnung, und ich bin schon drin mit meinem Cousin Cricket (Ruhe in Frieden) und mit Clever, wir haben nämlich sein Schloss geknackt, und sie gucken zu, wie ich den Duschvorhang aufziehe und Millionaire ganz höflich bitte, in die Wanne zu steigen, damit ich meinen Auftrag erledigen kann, und das macht er auch, und ich tue, was ich tun muss, und alles ist gut. Ich hatte aber niemandem erzählt, dass ich ihn skalpieren wollte. Ich hab Cricket und Clever hinterher gesagt, ich hätte mein Messer dabeigehabt und dass es so eine spontane Entscheidung gewesen ist, aber das stimmte gar nicht. Ich hatte es geplant. Und letztlich hat es auch funktioniert, weil es mich bekannt gemacht hat. Und auch gefürchtet, weil außer Cricket und Clever niemand wusste, dass ich ihn erst hinterher skalpiert habe und nicht vorher. Und das weiß auch immer noch keiner. Die Leute erfinden alle möglichen Geschichten über den Tag. Aber Clever hat sich dann den Namen Apache für mich ausgedacht. So werde ich seitdem immer genannt.

Ich erzähle euch die Geschichte, damit ihr nicht denkt, ich leide an Größenwahn. Ich weiß, ich bin bloß ein Krieger, kein Häuptling. Ich tue, was man mir sagt. Ich kriege eine Aufgabe, und die erledige ich. So wie jetzt.

Der O.G., der diesen Stadtlaster vom MLK ab und auf die Wright Road fährt, heißt Sinatra. Keine Ahnung, wieso. Er ist total alt, vielleicht vierzig, fünfundvierzig, und er raucht Zigarren, an denen noch das Etikett hängt, wie ein kleiner gelber Ring. Ist so eine dünne Zigarre, ein *cigarillo*, und das ist cool, weil es zu ihm passt, klar?

Er ist überall dünn, aber nicht so wie Clever, der Zahnstocher, anders. Dieser Sinatra ist krankhaft dünn. Echt. Hat ganz große Augen. Eins ist grün und eins ist braun, und ihre Größe passt nicht zu seiner Nase. Er hat so einen kurzen Stoppelbart, lauter feine Linien, also fast wie Kalligraphie. Ist bloß ganz dünn, auch ein bisschen löchrig, und geht gar nicht ganz bis zu den Ohren hoch, da verkümmert er dann. Reicht nicht mal bis zum Haaransatz.

Ich präge ihn mir ein, damit ich ihn später zeichnen kann. Ein HB-Bleistift zum Skizzieren, und später vielleicht mit schwarzem Kugelschreiber drüber, dann den Bleistift wieder wegradieren, sodass bloß die Tinte bleibt, und die kleinen Abdrücke vom Bleistiftstrich. Manchmal finde ich es gut, dass man die noch sehen kann, wenn man genau hinguckt.

Der Kleidersack, den Clever mir zum Verbrennen gegeben hat, steht zwischen Sinatra und mir auf dem Vordersitz. Ich hab den Arm draufgelegt und drücke ihn zusammen, damit ich meinen Fahrer im Auge behalten kann.

«Hab ich was im Gesicht?» Sinatra dreht sich gar nicht zur Seite. Starrt weiter geradeaus.

«Nein», sage ich, «ich bin bloß froh, dass ich nicht fahren muss. Ich bin noch nie so was Großes gefahren. Ich meine, wie kann man überhaupt alles im Blick behalten mit diesen komischen Spiegeln?»

Die Seitenspiegel sind so Doppeldinger, einer auf den anderen geklebt. Der obere steht irgendwie gerundet vor, und ich sehe mehr darin, aber alles total verzerrt. Der untere ist flach, ich sehe alles ganz normal, aber nicht so viel. In beiden fährt Payasa mein Auto in ordentlichem Abstand hinter uns her.

«Man gewöhnt sich dran», sagt Sinatra.

Er und ein Typ namens Bluebird haben den Lastwagen am Mittwoch in Florence einem städtischen Angestellten geklaut, eine halbe Stunde nachdem die Unruhen angefangen haben. Ich schätze, der Fahrer hat grad irgendwas erledigt und statt Radio ein Hall&Oates-Tape gehört, deshalb wusste er nicht, was auf den Straßen los war. Und da haben Sinatra und Bluebird ihn mit vorgehaltener Knarre angehalten und aus dem Wagen gezerrt. Sie haben sich seine Warnweste gekrallt, ihm in die Fresse getreten und sind abgehauen. Sinatra ist schon viel länger in der Gang als ich, und sogar länger als Fate. Er macht eigentlich nicht mehr viel, aber an so verrückten Tagen bringen Zufall und Gelegenheit Leute zusammen.

Außer uns sind kaum Autos auf der Wright Road unterwegs, bloß eins in die andere Richtung, und dann läuft ein Penner auf der falschen Straßenseite. Auf der Wright gibt es nichts, was sich zu schützen lohnt, keine Malls oder so was, darum hat Clever gedacht, da treiben sich bestimmt keine Vikings oder Gardisten oder sonst wer rum.

Als wir zur Cortland Street kommen, hole ich die Streichhölzer aus der Tasche, die Clever mir gegeben hat. Sechs Packungen, nur zur Sicherheit. In dieser Gegend muss ich immer an Millionaire denken. Seinen Skalp habe ich in seinem Waschbecken liegen lassen, damit ihn eine seiner Bräute findet, aber seine Leiche habe ich nicht weit von hier abgeladen, an einer Stelle, die alle Lil Texas nennen, gleich neben der Cortland zwischen den leerstehenden Lagerhäusern. Clever sagt, wir müssen alles verbrennen, und man kann nur sicher sein, dass so was lange genug brennt, wenn man den Wagen unter eine Unterführung stellt, wo man den Rauch erst sieht, wenn es zu spät ist, sagt er. Von hier kann ich die Pfeiler vom Freeway 105 schon sehen.

Eine Sekunde lang denke ich an Lil Creeper, weil wir uns hier immer zugedröhnt und drüber geredet haben, da raufzufahren, bevor der Freeway fertiggebaut ist, bloß weil wir die Ersten sein wollten, klar? Um die Straße zu entjungfern und zu sehen, wie die Aussicht von da oben ist, wenn man ganz allein ist. Oh ja. Schon klar, der Typ ist irre, aber manchmal auch witzig, genau der Richtige, um mit ihm auf eine halbfertige Freeway-Brücke zu fahren.

Wir sind fast da, wo Clever uns haben will, und Sinatra fährt den Lastwagen vorsichtig unter die Brücke und auf den kleinen Randstreifen unter den Baugerüsten, die wie ein Holz-Skelett von einem großen Tier aussehen, irgendwie so, als ob wir in sein Maul fahren.

Ich hatte mal eine Katze. Ich hab sie Teeny genannt, weil sie so klein war, als ich sie bekommen habe. Ich hab sie im Lauf der Jahre oft gezeichnet, als sie größer wurde. Ich habe ein ganzes Skizzenbuch nur mit ihr drin. Rotbraun getigert, gute Muskeln. Konnte richtig hoch springen. Grüne Augen, wie nasse Steine. Hat immer so leise gemaunzt. Die süßeste Katze, die ihr euch vorstellen könnt. Manchmal hab ich sie Hundekatze genannt, weil sie sogar apportiert hat. Sie hat

357

gern zerknüllte Kugeln aus Alufolie gejagt, weil die so ein Geräusch machen, wenn ich die weggeworfen hab, hat sie mir die Kugeln immer wiedergebracht. Sie hat auch gern darauf rumgekaut. Aber eines Tages, als wir das grad wieder gespielt haben, fängt sie plötzlich an, Blut zu spucken und so zu miauen, als ob sie stirbt. Hab eine Stunde gebraucht, bis ich mit ihr beim Tierarzt drin war, und dann sagt der bloß, dass nichts zu machen ist, weil sie ein Stück Alufolie verschluckt hat, das sie jetzt von innen aufschneidet, und auf dem ganzen Weg in die Tierklinik hat sie geschrien und gekrampft und Blut gespuckt, bis der Tierarzt ihr dann eine Spritze gegeben hat. Das war nett von ihm, finde ich. Teeny musste nicht leiden. Nichts und niemand verdient zu leiden. Sie ist still in meinen Armen gestorben, Augen zu, als ob sie schläft. Wie es sein soll.

Ich hasse es, wenn jemand leidet. Oder etwas. Egal was. Wenn was erledigt werden muss, okay, das ist das Geschäft, aber es muss nicht in die Länge gezogen werden. Zum Beispiel dieser Typ vor Payasas Haustür. Ranger trifft ihn am Hals, okay, das war nötig, und er hat von weit weg geschossen, das macht mich nicht wütend, aber jetzt liegt der Typ da am Boden und leidet. Kein Mensch muss ihn wie ein Fisch an Land sterben sehen, der mit offenen Kiemen rumzappelt. Es musste ein Ende haben, also bin ich hingegangen. Schnell ist gnädig. Weiß gar nicht, wo ich das gehört habe, vielleicht von Clever, es gefällt mir jedenfalls. Passt zu mir. Schlimme Dinge passieren, immer wieder, aber zumindest kann man sie immer schnell erledigen, das ist besser für alle.

Und darum läuft es so: Als Sinatra den Schlüssel dreht und der Motor sich schüttelt und ausgeht, und als er sich vorbeugt und das Tape aus dem Deck nimmt, mitten in einem Song darüber, dass Verbrechen sich lohnt, da halte ich ihm den Lauf meiner Pistole an die Schläfe und drücke ab.

Es knallt so laut in der Fahrerkabine, dass mir die Ohren klingeln, und hinter seinem Kopf wird die Seitentür rot, in der Scheibe ist ein Loch. Sinatra zuckt danach noch ein bisschen, aber das sind bloß Nervenreaktionen. Er ist hinüber.

Ich mache die Tür auf, steige aus und tausche mit Payasa zwei Packungen Streichhölzer gegen eine große Flasche vom billigsten Wodka der Welt. Ich schraube den Deckel auf und schütte ihn über den ganzen Innenraum, einfach überallhin, vor allem über Armaturenbrett und Teppich, wo das *cigarillo* hingerollt ist, was den Alkohol gleich entzündet, aber auf jeden Fall auch auf Sinatra, auf seinen dünnen Bart, und jetzt weiß ich sicher, wie ich ihn zeichnen will. Schwarzer Filzstift, keine Vorzeichnung. Kurze, schnelle Striche.

Es musste getan werden, hat Fate gesagt. Sinatra ist überall in der Stadt gesichtet worden. Diese städtischen Fahrzeuge sind nummeriert. Und registriert. Irgendwann wird der Lastwagen als gestohlen gemeldet werden, und irgendwann werden sie ihn suchen, wenn alles andere sich so weit abkühlt, dass man sich wieder um Lastwagen statt um Straßenkämpfe kümmert, und dieser Typ, von dem Sinatra ihn geklaut hat, wird ihn wiedererkennen, weil er keine Maske aufhatte, und das ist nicht gut für uns, weil Sinatra uns kennt und weiß, was wir heute Nacht getan haben. Und dann ist da noch was: Man erzählt sich von Sinatra, dass er am Donnerstagabend ein bisschen durchgedreht ist bei

359

einem Streit mit seiner Ex-Frau. Er hat sie in den Rücken geschossen, aber sie hat überlebt. Er hat vielleicht nicht geahnt, dass wir das wissen, aber wir wissen es. Wir hören alles, und wir handeln, wenn wir müssen. Irgendwann hätte man ihn verhaftet, und wir mussten dafür sorgen, dass er nichts zum Tausch anbieten kann, wenn sie ihn schnappen. Sinatra musste weg, und das ist er jetzt.

Da der Boden schon ganz gut lodert, reiße ich ein Streichholz an und werfe es rasch auf den Sitz. Das schwarze Plastik der Mülltüte fängt an zu brennen und schrumpft in der Hitze zusammen. Ich kurbele das Fenster ein paar Zentimeter runter, damit das Feuer ordentlich Luft kriegt, schlage die Tür zu und stelle mich aufs Trittbrett, um über die Bordwand zu sehen, wo Payasa auf der Ladefläche schon ein Feuer angefacht hat. Ich werfe meine Pistole hinein, meine Handschuhe und noch ein brennendes Streichholz zur Sicherheit. Dann springe ich ab, die Hände zu Fäusten geballt, damit ich nichts mit den Fingern berühre. Wir steigen in meinen Cutlass, diesmal setze ich mich ans Steuer, dann wende ich wieder in Richtung MLK und parke am Straßenrand, von wo wir den Lastwagen im Rückspiegel brennen sehen.

Als ich mich in der Gang nach oben gearbeitet habe, musste ich oft für die *veteranos* Wache stehen, wenn sie gestohlene Autos verbrannten. Sie ließen mich meist so lange da bleiben, bis die Motorblöcke rausfielen, aber wenn möglich, wenn niemand in der Nähe war, dann blieben wir auch, bis sie in die Luft gingen. Autos explodieren nie so wie im Film. Ich meine, so würde es vielleicht laufen, wenn man was in den Benzintank schmeißt, aber wenn man bloß den Innenraum ansteckt, dann muss man eine Weile warten. Ich glaube, es hat jedes Mal so an die fünfzehn Minuten gedauert, bis das Feuer zum Benzin vordrang und der Tank hochging, und wie groß die Explosion war, hing natürlich davon ab, wie viel Sprit noch drin war. Ich hab nicht nachgesehen, wie viel noch im Lastwagentank war.

Trotz der allgemeinen Lage wär es nicht klug, wenn Payasa und ich so lange bleiben würden. Ich meine, Clever hat zwar Leute beauftragt, die Reviere anzugreifen und die Cops überall mit Notrufen zu beschäftigen, aber er hat uns angewiesen, nur so lange zu warten, bis das Feuerwerk losgeht.

Bis dahin studiere ich die Form der Flammen. Flickern könnte man das nennen. Ja. Ich schaue zu, wie das Orange an den Baustellenlampen hochkriecht wie lebendige Ranken oder so was. Zuerst zerspringen die Kabinenfenster und spritzen Scherben in alle Richtungen. Gleich danach geht die Hupe in Dauerbetrieb, und als es dann heiß genug ist, platzen auch Glas und Birnen an den Lampen. Inzwischen schleudern die Flammen schwarzen Rauch an die Unterseite der Überführung, und der Beton bleibt schwarz, so als würde er mit Ruß angemalt.

Payasa fragt: «Also, wann fahren wi–»

Bäng! Gleich danach hören wir noch einen, total laut, und ich lege den Gang ein und trete schön sanft aufs Gaspedal, und als wir wegfahren, hört es sich an, als ob noch mehr Feuerwerk auf der Ladefläche losgeht, es knallt noch zweimal, gefolgt von leisem Klingeln, denn die Flammen sind jetzt so heiß, dass sie die Patronen in den Schusswaffen losgehen lassen, die von vorhin noch übrig sind.

2

Mein Auto riecht immer noch nach rohem Fleisch, und wir haben noch nicht mal alles gebraten. Die kleinen Homies, die Fate zum Putzen des Kofferraums abkommandiert hat, haben ihren Job nicht so richtig gut gemacht. Drei Stunden haben sie geschrubbt, und es sind auch keine Flecken mehr auf dem Ersatzreifen oder so, aber der Teppich ist total verfärbt, und langsam glaube ich, er wird nie mehr sauber, es wird immer nach Gammelfleisch riechen. Und da beschließe ich, dass ich ein neues Auto brauche. Wird Zeit, diese Karre irgendeinem Idioten zu verkaufen, der es nicht besser weiß. Aber das macht die Sache jetzt nicht angenehmer, also kurbele ich mein Fenster halb runter, um ein bisschen Nachtluft reinzulassen.

Payasa dreht sich zu mir und fragt: «Hast du Dust?»

Dust, PCP, das ist genau der Scheiß, den Fate uns heute Nacht verboten hat. Ich hab trotzdem was bei mir. Hab's bloß nicht genommen.

«Fate hat gesagt, nichts davon», sage ich.

«Ja sicher, aber vorher, hat er gemeint, nicht hinterher.»

«Hinterher hat es keinen Sinn», sage ich, «nur vorher.»

Sie starrt eine Minute lang in die Gegend. Ich habe noch nie was mit Wasserfarben gemacht, aber als ich den Nachthimmel sehe, der irgendwie nass aussieht, obwohl er es gar nicht ist, da würde ich es am liebsten mal probieren. Wie dieses Schwarz so weich ist um Payasas Gesicht herum, und wie das Gelb von den Straßenlampen sie im Profil beleuchtet, das ist echt nett. Sie ist hübsch, wisst ihr? Und das meine ich jetzt nicht mit Sex im Kopf, eher so als wär sie meine kleine Schwester, und weil sie ja keine großen Brüder mehr hat, müssen wir das jetzt wohl für sie sein. Clever und Fate und ich und wir alle.

Sie bricht das Schweigen und sagt: «Fate sagt, ich soll raus zu meiner Mutter ziehen, damit ich eine Weile aus der Schusslinie bin. Ich versteh nicht, wieso er mich so bestrafen muss. Ich meine, hab ich es nicht gut gemacht mit Joker?»

Zuerst sage ich gar nichts, ich lasse es einfach ein bisschen sacken, während wir fahren. Payasa auch. Wir sind auf dem Weg zu meinem Cousin Oso, wo wir warten sollen, bis wir was von Fate oder Clever hören.

Aber irgendwann muss ich sagen: «Vielleicht ist das gar kein so schlechter Plan.»

Danach schaut sie mich ganz böse an.

«Du hast es mehr als gut gemacht», sage ich. «Hab noch nie jemanden besser schießen sehen, glaub ich. Die meisten Leute treffen nämlich nicht mal 'n Haus, wenn sie so unter Adrenalin stehen. Du hast doch gesehen, wie viele Schüsse heute vor deiner Tür danebengingen, oder? Jede Menge. Aber du bist nicht dein Bruder, weißt du?»

«*Welcher?*» Sie sagt das ganz schwer, als ob sie sich selbst leidtut. Scheiße. Hat sie auch alles Recht zu, aber trotzdem.

«Du weißt genau, welcher», sage ich. «Lil Mosco. Du bist eher Ernesto als er.»

Wenn ich ganz ehrlich bin, ist mir nicht wohl dabei, wenn sie die gleichen Sachen macht wie ich. Das ist nichts für Frauen, versteht ihr? Nennt mich sexistisch, nennt mich, was ihr wollt, aber ich glaube, die meisten Leute wären meiner Meinung.

«Du bist ganz groß aufgetreten», sage ich. «Hast getan, was du musstest. Gerechtigkeit geübt.»

«Findest du?»

«Ja, finde ich. Aber ich finde auch, du bist nicht ich.»

«Was soll das denn heißen?» Sie sieht sauer aus, als wäre ich respektlos oder so.

«Soll heißen, was es heißt. Du bist nicht ich. Ich meine, du musst nicht von jetzt ab so weitermachen und das immer wieder tun. Du musst nicht tun, was ich tue, Payasita.»

Sie streckt die Brust raus, als ob sie streiten will, und sagt dann: «Willst du mir vorschreiben, ich soll es lassen?»

Ich schaue eine Weile durch die Windschutzscheibe an den Himmel, holzkohlenschwarz wie er ist. Ich schüttle den Kopf und packe das Lenkrad fester, so wie ich den Schläger greifen würde, wenn ich beim Baseball schlagen müsste und unbedingt einen Treffer brauche.

«Ich will dir mal was erzählen, Lil Clown Girl», sage ich.

So nenne ich sie manchmal, denn das heißt Payasita wörtlich *en Español*. Clownsmädchen. Aber das sage ich nur, wenn wir beide unter uns sind. Ist wie ein Kosename. Genau. So nennt sie sonst niemand, und wenn doch, dann würde ich es nicht zulassen. Das ist unser Name. Aber jetzt muss mir die sechzehnjährige Göre mal *zuhören*, darum nenne ich sie so.

«Einmal war ich drüben auf der Josephine Street, okay?», fange ich an. «An dem Ende, wo der Park ist. Ich kann höchstens ein Jahr jünger gewesen sein als du jetzt. Aber ich hatte schon eine Weile 'ne Knarre. Hatte mich schon nützlich gemacht und hielt mich für hart, weil die älteren Homies mir erzählten, ich wär hart und dass ich langsam erwachsen werde. Also gaben sie mir hier und da kleine Aufträge, Sachen, auf die ich ein Auge haben sollte, verstehst du? Und dieses eine Mal kam ein Spitzel namens Booger aus dem Haus, wo er wohnte, gleich gegenüber vom Park auf der anderen Straßenseite, und ich hatte schon auf ihn gewartet, weil ich ihn erledigen sollte. Als ich ihn also sah, war ich so aufgedreht, dass ich einfach losrannte, okay? Ich rannte bis zum Bordstein, total hart drauf, und dann blieb ich stehen, weil ich nicht auf die Straße rennen wollte, und schrie ‹Booger! Hey, Booger!›, und er guckte mich an, ich sah seine Augen, die mich sahen, und ich zielte. Ich hatte eine Pistole von Fate, ich habe das Teil geliebt, ich glaube, es war eine 9 mm Smith & Wesson 659, eigentlich eine ziemlich große Pistole für so einen Jungen, aber das war mir damals egal. Das Teil hab ich also verdammt schnell aus dem Sweatshirt gezogen, als ich Booger sah, und dann so *bäng, bäng, bäng* auf ihn geschossen, aber das Ding war: Grad als ich losballere, fährt ein Auto zwischen ihn und mich.» Payasa stöhnt so ein bisschen, so *Ach du Scheiße*, aber ich rede weiter. «Ich war so aufgedreht, ich habe überhaupt nicht aufgepasst, hab's nicht kommen sehen, es ging alles so schnell. Ich erinnere mich bloß noch, wie die hinteren Scheiben von diesem Kombi gleichzeitig rausplatzten, so *ksschh, ksschh*, weil meine Kugel durch die eine rein und durch die andere wieder rausging. Ist glatt durchgesaust.»

Danach mache ich eine Pause, nicht wegen der Wirkung, sondern weil ich einfach muss.

Und die Pause muss wohl zu lang sein, weil Payasa fragt: «Was ist passiert?»

«Hinten im Wagen war so ein Sitz», sage ich, «du weißt schon, so einer für Babys.»

«Scheiße», sagt Payasa. «Was ist *passiert*?»

«Passiert ist, dass ich Booger nicht erwischt habe. Der Idiot ist weggerannt.»

«Scheiß auf Booger! Was ist mit dem Baby passiert?»

«Weiß ich nicht», sage ich.

«Was soll das heißen, weiß ich nicht?»

«Das soll heißen, ich habe bloß Schreie gehört, richtig lautes Geschrei vom Rücksitz, und das Auto ist hin und her geschleudert und dann schnell weitergefahren, und ich muss immerzu an das ganze Glas auf dem Rücksitz denken, weißt du?» Ich schüttele beim Gedanken daran den Kopf. «Dieses ganze Glas.»

Payasa ist jetzt irgendwie wütend. «Hast du es jemals rausgefunden? Ich meine, ist alles gutgegangen?»

«Nein», sage ich, «hab ich nie rausgefunden. Ich hab es versucht, aber niemand hatte was von einem verletzten Baby gehört, und das Auto hab ich nie wieder gesehen, weder beim Park noch sonst wo.»

«Ach komm», sagt sie, «echt? *Nie?*»

«Manchmal erscheinen mir Babys im Traum», sage ich. «Total zerschnitten.»

«Das ist doch krank», sagt sie.

«Ja, das stimmt», sage ich, «aber was ich gemacht habe, war auch krank. Und die Geschichte hab ich dir bloß erzählt, um zu zeigen, wie so ein Scheiß an dir hängenbleibt. Du sollst nämlich auf keinen Fall denken, wenn du mich so anguckst, dass das alles an mir abperlt. Mehr will ich gar nicht sagen, Lil Clown Girl. Das war's schon.»

Da wird sie still, und ich weiß auch nicht, was ich sagen soll, oder ob ich mich überhaupt verständlich gemacht habe, darum warte ich ein bisschen, bevor ich weiterrede. «Wenn Fate dich wirklich aus der Schusslinie ziehen will, ist das vielleicht gar keine so schlechte Idee, oder? Mal eine Weile weg aus der Hood? Ich meine, wenn du draußen wärst, was würdest du machen? Hast du darüber überhaupt mal nachgedacht?»

Sie drückt den Hinterkopf gegen die Kopfstütze und starrt an die Wagendecke. Nach einer Weile fängt sie an zu lächeln, nur ein ganz klein wenig, aber es ist zu sehen, also spreche ich sie drauf an.

«Was?»

«Nichts», sagt sie. «Ist albern.»

Es ist nicht albern, will ich sagen, *denn das ist das erste Lächeln, das ich auf deinem Gesicht sehe, seit Ernesto in der Gasse gelegen hat.* Aber ich warte einfach. Ich gebe ihr Zeit. Ich versuche mir einzuprägen, wie das Lächeln auf ihrem Gesicht ausgesehen hat. Größer als das der Mona Lisa. Es kräuselt ihre Nase oben an der Wurzel ein bisschen, zwischen den Augenbrauen.

«Ich fahr grad bisschen drauf ab, was mit Elena zu machen», sagt sie.

«Moment», sage ich, um das im Kopf klarzukriegen, «ist das die, die wollte, dass wir Joker umlegen und ihm sagen, dass sie uns schickt? *Die?*»

«Genau die», sagt sie und leckt sich ein bisschen die Lippen, als würde sie grad dran denken, was anderes mit ihnen zu machen, was Schönes.

«Nicht zu glauben», sage ich. «Liebeskrank.»

Sie macht so ein lautes Schnalzgeräusch mit Lippen und Zähnen. *Tsk.* «Jetzt hör auf, ich hab *nichts* von Liebe gesagt.»

«Wie du willst. Sie ist *loca*, aber sie sieht saugut aus. Dieser Arsch …», sage ich, aber der Satz tröpfelt so aus, weil ich dran denken muss, wie gut Elena in Jeans aussah und wie schön es wäre, zwei ordentliche Handvoll von ihr zu greifen, und in dieser Vorstellung verliere ich mich einen Moment und kann den Satz nicht zu Ende bringen, darum sage ich bloß so: «Mann.»

Das sage ich bloß so aus Show, versteht ihr? Aber Payasa weiß haargenau, was ich meine, und lacht mich an. Warum sie lacht, ist egal. Es ist einfach gut, sie lachen zu hören. Mit das Beste an Payasa ist, dass du dir bei ihr nie Gedanken machen musst, weil du mit einem Mädchen redest. Du kannst normalerweise einfach sagen, was du willst, kein Problem, alles cool. Da ist sie ein richtiger Homie.

«Scheiße, ja», sagt Payasa. «*Mann* ist genau richtig. Ich arbeite dran.»

Das ruft mir ganz schnell ein Bild vors geistige Auge, an dem ich mich ein paar Straßen weit aufhänge.

«Verdammt», mehr fällt mir nicht zu sagen ein, aber vielleicht sollte ich Payasa dazu bringen, weiter über Elena zu reden, weil das anscheinend ihre schweren Gedanken vertreibt. «Meinst du, du wirst sie tatsächlich knacken? Wieso?»

«Die Chance besteht immer», sagt sie, «vor allem, wenn ich sie dazu bringen kann, mich als ihren Beschützer zu sehen.»

«Ach, so als Ritter in strahlender Rüstung?» Ich schaue Payasa an, und sie hebt so ein bisschen das Kinn und lächelt wieder dieses heimliche Lächeln, bloß sagt es diesmal anscheinend, dass sie über Sachen genau Bescheid weiß, von denen ich nicht mal wusste, dass sie existieren, und es sieht so selbstbewusst aus, dass ich es nicht mal bezweifle. «Ihre Ehre verteidigen und so?»

«Frauen stehen auf so was», sagt sie. «Sie müssen sich sicher fühlen.»

«Du sagst das so, als wärst du keine», sage ich.

Ich parke am Straßenrand an der Louise Street, direkt vor Osos Haus. Drinnen brennt Licht, und ich sehe meine Tante vorm Küchenfenster, sie steht anscheinend an der

Spüle und wäscht Gemüse oder so was. Ich brauche sie nur kurz zu sehen, die Haare hochgesteckt, als hätte sie geschlafen, um zu wissen, dass Oso sie geweckt hat. Seit Cricket tot ist, verwöhnt sie ihn noch mehr, macht ihm zu jeder Tages- und Nachtzeit was zu essen, wenn er Hunger hat. Ist ganz egal, wann er fragt, sie steht auf und macht ihm was.

«Ich bin nicht so eine Frau wie Elena», sagt Payasa, als ich den Wagen abstelle. «So ein Mädchen braucht jemanden, der für sie sorgt. Menschen wie ich brauchen jemanden, für den sie sorgen können. So läuft das eben. Das ist die Natur. Die Rollen ändern sich nicht groß, bloß weil wir beide *chicas* sind. Das steckt einfach drin. Ist menschlich.»

Ich zucke die Achseln, weil ich ihr einfach glauben muss, und mache die Fahrertür auf, aber als das Innenlicht über uns angeht, hält Payasa mich am Arm fest, und ich merke, sie ist noch nicht fertig mit Reden, also ziehe ich die Tür wieder zu, und das Licht geht aus.

«Ist das jetzt vorbei, so *richtig* vorbei?», fragt sie. «Wird sich alles beruhigen, wo Joker und Trouble und Momo weg von der Bildfläche sind?»

«Weiß ich nicht», sage ich, und ich weiß es wirklich nicht.

Sie zieht ihr Kinn auf die Brust und runzelt die Stirn, und daran merke ich, dass ich vorhin richtiglag. Sie will eigentlich, dass es vorbei ist. Lil Mosco hätte nie so gedacht. Der hätte so lange wie möglich Krieg haben und jede Gelegenheit nutzen wollen, verrückt zu spielen. Der wäre begeistert gewesen. Aber Payasa? Die nicht. Sie ist einfach hingegangen, hat getan, was sie tun musste, als sie es musste.

«Irgendwer ist immer mit irgendwem verwandt, was?» Das klingt erschöpft bei ihr, als wäre sie eine Oma. «Oder mit irgendwem befreundet?»

«Da hast du nicht unrecht», sage ich, «aber wenn du nicht zahlen willst, spiel nicht mit.»

Das klingt vielleicht ein bisschen kalt gegenüber einem Mädchen, das gerade seine beiden Brüder und seine Hausfassade verloren hat, aber sie weiß, es stimmt einfach, und irgendjemand muss es ihr sagen. Kann ebenso gut ich machen. Ich sehe, wie sie ein bisschen auf dem Sitz hin und her schaukelt, ich mache meine Tür nur einen Spalt auf, damit ich noch mal das weiße Deckenlicht auf ihrem Gesicht sehe, und ich denke mir, vielleicht versuche ich mal ein Porträt von ihr im Schwarz-Grau-Style. Mit so einem winzig kleinen Modellbaupinsel und Modellbaufarbe, die auch nach dem Trocknen noch glänzt.

«Hast du Hunger?», frage ich mein Lil Clown Girl. «Sieht so aus, als würde meine Tante da oben kochen, und eins kannst du mir glauben, wenn sie *enchiladas* macht, dann willst du die nicht verpassen.»

«Ich könnte mitkommen», sagt sie. «Aber würdest du mich danach noch zu *mi mamá* fahren?»

Ich bin kein Häuptling, ich bin nur ein Krieger, aber ich nehme an, für sie könnte ich eine Ausnahme machen. Nur dieses eine Mal.

FÜNFTER
TAG
SONNTAG

Die Polizei sagte außerdem zu einigen Gangmitgliedern, dass die Nationalgarde im Grunde eine viel, viel größere Gang sei. Sie hatten das Gefühl, mit dieser Ausdrucksweise könnten die Gangmitglieder etwas anfangen.

Generalmajor James D. Delk,
Oberkommandierender der Nationalgarde,
beim Einsatz in Los Angeles

ANONYM
3. MAI 1992
15:22 UHR

1 Eins muss ich gleich klarstellen: Ich *bin* der große böse Wolf, aber wenn jemand gebissen werden muss, existiere ich offiziell nicht. Heute ist mein Auftrag, mehrere Wohnhäuser zu stürmen, in denen Gangaktivitäten verzeichnet wurden, und ich kann Ihnen sagen, ich werde meine ganz persönliche Freude daran haben. Weil die Operation illegal ist, kann ich Ihnen nicht sagen, wer ich bin oder für wen ich arbeite. Strenggenommen darf ich Ihnen nicht mal verraten, was genau ich tue, um meinen Lebensunterhalt zu verdienen, aber das hier sind außergewöhnliche Umstände, darum werde ich Ihnen doch darlegen, was ich tue, und zwar während ich es tue, dann können Sie sich selbst ein Bild machen. Aber zunächst einige Hintergrundinformationen.

Derzeit befehlige ich zwei Transportfahrzeuge, die mit sechzehn Mann besetzt in südlicher Richtung auf dem knochentrockenen Betonbett des Los Angeles River unterwegs sind. Wir sind durch einen Tunneleingang unter der 6th-Street-Brücke hierhergelangt. Das Becken ist ab 1935 im Verlauf einiger Jahre vom Pionierkorps der US-Armee kanalisiert und betoniert worden, es ähnelt eher einer Straße als einem Fluss und wird uns heute als Einfallschneise dienen nach South Central Los Angeles. Wir sind unterwegs zu einem Haus, in dem mehrere polizeilich bekannte Gangmitglieder ihren Wohnsitz haben und ille-

377

galen Geschäften nachgehen. Bevor es losging, war mein Team, obwohl einsatzbereit, zum Nichtstun verdammt, meiner Meinung nach weil bis vor einer Stunde keiner von denen da oben den Mumm hatte, den Einsatz zu genehmigen. So lange saßen wir in einem Außenposten für LAPD und alle anderen Notfall-Einsatzkräfte fest.

Für mich und mein Team war das besonders frustrierend, weil Polizei und Nationalgarde überall in Los Angeles in Schießereien und Scharmützel mit feindlichen Einheimischen verwickelt wurden, die im Straßenkampf erfahrener sind als die meisten Guerillas im Ausland. Diese Sicht der Dinge wird in der Öffentlichkeit kaum vertreten, aber sie ist zutreffend. Es kommt zu solchen Vorfällen, weil die Stadt faktisch balkanisiert ist. In Los Angeles ergibt sich aus der Unterschiedlichkeit der kulturellen Hintergründe und der Wertesysteme ein besonders toxisches Gemisch, aber vor allem trifft man auf verschiedenste Gangs, die zusammen etwa 102 000 Mitglieder zählen. (Als ich über diese Zahl unterrichtet wurde, lautete meine Reaktion: «Das ist keine statistische Größe, Sir, das ist eine Armee.») Allein im Jahr 1991 waren sie für 771 Morde im Stadtgebiet verantwortlich – mehr als zwei pro Tag.

Und es kommt noch schlimmer: Die Polizei von Los Angeles wurde zu Beginn der Unruhen angewiesen, in der ganzen Stadt die Waffenläden zu sichern. Dabei hat sie versagt. Über dreitausend Feuerwaffen (fast alles halbautomatische und sogar einige vollautomatische Gewehre) wurden allein an den ersten beiden Tagen erbeutet. Diese Zahl ist zwar verifiziert, aber nie veröffentlicht worden, genauso wenig wie das hier: Der Verbleib nahezu aller Waffen ist weiterhin ungeklärt. Für den Einsatz ist die Information unerlässlich, dass die schwarzen und die Latino-Gangs in der Gegend schwer bewaffnet sind.

Damit Sie wissen, von welchem Standpunkt aus ich spreche: Wenn ich den Begriff *schwarz* verwende, hat das etwas zu bedeuten. Wie mein aus dem Süden stammender Vater häufig zu sagen pflegte: «Du bist schwarz geboren und wirst auch so sterben.» Ich bin in Watts aufgewachsen, vor und nach den Unruhen von 1965, das Los Angeles von heute ist ein ganz anderes als das Los Angeles von damals. Ich bin in Lynwood geboren, im St. Francis Hospital, im April 1956, weil es in Watts damals kein Krankenhaus gab. Als ich neun war, brachen in meinem Viertel die Unruhen aus wegen der Verhaftung von und der Polizeigewalt gegen «den Frye-Jungen», wie meine Mutter ihn nannte, weil sie seine Mutter Rena aus der Kirchengemeinde kannte. Lynwood galt damals noch als nette Nachbarschaft für Weiße, und meine Mutter fuhr selbst mit dem Bus hin, um dort zu putzen. Weitere Einzelheiten aus meinem früheren Leben tun nichts zur Sache, also sage ich nur so viel: 1974 bin ich nach Vietnam und leistete zwei Einsatzzeiten ab. Danach wurde ich Berufssoldat, ehe ich in den vorzeitigen Ruhestand ging, um eine gewisse Stelle bei einer gewissen Regierungsbehörde anzutreten, deren Namen ich im Augenblick nicht nennen kann. Mehr kann ich Ihnen über mich nicht verraten, aber ich hielt es für unerlässlich, klarzumachen, dass ich an diesem Einsatz ein persönliches Interesse habe. Er findet sozusagen in meinem Revier statt.

Die gegenwärtige Lage ist nicht über Nacht entstanden. Ich kann Ihnen aus persönlicher Erfahrung sagen, dass nach den Unruhen von Watts kein Problem wirklich gelöst wurde, weder ökonomisch noch sonst wie, und es ist nicht übertrieben, zu behaupten, dass wir diesmal auf einem noch viel größeren Pulverfass sitzen als je zuvor. In dieser Stadt von fast 3,6 Millionen, diesem County von 9,15 Millionen Einwohnern versuchen gerade einmal 7900 Polizisten und Sheriffs für Recht und Ordnung zu sorgen. (Stellen Sie dieser Anzahl die fast 102000 aktiven Gangmitglieder gegenüber.) Von allen größeren Stadtgebieten des Landes ist das das gegenwärtig schlechteste Größenverhältnis, und es wird noch schlimmer, wenn man sich die zu überwachende Fläche vor Augen hält. Los Angeles County ist wie eine Stranddecke, flach und breit: Es erstreckt sich vom Hafen im Süden über San Pedro und Long Beach bis ins Vorgebirge von Pasadena und ins San Fernando Valley im Norden, in west-östlicher Richtung von den Stränden Santa Monicas bis zur Wüste des San Gabriel Valley.

Nur zum Vergleich: Die Aufstände von Watts spielten sich innerhalb sechs quadratischer Häuserblocks in meinem alten Viertel ab. Deshalb konnte man sie auch unter Kontrolle halten. In der ersten Nacht unserer derzeitigen Unruhen wurden jedoch Brände auf einem Stadtgebiet von über 270 *Quadratkilometern* in South Central Los Angeles gemeldet. Infolgedessen wurden sowohl eine Ausgangssperre als auch ein Alkoholverbot erlassen, denn ein Gebiet von dieser Größe mit einer derart hohen Anzahl an Gangmitgliedern zu überwachen ist schon unter optimalen Umständen höchst mühsam; in einem bürgerkriegsähnlichen Zustand, wie ihn dieses Land noch nicht erlebt hat, ist es schlicht unmöglich. So weit die schlechten Nachrichten bis jetzt, aber hier kommt die gute: Heute Abend wird sich alles ändern.

Im Außenposten habe ich mit einigen andere Vietnam-

veteranen geredet, die meisten Nationalgardisten, aber
auch Verkehrspolizisten und städtische Polizeibeamte. Fast
alle erzählten davon, wie sehr sie die jetzige Situation an
ihre Patrouillen in Nam vor zwei Jahrzehnten erinnere. Sie
erwähnten das Unbekannte. Dass es ihnen schwerfalle, den
Feind zu erkennen. Ich habe für beides volles Verständnis, aber mein Team hat nicht den Auftrag, Einkaufszent-
ren zu verteidigen. Wir agieren zielgerichtet, angeleitet
von einem Verbindungsmann aus der Mordkommission,
der über außerordentliche Kenntnisse der Gang-Szene
in South Central und über verlässliche Informanten ver-
fügt. Er wählt unsere Ziele aus, wir tun unsere Arbeit. Kurz
gesagt: Wir sind die Rache.

«Keine Sorge», habe ich den Veteranen in der Schlange
vor der Essensausgabe geantwortet, die von den freundli-
chen Mitarbeitern der Waldschutzbehörde organisiert wird.
«Ich weiß, wer der Feind ist, und ich werde ihm nicht nur
in eurem Namen die verdammten Rippen brechen, sondern
ich werde ihm dabei auch in die Augen sehen.»

Die Ankündigung fand, das muss ich sagen, allgemeinen
Beifall. Seit dem Beginn der Unruhen haben Gangster überall in der Stadt Gardisten und Polizisten bedroht. Den Nationalgardisten, der nicht mindestens eine Variante der fol-
genden Situation erlebt hat, muss ich erst noch treffen: Ein
paar Gangster fahren langsam vorbei, stellen ihre Schusswaffen zur Schau, zeigen mit dem Finger auf die Unifor-
mierten und sagen: «Wenn es dunkel ist, kommen wir wieder und bringen euch um.»

In meiner Branche gilt das als terroristische Bedrohung
und fordert rasche Vergeltung. So müssen wir die Situation
angehen, denn eine drastische Lage verlangt nach drasti-

schen Mitteln. Innerhalb des Krisenstabs gibt es bereits Stimmen, die der Meinung sind, die Situation in der Stadt sei insgesamt so weit unter Kontrolle, dass die Ausgangssperre morgen wieder aufgehoben werden könne, also kann unser Einsatz nur heute Nacht stattfinden. Wir haben nicht einmal vierundzwanzig Stunden, um eine sehr laute und deutliche Botschaft zu senden.

Nach den letzten fünf Chaostagen ist das der Silberstreifen am Horizont: Was wir gleich tun werden, wird auf keinen Fall in irgendeiner Weise auf uns zurückfallen. Wir ziehen los, wir erteilen den Rowdys eine Lektion, damit sie wissen, wer größer und böser ist, dann ziehen wir wieder ab. Echtes Steinzeitverhalten, aber zufällig auch die einzige Sprache, die jede Gang versteht.

Unsere Einsätze unterliegen zwei Grundbedingungen: Erstens sollen wir auf keinem Grundstück mehr als sechs Minuten verweilen, und zweitens dürfen wir alles tun, was uns angemessen erscheint, solange wir erst dann das Feuer eröffnen, wenn wir zuerst beschossen werden. Ich habe beiden Maßgaben im Krisenstab zugestimmt, aber ich bin Realist. Das Einzige, worauf man sich im Feld verlassen kann, ist, dass auf einmal alles anders ist. In der Einsatzbesprechung konnte ich nicht an mich halten, als der frisch eingeflogene Bürohengst von Kommandeur mit mehr Streifen am Ärmel als Synapsen im Schädel mir erzählen wollte, diese Regel – also erst zu schießen, wenn man auf uns schießt – sei das Einzige, was uns von den Gangs unterscheide.

«Uns unterscheiden, Sir?», sagte ich ihm ins furchtbar ernste Gesicht. «Wir *sind* eine Gang.»

Sie hätten sehen sollen, wie ihm die Kinnlade runterklappte. Er ist nicht mein Kommandeur, ich bin ihm keine

Rechenschaft schuldig. Er ist über diesen Einsatz nur aus Höflichkeit in Kenntnis gesetzt worden. Mir schien diese Gang-Parallele immer auf der Hand zu liegen, aber das sieht wohl nicht jeder so.

In diesem Fahrzeug hier sitzt ein handverlesenes Team erstklassig ausgebildeter Männer. Wir tragen identische Uniformen, grüne Kampfanzüge und Helme. Unser Ziel ist es, «geballt» (wie die Gangster das selbst nennen) in das Hauptquartier einer Gang einzudringen und sie so kraftvoll wie möglich daran zu erinnern, wo die Grenze liegt. Das müssen auch Gangs gelegentlich tun. Ob es nun um Reviere oder um Verhalten geht, es gibt immer eine Grenze, auch unter Kriminellen, und ich sage es noch einmal, in einer bürgerkriegsähnlichen Lage, wie sie das Land noch nie gesehen hat, vergessen die Menschen gern, wo diese Grenze liegt.

Jedenfalls bis jetzt. Denn jetzt wird diese Grenze neu gezogen. Jetzt sind wir so gefährlich wie nie, weil es keine Überwachung gibt und – das ist das Beste – weil morgen früh kein Papierkram zu erledigen ist. Keine Formulare. Keine genauen Schilderungen. Keine Berichte in dreifacher Ausführung. Perfekter können die Rahmenbedingungen für eine von Regierungsseite initiierte Operation eigentlich nicht sein, weil sie so wahnsinnig einfach ist, und fürs Protokoll wird sie sich ohnehin nie ereignet haben.

Wir haben keine Namen auf die Uniformen genäht. Wir sind so anonym wie der Wind. Was wir tun, existiert nur in geflüsterten Geschichten. Nur die Bösen werden wissen, was wir getan haben, und die zählen nicht.

Ich hab nur eine einzige Direktive ausgegeben: versucht zu verstümmeln, und zwar fürs Leben. Das sage ich meinen

Männern, und außerdem korrigiere ich unsere zweite Einsatzvorschrift.

«Wartet nicht, ich wiederhole, wartet *nicht*, bis man auf euch schießt», sage ich, als unser Fahrzeug über eine Bodenwelle hüpft. «Wenn irgendwer auch nur die Scheißknarre hebt, dann streicht ihr sofort seinen *Cinco de Mayo*.»

2 Mit all diesen Informationen im Hinterkopf möchte ich Sie nun um eins bitten. Sie müssen hart sein. Holen Sie tief Luft, wenn nötig. Wir tun, was wir tun müssen, und ich würde auch Ihnen raten, werden Sie nicht weich. Betrachten Sie die Zielpersonen weder als Opfer noch als Menschen, sondern als Kriminelle, die eine gesunde Dosis der einzigen Medizin verabreicht bekommen, die bei ihnen anschlägt. Ich würde Ihnen dringend ans Herz legen, kein Mitleid für sie zu empfinden. Die Verbrecher, auf die unser Einsatz abzielt, haben es nicht anders verdient, und was wir tun, ist längst überfällig. Und vor allem werden sie wissen, dass sie sich das ganz allein selbst zuzuschreiben haben.

Hinter dem Zufluss des Rio Hondo zum Los Angeles River führt eine Ausfahrt auf den Imperial Highway. Dort verlassen wir das Flussbett, benutzen den Zufahrtsweg, öffnen die Abzäunung und fahren auf die Straße. Ich gebe unseren Einsatzfahrern noch einmal die Adresse in der Duncan Avenue durch, die wir von unserem Verbindungsmann in der Mordkommission bekommen haben. Ich habe zwar ausdrücklich darum gebeten, dass unser Verbindungsmann bei diesem Einsatz meiner Einheit zugeordnet wird, aber das wurde abgelehnt. Er wäre sehr gern dabei, sagte er, vor allem, um die Gesichter der «kleinen mexikanischen

Wichser» zu sehen, wenn sie ihre gerechte Strafe kriegen, aber er kann nicht riskieren, erkannt zu werden. Er war gestern Abend vor Ort und hat einen der Gangster in der Duncan verhört. Die Gegend liegt immer noch in seinem Dienstbereich, sagte er, während wir nur «zu Besuch» sind. Ich habe ihm versichert, dass ich volles Verständnis habe.

Wenn wir das Überraschungsmoment auf unserer Seite haben, greifen wir Häuser standardmäßig frontal an. In diesem Fall jedoch haben wir Meldungen von Beobachtern bekommen, dass zurzeit eine Gruppe auf der Terrasse hinterm Haus versammelt ist. Außerdem wissen wir, dass das Grundstück im Norden von einer Auffahrt begrenzt wird. Dementsprechend habe ich einer Vierergruppe aus dem zweiten Fahrzeug befohlen, in der Mitte des Häuserblocks auszusteigen und mit erhobenen Waffen rechts und links am Haus vorbei vorzudringen, um die Gruppe einzuschließen und eventuell Flüchtende zurück auf die Terrasse zu treiben, während die zweite Gruppe im Fahrzeug den Frontalangriff durchführt. Die beiden Vierergruppen aus meinem Fahrzeug werden die seitlichen Fluchtwege abschneiden.

Als die Flankengruppe aussteigt, trifft sie auf ein mögliches Gangmitglied, das den Bürgersteig in vom Angriffsziel wegführender Richtung überquert. Wir haben Grund zur Annahme, dass er die Versammlung gerade verlässt, weshalb wir ihm den Weg verstellen. Er hebt sofort die Hände und versucht gar nicht erst, irgendjemanden vor uns zu warnen. Als er aufgefordert wird, sich mit ausgebreiteten Armen und Beinen ins Gras zu legen, kommt er der Aufforderung nach und wird nach Waffen durchsucht. Er ist sauber. Auf die Anweisung, zu bleiben, wo er ist, nickt er gehorsam, und meine Gruppe rückt weiter zur Hausflanke vor.

Ich trage einen neuen Helm deutscher Bauart, an den ich mich noch gewöhnen muss, außerdem Kniepolster, Oberschenkelpolster und eine Kevlar-Schutzweste – im Grunde bin ich geschützt wie ein Footballspieler. In der Rechten halte ich einen Teleskop-Schlagstock aus massivem Stahl, ebenfalls in Deutschland entworfen und produziert. Voll ausgezogen ist er sechsundsechzig Zentimeter lang. Er wiegt 650 Gramm und ist in den richtigen Händen ein erschreckend wirkungsvolles Werkzeug. Einen Augenblick lang, bevor das Fahrzeug zum Stehen kommt und wir hinausspringen, fühle ich mich unbesiegbar.

Auf meinen Befehl verlassen wir das Fahrzeug und schwärmen aus, während eine unserer Zielpersonen schreit: «Der Schlägertrupp kommt. Verpisst euch!»

Darüber muss ich lächeln. Schlägertrupp ist nicht ganz falsch.

Als wir die Terrasse betreten, spritzen Essen und Trinken zu gleichen Teilen auf den Beton. Teller und Tassen werden fallen gelassen, als verschiedene Gangster zu fliehen versuchen. Auf der Terrasse befinden sich ein Propangasgrill und zwei kleine Picknickgarnituren, die aus Tischen mit angebauten Bänken bestehen. Der ganze Bereich ist betoniert und ungefähr sechs mal sechs Meter groß. An der Rückseite wird er von einem etwa einen Meter hohen Metallzaun begrenzt. Dahinter liegt der Garten des nächsten Hauses, mit dichtbelaubten Bäumen bestanden. Die Zielpersonen, die über den Zaun flüchten wollen, erstarren mit einem Fuß darauf, als ihnen aus dem Blattwerk mehrere Läufe von M16-Gewehren entgegenragen. Sie hasten zurück auf die Terrasse, und jetzt gehören sie mir.

Es sind neunzehn Gangmitglieder anwesend. Die meisten sehen wie verängstigte Kaninchen aus, die bei der ersten Gelegenheit wegrennen wollen, aber es sind auch ein paar ganz Coole darunter, und das ist gut. Das bedeutet, sie rechnen wahrscheinlich damit, dass wir sie verhaften wollen und dass es ordnungsgemäß vonstattengehen wird. Wollen wir aber nicht und wird es nicht.

Meine sechzehn Mann sind alle mit Pistolen ausgerüstet, acht von ihnen haben dazu den gleichen Schlagstock wie ich, die übrigen M16. Es wurde in letzter Zeit viel über die Sicherungsplättchen diskutiert, die an den Gewehren der Nationalgarde verhindern, dass man vollautomatisch feuern kann. Ich versichere Ihnen, das gilt nicht für meine Einheit. Sollte es nötig werden, können und werden wir vollautomatisch feuern. Einer meiner Männer entnimmt dem in der Auffahrt geparkten Fahrzeug eine Kiste und öffnet den Deckel.

«Machen wir's uns einfach», sage ich. «Wer von euch bewaffnet ist, legt sein Eisen jetzt sofort in diese Kiste. Gesichert, wenn ich bitten darf.»

Die Gangster kommen der Anweisung nach. Es dauert keine Minute, dann haben zwei meiner Männer die Kiste verschlossen und in einem unserer Fahrzeuge verstaut. Jetzt geht der Spaß los. Wir haben fünf Minuten, um ihnen so richtig die Party zu versauen.

Ich gehe zum Chefkoch hinüber, der am Grill steht. Unser Verbindungsmann hat ihn als den Anführer bezeichnet.

Als ich mich Nase an Nase vor ihn stelle und ihm zeige, dass ich eine Handbreit größer und zehn Kilo schwerer bin, stehen am Nebentisch zwei Gangster auf. Der eine ist spargeldünn, aber der andere sieht irgendwie indianisch aus und hat einen Stiernacken wie ein Wrestler. Mein Vize tritt zwischen sie und mich und lädt seine Waffe durch. Das Einrasten einer Patrone in der Kammer eines automatischen Gewehrs ist ein äußerst wirkungsvolles Geräusch.

Die beiden harten Jungs weichen also zurück, allerdings eindeutig gegen ihren Willen. Eine hübsche kleine Asiatin versteckt sich hinter dem Mageren. Keine Ahnung, was sie hier zu suchen hat. Unser Informant hat allerdings angedeutet, dass diese Gang weibliche Mitglieder nicht grundsätzlich ablehnt.

Ich wende mich wieder dem Grillmeister zu, der meinem Blick mit einem ausdruckslosen Starren begegnet. In der Rechten hält er einen metallenen Fleischwender, der allerdings regungslos über dem Grill schwebt, dessen Stäbe braun von gebratenen Fleischresten sind. Als kleine Tröpfchen klares Fett vom Spachtel fallen, spucken und zischen sie in den Gasflammen darunter.

«Du», sage ich, «Mister Big Fate, du musst endlich aufhören, Menschen umzubringen.»

Darauf antwortet er nicht, aber das braucht er auch nicht. Ich nicke meinem Vize zu. Der Mann ist eins fünfundneunzig groß, über zwei Zentner Muskelmasse; eine Maschine, die nur einem einzigen Zweck dient: Schmerz zuzufügen. Als Big Fate (also ehrlich, diese Namen werde ich nie begreifen) sich zu meinem Vize umdreht, drückt der ihm einen Kolbenkuss auf den Schädel. Mr. Big Fate geht schneller auf den Estrich als ein Fallschirmjäger ohne Schirm.

Ich beuge mich über sein blutendes Gesicht und sage: «Du musst aufhören, Menschen umzubringen!»

Wiederholung ist der einzige Weg, zu diesen Tieren durchzudringen. Das weiß ich, weil ich selbst ein Tier bin. Alles, was ich im Lauf der Jahre gelernt habe, habe ich nur deshalb gelernt, weil ich es zehntausendmal wiederholt habe. Fragen Sie meine derzeitige Frau, und wenn Sie schon mal dabei sind, fragen Sie auch meine beiden Ex-Frauen.

Da Mr.Big Fate jetzt am Boden liegt, beschäftigt sich mein Vize mit seinem rechten Oberarm. Um den Bizeps läuft ein Tattoo in mexikanischem Stil. Nach dem ersten besonders dumpf klatschenden Treffer fällt ihm der Fleischwender aus der Hand und scheppert auf den Estrich. Während das Grill-werkzeug zur Ruhe kommt, schlägt mein Vize wieder auf genau den gleichen Fleck am Arm, trifft mit dem Kolben auf genau denselben Tintenschnörkel. Das ist sein neues Ziel, und er trifft dieses Ziel mit jedem Wort, das ich ausspreche.

«Du», sage ich zu Mr.Big Fate.

Kolbenkuss ist ein netter Ausdruck für eine schlimme Sache.

«Musst.»

Es bedeutet, einen Angreifer mit dem Gewehrkolben außer Gefecht zu setzen.

«Endlich.»

Ein voll geladenes und schussbereites M16 wiegt vier Kilo. Richtig angewendet, lässt sich damit genügend Kraft ausüben, um Knochen zu brechen.

«Aufhören.»

Mein Vize hämmert auf den stärksten Knochen des Oberkörpers ein, den Oberarmknochen, und zwar immer wieder auf dieselbe Stelle.

«Menschen.»

Unter normalen Umständen ist eine ungeheure Krafteinwirkung vonnöten, um den Oberarmknochen zu brechen, und es geschieht eigentlich nur bei Autounfällen oder Stürzen aus großer Höhe.

389

«Umzubringen.»

Doch in diesem Fall hat mein Vize die Stelle so lange bearbeitet, bis ein Riss entstanden ist, und dann weiter auf den Bruch eingeschlagen, bis der ganze Knochen mit einem lauten Knacken durchbricht, das klingt, als habe jemand mit einem hölzernen Baseballschläger einen Homerun geschlagen, so sauber ist die Fraktur, und in diesem Augenblick biegt sich Mister Big Fates Arm in die falsche Richtung durch, und er brüllt, aber das ist noch nicht das Ende, denn mein Vize beschließt, jetzt auf den schlaff herabhängenden Teil des Arms zu treten. Dann dreht er die Sohle seines Kampfstiefels darauf hin und her. Er legt sein ganzes Gewicht hinein, volle einhundertfünf Kilogramm. Ist mir vollkommen egal, für wie hart Sie sich halten: Einen derartigen Schmerz hält niemand aus. Mr. Big Fate geht es nicht anders. Er verliert unter dem Stiefel meines Vizes das Bewusstsein und fällt nach hinten, knallt mit dem Schädel auf den Beton.

Als das geschieht, bricht die Hölle los.

3 Der Stämmige geht auf meinen Vize los, der Magere springt mich voller Wut an. Es ist schon fast komisch, wie die beiden zu Boden gehen. Der Stämmige läuft direkt in einen Judogriff, bei dem ihm mein Vize die rechte Schulter mit lautem Knacks auskugelt. Den Mageren stoppe ich mit einem Schlagstockhieb auf die Rippen und schalte ihn dann mit einem Schlag auf den Kopf aus. Sämtliche Luft weicht aus seinem Körper, ehe er zuerst auf die Knie und dann zusammensinkt. Hinter ihm hat einer meiner Männer die Asiatin zu Boden geworfen und schlägt ihr mit einem handelsüblichen Metallschlagstock auf die Handgelenke. Ich höre ihre Knochen brechen. Sie schreit vor Schmerz auf, und der Magere, dem Blut übers Gesicht strömt, ruft ihren Namen.

«Irene!»

Ich glaube jedenfalls, dass er das ruft. Es ist nicht leicht, alles mitzubekommen, denn wer bisher noch nicht zu fliehen versucht hat, rennt jetzt los. Wie Antilopen stieben sie in Richtung Zaun und setzen darüber, oder in Richtung Haus. Das reinste Chaos, aber ganz nützlich für uns, denn jetzt fängt die richtige Arbeit erst an.

Ich schlage drei zu Boden, bevor sie an mir vorbei- und zur Hintertür des Hauses kommen. Ich treffe Kehlen, Ohren, was sich gerade als weiches Ziel darbietet.

Mein Vize beugt sich über seine beiden Kandidaten und brüllt so laut, dass man ihn auch ohne Megaphon die ganze Straße entlang hört.

«Wir wissen, ihr habt geplündert», ruft er. «Wir wissen, wo ihr den Scheiß versteckt habt!»

Unsere Strategie ist simpel. Wir zielen vor allem auf Gelenke und kleinere Knochen. Wir brechen Hände, Fußgelenke, auch Knie und Ellbogen. Da sind wir nicht wählerisch. Das ist vor allem eine Frage der Verfügbarkeit – welcher Körperteil bietet sich dar, wenn ein Gegenüber ohne tiefergehende Kenntnisse im Nahkampf sich zu verteidigen versucht. In solchen Fällen gibt es zahlreiche Möglichkeiten: Er oder sie wendet sich ab und rennt weg – ihr bringt ihn oder sie mit dem Schlagstock zu Fall und zielt auf ein Sprunggelenk; er oder sie versucht euch zu treten – ihr weicht aus und schlagt gegen Knie oder Knöchel des Standbeins; er oder sie könnte euch auch einfach entgegentreten, ihr täuscht einen Schlag auf den Kopf vor, worauf euer Gegenüber instinktiv schützend die Arme hebt – dann schlagt ihr auf Finger, Handgelenke, Ellbogen.

Ich habe meinen Männern gesagt, sie sollen an Fastfood denken: einfach zugreifen und weitergehen. Gliedmaßen zurückbiegen und auf den Schrei warten, dann ziehen, bis es knackt. Dann noch einmal. Wenn man es einmal gemacht hat, geht es beim zweiten Mal leichter. Nur zwei von zehn Menschen kämpfen trotz eines so starken Schmerzreflexes weiter. Die übrigen geben auf. Sobald er oder sie sich der Horizontalen ergibt, schlagt ihr auf die Rippen, um ganz sicherzugehen, dass er oder sie keinen tiefen Atemzug mehr machen wird, ohne an euch und eure harten Schläge zu denken. Den Rest ihres kurzen Lebens werden diese Leute an euch denken. Heute könnt ihr Leben verändern, habe ich meinen Männern gesagt, bevor wir aufgebrochen sind. Manchmal lernt man am besten aus den schlimmen Erfahrungen, und die müssen wir heute liefern.

Inzwischen riecht es nach verbranntem Fleisch, und ich will ein weiteres Exempel statuieren. Der Stämmige kriecht vor meinen Füßen auf Mr. Big Fate zu, während das Mädchen das schlaffe Handgelenk im Arm hält und sich an den Mageren drückt.

Den Stämmigen packe ich am Fußknöchel und reiße ihm den senkellosen Schuh ab. Er rollt sich herum und sieht mich an, als ich ihm mit dem Schläger auf die Zehen haue, bis jeder einzelne von ihnen am linken Fuß schlaff und blutig herabhängt. So wie ihn haben Sie noch nie jemanden schreien hören. Als ich fertig bin, sehen die Überreste seiner Zehen aus wie zermanschte Maraschino-Kirschen, die durch seinen weißen Socken sickern. Schocktränen strö-

men ihm über die Wangen, als ich ihm die Rippen breche. Bei sechs höre ich auf. So Gott will, wird dieses kleine
Monster nie wieder richtig laufen oder atmen können. Gut
so. Langsamere Verbrecher sind besser für alle.

Aber dieser Kerl keucht nicht nur, er wimmert.

«Halt deine Fresse.» Schwer atmend halte ich der Heul-
suse einen Vortrag. «Wer spielt, muss zahlen. Das muss
dir doch keiner erzählen. Kannst von Glück sagen, dass ich
dir nicht den ganzen verfickten Fuß abgeschossen habe.
Stell dir das mal vor! Ein Verbrecher mit Beinstumpf! Da
könntest du beim nächsten Mal nicht mehr vor mir wegrennen.»

Danach beißt er sich auf die Lippe. Er leidet stumm, aber
es ist die lauteste Stille, die ich je gehört habe. Ich sehe auf
die Uhr. Fünf Minuten sind um. Die Zeit ist fast abgelaufen.

Die Gruppe auf der Terrasse ist etwas ausgedünnt. Nach
meiner Zählung sind zwei davongekommen, und das sind
zwei zu viel. Das Fleisch auf dem Grill ist schwarz verbrannt,
und kleine Rauchsäulen steigen davon auf. Los Angeles im
Kleinen, denke ich: ein sich selbst überlassener Grill, auf
dem das Fleisch verbrennt, das dummerweise obendrauf
festsitzt.

Ich zähle siebzehn Gangster, die auf dem Terrassenbe-
ton liegen. Alle stöhnen, krümmen sich und/oder schnappen nach Luft. Es reicht noch lange nicht, aber wir haben
Anweisung, schnell rein- und schnell wieder rauszugehen,
also befehle ich den Rückzug.

«Wir kommen wieder, wann immer wir wollen», sagt mein
Vize zu dem Stämmigen, der angestrengt versucht, nicht auf
die Überreste seines Fußes zu gucken. «Wir werden alles
beschlagnahmen, was ihr geklaut habt, aber wir werden

393

euch nicht verhaften und vor Gericht stellen, oh nein! Das nächste Mal werden wir euch Wichser einfach erschießen.»

Zum Abschied winkt mein Vize auf die ekligste Art und Weise: Er hält die Hand dicht ans Gesicht und krümmt nur so ein bisschen die Fingerspitzen, so wie mein Sohn, als er gerade gelernt hatte, mir zuzuwinken.

Nur fürs Protokoll: Ich wünschte, was mein Vize gerade gesagt hat, würde stimmen. Tut es aber nicht.

Das ist die größte Lüge unserer kleinen Operation: Wir werden nicht wiederkommen, auch wenn wir es noch so oft androhen. Wir sitzen schon wieder in unseren Fahrzeugen und sind zum nächsten Einsatzort unterwegs, wo wir uns um den nächsten kleinen Haufen Krebsgeschwüre kümmern. Sie kriegen es heute Nacht alle, bevor die Ordnung offiziell wiederhergestellt und die Ausgangssperre aufgehoben wird. Unser Auftrag lautet jetzt lediglich, sie auf Linie zu halten. Wir wissen, sie haben gemordet, aber die Tatorte überall in der Stadt sind kalt, die Spuren verwischt oder nicht mehr existent. Verhaftungen und Anklagen wird es in dieser Situation nicht mehr geben. Darum ist die bestmögliche Lösung zur Aufrechterhaltung von Recht und Ordnung ein kräftiger Schlag auf die Finger – einer, der nur sehr langsam oder auch gar nicht heilt, wenn wir es richtig gemacht haben.

Heute Nacht werden wir jedes bekannte Gangsterschlupfloch heimsuchen, das anzusteuern sich lohnt, denn die brutale Wahrheit lautet, dass schon viel zu viele Kriminelle die Gefängnisse dieser Stadt verstopfen. Der Strafvollzug war von vornherein überfüllt, aber wenn man in vier Tagen über achttausend Menschen verhaftet, ist der Ausdruck *Überlastung* nicht mal ansatzweise angemessen. Jedes System hat ein gewisses Fassungsvermögen, und das war in diesem Fall schon am dritten Tag erreicht.

Wie ich die Sache verstanden habe, werden jetzt nur noch für ganz besondere Drecksäcke Plätze freigehalten, vor allem für die Mörder, die dämlich genug sind, sich auf frischer Tat ertappen zu lassen. Für Brandstifter, wenn wir je einen davon erwischen. Für diejenigen, bei denen wir mit einer Anklage und einem Urteil rechnen können. Alle anderen, die wir als bekannte Straftäter notiert und über die wir womöglich weitere Informationen haben, werden wir heute Nacht besuchen. Wir werden ein paar hervorragende Überraschungspartys veranstalten. Es wird nicht reichen, es wird weniger sein, als sie verdienen, aber immerhin etwas, und mit ein bisschen Glück werden sie sich den Rest ihres Erdenlebens daran erinnern.

JEREMY RUBIO
ALIAS TERMITE
ALIAS FREER

3. MAI 1992

16:09 UHR

Erstens: Spinnen, die ihre Fangzähne in meine Augäpfel bohren. Zweitens: von der Brücke des Freeway 710 geworfen werden und so hart auf dem Bauch im Betonbett des Los Angeles River landen, dass mir sämtliche Knochen gleichzeitig brechen. Drittens: auf irgendeinem Parkplatz einen jungfräulichen Stadtbus finden, auf den noch niemand was geschrieben oder gesprayt hat, und dann keine Sprühdose dabeihaben und keinen Stift und keine Reißnadel, überhaupt nichts. Meine Cousine Gloria sagt immer, ich hab eine wie heißt das noch? Eine blühende Phantasie. Hat sie recht. Hab ich.

Aber die drei Sachen, die ich gerade aufgezählt habe – vor *denen* hab ich weniger Schiss als zu dem Haus zu gehen, wo Big Fate wohnt, um Ray und Lupe mein Beileid wegen Ernie auszusprechen. Dabei krieg ich von den dreien schon ständig Albträume.

Vielleicht bin ich auch noch ein bisschen high von heute Morgen. Aber ich hab es schon zu viele Tage rausgeschoben. Ich wollte überhaupt nicht herkommen, um ganz ehrlich zu sein. Aber wenn ich nicht komme, fällt es auf. Außerdem muss ich rausfinden, wann die Trauerfeier ist, weil nämlich noch niemand was gehört hat, und meine Tante hat mich schon zweimal gefragt, ob es ein katholischer Gottesdienst wird.

Jetzt stehe ich also im Vorgarten von dem Haus, in dem Ernie gewohnt hat, wo es aus irgendeinem Grund nach verbranntem Leim riecht, und starre auf eine Hauswand mit mehr Einschusslöchern, als ich zählen kann. Mir wird schon vom Hingucken schlecht und ein bisschen schwindlig. Ich kann mir gar nicht vorstellen, wie Ernie in diesem Haus gelebt hat.

Ich weiß, dass ihm hier nichts passiert ist, aber trotzdem krieg ich irgendwie weiche Knie, das hier ist nämlich kein Scheiß, sondern richtig echt, und es hilft auch nicht gerade, dass mein Walkman in diesem Augenblick so *kch-kch* macht, klingt wie ein Zug auf den Gleisen, als das Tape die Richtung wechselt, von Seite zwei zu Seite eins meines *Bombing Mixtapes, Vol. 6*.

Auf Seite zwei ist nur Rap. Seite eins sind lauter Film-Soundtracks. Ich hab ihn natürlich ganz leise gestellt, denn in dieser Gegend sollte man wirklich wachsam sein. Zum Beweis führe ich diese spektakuläre Ansammlung von Einschusslöchern vor meiner Nase an, Euer Ehren. Ich versuche tatsächlich zu zählen, wie viele Löcher es sind, als das erste Stück von Seite eins mir in die Ohren springt und mich total fertigmacht, weil ich zwar wusste, was es ist, aber es irgendwie auch vergessen hatte.

Es ist der Song aus *Star Wars* über Lukes verbranntes Haus. Onkel Owen ist tot. Tante Beru auch. Und jetzt ist *die* Szene in meinem Hirn auch noch mit Ernie verbunden, weil das Stück mit einer wie heißt das noch? Mit so einer jammernden Trompete anfängt, ehe die Streicher dazukommen, rauf und runter und überallhin, als ob ihnen das Stück gehört. Hier muss ich einfach mal anmerken, dass John Williams *die* heiße Scheiße ist. Fakt.

Eine Sekunde lang, ich meine wirklich genau eine Sekunde, schaltet mein Hirn in einen anderen Gang, und ich überlege, wie schwierig es wäre, meinen Namen mit Kugeln auf irgendeine Wand zu schreiben. Wahrscheinlich unmöglich.

Ich drücke auf Stopp, die Musik ist aus, und ich höre Leute hinterm Haus, also gehe ich die Einfahrt hoch, bis ich jemanden auf der Terrasse sehe. *Ich muss vorsichtig sein,* sage ich mir. *Muss aufmerksam und respektvoll sein, und ich muss sehen, wie viel ich mir erlauben kann.*

Als Clever mich sieht, sagt er: «Sieh mal an, da kommt der Tagger.»

Wir sind zusammen zur Förderschule an der Vista High gegangen, Clever und ich. Jedenfalls so lange, bis ich sie geschmissen habe.

«Hey», sage ich zu ihm und allen anderen und setze den Kopfhörer ab, obwohl gar keine Musik mehr läuft, es ist einfach unhöflich, und hier darf ich auf keinen Fall unhöflich wirken. Niemals.

Als Clever mich Tagger nennt, klingt das herablassend, so als wären Tagger nichts wert, als wär ich bloß ein kleines Kind, das erwachsen spielt.

Aber ich schreibe jetzt FREER. Früher habe ich DOPE geschrieben, aber dann hab ich gehört, dass jemand in der Gegend von Hollywood den gleichen Namen benutzt, also hab ich mir *Scheiß drauf* gesagt und es gelassen. Danach habe ich ZOOM geschrieben, aber nur so zwei Wochen, dann hab ich das auch wieder gelassen, nicht weil jemand

399

anders das auch schreibt, sondern weil ich meine Zs nicht leiden konnte und ein Doppel-O so langweilig zu schreiben ist. Die zwei Os sahen für mich immer aus wie riesige Comic-Augen. *Garfield*-Augen.

Aber FREER gefällt mir sowieso viel besser als die beiden anderen, einmal weil man mit den beiden Rs und dem Doppel-E jede Menge Kicks und Loops unterbringen kann, aber auch, weil es wirklich was *bedeutet*. Frei, freier, am freisten. Als ich mir den Namen ausgedacht habe, war ich ganz besessen, weil er so sagen sollte: *Sieh mich an, Motherfucker, ich bringe diesen abgefahrenen Scheiß, weil ich viel freier bin, als du je gedacht hast, dass man es sein kann.* Das war ein richtiges Statement. Wär ich nicht freier als ihr, könnte ich doch wohl nicht meinen Namen überall hinschreiben, wo ich will, oder?

Auf der Straße kennt man FREER, weil ihm alles am Arsch vorbeigeht, weil keiner sich weniger stressen lässt. Abgesehen vielleicht von CHAKA oder SLEEZ. Die beiden arbeiten wirklich auf einem ganz anderen Level. Aber um ganz ehrlich zu sein, mir geht überhaupt nicht alles am Arsch vorbei, schon gar nicht in dieser Gegend.

«Ich wollte nur Ernie die letzte Ehre erweisen», sage ich, und falls die Leute hier ihn unter anderem Namen kennen, sage ich noch: «Also, Ernesto.»

Ein kräftiger Typ, ich glaube, den nennen sie Apache, antwortet. «Ach so, du wolltest ihm die Ehre erweisen, hm?»

Der FREER in mir drin will ihm erzählen, dass ich das doch grad gesagt hab, aber ich nicke bloß.

Big Fate steht am Grill, steckt Thermometer in Fleischstücke, schiebt Würstchen rum, haut Burger in Brötchen auf Tellern und will sie loswerden. Eine lockere Schlange steht so irgendwie um ihn rum, und alle warten drauf, dass sie an die Reihe kommen ...

Eine Sekunde denke ich: *Diese Leute sind wie sein Sonnensystem. Er ist die Sonne, und sie kreisen um ihn.* Eigentlich sollte ich mir mein Blackbook schnappen und das aufschreiben, es gefällt mir nämlich, aber meine Hände zittern immer noch ein bisschen, und ich hab das Gefühl, ein Dachs rumort in meinem Bauch rum, so als wär der ein Vorratsschrank, so als hätte der Dachs Hunger und würde was zu essen suchen und dann enttäuscht.

FREER hat nie Dachse im Bauch. FREER schreibt seine Gedanken auf, wann und wo er will, verdammt. Und wisst ihr was, FREER sagt den Leuten auch, sie sollen mal einen Moment warten, damit er was aufschreiben kann. So einer ist FREER. Aber ich, ich lasse die Hände in den Hosentaschen und frage bloß: «Ist Lupe da?»

Fate mustert mich einen Moment, dann sagt er: «Nein.»

«Ähm», sage ich, «darf ich fragen, wo sie ist? Vielleicht könnte ich warten, bis sie zurückkommt.»

«Sie ist bei ihrer Mutter», sagt Apache.

«Wo ist das denn?» Ich will gar nicht bohren, ich will ihr bloß mein Beileid aussprechen, klar?

«Kann ich nicht sagen», meint Apache.

Ich nicke und sage: «Okay, ähm, ist denn Ray da? Ich wollte bloß, ähm, der Familie mein Beileid aussprechen, wegen Ernesto.»

Vielleicht bin ich wirklich noch ein bisschen stoned. Aber die Vibes, die da rüberkommen, als ich Rays Namen erwähne, und die Blicke, die sind echt schräg. Heftig. Apache guckt Clever an, Clever guckt auf seinen Hamburger, als müsste der erforscht werden, und Big Fate schmeißt einen frischen Hackfladen auf den Grill, wo er zischt und spritzt.

Schließlich sagt Fate: «Also, du weißt ja, dass ihr zu uns kommt, oder?»

Natürlich muss er jetzt das Thema wechseln und auf die eine Sache zu sprechen kommen, die ich mehr fürchte als sonst irgendwas. Mehr als Nadeln unter den Fingernägeln. Mehr als Grashüpfer im Rattendarm essen zu müssen. Ich will bestimmt kein Gangsta werden, bloß weil meine Tagger-Crew in Big Fates Gang aufgenommen wird. *Wirklich* nicht.

«Ja», sage ich, «hab ich gehört.»

«Und hast du dich entschieden, oder was?»

Mit entscheiden meint er: Hör auf zu sprayen und verschwinde oder spray weiter und komm in die *clica*. Aber so, wie er das sagt, ist es gar keine Entscheidung. Er will, dass ich mitmache. Ich versuche, nicht panisch zu werden, nicht noch mehr ins Schwitzen zu kommen als sowieso schon, also muss ich wieder von der Schule anfangen. Das hat mir bei Big Fate schon mal Aufschub verschafft.

«Na ja, ich hab wieder mit der Förderschule angefangen –»

Clever unterbricht mich. «Nein, hast du nicht.»

Oh Mann. Da hat er mich sauber auflaufen lassen. Ich sehe ihn an, er sieht mich an und zuckt die Achseln. Diese scharfe chinesische Schnitte, die hinter ihm steht, guckt mich auch so abfällig an, als wäre es total dämlich von mir gewesen, diesen Spruch zu versuchen, aber eine Sekunde ist mir das völlig egal, denn die würde ich sofort poppen.

Big Fate schaut gar nicht vom Grill hoch. «Hast du nicht?», fragt er mich.

402

Das holt mich zurück und schärft meine Aufmerksamkeit.

«Ich bin fürs nächste Halbjahr eingeschrieben», sage ich, «ich bereite mich grade so drauf vor. Ich musste erst ein kleines Problem regeln. Aber jetzt will ich alles richtig machen. Meinen Abschluss und so.»

Big Fate juckt das nicht. «Jeder weiß, dass sich die Dinge ändern, und bisher hattest du einen Freifahrtschein wegen deinem Vater, aber der läuft ab, wenn ich dich das nächste Mal sehe.»

Mein Vater sitzt in San Quentin, seit ich elf bin, also seit sechs Jahren. Meine Mutter meint, er war eine große Nummer, hatte das Sagen hier und alles. Er hat Big Fate eingeführt, hat ihn sozusagen ausgebildet für das, was er jetzt macht. Die Leute haben immer gesagt, er war richtig schlau. Aber ich schätze, Big Fate ist noch schlauer, oder? Immerhin sitzt der ja nicht lebenslänglich im Knast.

Ich bin nicht mein Vater, und ich versuche auch nicht, er zu sein oder Big Fate oder irgendwer aus dieser Gang. Ist mir egal, ob mein Name von meinem Vater stammt, weil der gesagt hat, als Kind hätte ich mich durch alles durchfressen können wie eine kleine Termite. Auch dieser Name, das bin nicht mehr ich. Da bin ich rausgewachsen. Ich bin jetzt FREER.

Und überhaupt: Alle, die irgendwas Künstlerisches in sich haben, denen ihre Tags wichtig sind, die neue Styles erfinden wollen, die nicht bloß so Hardcore-Vandalen mit Scheiß-drauf-Punkrock-Haltung sind, die sind alle Nerds und Außenseiter. Alle. Ich auch, Mann. Ich steh total auf diesen komischen Comic *Cheech Wizard* von Bodé. Ich liebe *Star Wars* und habe immer noch meine ausgeblichene X-Wing-Fighter-Bettwäsche. Ich bin ein Plattenjun-

kie, der in Trödelläden nach alten Scheiben stöbert, vier
für einen Dollar. Egal, ob das Vinyl zerkratzt oder kaputt
oder sonstwas ist. Den Preis sind allein die Cover wert. Die
hefte ich in meinem Zimmer an die Wand. Herb Alpert &
the Tijuana Brass, Mann. Martin Denny. Henry Mancini.
Alle Soundtracks, die ich habe, stammen daher. Ich über-
spiele sie mit dem alten Plattenspieler meines Vaters auf
Kassetten, den braucht er nämlich ganz bestimmt nicht
mehr. Und das bin bloß ich. Alle anderen Sprayer sind
auf ihre eigene Art genauso schräg. Wir sind alle leicht
gestörte Teenager mit was im Kopf, die am falschen Ort
geboren sind.

Na ja, das stimmt nicht ganz. Ich meine, wir haben nicht
alle was im Kopf. Manche von uns sind auch einfach nur
gestört oder zugedröhnt, aber wir sind alle von irgendwas
besessen. Und es ist echt hart, wenn man das nur rauslas-
sen kann, indem man die Welt vollschmiert. Die Straße ist
für mich der einzige Weg, meinen Namen in dieser Stadt
bekannt zu machen, in der es nur um Bekanntheit geht, um
den verfickten Ruhm, in der man nur was gilt, wenn man
weiß ist und auf einem Fünf-Meter-Plakat, oder in Filmen
oder im Fernsehen. Aber diese Wege stehen mir nicht offen.
Ich bin Mexikaner, *raza*, das versteckte Volk.

Versteckt jedenfalls, wenn du nicht gerade Cheech Marin
bist, oder dieser Wichser Jimmy Smits von *L.A. Law*. Für
mich interessiert sich kein Schwein. Mein Gesicht wird nie
jemand erkennen. Aber ich habe die Buchstaben. Die hab
ich. Fünf kleine Buchstaben, und wenn die Leute sie sehen,
dann sehen sie irgendwie meine Seele, und sie wissen, der
Typ, der das geschrieben hat, der macht keinen Scheiß. Der
zieht sein Ding durch. Und meine Tags sagen auch noch

was anderes. Sie sagen: Ich bin hier, klar? Sie sagen: Das habe ich gemacht. Ich existiere.

Jemand öffnet die Fliegengittertür von der Küche zur Terrasse und ruft Big Fate zu, er wird am Telefon verlangt. Big Fate sagt, der Typ soll aufschreiben, was der Anrufer will, aber dann sagt der Typ, der Anruf kommt von ein paar Häusern weiter, und er hört auf mit dem Grillen.

«Dann bring mir das Telefon raus, das Kabel reicht bis hier», sagt er zu dem Typen an der Tür, und zu mir: «Du kannst gehen. Aber wenn ich dich das nächste Mal sehe, musst du dich verdammt noch mal entscheiden. Spielt keine Rolle, wer dein Vater ist. Wäre aber gut, dich dabeizuhaben. Bleibt in der Familie.»

«Danke», sage ich, auch wenn ich nicht ganz sicher bin, wofür ich mich eigentlich bedanke, aber jetzt hat er das Telefon in der Hand, und ich schleiche mich wieder, nicke Clever zu, weiche Apaches Blick aus und husche so schnell wie möglich am Haus vorbei, die Auffahrt runter und auf den Bürgersteig.

Als hätte ich es nicht schon vorher gewusst, bevor ich heute ins Herz von Gangsterland marschiert bin – ich muss hier raus, und zwar so richtig raus. Raus aus L.A. Nach Arizona oder so. Die Schwester meiner Mutter ist da Teilhaberin einer Reinigung, in Phoenix. Sie schreibt mir ständig, ich soll doch zu ihr ziehen, das Leben hier hinter mir lassen, und jetzt im Augenblick hört sich das richtig gut an.

Aber dafür brauche ich Geld.

Im Kopf gehe ich schnell durch, wer mir noch was schuldet. Die Liste beginnt und endet mit Listo. Aber ich kann Fat John und Tortuga noch Sachen verticken, und vielleicht kann ich Gloria anschnorren. Das sollte reichen.

Zuerst die legale Schiene. Letzte Woche habe ich drei Tage im Wagen von *Tacos El Unico* gearbeitet, bevor dieser ganze Mist angefangen und der Laden zugemacht hat. Der Imbiss war allerdings die ganze Zeit offen während der Randale, Tag und Nacht, und mein Boss hat mich nicht einmal zur Schicht eingetragen. Aber ich weiß was über ihn, und jetzt wird er auch erfahren, was ich weiß.

Das würde FREER tun.

2 Ich drücke auf Play und bin wieder im Mixtape, wieder bei John Williams, jedenfalls am Ende davon. Ich beruhige mich beim Gehen, hole tief Luft und alles, als mir auffällt, was für eine Geisterstadt das hier gerade ist. Niemand draußen. Nicht ein Mensch. Die Fenster sind verrammelt. Kein Rasen wird gesprengt oder gemäht. Und ich denke so, es geht mich zwar nichts an, aber wieso machen Fate und seine Leute eigentlich ein Barbecue?

Bestimmt nicht als Strategiesitzung zur Aufnahme von Taggern in die *clica*. Das wäre zu erschreckend. Ich gehe schweigend weiter, schwer in Gedanken. Macht mich echt fertig, wie sich die Graffitiszene in L.A. entwickelt hat. Die hat schon in den Dreißigern angefangen, als sie das Flussbett betoniert haben, da gab es so Ritzbilder von Landstreichern und Zeichen in Teerfarben und so 'n Zeug. Es gibt sogar noch *placas* von coolen Chicanos von damals. Und ehrlich, Respekt für die Ostküste, aber die haben *überhaupt* nichts erfunden. CHAZ hat hier schon seinen *Señor Suerte* gesprüht, da waren die Idioten in New York noch dabei zu lernen, wie man Buchstaben an die Wand malt, die kleinen Babys. In L.A. waren wir immer schneller und weiter. Aber dann ist alles aus dem Ruder gelaufen. Als meine Generation loslegte, ging es gar nicht mehr bloß ums Taggen. Wir waren keine Tagger, sondern Tagbanger.

Früher hat man einfach seinen Namen irgendwo hingeschrieben, und das war's. Es gab zwar Stress, wenn jemand deinen Namen gecrosst hat, aber dann ist was ganz anderes draus geworden, ein ganz neues Monster. Inzwischen ist die Sprayerszene echt Wildwestscheiß, weil jetzt meine Generation die Straße beherrscht. Nicht mehr die Pioniere, die bloß große Pieces writen wollen, die keinen stören, tolle Letters, tolle Fill-Ins. Die meisten Jungs in meinem Alter kommen aus schlimmen Gegenden, und wir wollen respektiert werden. So wurde die Graffitiszene gewalttätig. Und als das Taggen gefährlich wurde, haben die Leute angefangen, in Gruppen zu sprayen, und irgendwann wurden diese Gruppen immer größer und strenger, nannten sich Crews, und wenn die Crew groß genug war, wurde daraus eine richtige Gang mit mehreren Crews an verschiedenen Orten.

So wurden Graffiti-Gangs ein fester Bestandteil der Szene, und die verwandelte sich, wurde was ganz Neues, und jetzt ist es so eine komische Mischung aus Graffitis und Gangsterleben, und die Grenze dazwischen wird immer undeutlicher. Tagbanger, die mit Knarren rumrennen, um sich zu schützen oder Leute zu erschießen, die keinen Respekt zeigen? Mann, das ist echt krass. Ich hab auch eine, einen kleinen .22er Revolver zum Wegwerfen, leicht zu verstecken. Ich hab ihn jetzt bloß nicht dabei, denn das hätte ich jetzt gar nicht gebraucht, dass Big Fate mich durchsuchen lässt, und was dann? Ihm die Knarre erklären? Nein danke.

Ich hab so ein Gefühl in der Magengrube, dass mein Leben nie wieder so sein wird wie früher. So als hätte ich eine Handvoll Nägel verschluckt, die jetzt in mir herumpurzeln. Ehrlich, wenn schon so ein Nerd wie ich mit Knarre unterwegs ist, dann läuft wirklich was schief. Und ich bin nicht der Einzige. Das Ganze ist so außer Kontrolle, dass alle es mitkriegen. Es gibt inzwischen schon Tagger, die zum Abschuss freigegeben sind. Die großen Jungs üben Druck aus auf Leute wie Big Fate, damit die diese wilden Sprayer-Crews auf Linie bringen, weil viele von denen sich sowieso schon wie Gangs aufführen und Leute bloß wegen überschrittener Reviergrenzen beim Sprayen abknallen und so.

Es ist gar nicht so verrückt, sie regulieren zu wollen, denn manche dieser Graffiti-Crews sind inzwischen so groß, dass sie selbst als Gangs durchgehen. Ich rede hier von vierhundert Leuten. So viele Leute kann man nicht einfach unkontrolliert rumlaufen lassen. Macht das Geschäft kaputt. So sieht Fate das bestimmt. Ist wahrscheinlich sicherer für alle, wenn sie ins Gang-System eingegliedert werden und es ein bisschen geregelter zugeht; wenn man das gut findet, so wie manche, okay; das finde ich aber nicht. Auf keinen Fall. Ich will meine Freiheit nicht so verlieren. Ich werd mich nicht in irgendeinen Gangsterscheiß reinzwingen lassen, bloß weil ich sprayen will.

Auf meinen Kopfhörern ist kurz Pause, ich höre das *wss-wss* der Spulen vom Walkman, bevor die Titelmusik von *A Fistful of Dollars* anläuft. Das ist echt meine Schlendermusik. Kann ich nicht abstreiten. Hab ich aufgenommen wegen der Trompeten. In letzter Zeit fahre ich echt auf Trompeten ab. Weiß auch nicht warum. Sie sprechen einfach zu mir, zünden einen Funken tief drin. Wie kleine Welpen, die sich an meine Rippen kuscheln. Warm und gut. So fühlt sich das an, wenn ich eine schöne saubere Trompete höre.

Aber das schöne Gefühl sickert ganz schnell nach unten und durch die Zehen wieder raus aus meinem Körper, als ich den Kopf hebe und so Panzer-Transporter-Dinger die Straße entlangkommen sehe. Sehen aus wie große, gepanzerte Lastwagen. Zwei Stück. Und Mann, sind die schnell! Ich bleibe wie erstarrt stehen, was soll ich auch sonst machen? Ich bete, dass sie an mir vorbeifahren, einfach weiter, ohne einen Blick auf mich zu werfen. Aber *nein*.

Sie halten direkt neben mir auf der Straße an, verdammte Scheiße!

Ich ziehe den Kopfhörer runter, als die Bremsen quietschen, hinten muss irgendeine Klappe aufgehen, ich höre so ein Metallscheppern, und dann kommen vier Mann raus und …

Ach du Scheiße! Typen mit Helmen und schwerer Ausrüstung, die ihre Knarren auf mich richten. Ich hab noch nie im Leben so viel Schiss gehabt. Ich falle gleich so nach vorn auf die Knie und nehme die Hände hoch. Ganz hoch, denn vor so was wegzulaufen braucht man gar nicht erst zu versuchen. Der Dachs ist wieder da und legt jetzt richtig los in meinem Magen, mit so scharfen Klauen, dass mein Herz durchdreht und mir in den Hals springt, um bloß von ihm wegzukommen, und da bleibt es sitzen, direkt auf meinem Kehlkopf, und schlägt heftig.

«Auf den Boden», sagt einer von den Typen hinter seinem … wie heißt das noch? So ein Riesengewehr, von dem ich den Namen kenne, aber wenn ich es ein paar Zentimeter vor der Nase habe, fällt er mir nicht ein. Ist jedenfalls ein Armeegewehr. Ein langes Gewehr mit so einem Griff obendran.

Und er sagt das, was er sagt, so leise und ruhig, dass es

mir noch mehr Angst einjagt. Ich lege mich hin, flach auf den Rasen in irgendeinem Vorgarten. Direkt neben meinem Kopf steht ein Büschel Löwenzahn mit weißen Puscheln obendran, und daneben liegt ein alter Klumpen Hundescheiße, also drehe ich den Kopf in die andere Richtung, damit ich den nicht sehen oder riechen muss.

«Arme und Beine breit», sagt dieselbe Stimme, und anscheinend mache ich das nicht schnell genug, weil meine Beine und Arme sofort von kaltem, hartem Metall auseinandergedrückt werden, und mir wird klar, dass das die Gewehrläufe sind, mit denen sie meine Arme und Beine rumschieben, und ich würde am liebsten direkt ins Gras kotzen. Was ist, wenn einem der Finger ausrutscht und er auf mich schießt?

Meine Kehle ist trocken, aber ich bekomme noch einen Satz raus: «Bitte erschießen Sie mich nicht.»

«Trägst du eine Waffe?», will die Stimme wissen.

Ich schüttele den Kopf. Sie tasten mich trotzdem ab.

Ich sage *sie*, weil es sich wie vier Hände anfühlt.

Als sie nichts finden, sagt dieselbe Stimme: «Du bleibst jetzt unten, bist du bis zweihundert gezählt hast. Fang an.»

Ich nicke wieder, dann zähle ich: «Eins, zwei, drei, vier …»

Vom Hals her höre ich, wie der Song «Everybody Wants to Rule the World» aus dem Film *Real Genius* anfängt. Ich erkenne ihn an der Gitarre und den Synthesizern. Mehr kann ich auch nicht hören. So einen leisen, langsamen Rhythmus im Gras. Eine Sekunde lang haut es mich echt um, wie total schräg dieses Timing ist, aber dann konzentriere ich mich auf was anderes.

Ich schaue gar nicht hoch, aber ich höre die Stiefel von mir weggehen und wie dann die beiden Transporterdinger wieder die Motoren starten. Sie kommen in mein Blickfeld, als sie die Straße rauffahren. Und der erste, oh Scheiße, der erste biegt in die Einfahrt, die ich grad runtergelaufen bin. Die sind hinter Big Fate her! Ach du heilige Scheiße. Das ist schlimm. Richtig, richtig scheiße.

«Neunzehn, zwanzig, einundzwanzig ...»

Der andere Transporter hält auf der Straße, vier weitere Typen mit Maschinengewehren springen raus und stürmen das Haus. Zwei rammen mit den Schultern die Eingangstür, die mit schrecklichem Ächzen und lautem Krachen nachgibt, und dann gehen sie mit angelegten Gewehren rein.

«Dreißig, einunddreißig, zweiunddreißig ...»

Dann höre ich auf zu zählen. Ich schaue mich um und sehe niemanden in der Nähe. Keine Armeetypen, nichts. Aber mein Ärmel liegt in der Hundescheiße. *Ärgh.* Ich stehe schön langsam auf, kein Mensch sagt was, also renne ich los, weil mich niemand aufhält.

Fuck, Mann. Mein Kopfhörer schlackert mir um den Hals, ich kriege ihn zu fassen und setze ihn auf, während ich die Straße langrenne, weil ich jetzt echt in der Scheiße stecke. Richtig *wortwörtlich* in der Scheiße.

Ich krieg's von allen Seiten, Mann! Alle wollen mich fertigmachen. Meine Tante erzählt mir alle zwei Minuten, dass ich genauso draufgehen würde wie Ernie, wenn ich nicht aufhöre zu sprayen, und sie hört mir gar nicht zu, wenn ich ihr antworte, dass Ernie überhaupt nicht gesprayt hat, keine Tags, gar nichts. Aber das wird sie nie begreifen.

Auf der anderen Seite drängt mich Big Fate, ich soll in die Gang, die Zeit läuft ab. Und jetzt von noch einer anderen Seite das hier? Soldaten, die aus Transportern springen und mich auf den Boden werfen? Soldaten, die Big Fate überfallen und den perfekten Werbespot dafür liefern, warum man besser kein Gangster wird, weil um die Ecke immer einer wartet, der noch größer und böser ist als du, der dich schneller fickt, als du denken kannst?

Scheiße. Mehr als je zuvor habe ich das Gefühl, ich muss sofort weg aus L.A.

3

Man achtet gar nicht darauf, wie schön ein Tag ist, bis man denkt, dass man sterben wird. Und jetzt schaue ich nach mehreren verrauchten Tagen nach oben und kann den Himmel hinter ein paar Wolken wieder sehen, und der ist blau. Na ja, so graublau. Aber warm ist es. Wahrscheinlich über 22 Grad. Und unter diesem Himmel, an der Ecke Atlantic und Rosecrans, auf dem Dach des Gebäudes, in dem auch der Imbiss von *Tacos El Unico* ist, in so einer kleinen Ladenzeile, steht ein Typ mit Sonnenbrille, Maschinengewehr und schusssicherer Weste.

Das ist Rudy. Er kommt aus Guatemala. Aber er ist cool. Er ist unser Wachmann. Ich habe ihn allerdings noch nie in so 'ner Ausrüstung gesehen, und ich hab auch keine Ahnung, wo er die herhat. Macht mich ein bisschen nervös, wenn ich ehrlich bin. Ich winke ihm zu, und er winkt nicht zurück. Er nickt nur. Ich frage mich, wie lange er wohl schon da oben steht. Ich meine, *El Unico* hat immer geöffnet, das war sogar während der Ausgangssperre so. Ich schätze, er wechselt sich mit irgendwem ab.

Ehe ich an der Tür bin, begrüße ich noch James den Obdachlosen, der steht nämlich auf dem Parkplatz, auf seinen Stock gestützt. James ist verrückt, aber harmlos. Kommt oft vorbei. Ernesto hat ihm früher immer was zu essen gegeben, ohne weitere Fragen. Den Scheiß hat er auch noch aus eigener Tasche bezahlt, und ich hab immer zu Ernie gesagt, Ist doch so viel schwerer, habe ich gesagt, sich was zusammenzusparen, oder? Er hat immer geantwortet, ich soll mir keine Sorgen machen. Ein Taco hier oder dort würde ihn schon nicht seinen Traum kosten, und wenn man Menschen helfen kann, ist es das immer wert. Schon bei der Erinnerung an ihn, wie er das sagt, muss ich den Kopf schütteln.

«Hey», sagt James zu mir, «weißt du, wo Ernesto steckt?»

Er schaltet gleich ab, als ich ihm antworte, dass ich es nicht weiß. Ich habe ein schlechtes Gewissen, weil ich ihm nicht erzähle, was mit Ernesto passiert ist, aber ich will auch nicht, dass der kleine Obdachlose sich schlecht fühlt. Er hat Ernesto echt gemocht, und ich weiß, er hat ein hartes Leben, und ich will es nicht noch schlimmer machen oder mir die Verantwortung aufhalsen, ihn jetzt durchfüttern zu müssen wie Ernesto früher, wo ich doch schon plane, abzuhauen. Ich verabschiede mich von James und gehe rein.

Drinnen sitzen ein paar Nationalgardisten beim Essen. Sie grüßen mich, und erst denke ich, *Was hab ich denn verbrochen*? Aber sie grüßen alle, die reinkommen. Ich rede noch ein bisschen mit ihnen. Machen nicht alle. Sie sagen, sie haben das Essen umsonst gekriegt, und dass es *so gut* ist. Die besten Tacos und Burritos ihres Lebens, sagen sie, und das wundert mich nicht, es sind nämlich vor allem Weiße und Schwarze und Was-weiß-ichs, ist also klar, dass ihnen niemand zu Hause mexikanisches Essen kocht.

Sie sind von der Kompanie C, sagen sie, in Inglewood stationiert. Drittes Infanterie-Bataillon, sagen sie. Sind schon fast die ganze Zeit hier, sagen sie und zeigen auf die andere

Straßenseite. Ich schaue rüber zum 7-Eleven und sehe Sandsäcke und anderes Zeug an der Straßenecke, wo noch vier von ihnen herumstehen, und ich kann es zwar aus dieser Entfernung nicht erkennen, aber selbst in Uniform sehen sie für mich aus wie *cholos*. Einfach, wie sie da stehen. In dem Augenblick können die Gardisten im Restaurant nicht mehr an sich halten und erzählen mir, ich würde ziemlich krass stinken, und zuerst weiß ich gar nicht, was sie meinen, aber dann fällt mir die Hundescheiße ein, ich entschuldige mich und husche hinter den Tresen.

Ich nicke dem Koch zu und wasche meinen Hemdärmel mit reichlich Seife und so heißem Wasser, dass es mich ein bisschen verbrüht. Die Hände wasche ich genauso gründlich, weil mich hier alles so an Ernie erinnert, und wie er mich immer ausgeschimpft hat.

Wir haben gar nicht so oft hier im Imbiss gearbeitet, meistens im Wagen, aber ab und zu waren wir auch zusammen hier, und er hat mich endlos zusammengefaltet, weil ich mir nicht die Hände gewaschen habe. Sprühfarbe sitzt nämlich total hartnäckig an den Fingern. Ich hab sie immer hinterher gewaschen, und von der Haut habe ich die Farbe auch abgekriegt, aber unter den Nägeln blieb immer was hängen. Stundenlang hab ich versucht, das wegzukriegen, aber irgendwann hab ich aufgegeben und bin rein und hab für ihn geschnippelt. Tomaten. Fleisch. Salat. Alles Mögliche. Aber als Erstes hat er immer auf meine Hände geguckt und mich sofort angepfiffen.

«Was soll das denn bitte?», hat Ernie immer gesagt. «Wieso hast du dir nicht die Hände gewaschen?»

«Ich *hab* sie gewaschen», hab ich dann geantwortet. «Sie sind sauber.»

«Und wieso sind deine Fingernägel dann noch blau? Was ist damit?»

«Die sind *sauber*.»

«Hör mal, wenn dir jemand einen Teller mit Essen reicht und Farbe an der Hand hat, würdest du das essen wollen? Das ist eklig, Mann. Mach so was nicht. Das ist unprofessionell.»

Und ich dann so: «Was weißt du denn von *professionell*?»

«Hör mal.» Sein Ton wurde dann ruhiger. «Ich bin nicht dein Vater. Ich will dir nicht vorschreiben, was du mit deinem Leben anfangen sollst. Wenn du in deiner Freizeit sprayen willst, okay. Tob dich aus. Hab deinen Spaß. Aber wenn du achtzehn oder neunzehn bist, musst du dir vielleicht mal überlegen, ob du nicht mit dem Graffitischeiß aufhören solltest, denn für so was kann man in den Knast wandern. Und das wird hier nicht gern gesehen.»

Ernie war für mich immer die Stimme der Vernunft, die mich mit beiden Beinen auf den Boden der Tatsachen holte. Ich wollte sie bloß eigentlich gar nicht hören. Jetzt, wo er nicht mehr da ist, muss ich diese Aufgabe wohl selbst übernehmen, und das ist nicht leicht, weil ich es eben irgendwie nicht will. Echt hart.

Ich trockne mir die Hände mit den Papierhandtüchern ab und falte dann eins um die Manschette, sodass es aussieht, als sei ein Ärmel unten weiß. Ich starre einen Augenblick ins Waschbecken, dann gehe ich nach hinten und bitte um ein Gespräch mit meinem Boss.

Er hat einen winzigen Schreibtisch in so einer Vorratskammer. Er ist ziemlich *paisa*, darum sitzt er auch so gern hinter diesem Schreibtisch und hält Hof. Ich weiß gar nicht, wo dieses Wort herkommt. Vielleicht haben wir von den Italienern *paisana* geklaut und daraus ein spanisches Wort gemacht. Aber für uns bedeutet es so was wie «frisch vom Schiff» für die asiatischen Einwanderer, würde ich sagen. Jemand aus dem alten Land, der sich immer noch so benimmt wie zu Hause, noch nicht richtig amerikanisch ist, vielleicht auch nie werden wird.

Mein Boss ist eigentlich ein guter Typ. Nur manchmal muss man ihn erst dran erinnern. Heimlich nennen wir ihn Listo-Listo, weil er ständig so nervig nachfragt, ob wir auch alle fertig sind, bevor die Schicht anfängt, so «*¿Listo, listo?*».

Er wiederholt sich ständig so. Du kriegst das Gefühl, er glaubt eigentlich gar nicht, dass du fertig bist, und erinnert dich dran. Keine Ahnung. Jetzt sitze ich ihm gegenüber und lächele. Er mag es, wenn man ihn *jefe* nennt, also fange ich damit an.

«*Jefe*», sage ich, «ich hab vorletzte Woche gearbeitet, und dann letzte Woche Montag und Dienstag, und am Mittwoch haben Sie Ernesto und mich vom Wagen nach Hause geschickt, also –»

Er erzählt mir auf Spanisch, dass es ihm wirklich sehr leidtut mit Ernesto, dass es ihn aber eigentlich nichts angeht, und im Moment ist alles echt schwierig, weil die Banken geschlossen sind. Vielleicht kann er mich morgen bezahlen, sagt er.

Ich merke, dass er lügt. Ich arbeite schon lange genug hier und weiß, das Allermeiste hier wird in bar abgewickelt, ist ja klar, wenn man das meiste Essen an Leute verkauft, die womöglich gar keine Papiere haben, also kann Bargeld auf keinen Fall das Problem sein. Wir haben eher zu viel davon als zu wenig, weil die Banken zu sind, und deshalb ist er nervös. Das würde auch erklären, wieso Rudy mit Gewehr auf dem Dach steht.

So cool wie möglich frage ich, wie es seiner Frau geht, er antwortet, dass es ihr gutgeht, und dann frage ich klar und deutlich nach seiner Freundin, und er erstarrt, weil er weiß, wovon ich rede. Vor zwei Monaten war ich abends draußen und brachte Müll zum Container, da habe ich Bewegung in seinem Auto gesehen, und ich war sicher, irgendwer will es klauen, also bin ich hingeschlichen und hab was gesehen, was ich nicht unbedingt sehen wollte, aber jetzt bin ich doch froh drüber. Woher sollte ich denn wissen, dass er auf seinem Rücksitz eine Frau von hinten fickt?

Und das Beste war, ich kannte sie. Cecilia irgendwas. Ich weiß zwar nicht ihren Nachnamen, aber ich hab sie hier schon öfter gesehen, meistens mit diesem lockigen Typen mit Pickelnarben im Gesicht, Momo heißt er. Der ist echt übel, Mann. Bestellt immer *lengua*-Tacos. Steht voll auf Rinderzunge mit jeder Menge *salsa verde*, so viel, dass sich der Taco praktisch in seiner Hand auflöst, und die Reste stippt er dann mit Pommes auf. Fragt mich nicht wieso.

Ich mache so eine Andeutung zu Listo, dass Momo womöglich dafür verantwortlich ist, was Ernesto zugestoßen ist, und wenn der nun erfahren würde, was mein Boss mit seiner Freundin treibt? Das lasse ich einfach so im Raum stehen, und er muss schlucken, als er drüber nachdenkt.

Ich fühle mich nicht wohl dabei, aber ich glaube, Ernesto wäre nicht sauer auf mich, weil Listo auch schon versucht hat, *ihn* wegen Geld über Tisch zu ziehen.

«Ich habe keine Ahnung, wovon du redest», sagt Listo und guckt ziemlich panisch.

«Wie Sie meinen, *jefe*», antworte ich. «Ich glaube Ihnen, Mann.»

Listo gefällt das ganz und gar nicht, aber er geht raus und kommt mit 291 Dollar in bar zurück und meint, er muss mir die Steuern abziehen und was nicht alles. Ich streite mich nicht mit ihm. Ich sage Danke und gehe. Er sagt nicht, dass ich nicht mehr wiederkommen brauche. Aber das ist auch so klar.

Ist mir recht. Die Brücke habe ich gründlich abgebrochen, aber das hier ist ein Anfang. Ein hübsches kleines Ei im Nest. Jetzt muss ich es bloß noch warm halten und ausbrüten.

4 Tortuga, Fat John und ich stehen in der Garage meiner Cousine Gloria, wo wir uns manchmal vor unseren Touren treffen. Ich habe uns mit dem Schlüssel reingelassen, den Gloria an der Seite in einem kleinen Loch im Putz versteckt, das sie mit einem Stein verschließt. Ich sage ihr immer, sie soll das lassen, es ist nicht sicher, eines Tages wird ihr einer das Auto klauen, aber sie macht es weiterhin so. Man meint, sie sollte es lernen, aber manchmal lernen die Menschen erst, wenn was Schlimmes passiert.

«Wieso sind wir noch mal hier?», fragt Fat John. «Bestimmt nicht, um deiner Cousine und ihren süßen Titten Hallo zu sagen.»

«Wart's ab», antworte ich. Ich bin so konzentriert, dass ich mich gar nicht über den Kommentar mit den süßen Titten aufrege, aber bevor ich sagen kann, was ich sagen will, haut Tortuga mir auf die Schultern und nickt mir zu.

«Also, ich dachte, wir sind hier, weil da draußen alle durchdrehen», sagt er. «Ich hab gehört, so ein Homie von deinem Cousin, Puppet heißt er, hat irgendeinen obdachlosen Penner angezündet! Hat einfach Benzin über ihn geschüttet, ein Streichholz angerissen und *wuusch!*»

Scheiße. Sleepy hat tatsächlich einen durchgeknallten Junkie-Homie namens Puppet, den ich sogar schon getroffen habe. Der ist echt übel. Ich starre Tortuga eine Sekunde an, und in meinem Kopf sehe ich bloß James vor mir, der in Flammen aufgeht. Ist das widerlich, Mann. Dreht mir den Magen um. Diese ganze Stadt läuft total aus dem Gleis. Irre. Wieder mal wird mir klar, wie schnell ich hier rausmuss. Jetzt gleich. Heute noch.

«So ein Quatsch», sage ich. «Außerdem sind wir bestimmt nicht hier, um zu klatschen und zu tratschen wie blöde Bitches. Wir haben Geschäftliches zu regeln.»

Ich habe nicht damit gerechnet, dass Gloria schon von der Arbeit zurück ist, aber ihr kleiner knallroter Geo Metro steht in der Garage und versperrt mir den Weg, also klettere ich über den Kofferraum, der von meinem Gewicht ein bisschen eingedrückt wird, aber die Delle springt gleich wieder raus, als ich runterrutsche, dann bücke ich mich unter die Werkbank, die in die Wand eingebaut ist und an der sie noch nie dran war, ziehe die alte Armeetasche meines Opas raus, olivgrün und größer als ich. Es klappert und scheppert, als ich sie über den Estrich schleife.

«Ist da das drin, was ich vermute?», fragt Tortuga.

Ich hieve die Tasche übers Auto, lasse sie auf den ölfleckigen Fußboden plumpsen und öffne den Reißverschluss. «Checkt das, Leute!»

«Ach du Sch...» Fat John sieht aus, als würde er seinen Augen nicht trauen. «Was ist das denn, Mann?»

«Damit machst du dich zur Legende, Alter», sagt Tortuga.

«Absolut», sagt Fat John. «*Absolut.*»

Wir stehen eine Minute rum und zählen. In der Tasche sind siebenundvierzig Sprühdosen; die meisten Sprayer haben so eine Menge bisher bloß im Laden gesehen. Ich hab vor allem Krylons, in Silber und Schwarz, die Farben der Los Angeles Raiders. Davon hab ich dreißig. Der Rest sind kleine Testor-Dosen, Rot, Weiß und Blau.

Ich hab das Lager gefüllt, um mit einem großen Knall abzutreten. Ist ja wohl klar.

«Scheiße, Mann», sagt Tortuga. «Jetzt weiß ich auch, was du die ganze Zeit getrieben hast, während alle anderen in Deckung geblieben sind. Dosen gezockt wie nichts Gutes.»

Dosen gezockt hab ich, genau. Bin bei *Ace Hardware* rein, hab so viele in einen Rucksack gestopft, wie ich konnte, und bin weggerannt. Bis jetzt haben Fat John und Tortuga nicht gewusst, dass ich überhaupt welche habe.

Ich bin ja nicht so blöd, diesen Besessenen so viele Dosen auf einmal zu zeigen. Klar, wir sind befreundet, aber wenn es um Farbe geht, würden sie mich sofort ficken. Wenn einer von ihnen dünn genug wär, sich durchs Fenster zu quetschen, würden sie sich besaufen, die Scheibe einschlagen und die ganze Tasche rausholen. Darum werd ich ihnen auch nicht erzählen, dass ich so schnell wie möglich hier weg muss, denn je weniger Leute das wissen, umso besser.

«Caps hab ich auch», sage ich und ziehe eine Tüte aus der Tasche, in der lauter gelbe und blaue und lila Sprühaufsätze für Glasreiniger stecken, die man auf Sprühdosen aufstecken kann, damit man in verschiedenen Stärken und Styles sprayen kann.

Eine Cap ist von einer Flasche *Windex*, und ich hab ein paar Nadeln reingesteckt; wenn man die nimmt, trägt die

Farbe schön breit auf. Die nehme ich raus und stecke sie in die Hosentasche. Die kriegen sie nicht. Die ist was Besonderes. Hab ewig gebraucht, bis ich raushatte, wie ich sie genau durchlöchern muss.

Fat John vertickt manchmal Gras. Ich weiß, er hat immer Bares auf Tasche.

«Ein Dollar die Dose», sage ich. «Ein paar Caps gibt's noch umsonst dazu.»

Sie gucken mich beide an, als wär ich verrückt, aber dann fragt Tortuga, ob ich auch Mean Streaks hab. Nein, sag ich, bloß Dosen. Er nickt so, okay, und fängt im Kopf an zu rechnen, also lasse ich ihn.

Zuerst nehme ich die Dosen raus, die ich selbst haben will, zehn Stück in Ernies Lieblingsfarben: Schwarz und Silber. Danach teilen wir den Rest schnell auf. Fat John nimmt zwanzig, Tortuga schnappt sich den Rest. Fat John leiht Tortuga Geld, aber erst, als der verspricht, ihm das Geld nächste Woche zurückzugeben und dazu noch Kuchen und andere Sachen aus der *panadería* seiner Mutter mitzubringen, wenn die nächste Woche wieder aufmacht. Klingt eigentlich ganz fair.

Ich stecke die 37 Dollar ein, und zusammen mit der Auszahlung von El Unico komme ich auf insgesamt 328 Dollar. Nachdem das Geschäftliche geregelt ist, fragt Fat John, was mit unserer Crew passieren wird, wo wir uns jetzt Big Fates Gang anschließen sollen. Er macht sich auch Sorgen.

Wir drei sind in einem Team, das zu einer viel größeren Crew gehört. Die hat mal ganz weit weg von hier angefangen, und inzwischen kommt es uns noch weiter weg vor. Das sind vielleicht Tagbanger, aber sie können uns nicht davor schützen, in eine Gang gezwungen zu werden. Ganz ehrlich,

ich weiß echt nicht, ob der Überfall der Soldaten auf Big Fate irgendwas an der Lage ändert. Vielleicht schon, vielleicht aber auch nicht, und ich glaube, ich will lieber nicht abwarten und es herausfinden.

«Tut es oder lasst es», sage ich. «Das ist die einzige Wahl, die ihr jetzt treffen müsst.»

«Aber», sagt Tortuga, «könnten wir nicht irgendwie unsere Oberbosse anrufen?»

«Die reagieren nicht auf Anrufe, weil sie im Nordosten genug zu tun haben», sage ich. «Aber ich glaube, das würde auch nichts mehr ändern. Wir leben in Lynwood. Sie nicht.»

«Stimmt», sagt Fat John. «Das ist wahr.»

Tortuga fragt nach: «Liegt also erst mal alles auf Eis, bis wir unsere Crew verlassen und uns ihrer Gang anschließen?»

«So ziemlich», sage ich.

«Und du bist sicher», fragt Fat John, «dass du nicht mitziehen willst? Obwohl es doch die Hood deines Alten ist und so?»

«Hey», sage ich, «ich werde das hier bestimmt nicht ewig machen, aber im Augenblick ist es mir das Wichtigste. Was meint ihr, wieso ich spraye? Weil ich es nicht abkann, wenn Leute mir sagen, was ich tun soll. Und da soll ich in Big Fates Gang einsteigen und mir von einer neuen Bande Arschlöcher sagen lassen, wie ich leben soll?»

«Was denn», sagt Tortuga, «willst du nicht so enden wie dein Alter? Dreiundzwanzig Stunden am Tag eingeschlossen und ein Matratzenloch ficken?»

Ich reagiere nicht mit Worten. Ich starre Tortuga lange und böse an, so: *Alles klar, Wichser, das war dein Freischuss.*

Ich wechsle also das Thema. Ich erzähle ihnen, dass

mich alle in der Szene bloß als Bomber kennen. Aber ich will auch Pieces schreiben, illegale.

Dazu nicken sie, als würde ich predigen, aber dann fragt Tortuga: «Und wie willst du das abziehen, wenn du Freiwild bist?»

«Ich hab einen Plan», sage ich.

«Was für einen Plan?»

«Erzähl ich dir später», sage ich. «Jetzt muss ich erst mal mit meiner Cousine sprechen.»

«Sprechen, na sicher», sagt Fat John und packt sich an den Schwanz.

Ich boxe ihm in den Magen, nur zum Spaß, aber trotzdem echt hart, klar? Damit er weiß, in meiner Gegenwart kann er solche schmutzigen Anspielungen nicht mehr fallen lassen, ohne dafür zu bezahlen. Tortuga lacht, und wir verabschieden uns alle. Als sie weg sind, warte ich noch gute fünf Minuten und gucke aus den Garagenfenstern, damit sie auch bestimmt nicht noch irgendwo rumhängen und schnüffeln, ob ich noch mehr Farbdosen irgendwo versteckt hab.

Hab ich übrigens nicht. Aber sie glauben das bestimmt.

Dann schmeiße ich die zehn Dosen für Ernie in meinen Rucksack und ziehe was anderes aus der Tasche, was sie nicht zu sehen gekriegt haben.

Nämlich meinen Wegwerfrevolver, den schwarzen .22er, man kann nie vorsichtig genug sein. Ich stecke ihn tief hinten in meinen Hosenbund, ziehe das Hemd drüber und gehe rein, um Gloria zu überraschen.

5 Gloria telefoniert, als ich reinkomme, und wickelt sich dabei das Kabel um den Finger wie einen Ring. Sie zuckt zusammen, als ich die Hintertür zuschlage, und sieht mich an, als wär ich gerade hinten auf ihr Kleid getreten oder so was.

Das Telefon ist im Wohnzimmer an die Wand geschraubt, sie macht einen Schritt auf mich zu und versucht, mich aus der Küche zu scheuchen, aber das Kabel ist nicht lang genug, sie wird zurückgezogen und sieht echt sauer aus, vor allem, als mein Grinsen breiter wird und ich im Kühlschrank nachschaue, was da so drin ist.

Ich sehe Käsepizza, in Frischhaltefolie gewickelt, weil Cousine Gloria so langweilig ist und keinen Belag auf ihrer Pizza mag, und chinesisches Essen in den kleinen weißen Kartons, und dann etwas, das sich tatsächlich lohnt. Es sind noch ein paar von den *tamales* übrig, die ihre Mutter zu Weihnachten gemacht hat.

Die muss Gloria gestern Abend aus dem Tiefkühler geholt und aufgetaut haben, aber dann hat sie nicht alle gegessen, sie liegen nämlich da, wo sonst die Eier liegen. Ich suche mir eine aus und hoffe, es ist eine mit Mais, *queso* und *jalapeño*, aber als ich reinbeiße, ist es bloß so eine langweilige mit Schweinefleisch.

Gloria wedelt hektisch mit der Hand, dass ich rausgehen soll, und sieht sehr enttäuscht aus, als ich dableibe. Ich esse die ganze *tamale* mit zwei Bissen auf, ohne Teller. Daraufhin starrt sie mich böse an, und dann wird sie ganz leise, flüstert in den Hörer, dass es ihr sehr leidtut, sie aber auflegen muss, und bis bald, und dann legt sie auf und kommt mit erhobener Hand auf mich zu.

Sie haut zu und verfehlt mich, und ich mache den Fehler,

darüber zu lachen, weil sie gleich danach voll meine Wange trifft. So *bamm*. Ich sehe kurz richtig Sterne, reibe mir den Kiefer, der echt weh tut, und sage: «Das ist aber nicht nett. So benimmt sich keine Dame, das weißt du doch.»

Sie nimmt ihren Becher, trinkt einen Schluck und sagt: «Ist mir egal. Ich habe dich nicht hereingebeten.»

«Ich gehöre zur Familie», sage ich achselzuckend. «Ich meine, was würde deine Mutter wohl sagen, wenn du ihr erzählst, dass du mich geschlagen hast?»

«Wahrscheinlich würde sie sagen, dass du es verdient hast.»

«Das würde meine Tante niemals sagen.»

«Oh doch», sagt Gloria, «das würde sie.»

Wir starren einander noch ein bisschen an, dann frage ich sie, ob sie mir Geld geben kann.

«Ich habe kein Bargeld», sagt sie.

«Aber sicher», sage ich, «du hast doch auf den Fernseher gespart und so.»

Sie neigt den Kopf und sagt: «Das Geld ist weg, Jermy.»

Jermy nennt sie mich nur, wenn es ihr ganz ernst ist, also werde ich vorsichtiger. Sie macht einen Lappen nass und wischt den Fußboden ab, wo ich die *tamale* gegessen und wohl gekleckert habe. Nachdem sie den Lappen in die Spüle geworfen hat, verrät sie mir, dass sie das für etwas anderes ausgeben musste, aber sie will mir nicht sagen, für was. Sie sagt, eines Tages würde ich es verstehen.

Dann gibt sie mir zehn Dollar und sagt, das sei alles, und das hätte sie auch nur, weil sie mit ihren Kolleginnen was auf Rubbellose gewonnen hätte. Ich hab gesehen, wie sie an ihre Handtasche gegangen ist, darum weiß ich, dass sie nicht lügt. Mehr als zehn Kröten hat sie wirklich nicht.

Damit bin ich bei 338 Dollar, was gerade so für die Fahrt nach Phoenix und ein bisschen Startkapital reichen sollte, schätze ich. Oder hoffe ich jedenfalls.

Als sie mir den Zehner gegeben hat, fragt sie: «Okay, hast du Aurelio gesehen oder was?»

Ihr kleiner Bruder ist zwei Jahre älter als ich, aber ich nenne ihn schon seit Kindertagen nicht mehr Aurelio. Sleepy, so schon. Sleeps. Sleep Machine. Manchmal nenne ich ihn auch Sleepertón. Aber nicht Aurelio. Niemals.

«Ich hab Sleepy weder gesehen noch was von ihm gehört. Wieso? Glaubst du, er baut Scheiße, oder was?»

Sie zuckt die Achseln, und das heißt: Klar, und das denkt sie nicht nur, sie macht sich auch Sorgen deswegen. *Ständig.*

Ich beschließe, das Thema zu wechseln, damit ich mir nicht zwanzig Minuten lang was darüber anhören muss.

«Wo ist denn Lydia? Und wo ist der Kleine?»

«Zusammen weg», sagt Gloria. «Sie ist mit Mateo zu *Chuck-e-Cheese*, damit ich mal ein bisschen frei habe.»

«Hey», ich wechsle schon wieder das Thema, «kann ich dein Auto leihen?»

Sie schaut mich lange über den Rand ihres Teebechers an, aus dem sie schon beim Telefonieren getrunken haben muss. Darauf steht GILROY: GARLIC CAPITAL OF THE WORLD. Und eine kleine Zeichnung von einem Knoblauchkopf ist auch drauf. Alles mit grünen Umrisslinien.

«Wofür?»

«So 'ne Sache», sage ich.

«Also für deinen Graffitiquatsch.»

«Nein», sage ich und glaube, ich spiele ganz gut, ganz echt; aber klar, um zu sprayen.

Was denn sonst.

«Tut mir leid, *primo*», sagt sie. «Geht nicht. Ich bin verabredet.»

Ihre letzte Verabredung ist so lange her, dass ich mich
gar nicht mehr daran erinnern kann, darum frage ich: «Mit
wem denn? Mit diesem Krümelmonster-Typen?»

Das ist natürlich ein Witz, denn Krümelmonster wohnt
hier um die Ecke und wiegt an die drei Zentner, vielleicht
ein paar Burger mehr oder weniger, aber sie schnappt sich
gleich eine Banane aus der Obstschale auf der Theke und
wirft sie nach mir. Ich ducke mich, und sie knallt gegen die
Tür zur Garage und fällt auf den Boden.

Ich hebe sie auf und lege sie wieder in die Schale. Ich
versuche ihr rauszulocken, mit wem sie verabredet ist, fast
drei Minuten lang, aber auf einmal wird sie richtig ernst und
will es mir nicht sagen. Sie lächelt bloß so vor sich hin und
wickelt ihr Haar um den Finger wie vorhin das Telefonkabel.

Schließlich schneidet sie mir das Wort ab. «Ich muss jetzt
duschen. Wenn ich wieder rauskomme, bist du hoffentlich
verschwunden.»

Ich nicke, das kriege ich hin, und als sie rausgeht, fische
ich ihre Autoschlüssel aus der Handtasche, die mit dem
kleinen Mutter-Teresa-Anhänger am Schlüsselring. Ich
habe ein schlechtes Gewissen, weil ich ihren Wagen nehme,
aber auch kein richtig schlechtes. Sie wird es verstehen,
wenn ich sicher in Phoenix angekommen bin und ihr alles
erzähle; dass ich es nur getan habe, weil ich kein Gangster werden wollte. Sie wird froh drüber sein. Vielleicht nicht
heute. Aber irgendwann. Ganz bestimmt. Sie liebt mich. Sie
will, dass ich in Sicherheit bin.

6 Ich bin kein totales Arschloch. Ein bisschen arschig, aber nicht total. Ich nehme zuerst Mateos Kindersitz aus dem Wagen und stelle ihn auf den Garagenboden, noch nicht mal in einen Ölfleck. Dann schiebe ich so leise wie möglich das Garagentor hoch, stelle den Automatikhebel auf N und schiebe den Wagen raus, mache das Garagentor wieder zu, schließe ab, schiebe den Schlüssel wieder in das Loch mit dem Stein davor, lasse dann den Motor an und fahre los. Ich muss schnell zu meiner Tante und packen, ehe Gloria rausfindet, dass ich ihr Auto genommen habe und ihre Mutter anruft und sie mir beide aufs Dach steigen. Ist alles ein bisschen kompliziert.

Ich wohne bei Glorias Mutter und Vater und ihrem Bruder Sleepy, aber ihr Vater ist bloß ungefähr drei Tage im Monat zu Hause, er ist nämlich Fernfahrer, und Sleepy ist sowieso nie dort, also sind meistens bloß Tante Izel und ich da. Sie und Gloria vertragen sich nicht, weil Gloria nicht verheiratet ist und mit einem Drogendealer ein Kind in Sünde gezeugt hat, und jetzt wohnt sie mit ihrem kleinen Sohn – meinem Neffen irgendwie – und Lydia in dem Haus, das ihre Großmutter ihnen vererbt hat. Und ich wohne bei Tante Izel, weil meine Mutter nach Mexiko zurückgegangen ist. Mich hat sie in Kalifornien gelassen, weil sie meinte, hier kann eher was aus mir werden. Und meine Tante in Phoenix, von der ich euch erzählt habe? Das ist die Schwester meiner Mutter. Also, wie ich gesagt habe: *kompliziert.*

Als ich den Zündschlüssel drehe, kommt sofort Musik aus den Lautsprechern, und was noch schlimmer ist: ich erkenne den Song, weil Gloria mich schon mal gezwungen hat, ihn anzuhören. «America» aus *West Side Story*. Sie meint, der sei clever und gut geschrieben, und ich soll ihn schätzen lernen, gerade wegen meiner Herkunft, aber ich finde ihn total schwul.

Ich drücke das Tape raus und werfe es nach hinten, wo vorher Mateos Kindersitz war. Ich hoffe, es geht nicht in den Kleiderstapeln verloren, die sie dahinten liegen hat. Die Karre ist ein fahrender Kleiderschrank. Da liegen drei verschiedene Jacken aufeinander, mehrere Paar Schuhe, alle so weiß und klobig, mit so Einlagen.

Ich schiebe mein Mixtape ins Kassettendeck. Tex Ritters «High Noon» aus dem Film mit Gary Cooper nähert sich dem Ende und hört abrupt auf, weil ich die Aufnahme versaut und ausgeschaltet habe, bevor der Song ausgeblendet wurde, aber es musste sein.

Ich habe nur 60er-Kassetten mit dreißig Minuten pro Seite, alle auf dem Flohmarkt gekauft, und ich wollte eben unbedingt den Song «Hurry Sundown» drauf haben, der mir gerade heute noch mehr bedeutet als sonst. Handelt davon, einen richtigen Scheißtag zu haben, der schnell zu Ende gehen soll, und deshalb soll der Sonnenuntergang sich beeilen. Die Musik ist von Hugo Montenegro, total unterbewertet. Fängt ganz geisterhaft an, so mit Gitarre und Summen, dann wird ein Duett draus, und das nimmt Fahrt auf wie eine Welle, die am Ende in einem richtigen Choral anbrandet. Fast wie ein Spiritual. Finde ich jedenfalls.

Ich beschließe, auf der Wright Road am Freeway 105 vorbeizufahren, um zu sehen, ob ich die Unterführung sprayen kann, wenn die nicht inzwischen schon total voll ist.

So richtig verliebt hab ich mich ins Sprayen, als ich mal auf der Rosecrans stand und Richtung Freeway 710 guckte und schwarze Sprühfarbe auf einmal mein gesamtes Blickfeld gebombt hat. Ich meine, der Bordstein gegenüber, der Bürgersteig, fast jeder Quadratzentimeter der zehn Meter hohen Wand, sogar die Scheißpalme daneben, alles schwarz. Mann, das sah aus, als hätte eine Ninja-Armee zugeschlagen. Der Tag hat meine ganze Weltsicht verändert. Jetzt sehe ich gar keinen Beton mehr. Ich sehe keine Wände, nicht mal Gebäude. Ich sehe Gelegenheiten, klar? Flächen, denen ich meinen Stempel aufdrücken kann. Ich sehe riesige feste Leinwände, die nur auf Treffer warten …

Moment mal, da vorn stehen Sheriffs und Feuerwehrfahrzeuge, sieht so aus, als leiten sie den Verkehr auf die Fernwood um. Zuerst kann ich gar nicht erkennen, wieso, weil vor mir so ein kotzbrauner Riesenjeep fährt, hinten an der Heckklappe hängt noch ein platter Ersatzreifen; aber als der auf die Fernwood abbiegt, sehe ich, wieso wir nicht durchkommen.

Unterm Freeway steht so ein großer Lastwagen, anscheinend von der Stadt, total ausgebrannt und rußverschmiert, genau wie der Brückenbeton obendrüber. Kurz bevor ich abbiege, machen zwei Feuerwehrleute die hintere Klappe auf, und sie fällt ab. Asche fliegt in einer großen schwarzen Wolke in alle Richtungen, während der Gesang von «Hurry Sundown» ausgeblendet wird und ein neuer Song anfängt, einer der richtig schrägen Tracks in diesem Mix.

Es ist ein altes Sesamstraßenlied, «Be Kind to Your Neighborhood Monster», von einer total genialen und total vergessenen Platte namens *We Are All Earthlings*, und wenn ich es höre, schwanke ich immer zwischen Schaudern und Lachen, weil es für mich hier, wo ich lebe, eben was ganz anderes bedeutet. Sagen wir mal so, ich stelle mir dabei keine pelzigen lila Ungeheuer vor. Sondern *cholos* mit Tattoos, rasierten Schädeln, hochgezogenen Socken und einer scharfen Bügelfalte in ihren Khaki-Shorts.

Jetzt muss ich nach rechts abfahren, und ich kann fast auf die Ladefläche des Lasters sehen, als ein Sheriff in brauner Uniform und mit Hut mich durchwinken will, und er dreht sich um und guckt dahin, wo ich hingucke, und er erstarrt einen Augenblick, als könnte er es auch nicht fassen, und als er sich wieder zu mir umdreht, winkt er mich hastig weiter. Ich muss die Augen zukneifen, weil ich nicht glauben kann, was ich sehe.

Hinter mir hupt jemand.

«Ach du Scheiße», sage ich zu niemandem und versuche die schwarzen Formen zu erkennen, die da aufeinandergestapelt sind. «Sind das etwa verbrannte Leichen?»

Die *tamale* in meinem Bauch teilt mir mit, dass sie gleich den Schleudersitz nehmen wird, also schlucke ich, gucke woanders hin und gebe richtig Gas.

Vielleicht liege ich völlig daneben, aber wenn das Fates *clica* gemacht hat, dann verstehe ich auch viel besser, dass der Schlägertrupp angerollt ist und ihm die Türen eingetreten hat. Viel besser.

Ich bin total benebelt, habe immer noch das eben Gesehene vor Augen, nicht das, was wirklich vor mir liegt. Ich glaube, ich hab eine AK-47 da rausragen sehen. Und so viel Asche …

Von der Fernwood auf die Atlantic Avenue, dann auf die Olanda Street, und als ich auf der Olanda wieder die Wright Road überquere, macht es irgendwie *klick*, und ich halte vor dem Haus meiner Tante Izel.

Ich gehe hintenrum rein und bin froh, dass heute kein Restauranttag ist. Meine Tante betreibt gelegentlich ein kleines Restaurant in ihrem Haus, und dann helfe ich ihr. Sie stammt aus Tlaxiaco in Oaxaca, wo man noch weiß, wie man so richtig traditionelle Aztekengerichte kocht. Zwei Tage die Woche stellen wir hinten Tische auf den Rasen, und sie kocht für die Leute, die vorbeikommen. Sie macht Hühnerschenkel in gelber *molé*, die sie vorher schon so zwei Tage lang im Tontopf backt. Und Tortillas, komplett selbstgemacht. Aber richtig berühmt ist sie in der Gegend für ihre *lentejas oaxaqueñas*. Zwei Dollar für eine Schale kleiner Linsen mit Ananas und Kochbananen und Tomaten und Gewürzen.

Aber heute ist bloß ihr normaler Vorbereitungstag, und ein paar Märkte in der Gegend haben heute Morgen endlich wieder geöffnet, darum ist sie Zutaten einkaufen gegangen, was gut ist für mich, denn ich kann schnell rein und raus wie ein Dieb.

Ich schnappe mir Zahnbüste und Zahnpasta, mein Right-Guard-Deo, meinen Santa-Fe-Duft, und dann mein Vandalenkit: eine kleine Stiftemappe mit dem Logo von *G. I. Joe*, die ich schon ewig habe. Danach brauche ich vielleicht noch zwei Minuten, werfe T-Shirts und Jeans und Sweatshirts und Socken und Unterwäsche und meine Lieblings-Reeboks in eine kleine Reisetasche. Ich nehme noch die beiden schwarzen Skizzenbücher mit, meine Blackbooks, und das war's. Als Hinweis haben sie die Briefe meiner Tante und ihre Adresse in Phoenix. In der Küche greife ich mir Erdnussbutter und den Rest eines Brotes, vielleicht fünf Scheiben. Ich bin schon wieder im Auto und setze zurück, bevor überhaupt jemand merken kann, dass ich da war.

Ich habe jetzt nur noch vor, an ein paar Busparkplätzen vorbeizufahren und auf einen glücklichen Zufall zu hoffen.

7 Wusstet ihr, dass San Francisco bloß so zwanzig Quadratkilometer groß ist? Ich auch nicht. Als Fat John mir das letzten Monat erzählt hat, war ich echt platt. L.A. ist nämlich endlos. Da gibt es Strände, Hügel, Teergruben, Berge, Wüste, Downtown und einen fetten betonierten Fluss mittendurch. Es geht in alle Richtungen immer weiter. Wir sind ein eigenes Land, Mann. Das Gefühl hab ich jetzt noch mehr.

Ich cruise durch Lynwood und suche nach Busparkplätzen. Ich kenne einen an der Atlantic, auf der anderen Seite vom Freeway 105. Aber da ist nichts.

Ich halte die Augen offen nach abgestellten Bussen. Die stehen fast immer in einer kleinen Straße, die von einer großen abgeht, vielleicht so ein paar Querstraßen neben einem Boulevard, vielleicht im Industriegebiet oder in einer Sackgasse, wo der Randstreifen breit genug ist. Manchmal stellt die Busgesellschaft einfach ein paar Busse ab, warum auch immer, vielleicht wegen technischer Probleme, oder irgendein Fahrer ist krank geworden oder ist zu spät zur Schicht gekommen und konnte nicht pünktlich übernehmen, und dann wird der Bus einfach irgendwo geparkt, bis ihn jemand abholen und zum Depot zurückfahren kann. Oder vielleicht gibt es ja auch Riesenrandale in der ganzen Stadt, die tagelang andauert, und nichts läuft, wie es soll. Busse sind im Augenblick so was wie der Heilige Gral der Graffitiszene, weil sie der beste Weg sind, deinen Namen durch die ganze Stadt zu schicken und allen zu zeigen, wer du bist und was du kannst.

Mein Leben lang haben die Leute gesagt, Graffiti sind eine Bedrohung. Und vollkommen nutzlos. Das mit der Bedrohung verstehe ich noch, das stimmt nämlich. Aber nutzlos sind sie nicht. Für mich sind sie wie ein Videospiel. Sie haben mich gelehrt, Karten zu lesen, mich zurechtzufinden. Sie haben mich Politik gelehrt. Welche Gang wo herrscht, wem was gehört. Wo man hingehen kann. Wo man besser wegbleibt. Durch Graffiti hab ich gelernt, auf meinen Arsch aufzupassen. Aber auch, mutig zu sein. Als ich anfing, war ich bloß ein Toy, hatte keinen Schimmer, dafür jede Menge Schiss; aber wenn du immer weitermachst, wirst du mit der Zeit gut, du lernst, du passt dich schnell an. So wurde ich FREER. Na ja, und Ernesto hat auch dazu beigetragen.

Jetzt hab ich wieder sein zerschossenes Haus im Kopf. Ich kann irgendwie gar nicht glauben, dass er mit diesen Leuten, mit Big Fate unter einem Dach gelebt hat, ohne selbst drin zu sein. Jetzt wird mir klar, wie sehr er bestimmt da rauswollte, und das macht mich traurig. Seit wir mal in diesem Sushiladen waren, mit den ganzen Eisenbahngleisen vor der Tür, hat er nicht mehr aufgehört, davon zu quatschen. Der Typ hatte Pläne. Alle möglichen Pläne. Das war richtig inspirierend. Kam ich selber ins Träumen. Wollte mehr sein, als ich bin. Wollte FREER werden. Also hab ich mich angestrengt. Und jetzt bin ich es.

Jeder durchgeknallte Vandale braucht seine Ausrüstung. Auf meinem Beifahrersitz liegt mein Rucksack, darin meine Stiftemappe, in der sind sechs Mean Streaks, ein paar Stück Sandpapier, zwei Reißnadeln; und dann noch die Dosen, die ich gezockt habe, die Krylons und Testors. Sandpapier brauch ich bloß, wenn ich was Großes ritze, die Sprühdose erklärt sich von selbst, aber Mean Streaks, das sind *die* Farbstifte in L.A. Mit denen kann man auf alles schreiben, Auto, Glas, Metall, auf *alles*. Farbe in fester Form. Wenn es an der Spitze alle wird, dreht man hinten. Man kann sie auch ganz rausdrehen, längs aufschneiden und Farben mischen. In letzter Zeit bin ich ein bisschen psychedelisch geworden, darum schneide ich meine Mean Streaks auf und mische drei Farben, Gelb, Weiß und Blau. Und Reißnadeln sind so eine Art spitzer Bohrer, sehen aus wie Pfeilspitzen mit abgefeilten Seiten, mit denen kann man perfekt Sachen ritzen, vor allem Glas.

Ich checke noch einen Parkplatz, wieder nichts, und allmählich verliere ich den Mut, vielleicht finde ich gar nichts, worauf ich Ernesto Tribut zollen kann, und im Kopf gehe ich schon die möglichen Wände durch, falls ich beim nächsten Mal auch nichts finde.

Aber verdammt, ich will unbedingt einen Bus bomben. Das bringt Respekt. Die sind im Augenblick die härteste Herausforderung, nur was für Draufgänger, weil es so viele Möglichkeiten gibt, erwischt zu werden. Ständig Katz-und-Maus, ständig Adrenalin. Die Fahrer gucken dir dauernd auf die Finger. Die Zivilfahnder haben Turnschuhe an und so kleine Hüfttaschen, in denen Abzeichen und Ausweise und die ganze Polizeischeiße stecken.

Manchmal nehmen sich ganze Crews Busse vor und versuchen den gesamte Innenraum zu bomben, sogar die Decke, und einmal hab ich gehört, dass ein Ziviler versucht hat, einen Bus zu verschließen, und die hundert Typen drinnen mussten die Notausgänge aufstemmen und rennen, um nicht geschnappt zu werden. Das ist echt Wilder Westen da draußen. Ich sag's euch.

Ich komme zum dritten Parkplatz, gleich hinter *Tom's Burgers* an der Norton Avenue, nicht weit von Imperial und MLK, und im Vorbeifahren denke ich: *Scheiße, wieder einer umsonst*, und da spiegelt sich die Sonne in einer Windschutzscheibe und macht mich beinahe blind. Ganz schnell wende ich Glorias Auto, rein instinktiv, und stehe vor einem perfekten Bus, und ich meine wirklich *perfekt*.

Vielleicht ist er erst vor einer Minute hier abgestellt worden, vielleicht auch gestern. Wer weiß, und wen juckt's? Er steht vor mir und ist unberührt. Unglaublich, noch nicht ein einziger Motherfucker hat ihn getaggt. Ich bin der Erste. *Ich darf ihn entjungfern.*

Schwer zu erklären, aber das ist so ein Glückstreffer, dass ich sofort Paranoia schiebe – ist das 'ne Falle oder was? Überwacht die Polizei das Ding? Versuchen die, Sprayer zu fangen? Ich vermute, die haben im Moment andere Sorgen.

Und dann denke ich: Selbst wenn es eine Falle ist, Scheiß drauf. Versuchen muss ich es wenigstens. Dieser Bus kann mein Vermächtnis werden. Wenn ich das richtig angehe, werden die Jungs noch jahrelang drüber reden. *Jahrelang.*

Ich kann mich gar nicht mehr erinnern, dass ich das Auto auf dem Parkplatz der geschlossenen Bank gegenüber abgestellt habe, habe ich aber, denn da bin ich, und das Auto ist aus. Beim Aussteigen ziehe ich den Reißverschluss von meinem Rucksack auf und suche meine Stiftemappe. Ich bin so aufgeregt, dass mein Mund austrocknet und ich vor mich hin plappere, als ich den Kopfhörer aufsetze.

8 Ein Brummen in mir dringt bis in die Zehenspitzen, während ich zum vorderen Ende des Busses gehe. Ich drücke am Walkman auf Play. Im nächsten Augenblick reiten Wagner und seine Walküren mir direkt in die Ohren. Schon mit den ersten Streichertönen bin ich total aufgedreht. Ich bin voll drin.

Ich bin so aufgeregt, dass ich zittere, also hole ich Luft und versuche, mich so weit zu beruhigen, dass meine Hand nicht mehr zuckt. Als ich die Luft rauslasse, geht es gut.

Aber trotzdem, einen jungfräulichen Bus ganz für mich allein? Einen jungfräulichen GMC-Bus mit getönten Seitenscheiben, und ich werde ihn mit einem Mean Streak taggen, den ich gestern Abend erst aufgeschnitten habe?

Krass, Alter.

Als wäre ich gestorben und in den Himmel gekommen, und kaum trete ich durchs Himmelstor, fleht Marilyn Monroe mich an, Sex mit ihr zu haben.

Mein Herz schlägt immer noch ganz wild und heftig, haut mir von innen gegen die Rippen, als ich auf der Windschutzscheibe die Front malen will. Total neuer Marker, Mann. Ich zieh die Kappe ab, und das Ding riecht wie Glasreiniger, Mann. Voll wie Glasreiniger.

Wenn man die Windschutzscheibe sprayt, heißt das «'ne Front malen», da wird ja immer die Richtung angezeigt, in die der Bus fährt, oben über dem Kopf des Fahrers. Aber die Anzeige ist natürlich ausgeschaltet, weil der Bus ja nicht fährt. Und ich beschließe ganz spontan, erst mal zu ritzen.

Ich hole meine Reißnadel aus der Tasche und setze einen großen Tag genau dahin, wo das Gesicht des Fahrers wäre, so *F.R.E.E.R!* mit Punkten dazwischen und allem, aber das Irre ist: Ich kratze es *spiegelverkehrt*. Damit es alle Passagiere im Bus bei der Fahrt richtigrum lesen, und wer vor dem Bus fährt, kann es auch im Rückspiegel lesen!

Als ich damit fertig bin, warte ich einen Augenblick. Wenn Cops da sind, wenn Sirenen kommen, dann jetzt. Ich warte zehn Sekunden, dann noch mal zehn, und dann wird es Zeit zum Amoklaufen. Zeit, total auszuticken.

Ich nehme den Mean Streak, den ich weiß-gelb-blau aufgeladen habe, stelle mich auf die Stoßstange und schreibe so groß, wie ich kann. Übers ganze Glas, auf der linken Seite *F-R-E*, dann springe ich über den kleinen Steg, der die Scheibe in zwei Hälften teilt, und auf die andere Seite *E-R*.

Ich nehme mir extra noch ein paar Sekunden, um alle Ecken schön scharf zu ziehen. Die Beine vom letzten *R* mach ich so spitz, dass man sich daran schneiden kann. Danach mache ich noch so ein *x* durch die rechten Beine der *R*s, wie es immer auf den Rezepten für die Apotheke steht, weil mein Style ist nämlich wie Medizin.

Und darunter tagge ich noch meinen Crew-Namen.

So viel Zeit habe ich noch nie gehabt. Noch *nie*.

Wenn ich früher mal eine Front gemalt habe, dann bloß so klein unten links in der Ecke der Scheibe, und das ging nur, wenn Fat John den Fahrer abgelenkt hat, und ich musste mich so rüberlehnen und konnte nur ganz uncool kritzeln. Aber das hier? Das ist ein verdammtes Meisterwerk! Das ist FREER, wie er sein soll.

Auf der linken Seite setze ich zwei große Outside-Tags, immer einen Buchstaben pro getönte Scheibe; Throw-ups, aber mit klaren Kanten und rechten Winkeln, so wie die Buchstaben auf einer Highschool-Jacke, und auf den Seitentüren probiere ich so senkrechte Schriften mit irren Loops, sieht aus, als würde ich Spaghetti malen mit den Streaks. Ich bin total vertieft, und erst als ich mit der Vordertür fertig bin, sehe ich, dass der Fahrer seine verfluchte Dienstjacke drin liegengelassen hat. So was ist in der Szene eine Mega-Trophäe, könnt ihr mir glauben. Er muss so schnell abgehauen sein, dass er sie vergessen hat.

Keine Ahnung, wie lange ich brauche, um die untere

Scheibe aus der Tür zu treten, aber als sie ganz raus ist, zwänge ich mich durch und schnappe mir die Jacke. Ich werfe sie über, ist eine Nummer zu klein, aber scheißegal. Ich behalte sie an, das ist nämlich wie der Pelz des Bären, den man erlegt hat. So viel zählt das. Ich bin noch ganz drauf davon, als mir einfällt, wie irre das wäre, von *innen* in die Scheibe zu scratchen. Ich ritze also noch einen *FREER* in die Windschutzscheibe, gleich neben die Kasse, sodass ihn jeder sieht, der mitfährt, und dann schlängele ich mich wieder raus.

Auf die rechte Busseite haue ich einen schnellen One-Liner, ich drücke also die ganze Zeit auf die Düse und spraye eine ununterbrochene Linie mit der silbernen Krylon, ohne zwischen den Buchstaben abzusetzen. Ich schummle allerdings ein bisschen, weil ich so was noch nie gemacht habe, und das Ganze endet auch ein Stück vor dem Hinterrad, darum hänge ich hinten noch ein paar Loops und Pfeile dran, damit es aussieht, als ob es fliegt.

Wenn ich mehr Zeit hätte, würde ich ein ganzes Piece machen, aber es ist einfach zu gefährlich, hier draußen so rumzuhängen. Von jeder weiteren Sekunde krieg ich beinah einen Herzinfarkt. Ich hab das Gefühl, es könnten jederzeit Cops anrollen, es fühlt sich immer noch wie eine Falle an. Aber ich kann auch nicht aufhören. Das Beste hab ich mir für den Schluss aufgehoben.

Auf der Rückwand des Busses, die in Richtung Straße steht, steige ich auf die Stoßstange, mache eine Umriss-Skizze mit der silbernen Dose, und dann heißt es nur noch Fläche ausfüllen. Ein dicker Farbblock, sieht aus wie ein fetter silberner Spiegel auf der schwarzen Rückwand vom Bus, die so geriffelt ist wie 'ne Jalousie, und man muss so richtig von unten drunter sprayen, damit es überall fett aussieht.

Über meine silbernen Fill-ins lege ich dann noch schwarze Outlines und schreibe die Buchstaben *E-R-N-I-E*. Das kommt so krass, man kann die schwarz umrandeten silbernen Buchstaben im richtigen Winkel wahrscheinlich noch aus zweihundert Metern Entfernung lesen. Ich spraye sogar noch so kleine Risse und Sprünge oben an die Ränder, damit es irgendwie nach Felsen aussieht. In den unteren Arm des letzten *E* schreibe ich mit Schwarz *R.I.P.*, Ruhe in Frieden. Dann stopfe ich alle Sachen wieder in meine Tasche und hole meine Wegwerfkamera raus.

Ich mache Fotos aus allen Richtungen. Vorn. Seite. Hinten. Andere Seite. Von weitem. Aus der Nähe. Als ich ganz nah rangehe, spüre ich einen Blick und sehe mich um.

Ungefähr zehn Meter entfernt steht ein Junge auf dem Parkplatz der Bank und beobachtet mich.

Ich nehme den Kopfhörer ab und drehe mich zu ihm um.

9 Er ist zwölf, vielleicht dreizehn. Hat aber dichte, dunkle Augenbrauen und große, irgendwie stumpfe Augen. Er trägt die Haare ganz zurückgegelt und ist angezogen wie ein kleiner Gangster, aber er holt mit offenem Mund Luft. Ein Mundatmer.

Ich sehe ihn an, aber er reagiert nicht, also frage ich: «Willst du ihn auch bomben?»

Ich meine den Bus. Aber er rührt sich nicht. Er starrt mich bloß an, also sage ich ihm, er soll rüberkommen, was er auch tut. Der Junge steht direkt neben mir und guckt mein ERNIE-Piece an. «Was ist das?», fragt er.

«Das ist eine Ehrung», sage ich.

«Für wen?»

Ich gucke die Buchstaben an, dann den Jungen, und ich denke: *Kann er wirklich so blöd sein?* Aber er kneift bloß die Augen zusammen, also denke ich, Scheiß drauf, erzähle ich ihm eben, was jeder sehen kann.

«Für einen Typen namens Ernie», sage ich. «Er ist vor ein paar Tagen gestorben.»

Darauf nickt der Junge und sagt weiter nichts, also hake ich nach. «Du interessierst dich gar nicht für Graffiti, oder?»

«Nee, eigentlich nicht», sagt er. «Aber ich hab die Knarre in deinem Bund gesehen, als du dran gearbeitet hast. Die interessiert mich. Wie viel?»

«Keine Ahnung», sage ich und mustere den Jungen und ziehe eine Summe aus dem Hut, die er sich bestimmt nicht leisten kann, «hundert Mäuse?»

«Ich hab fünfzig», sagt er und blättert einen Fünfziger von einem Bündel, das aus ein paar mehr Scheinen besteht.

«Schon gut», sage ich und meine *Nein danke.* «Vertickst du für jemanden? Wo hast du denn die Scheine her?»

Er sagt weder Ja noch Nein. Streckt mir einfach die Hand hin, diesmal mit hundert drin.

«Nimm es, bevor ich es mir anders überlege», sagt er.

Ich gucke ihn an, so: *Willst du Ärger, kleiner Mann?* Aber dann denke ich mir, scheiß drauf. Ich tausche die Knarre gegen Bares und stecke die Scheine ein. Der Junge sieht sich die Pistole an. Er dreht sie in den Händen, dann nimmt er sie in die Linke, richtet sie auf mich und spannt den Hahn.

Mir fällt das Lächeln aus dem Gesicht, nicht vor Angst, sondern vor allem, weil ich nicht fassen kann, dass dieser kleine Gangster so was mit mir abzieht.

«Gib mir die hundert wieder und alles, was du hast», sagt er. «Sofort.»

Ich hab jetzt 438 Dollar. Wenn dieser kleine Scheißer denkt, dass er seine hundert wiederkriegt, ist er dümmer, als er aussieht, und das ist wirklich saudumm.

«Du weißt schon, dass das Scheißding nicht geladen ist, oder?», sage ich.

Er guckt mich an, als ob ich ihn reinzulegen versuche.

«Guck nach», sage ich. «Ich warte so lange.»

Ich mache einen Schritt zurück, damit er in Ruhe nachsehen kann, ohne zu befürchten, dass ich sie ihm wieder wegnehme. Er klappt die Trommel raus und hält sie sich direkt vor die Nase. Ich sehe sein eines braunes Auge in all seiner Stumpfheit durch eine der leeren Kammern. Er blinzelt.

«Du musst Munition Kaliber zweiundzwanzig dafür kaufen», sage ich. «Passt nur das eine Kaliber rein. Ich würde ja sagen, geh einfach zum Gun Store und such in der Vierteldollar-Kiste nach den kleinen Kalibern, aber ich hab gehört, der ist abgebrannt.»

«Ja, ist er», sagt er. «Kaliber zweiundzwanzig also?»

«Ja», sage ich.

«Okay», sagt er.

In der Ferne höre ich einen Hubschrauber brummen.

Ich frage den Jungen: «Hast du schon einen Namen gekriegt oder was?»

Er sieht sich um. «Kann sein», sagt er.

Ich schätze, das heißt nein, und ich will ihm gerade einen vorschlagen, über den er mal nachdenken kann, als so eine Frau um die Ecke des Ärztezentrums gegenüber gestapft kommt. Sie hat einen megakurzen Rock an, und ihre Absätze sind total abgelaufen, ihre Haare sind schwarz, und sie ist älter als ich, so Mitte zwanzig und ziemlich kaputt.

Selbst aus dieser Entfernung sehe ich die Herpesbläschen am Mund und das blaue Auge.

«Hey», sagt sie zu seinem Hinterkopf, «gehn wir oder was?»

Ich will gar nicht unhöflich sein, ich sage einfach, was mir in den Sinn kommt. «Ist das deine Mutter?»

«Du Idiot, halt besser die Fresse», sagt er und zieht die Oberlippe hoch. «Das ist meine *fresa*, Alter. Die Schlampe lutscht mir den Schwanz.»

Oh Gott, ich hoffe nicht, mit den ganzen Geschwüren am Mund. Aber ich hab nichts zu verlieren, also antworte ich: «Mann, halt du die Fresse. So jung, wie du bist, kriegst du noch nicht mal 'nen Ständer.»

Er zieht an seinem Gürtel und sagt: «Wenn du meinst, Alter.»

Seine *fresa* sagt auch was. «Kriegt er wohl. Und *was* für einen.»

Fresa heißt Erdbeere und ist Slang für die Sorte Frau, die Sex für Drogen bietet, meistens für Crack oder Koks. Mann, ich finde das alles so eklig, ich kann den Jungen bloß noch schief angrinsen, hauptsächlich, weil er so ein Großmaul ist. Der kleine Wichser ist tatsächlich Dealer und wahrscheinlich auch noch Zuhälter. Da hat er das Geld her, das ich jetzt in der Tasche habe. Sie hat hart dafür gearbeitet.

«Ich werde dich Watcher nennen», sage ich zu ihm, «weil du mich beobachtet hast. Behalt den Namen, wenn du willst. Oder lass es.»

Er sieht aus, als wollte er wieder frech werden, aber dann leckt er sich die Lippen, legt den Kopf in den Nacken und zeigt mit dem Kinn auf mich.

«Watcher», sagt er, als wollte er den Namen ausprobieren.

«Ja», sage ich. «Ist 'n guter. Pass auf dich auf.»

Ich drehe mich um und gehe.

Dabei höre ich noch, wie die *fresa* ihn um Erlaubnis bittet, sich bei Tom's Burgers einen Erdnussbutter-Shake zu holen. Er fängt einen Satz mit «Halt die Fresse, Bitch ...» an, als ich gerade ins Auto steige und so schnell wie möglich wegfahre.

Der Junge schaut mir nach, als ob er sich mein Gesicht einprägen will, als ob er sich überlegt hat, dass ich ihn beim Revolverkauf und mit meinen Sprüchen verarscht habe, und als ob er das niemals vergessen wird. Da muss ich doch lachen, Mann, weil, so einen Scheiß brauche ich echt nicht.

L.A. ist wirklich durchgeknallt. Total irre.

Als ich wieder auf der Straße und weit genug weg bin, sodass kein Cop mich mehr mit dem Bus in Verbindung bringen kann, hole ich tief Luft und denke über meinen Tag nach: Mein Plan ist nicht so gelaufen, wie ich wollte, am besten sollte ich wohl mit diesem Geld hier abhauen. Klingt vernünftig.

Ich glaube, bei jedem Typen, der je irgendwas auf die Straße gebracht hat, selbst wenn er viel erreicht hat, gibt es immer eine Lücke zwischen dem, was er tun wollte, und dem, was er wirklich *geschafft* hat, und das fühle ich jetzt auch, ich komme mir vor wie ein Versager, obwohl ich grad einen ganzen Bus zu meinem persönlichen Graffitispielplatz gemacht habe. Das Ding wird legendär werden, wenn die Leute es zu sehen kriegen. Und sie werden nach Ernie fragen. Werden wissen wollen, wer er war. Und einen Augenblick lang werde ich in ihren Gedanken leben. Aber ich werde nicht mehr da sein.

Die Leute werden eine Weile über mich reden. Fat John

und Tortuga werden es sehen, aber ich beschließe trotzdem, dass ich ihnen Abzüge von den Fotos mit der Post schicke. Dann denke ich eine Weile über den Bus nach, was für ein irrer glücklicher Zufall das war.

Vielleicht ist das ein guter Abschied, aber vielleicht ist das Ende auch nicht fett genug, nicht überdreht genug. Wahrscheinlich werden ein paar Leute sagen, ich hätte gekniffen, aber egal. Für die andere Sache hab ich mich nie entschieden, für die Gangsternummer. Ich wollte immer bloß frei sein. Ich wollte die ganze Stadt abdecken, Hollywood und Downtown und Venice taggen, und überall ©s unter meinen Namen schreiben, so wie OILER und DCLINE, denn meine goldene Zeit ist jetzt, mit gerade mal siebzehn Jahren.

Ich dachte, ich hätte ein Jahr, in dem ich richtig zuschlagen könnte, und wenn man mich schnappt, wie viel könnte man mir wegen Graffiti schon aufbrummen? Wahrscheinlich ein paar hundert Stunden gemeinnützige Arbeit und ein paar Wochenenden beim Jugendarbeitsdienst, im schlimmsten Fall ein bisschen Jugendarrest, aber keinen richtigen Knast, nichts Ernstes, nichts fürs Strafregister. Das wäre meine Gelegenheit gewesen, den ganzen Weg zu gehen und berühmt zu werden, und jetzt ist sie weg, genau wie Ernesto.

Was die Leute beim Sprayen immer nicht verstehen: Es ist eine Möglichkeit, jemand zu werden und jemand zu sein, eine Möglichkeit, Leute anzupissen, auch eine Möglichkeit, ein Revier zu beanspruchen, aber *außerdem* ist es eine Möglichkeit zu erinnern. Und das hab ich jetzt für Ernesto getan, und für die Stadt, die ihn umgebracht hat. *ERNIE R.I.P.* steht hinten auf dem Bus. Sind bloß Buchstaben, klar, aber gleichzeitig sind sie auch noch viel mehr.

Sie sind ein Mittelfinger und ein Grabstein zugleich.

10

Nachdem ich mein einfaches Ticket nach Phoenix gekauft habe, zum Sparpreis von 49 Dollar an der Long Beach Greyhound Busstation, rufe ich Gloria an und sage ihr, wo sie ihr Auto abholen kann. Überraschung: Sie freut sich *überhaupt nicht*. Sie sagt, sie wird mich umbringen, aber das kann ich vertragen, denn das ist ein ganz anderes Umbringen als das der Monster in meiner Nachbarschaft, wenn ich ihnen wieder unter die Augen trete und sage, ich will nicht in die Gang.

Gloria sagt: «Ich musste meine *Mutter* anrufen, um dich zu finden, Jermy. Ich schwör dir –»

Ich muss sie unterbrechen.

«Ich musste es tun, Gloria», sage ich. «Es tut mir leid. Es tut mir wirklich richtig leid. Ich wollte dir ganz bestimmt nicht die Verabredung verderben, aber eines Tages werde ich dir erzählen, warum ich das gemacht habe, und du wirst es absolut verstehen.»

Sie ist so richtig sauer. Das höre ich an ihrer Stimme. «Das solltest du mir lieber jetzt gleich erzählen.»

«Ich rufe dich an», sage ich, «wenn ich sicher dort angekommen bin, wo ich hinfahre.»

«Und wo ist das?», fragt sie.

«Es ist besser, wenn du das nicht weißt», sage ich, «denn irgendwann wird dich jemand fragen, ob du es weißt, und ich will dich nicht anlügen, und ich will nicht, dass du diese Leute anlügen musst.»

Ich höre ein langes Ausatmen gegen die Sprechmuschel, es klingt wie *krrcchh*.

«Okay», sagt sie schließlich.

Im Hintergrund höre ich Klopfen, dann wird Gloria ganz still, ich höre sie in Pantoffeln zur Tür gehen, dann wird es noch stiller, bestimmt schaut sie durch den Spion. Sie hält den Atem an, und ich weiß, da stimmt was nicht.

«Was?», frage ich.

«Ähm», sagt sie, «ich muss auflegen.»

«Was ist denn?»

«Nicht was, sondern *wer*», sagt sie. «Ernestos kleine Schwester steht vor der Tür.»

Ich höre es wieder klopfen, diesmal viel näher. Zuerst denke ich, sie will womöglich zu mir, aber das ergibt überhaupt keinen Sinn.

«Augenblick, Jermy», sagt Gloria, und ich höre, wie Kleidung auf die Muschel gepresst wird, als ob sie den Hörer an den Bauch hält oder so.

Ganz schwach höre ich, wie sie die Tür entriegelt und mit leisem Knarren aufmacht.

«Hey», sagt Lupe, «du hast doch gesagt, du bist Krankenschwester, oder?»

Meine Cousine nickt anscheinend, weil Lupe gleich darauf sagt: «Weißt du, wie man gebrochene Knochen schient?»

Wieder muss meine Cousine nicken, denn als Nächstes fragt Lupe: «Was für Sachen brauchst du dafür?»

Meine Gedanken rasen, ich frage mich, was passiert ist, und mein erster klarer Gedanke ist: *Der Schlägertrupp muss richtig zugelangt haben.*

Ich kriege aber gar keine Gelegenheit, noch irgendwas zu bemerken, weil Gloria ganz schnell «Ich muss Schluss machen» sagt und ich bloß noch das Freizeichen im Ohr habe.

Zu dem sage ich trotzdem «Mach's gut.»

Ich bin ein bisschen traurig, als ich den Hörer auflege. Ich muss Platz machen, weil ein Schwarzer hinter mir telefonieren muss. Er sieht aus, wie Martin Luther King aussehen würde, wenn er alt und fett geworden wäre.

Das Deprimierende ist, in Phoenix gibt es gar nichts. Keinen Spaß, keine Leute, nichts. Bloß meine Tante und wahrscheinlich wieder einen Restaurantjob; aber dann geht mir was auf.

In Arizona gibt es Freiheit, mehr Freiheit, als ich mir je erträumt habe.

Ich wette, da wird niemand auf der Straße einfach ausgecheckt, so: *Hey, dieser Idiot sieht aus wie 'n Sprayer, aber ich seh keine Tattoos, also macht ihn fertig.* Da draußen muss ich mir keine Gedanken über Gangs und Reviere machen, oder dass die Leute denken, ich würde kneifen, ich würde meiner Crew keine Ehre machen. Ich merke, wie sich der Dachs in meinem Bauch ein bisschen beruhigt.

Über den Lautsprecher wird mein Bus aufgerufen, ich gehe raus auf den Parkplatz und gebe dem Fahrer meine Reisetasche, er schiebt sie unten in das Gepäckfach, wo die Tür so aufgeht wie beim DeLorean in den *Zurück-in-die-Zukunft*-Filmen. Sie macht beim Hochgehen sogar das gleiche Geräusch. Irgendwie so *schhmp.* Meinen Rucksack behalte ich bei mir, steige in den Bus und setze mich in die Mitte. Drinnen riecht es nach altem Brot und Hundehaaren. Ich blättere in meinem letzten Blackbook rum.

Ich war noch nie da, aber was Graffiti angeht, ist Phoenix bestimmt Kinderkram …

Aber Moment mal.

Das ist ja vielleicht gar nicht schlecht. *Vielleicht* habe ich ja gerade deshalb alle Möglichkeiten, und FREER stirbt gar nicht, sondern entwickelt sich zu etwas ganz Neuem und Starkem.

Ich meine, ich könnte einen völlig neuen und fortgeschrittenen Style einführen. Ich könnte der *Erste* sein. Die Sache gefällt mir langsam. Sogar sehr. Ich könnte sozusagen eine Außenstelle des L.A.-Style da draußen aufmachen. Ich könnte wie diese Sache aus dem Chemieunterricht sein, wie heißt das noch? Ein Katalysator. So ein Beschleuniger. Yeah. Das könnte ich für die Szene in Phoenix werden, sie ein paar Gänge raufschalten. Und außerdem, was könnte FREER sein als abzuhauen, wann man will?

Nichts ist freier, so sieht's aus.

Im Bus kriegt man den Eindruck, als wär ich nicht der Einzige, der abhaut. Jede Menge Mexikaner und andere Mittelamerikaner hier drin. Mit Kindern dabei. Kann ich total verstehen. Echt, wenn ich Kinder hätte, würde ich sie sofort in diesen Bus setzen. Ist ziemlich klar, wieso man jetzt nicht in L.A. sein will, bei dem ganzen Ballern und Plündern.

Scheiße, Mann, bestimmt werde ich keine zwölfjährigen Dealer-Zuhälter vermissen, die mir meine Knarre abkaufen und dann versuchen, mir das Geld gleich wieder abzuknöpfen.

Und Big Fate werde ich auch nicht vermissen, der mir ein Ultimatum nach dem anderen stellt.

Und den Schlägertrupp auch nicht, der mich auf der Straße abgreift und mir verfickte Maschinengewehre ins Gesicht hält.

L.A. ist echt total irre, Mann. Aber trotzdem: L.A. werde ich vermissen.

Aber wer weiß? Vielleicht haue ich gerade im richtigen Moment ab. Bevor der große Knall kommt und alles ins Meer rutscht.

Ich drücke an meinem Walkman auf Play, aber der Schalter bleibt nicht unten. Manchmal zickt er ein bisschen. Der Knopf ist schwarz und so breit wie meine Daumenspitze. Ich drücke noch mal und halte ihn ein bisschen unten, und schließlich fangen die Spulen an zu drehen, und die Musik geht los.

Streicher setzen ein, als der Fahrer vom Parkplatz fährt, vor der Windschutzscheibe geht die Sonne unter, und es ist irgendwie magisch, dass wir vom Long Beach Boulevard auf den Pacific Coast Highway einbiegen, während Nancy Sinatras Stimme mir durch die orange Dämmerung ins Ohr singt, dass ich nur zweimal lebe. Das beruhigt mich ziemlich, und ich sitze bloß da und betrachte die Gebäude, die am Fenster vorbeiziehen, als wir durch die Stadt fahren, über die Reste vom Los Angeles River, und dann runter auf den Freeway 710 Richtung Norden.

Nach kurzer Zeit kommen wir an Lynwood vorbei, ich sehe es vorüberziehen und verschwinden und fühle mich gar nicht schlecht dabei. Es kommt mir vor wie eine Kiste mit allem, was mich belastet hat, was schwer war, und das bleibt alles hier, bleibt zurück, und ich werde dadurch leicht wie eine Feder, leicht und frei, zu neuen Orten zu schweben.

Frei, überallhin zu gehen.

Frei, alles zu sein, was ich will.

JOSESITO SERRANO

ALIAS WATCHER

3. MAI 1992

20:17 UHR

1 Jetzt hab ich eine Knarre. Jetzt bin ich wer. Jetzt kann ich was leisten. Ich fühl mich gut. Alle wissen, dass Momo toter als tot ist. Alle haben gehört, er lag in dem Laster, den die Bullen an der Wright Road gefunden haben. Was von ihm übrig war. Geschieht dem Motherfucker recht, sag ich, wenn er sich mit Big Fate anlegt. Groß sein oder tot sein. Ich will zu Big Fate und seiner *clica* gehören. Also gehe ich zu diesem Mini-Vegas, wovon alle immer quatschen, und klopf an die Tür und warte. Sie lassen mich rein und durchsuchen mich und finden die Knarre und behalten sie. Die Krankenschwester ist auch da. Sie guckt mich komisch an, sie erkennt mich nämlich wieder aus der Nacht, als der Bruder von Miss Payasa in der Gasse gestorben ist. Miss Payasa ist auch da. Steht neben der Krankenschwester. Miss Payasa sagt ihr, sie soll jetzt gehen, und bedankt sich für alles. Miss Payasa drückt der Krankenschwester Geld in die Hand. Ein paar gefaltete Hunderter. Sieht mir aus wie tausend. Die Krankenschwester guckt mich an, als ob sie mich mitnehmen will. Als ob sie mich womöglich retten will oder so. Aber Miss Payasa schiebt die Krankenschwester nach draußen und macht ihr die Tür vor der Nase zu. Die kann grad noch sagen, dass alle, die sie verarztet hat, schnell ins Krankenhaus müssen. Big Fate hat den Arm in so 'ner Riesenschlinge. Auch noch 'ne Menge andere Typen. Dieser Sherlock Homeboy hat ein Horn am Kopf so groß wie 'n Baseball mit einem Eisbeutel drauf. Neben ihm sitzt so 'ne scharfe Schlitzaugenbraut, die Hände eingewickelt wie 'ne Mumie. Ich seh auf einen Blick, manche Typen würden gutes Geld zahlen, die zu ficken. Aber das behalt ich für mich. Vor allem, weil dieser Motherfucker Apache, der Leute skalpiert, genauso scheiße aussieht. Er spielt mit der heilen Hand am Spielautomaten, der dreht sich und macht Geräusche, und Apache sitzt in der Ecke und trinkt so was Goldenes aus einer großen Glasflasche. Big Fate sieht, dass ich die ganzen Wunden und Schienen und Verbände anstarre. Er ruft mich zu sich und sagt, das Programm Prügeln und Laufenlassen ist in Los Angeles immer noch in Kraft. Er nennt mich kleiner Homie und sagt, sie können uns niederschlagen, aber wir kommen immer zurück, und zwar stärker als vorher. «La neta», sagt er. Also sag ich auch «la neta». Ist ja auch wahr. Und wie. Sie sind noch da. Alle. Jeder Einzelne. Sie haben auf die Fresse gekriegt, aber sie machen weiter. Nicht so wie Momo. Nicht so wie Trouble. Nicht so wie die ganzen andern Idioten. Diese Gang besteht nur aus echten Killern. Hart wie Stahl. Nicht mal die Scheiß-Sheriffs können ihnen was anhaben. Aus heiterem Himmel fragt mich Big Fate, wie man mich nennt, weil er's wissen will. Früher haben mich alle bei so einem Scheißnamen gerufen, den habe ich gehasst. Baby. Aber jetzt hab ich einen neuen. Ich streck die Brust raus und sage, mein Name ist Watcher, aber ich sag ihm nicht, wo ich den herhabe. Er nickt, als ob ich was gut gemacht hab. Sagt, der Name gefällt ihm. Also sag ich den andern der *clica* auch meinen Namen. Ganz stolz.

Außerdem sag ich: Lynwood *controla*. Ist ja klar, sie kontrollieren Lynwood und niemand sonst. Danach guckt Big Fate mich komisch an und sagt, er hat sich nach mir erkundigt, seit ich ihnen geholfen hab. Er hat gehört, ich würde für Momo verticken. Darauf antworte ich sofort. Stimmt, sag ich. *Hab* ich. Darüber lacht er. Fragt mich, ob ich vielleicht bereit wär für was Neues. Scheiße, klar, sag ich, ich hab nämlich jede Menge Respekt für ihn und wie er getan hat, was nötig war. «Du bist also bereit, richtig dabei zu sein?», fragt mich Big Fate. Scheiße, ja! Das sage ich zweimal und nicke die ganze Zeit dabei. *¡La clica es mi vida!* Bis ich draufgehe. Das sage ich auch. Er wartet ein bisschen ab. Es wird ganz still im Raum. Ich erinnere ihn dran, wie ich sofort gekommen bin und ihm erzählt hab, dass der Bruder von Miss Payasa tot ist. Das habe ich gut gemacht, sagt er. Und dann sagt er, dann geben wir dem kleinen Motherfucker mal seinen Begrüßungstanz. Oh Scheiße, Mann. Das macht mich so glücklich, dass ich einfach nur die Augen zumache, ehe der erste Schlag kommt. Oder der erste Tritt. Egal. Ist mir echt scheißegal, was es ist und woher es kommt. Es wird weh tun. Richtig weh tun. Aber das wird es wert sein. Es wird alles wert sein.

SECHSTER TAG

TAG

MONTAG

Es gab zweiundfünfzig Todesfälle.

Sechzig Fälle haben wir ernsthaft untersucht, und mal wieder gab es nicht allzu viele Informationen. Bloß weil jemand in diesem Zeitraum gestorben ist, muss es ja nicht direkt mit den Unruhen zusammenhängen ... Was eine interessante Frage aufwirft:

Stehen alle Gangmorde zu dieser Zeit mit den Unruhen in Zusammenhang? An jedem Tag des Jahres kommt es zwischen den Gangs zu Schießereien. Wie unterscheiden die sich von jenen Morden, die während der Unruhen passierten?

Interessant war einer dieser Fälle, die ich untersucht habe, das war im Bezirk Hollingback [sic]. Hollingback ist in East L.A. Es gab in East Los Angeles keinen einzigen Todesfall, der mit den Unruhen in Zusammenhang stand.

Also, ähm, da wurde also ein Mann aufgefunden, ähm, ich weiß gar nicht mehr, ob er erstochen oder erschossen wurde, in einem Entwässerungsrohr, und es hieß: Nein, das steht mit Sicherheit nicht in Zusammenhang mit den Unruhen.

Ich weiß nicht, ob es ein Beziehungsstreit oder ... oder ein schiefgegangener Drogendeal war oder was, aber es hieß, mit Sicherheit hätte es nichts mit den Unruhen zu tun, es war nur ein ganz normaler Mord.

Lieutenant Dean Gilmour,
Gerichtsmediziner in L.A. County

JAMES
4. MAI 1992

9:00 UHR

1 Alles hat gebrannt in Unserer Lieben Frau der Königin der Engel. Sogar Menschen. So ein Camper, den haben sie gestern im Schlaf angesteckt, und das überlebst du nicht. Scheiße noch mal, ganz bestimmt nicht. Da gibst du den Geist auf. Gehst schnurstracks in den Himmel.

Gestern hab ich den Rauch aufsteigen sehen. Eine Brücke weiter nördlich, aber auf meiner Uferseite. Ich wusste bloß noch nicht, dass es *sein* Rauch war. Der ist aufgestiegen, gleich nachdem zwei schwarze Transporter durchs Flussbett gefahren sind, als ob es ihnen gehört. Direkt an meiner Röhre vorbei. Groß und schnell, aber zu leise für die Größe. Als ich die gesehen habe, da hab ich mein Zeichen für himmlischen Schutz gemacht und mich zweimal rumgedreht. Das hilft.

Wenn ich mich in meiner Röhre eingerichtet hab, zieh ich normalerweise den Vorhang zu. Dafür hab ich sogar eine Stange und alles. Einen Stuhl hab ich auch. Jedenfalls zieh ich den Vorhang zu, und dann kann die Welt mich nicht mehr sehen, nicht mal die Züge am anderen Ufer. Der lässt mich verschwinden. Aber an dem Tag hab ich ihn nicht zugezogen, weil ich Rauch gesehen habe. Ich wusste bloß nicht gleich, was es ist.

Da sagt Unsere Liebe Frau: *Du wusstest, was es war.*

Und ich schreie sie an. Ich sage ihr, dass ich nicht

459

gewusst hab, was es war, bis ich hingegangen bin und er als kleines schwarzes Skelett auf seiner Schlafrolle gelegen hat. Ich hab auch gerochen, dass die Erde von Benzin getränkt war, und am meisten weh getan hat mir, dass die anderen Camper seine Sachen unter sich aufteilten. Er hieß Terry. Nachnamen weiß ich nicht. Bloß Terry. Ich hab seine Knochen angestarrt, und die anderen Camper haben sich seinen letzten brauchbaren Besitz geschnappt. Haben vorher nicht mal seiner Seele die letzte Ehre erwiesen. Verfluchte Hurensöhne. Haben ihn komplett gefleddert. Der Hund, um den er sich gekümmert hat: weg. Die gute Hose, die am Zaun hing: weg. Jeder Mensch auf der Welt will dir was klauen oder dich fertigmachen und immer nur nehmen und nehmen.

Ich hab rumgefragt, wie Terry gestorben ist, und die einfache Antwort gekriegt. Puppet war's. Ich hab gefragt, woher wir das wissen, und die Antwort war, weil wir es *wissen*. Camper kennen Gesichter. Camper reden. Wir finden Sachen raus, wenn wir wollen. Und die Camper wissen, dass ein Mann, der sich Puppet nennt, mit einem Benzinkanister ins Camp gekommen ist und den dann über dem alten Terry ausgeschüttet und ihn angesteckt hat. Kein Mensch weiß warum.

Als ich das gehört hab, da hab ich es Unserer Lieben Frau aber gegeben. *Du bist eine verfluchte schwarze Stadt!*, hab ich zu ihr gesagt. *Eine schwarze Stadt mit einem schwarzen Herzen und schwarzer Asche, die über deine schwarzen Asphaltstraßen weht. Das warst du schon immer. Das bist du heute. Und das wirst du immer sein. Und das einzig Gute an dir ist dein Fluss.*

Und sie hat geantwortet: *Das ist nicht wahr.*

Da hab ich sie noch mehr angeschrien. Dass sie mir nicht sagen kann, was ich fühlen soll, wenn ich neben der Asche eines Toten stehe, den jemand ohne Grund angezündet hat, während die anderen Camper seine Sachen fleddern und damit abziehen, ohne auch nur ein gutes Wort für ihn zu haben.

Camper sollen was Besseres sein als Penner. Ich mag das Wort Penner nicht, und Obdachlose genauso wenig. Die beschreiben nicht, wie wir leben. Keins dieser Wörter sagt, was wir tun, bloß *Camper*, weil wir nämlich campen. Wir mögen den Himmel so gern, dass wir ihn jede Nacht sehen wollen. Wir sperren uns nicht selbst irgendwo ein. Wir sind frei! Und wir leben im Land der Freien! Wir müssen spüren, wo wir sind, hier in der Stadt der Elemente.

Das stimmt wirklich: Unsere Liebe Frau hat Feuer – die Waldbrände. Luft – die Winde von Santa Ana. Wasser sowieso – das Meer vor der Tür; und die Erde hier ist immer kurz vorm Beben. Bei so einem Zustand muss man ab und zu das Schlechte aus der Stadt kehren. Muss man, sonst sammelt es sich an.

Da unterbricht sie mich, wie sie das manchmal tut, und fragt: *Muss ich?*

Ja, musst du, antworte ich ihr. *Das ist natürlich.*

Danach ist sie still, aber dass sie nichts sagt, heißt nicht, dass sie nicht bei mir ist. Sie folgt mir überallhin, drängelt sich ständig mit Fragen in meinen Kopf. So wie jetzt, wo ich mit Hunger im Bauch die Straße langlaufe, die Imperial Highway heißt, obwohl sie überhaupt nicht nach Imperium aussieht, kein Glanz, keine Pracht.

Am besten lernt man sie auf seinen eigenen zwei Beinen kennen. Du musst Unsere Liebe Frau auf Augenhöhe haben. Ihre Hitze unter den Fußsohlen spüren. Du musst sie einatmen, sie riechen. Ihre verfluchten Atome aufnehmen und zu einem Teil von dir machen. Das geht nirgendwo besser als am Fluss. Du kannst stundenlang durch sein Bett laufen und alles finden, was du brauchst. Und ich weiß Bescheid.

Ich hab mein ganzes Leben an Flüssen verbracht. Am Mississippi. Am Colorado. Am Mekong. Flüsse beschützen mich. Machen mich sicher. Ich fühle mich nicht gut, wenn ich keinen in der Nähe habe. Dann kann ich mich nicht konzentrieren. Ich verlier meine Mitte und mache schlimme Sachen wie Saufen. Aber nicht hier an ihrem Fluss. Ihr Fluss ist uralt. Als Unsere Liebe Frau noch ein winzig kleines *pueblo* auf einem Erdhügel war, da wussten die Mex-Indianer schon, dass der Arroyo Seco ein heiliger Quell der Kraft ist, aus dem ein so mächtiger Geist sprudelt, dass eines Tages eine verflucht große Stadt mit viel zu vielen Menschen drin daraus wachsen würde. So mächtig ist der Fluss. Er hat etwas zur Welt gebracht.

Und dieses Etwas ist jetzt ein Teenager, lebendig und wütend, reißt sich selbst in Stücke. Fast überall hab ich Feuer gesehen, rot blinkende Feuerwehrwagen rasen auf den schwarzen Straßen hin und her. Ich hab nicht bloß Terry gesehen. Ich hab auch eine Leiche fast ohne Gesicht auf der Straße liegen sehen, sogar ein Ohr fehlte. Ich hab brennende Lastwagen gesehen, brennende Gebäude, auch ein Wohnhaus, das die ganze Umgebung in Brand gesteckt hätte, wenn die Nachbarn nicht ihre eigenen Dächer mit Schläuchen bespritzt hätten. Zeigt aber auch, was sie von dem einen Haus gehalten haben.

Ich sage zu den Stadtleuten, wenn ich das sehe, was ich

sehe, dann sage ich: *Ich hab gesehen, wie die Stadt sich in Stücken in den Himmel hebt.*

Genau das tut das Feuer nämlich. Es hebt auf. Die schönste und hässlichste mathematische Gleichung aller Zeiten. Stadtbrände sind die schlimmsten, weil sie mehr aufheben, mehr wegnehmen, als sie sollten. Stadtfeuer schert sich nicht. Es bestraft alle. Es trifft auch die Unschuldigen wie Terry. So gierig ist das Stadtfeuer. Aber es ist eben Feuer, nichts als Feuer. Es muss einfach alles so weit wie möglich auf null stellen, darum verbrennt es alles zu kleinsten Teilchen. Die der Wind wegtragen kann. Das sind die Überreste. Aber die können wir kaum sehen, außer sie stecken alle zusammen in einer Rauchsäule. So fügen sich die kleinsten Teile zusammen, versteht ihr? Eine große, schwarze Tatsache.

MIGUEL "MIGUELITO" RIVERA JUNIOR

ALIAS MIKEY RIVERA

4. MAI 1992

9:00 UHR

Als mein Wecker klingelt, habe ich den Beat eines Songs von den Specials im Ohr, also trete ich die Bettdecke weg, suche das richtige Tape und stecke es ins Tapedeck. Ich drücke auf Play bei «A Message to You, Rudy», als mein Vater gerade an die Stelle klopft, wo meine Zimmertür wäre, wenn ich eine hätte. Wir renovieren gerade das Haus. Ehrlich gesagt renoviert *er* das Haus – mal wieder.

Wo meine Zimmerwand war, steht jetzt ein hölzernes Gitterskelett aus Stützbalken, zwischen die ich Bücher gestopft habe, weil es wie ein leeres Bücherregal aussah, aber auch, weil ich so wenigstens ein bisschen mehr Privatsphäre habe. Ich kann ihn trotzdem noch sehen, wie er über die Rücken meiner Skinhead-Schundromane von Richard Allen linst.

Mein Vater ist Bauunternehmer. Er hat sein Diplom als Bauzeichner am Santa Monica City College gemacht, aber damit fängt er eigentlich gar nicht viel an. Hauptsächlich verkauft er Fliesen und macht Sanitärinstallationen – Badezimmer, Küchen, solches Zeug. Er kann damit prahlen, dass er beide Bäder in Raquel Welchs Gästehaus in italienischem Marmor eingerichtet hat. In seinem Geschäft – *Tile*

Planet – hängt ein gerahmtes Bild von ihr mit Autogramm an der Wand. Der Laden ist am südlichen Ende der Western Avenue, wo so ein Stück von Palos Verdes nach San Pedro reinragt. Von da oben kann man ganz L.A. sehen. Man kann drauf runterschauen. Ich glaube, darum gefällt es meinem Vater auch so gut. Er schaut gern auf Sachen runter, und noch lieber auf Leute.

«Du musst nicht anklopfen», sage ich zu ihm, schalte aber nicht die Musik aus. «Die Wand ist offen.»

Er versteht die Ironie nicht. Er macht einen kleinen Schritt in mein Zimmer und fragt: «Willst du Frühstück oder was?»

Ich schaue ihn einen Augenblick an, während der Ska zwischen uns herumhüpft. Mein Vater hasst diese Musik. Sie geht ihm auf die Nerven, weshalb ich sie natürlich noch viel toller finde.

«Nein?» Mein Vater verschränkt die Arme. «Ich habe Frühstück gemacht, und du willst keins?»

«Ich überlege», sage ich.

«Na dann», seine Stimme klingt verärgert, «überleg schneller.»

Als mein Vater die Arme aus der Verschränkung löst, will er mir damit sagen, dass ich zu lange für meine Antwort brauche. Vor sechs Jahren hätte das bedeutet, dass gleich was Schlimmes passiert, weil er seinen Willen nicht bekommt, aber jetzt ballt er bloß noch die Fäuste. Dabei spannt sich die Narbe an seiner Linken und läuft dunkelrot an. Schon beim Anblick dreht sich mir der Magen um. So lange hieß das, jetzt kommt das Schlimmste. Dunkelrot hieß, bald hatte ich blaue Flecken. Er sieht, dass ich auf die Narbe schaue, und öffnet die Fäuste. «Ich habe eine einfache Frage gestellt», sagt er dann.

«Na gut», sage ich, damit er mich in Ruhe lässt. «Ich esse mit.»

Durch die Fächer zwischen den Balken sehe ich ihm nach, über Bücher hinweg oder an ihnen vorbei. Ich sehe nur die schwarze Welle seiner Haare an Harper Lees *Wer die Nachtigall stört* und Studs Terkels *Der große Krach* aus meinem Kurs «Große amerikanische Bücher» vorbeiziehen. Als mein Vater in die Küche am anderen Ende des Hauses geht, verliere ich ihn aus den Augen, aber ich höre ihn noch mit Tellern und Besteck klappern.

Zwischen uns läuft es schon lange schlecht. Seit ein paar Tagen allerdings benimmt er sich anders. Er achtet tatsächlich auf mich. Aber warum macht er mir Frühstück? Ich schätze, er will irgendwas von mir.

Mein Vater hat sich immer als Teil der Beat Generation betrachtet – nur hat er das etwas zu wörtlich genommen. Als ich noch kleiner war, habe ich gedacht, es gehört einfach dazu, ständig verprügelt zu werden. Sagen wir mal so: Wenn ich Glück hatte, war es der Gürtel. Wenn ich Pech hatte, war es die Gürtelschnalle. Mein Rücken ist ziemlich vernarbt. Eine weiße Exfreundin hat mich mal gefragt, ob mich eine Granate getroffen hätte. Und das war nicht wirklich witzig gemeint. Mein Vater war schon immer jähzornig, und ich bin Einzelkind, und so lief das dann also, bis ich dreizehn wurde und ein Messer zog, als er mich mal wieder schlagen wollte. An dem Tag hat er sofort und für immer damit aufgehört. Und das Schrägste war: anstatt mich anzubrüllen hat er bloß gelächelt und gesagt, er sei stolz, dass ich meinen Mann stehe, und dann ist er weggegangen, so als würde ich ihn endlich nicht mehr enttäuschen.

Das hat mich lange Zeit schwer beschäftigt, weil ich

immer darüber nachgrübelte, wie oft er mich gar nicht aus Wut, sondern aus Berechnung geschlagen hatte. Das fühlte sich aber noch schlimmer an, also versuche ich inzwischen nicht mehr drüber nachzudenken. Mit seiner Enttäuschung war es allerdings noch nicht vorbei. Er hat bloß andere Dinge entdeckt, über die er enttäuscht sein kann. Zum Beispiel darüber, dass ich in der ersten Nacht der Unruhen mit Kerwin Acid genommen habe und wir mit den Choppern rumgefahren sind.

Er war nicht besonders erfreut zu hören, dass wir nach Bränden Ausschau gehalten haben, nur um sie anzuglotzen. Ich konnte ihm einfach nicht klarmachen, dass es sich total gelohnt hat, dass ich Vögel und Drachen aus den Flammen in die Luft hab steigen sehen, Tausende und Abertausende, die irgendwann schwarz und zum Nachthimmel wurden. Als ich ihm das erzählt habe, hätte er mir beinahe den Roller weggenommen, was ich sogar verstehen konnte. Man kann nicht einfach ein bewusstloses Mädchen mit nach Hause bringen, ohne in allen Einzelheiten zu erklären, wie es dazu gekommen ist – jedenfalls nicht bei meinem Vater.

2 Ich habe einen Vespa-Roller, einen P 125. Wir nennen die Dinger Chopper, wir basteln ständig daran herum. Wenn ich einen zu Schrott fahre, ist es leichter, ihn wieder hinzuschrauben, als einen neuen zu besorgen. An meinem habe ich den Motor frisiert. Jetzt bringt er statt 75 Stundenkilometer fast 150. Man hört das Heulen des Motors meilenweit. Ich habe die Abdeckungen entfernt und die Gabel verlängert. Ist praktisch so eine *Road-Warrior*-Karre wie aus *Mad Max*.

Auf dem Ding fuhr ich also am Morgen des zweiten Tages von Kerwin nach Hause, und als ich gerade in unsere Straße eingebogen war, sah ich so einen zappeligen Typen, der einen brennenden Molotowcocktail auf Momos Haus warf. Ich konnte es nicht fassen. Da ist also dieser Junge, wahrscheinlich jünger als ich, ganz in Schwarz gekleidet, aber oben auf der Stirn, direkt am Haaransatz, klebt eine weiße Serviette an getrocknetem Blut fest. Neben ihm auf dem Rasen vorm Haus war ein Van geparkt. Als ich den Typen sah, habe ich den Motor ausgestellt und bin näher rangerollt, weil ich nicht wusste, was er vorhatte. Er stand ganz lange mit der schon brennenden Flasche in der Hand vor dem Haus.

Ich war schon sicher, dass sie ihm in der Hand explodiert. Es sah aus, als würde er mit sich selbst reden, flüstern, und die ganze Zeit nicht merken, wie ernst die Lage schon war, und irgendwann muss er sich tatsächlich die Hand verbrannt haben, weil er aufschrie und das Ding so fest er konnte Richtung Haustür schleuderte. Danach drehte er sich sofort zu seinem Van um, und dann sah er mich an, als ob er irgendwas mit mir anstellen wollte, aber stattdessen fuhr er bloß weg.

Ich bin dann zur Tür gegangen, weil ich nachsehen wollte, ob sich irgendwas von Momos Sachen noch retten ließe, aber als ich den Kopf durch die Tür steckte, sah ich als Erstes ein Mädchen mit dem Gesicht nach unten auf dem Wohnzimmerfußboden liegen, und alle Gedanken, die ich vorher im Kopf hatte, lösten sich in Luft auf.

Neben ihr kletterte ein großes zuckendes Dreieck aus orangeroten Flammen die Wand hoch, wie im Film, bloß lauter und richtig heiß. Schon aus einem Meter Entfer-

nung kräuselten sich alle Haare auf meinem rechten Arm
zu kleinen schwarzen Knubbeln zusammen, und ich hatte
bloß noch einen Gedanken: das Mädchen an den Fußgelen-
ken rauszuschleifen. Dabei habe ich ihr das Kinn und die
Wange ziemlich fies an der Betonveranda aufgeschrammt,
ehe ich sie auf dem Rasen hatte und auf den Rücken drehen konnte. Sie war bewusstlos und hat geblutet, und ich
wurde panisch und habe nach ihrem Puls gesucht.

In meinem Zimmer drücke ich bei den Specials auf Stop.
Wie gut, dass ich Duschen sowieso überbewertet finde, bei
uns ist nämlich mal wieder das Wasser abgestellt – hat
irgendwas mit der Arbeit an den Leitungen zu tun. Ich stelle
da gar keine Fragen mehr. Ich trage Deo auf, schnappe mir
ein blaues Fred-Perry-Polo, klappe den Kragen hoch und
hänge mir rote Hosenträger um. Dann noch meine fleckig
gebleichte Jeans an, so weit umgeschlagen, dass man jeden
Zentimeter meiner schwarzen Docs sehen kann. Mein
Vater sieht mich jeden Morgen so und verdreht die Augen.
Ich habe es ihm schon so oft erklärt, aber er weiß immer
noch nicht, was ein Rude boy ist oder warum sein mexika-
nisch-amerikanischer Sohn unbedingt einer sein will.

Er begreift nicht, dass Kultur für meine Generation was
ganz anderes bedeutet – dass wir uns das aussuchen können. Es geht nicht mehr um die gleichen Sachen wie damals,
als er in meinem Alter war. Heute ist hier alles nur noch
cholo-Scheiß. Gangster-Kram. Das ist so egozentrisch. Er
begreift gar nicht, dass die Musik mich gerettet hat. Der Ska,
Two Tone, *Trojan Records*, das hält mich aus dieser Welt raus.
Manchmal habe ich allerdings das Gefühl, mein Alter wäre
glücklicher, wenn ich auch Gangster wäre, weil das seiner
eigenen Geschichte näher ist, auch wenn er nie darüber

redet – auch wenn er noch andere Narben hat, die bestimmt nicht von Baustellen stammen, obwohl er das behauptet.

Aber meine Mutter, die versteht mich. Die ist froh, dass ich nicht voll drin bin. Sie ist überhaupt der Grund, dass ich noch zu Hause wohne, obwohl ich schon seit einem Jahr mit der Highschool fertig bin. Sie ist jetzt schon auf der Arbeit. Sie hat gestern Abend einen Anruf gekriegt, dass das Buchführungsbüro, bei dem sie arbeitet, heute wieder aufmacht, nachdem es wegen der Unruhen letzte Woche geschlossen war. Sie ist früh losgefahren, als ich noch gar nicht wach war, weil ihr die Berichte über Heckenschützen in den Fernsehnachrichten Angst gemacht haben. Wenn sie nicht da ist, fällt es meinem Vater und mir noch schwerer, so miteinander zu reden, dass es nicht wie Streiten klingt.

3 Mein Vater sitzt am Küchentisch, als ich dazukomme, und schüttet Ketchup über sein Omelett, weil er der einzige Mexikaner der Welt ist, der es nicht mit Salsa isst. Er sagt, er kann es essen, wie er will, weil er es bezahlt.

Ich setze mich ihm gegenüber und frage sofort: «Was möchtest du, Dad?»

«Wie meinst du das, ‹was möchte ich›?» Er wedelt mit der Gabel. «Ich möchte was essen.»

«Schon klar, aber warum hast du für mich auch was gemacht? Was ist dein Motiv?»

Er schnaubt verächtlich und nimmt einen Bissen. «‹Motiv›? Du siehst zu viel fern, *mijo*, wenn du solche Wörter benutzt.»

Er spottet nur deshalb so, weil er sich ertappt fühlt. Er will tatsächlich etwas von mir. Ich muss bloß abwarten. Ich

471

sehe aus dem Küchenfenster auf den halb gefliesten Brunnen im Garten, den mein Vater immer noch nicht fertig hat.

Er ist wie ein kreisrunder, dreistöckiger Hochzeitskuchen gebaut, mit einem Graben drum herum, und er sieht aus wie ein Friedhof der kaputten Regenbögen, weil die Kacheln grün und rot, blau und gelb, lila und weiß sind, alles wild durcheinander. Die guten Fliesen verwendet mein Vater für seine Aufträge, aber zu Hause spart er lieber und verfliest die Scherben aus dem Laden. Waisen nennt er sie und sagt, er muss ein Heim für sie finden, das ist seine Buße. Ich habe ihn zwar danach gefragt, aber er hat es mir nie erklärt.

Mein Vater starrt mich volle dreißig Sekunden an, als wäre ich ein Arschloch. «Ich möchte, dass du mit nach Compton kommst, um nach dem alten Haus zu sehen. Nimm einen von deinen Freunden mit. Schwer zu sagen, wie sicher es da draußen ist.»

Ich glaube, ich kann Kerwin anrufen, inzwischen wird er bestimmt wach sein, aber ich denke mir auch, wenn ich das tue, kann mein Vater auch etwas für mich tun.

«Okay», sage ich, «aber ich möchte beim Krankenhaus vorbeifahren und nach Cecilia sehen.»

Mein Vater seufzt. «Das Mädchen bringt nichts als Ärger. Von der musst du die Finger lassen.»

«Ich will nur sichergehen, dass es ihr gutgeht», sage ich.

Ich hatte gar nicht vor, Momo wegen Cecilia anzulügen. Das ist einfach so passiert.

Ich sitze bloß im Haus und schaue mir im Fernsehen an, was so abgegangen ist in der Stadt, und plötzlich steht Momo in unserem Vorgarten und hinter ihm ein Auto voller *cholos*. Damit hatte ich nicht gerechnet, darum habe ich Panik gekriegt und bin nach draußen gegangen. Und im nächsten

Augenblick habe ich auch schon gelogen, als er mich nach ihr gefragt hat. Und zwar deshalb, weil es sich so anhörte, als würde er sie umbringen, wenn ich ihm verrate, wo sie ist.

In Wahrheit ist sie nämlich gar nicht weggelaufen. Sie hatte viel Rauch eingeatmet, aber das war nicht alles. Sie war echt weggetreten. Es war echt nicht schön anzusehen, wie reglos sie war, fast schon tot, und bloß Hustenanfälle brachten sie ab und zu in Bewegung. Ich legte sie im Honda meiner Mutter auf den Rücksitz und fuhr zum St. Francis Medical Center an der Kreuzung MLK und Imperial. Ich habe die Formulare für sie ausgefüllt, so gut ich konnte, aber im Grunde hatte ich bloß einen Vornamen, weil ich sie vor Monaten kurz kennengelernt hatte, und Momos Adresse. Als man sie in die Aufnahme schob, habe ich ihr gesagt, ich würde nach ihr sehen, und das habe ich ernst gemeint.

Aber jetzt grade guckt mein Vater mich an, als sei ich so dämlich und wollte was mit dem Mädchen eines Drogendealers anfangen. Die würde ich noch nicht mal anmachen, wenn ich sie attraktiv fände – was ich nicht tue –, weil ich nämlich Momo erzählt habe, dass sie gesund und abgehauen ist und nicht dass sie hier in Lynwood an einem Beatmungsgerät hängt. Ich habe so schon genug Ärger am Hals.

«Na gut», sagt mein Vater schließlich.

Wir sind tatsächlich miteinander verwandt. Er sagt es in genau dem gleichen Tonfall, wie ich vorhin gesagt habe, ich würde mit ihm frühstücken, so als wäre es überhaupt nicht gut, aber er macht es trotzdem. Er wird mich zum Krankenhaus fahren.

Wir haben einen Deal.

4 Mittags fahren wir los Richtung Krankenhaus, aber als wir auf dem MLK sind, fragt mein Vater, ob ich Mittagessen will, und als ich antworte, dass ich keinen Hunger habe, ignoriert er das und fährt trotzdem auf den Parkplatz von *Tom's Burgers*. Das ist schon eher typisch mein Vater, denke ich, hört nicht richtig zu und macht sowieso, was er will. Tom's ist direkt gegenüber vom Krankenhaus. Ich glaube, er macht das aus Prinzip. Er wollte eigentlich gar nicht herkommen, darum wird er es so lang wie möglich rausschieben.

Drinnen ist viel los. Wir gehen an den Spielautomaten vorbei zur Theke, um zu bestellen. Ein kleiner schwarzer Junge sitzt an einem Ballerspiel, zwei Freunde feuern ihn an. *Tom's* ist ein lokaler Laden, gut genug für die Gegend – das Essen ist billig, reichlich und gelegentlich schmackhaft –, und da hier wieder überall Familien sitzen und zu Mittag essen oder Paare sich Pommes teilen, macht es den Eindruck, als würde das Leben zur Normalität zurückkehren, jedenfalls ein bisschen. Es ist noch nicht so, dass sich Fremde spontan zulächeln, aber ich habe das Gefühl, den anderen geht es ähnlich wie mir. Die Blicke zucken nicht unruhig hin und her. Die Leute beugen sich nicht tief über ihr Essen. Alle versuchen bloß, ihr Leben weiterzuleben.

Vor uns warten acht Leute, es ist total verräuchert von zu vielen Zigaretten. Die ganze Zeit, die wir in der Schlange stehen, wünsche ich mir nur, wir wären bei *Tam's* am Long Beach Boulevard. Da gibt es die besten Chili-Cheese-Pommes. Ich weiß, *Tam's* und *Tom's*, da kann man schnell durcheinanderkommen, aber nicht, wenn man in Lynwood aufwächst. Alle Menschen, die ich kenne, finden *Tam's* besser, bloß ist das eben nicht neben dem Krankenhaus, *Tom's* aber schon.

«Überleg dir schon mal, was du willst», sagt mein Vater. «Wenn wir dran sind, will ich auch bestellen.»

«Na gut», sage ich, und schon steht wieder eins der Rivera-Lieblingsthemen im Raum.

Mein Vater weiß immer, was er will, und wenn ich es nicht weiß, egal, worum es geht, wird er wahnsinnig. Manchmal nutze ich das zu meinem Vorteil, aber an einem Tag wie heute, wo ich gar nicht richtig hungrig bin und eigentlich gar nicht hier sein will, tue ich ihm gern den Gefallen und schaue mir die Speisekarte hinterm Tresen an. Ich schätze, ein Cheeseburger reicht. Da bin ich auf der sicheren Seite. Kein Thousand Island Dressing, keine Zwiebeln. Aber *jalapeños*. Den Ketchup kann ich selbst drauftun. Der steht immer an der Würzstation.

Als wir mit Bestellen dran sind, sage ich dem Mädchen hinterm Tresen, was ich will, und sie schreibt es auf. «Ist das alles für Sie?», fragt sie.

«Das ist alles», sage ich.

«Das reicht nicht für dich», sagt mein Vater, «und ich hab auch keine Lust, mir nachher anzuhören, dass du Hunger hast. Geben Sie ihm noch Pommes dazu.»

Ist das peinlich. Es wäre natürlich weniger peinlich, wenn das Mädchen am Tresen nicht so verdammt süß wäre – ist sie nämlich. Auf ihrem Namensschild steht Jeanette, und ich will mich gerade für meinen Vater entschuldigen, als der Typ hinter mir meinem Vater auf die Schulter tippt. Mein Vater schüttelt ihn ab, aber er hat schon zum Vortrag angesetzt.

«Sir, ich würde Ihnen niemals zur Last fallen wollen, aber ich habe Hunger. Ich bin Diabetiker. Ich habe nicht mehr

richtig gegessen, seit die ganze Sache hier losgegangen ist.»
Es klingt, als würde er von einer Liste ablesen. «So ein Bursche namens Terry flussaufwärts von mir ist angezündet worden ...»

So redet er weiter. Was er sagt, könnte stimmen, es könnte auch eine Nummer sein, die er immer abzieht, aber das bezweifle ich irgendwie. Ich sehe, wie mein Vater ihn mustert, einen Schwarzen, der bessere Tage gesehen hat. Er sieht aus wie ein Penner. Ein erschöpfter Schwarzer mit heller Haut. Kann höchstens eins fünfundsechzig groß sein in seinem langen schwarzen T-Shirt, der Trainingsjacke und der schmutzigen Shorts, aus der dünne Stöckchenbeine ragen. Er stützt sich auf einen mit Federn geschmückten Gehstock. Das Haar hat er hinten zu einer Art Pferdeschwanz zusammengeflochten, ausgefranst und schlaff, und die Nase hinunter hat er eine lange Narbe, geformt wie ein C, so als hätte ihm jemand einen Nasenflügel abschneiden wollen und ihn knapp verfehlt. Seine Wangen sind mit schwachen Sommersprossen gesprenkelt, und er sieht total stoned aus – die Pupillen so sehr geweitet, dass auf beiden Seiten bloß schmale Ringe der blauen Iris zu sehen sind.

Mein Vater sagt ihm, er soll bestellen, was er möchte, was wirklich schräg ist, denn so was macht mein Vater *nie*. Der Typ bestellt einen Cheeseburger mit Bacon und Pommes mit extra Gewürzsalz. Dann sagt er mir, ich hätte einen wirklich guten Menschen zum Vater, und fragt nach meinem Namen, also antworte ich: «Mikey.» Dann fragt er meinen Vater und bekommt Miguel zur Antwort. Er erzählt uns, dass er James heißt, dass er sich freut, uns kennenzulernen, was er natürlich vor allem ist, weil mein Vater ihm was zu essen kauft. Ich sehe schon, wie mein Vater abschaltet, als

James ihm noch mal für seine Freundlichkeit dankt. Er hat seine gute Tat getan, und jetzt will er seine Ruhe.

Während dieses Gesprächs beobachte ich, wie Jeanette die Bestellung notiert und auf James' Zettel handschriftlich «Zum Mitnehmen» notiert, was gut ist, denn jetzt fängt James von Vietnam an, dass er Veteran ist und wie wenig Anerkennung es in diesem Land dafür gibt, ehe er wieder das Thema wechselt und vom Fluss erzählt.

Die Leute beobachten uns, als mein Vater bezahlt. Solange er auf das Wechselgeld wartet, starre ich auf eine Bodenfliese, so eine mit hunderttausend verschiedenen Steinchen drin, ganz plattgedrückt. Mein Vater wüsste, wie das heißt.

Schließlich unterbricht er James. «Hör mal, ich hab dir was zu essen gekauft, das bringen sie dir gleich, also setz dich allein irgendwohin. Wir haben unsere eigenen Probleme. Wir müssen nicht auch noch deine hören.»

Das klingt vielleicht ein bisschen kaltherzig, aber es stimmt. Alle haben Probleme. So ist es einfach. Am besten, man sagt den Leuten direkt, was Sache ist, was man für sie tun kann und was nicht.

«Verflucht noch eins», sagt James, «man muss ja nich gleich unverschämt werden.»

Keine Ahnung, wo man *verflucht noch eins* sagt, aber sein Akzent klingt nach Südstaaten, jedenfalls nicht nach Kalifornien. Er spricht so einen weichen Singsang, der gar nicht zu seinem abgerissenen Äußeren passt. Ich versuche ihn noch einzuordnen, da packt mein Vater mich schon am Ellbogen, doch ich mache mich los und starre ihn böse an. Er erwidert meinen Blick, seufzt und geht zu einem Tisch in der Ecke. Ich gehe zur Würzstation und hole Ketchup, eine Flasche Tapatío und Servietten. James folgt mir.

«Erzählt mir, ich soll mich allein hinsetzen», sagt er, «ganz schön widersprüchlich. So was würde Unsere Liebe Frau nie machen. Sie würde das niemals sagen.»

«Payasa», sagt eine männliche Stimme an einem Tisch hinter mir. «Kümmer dich um den Scheiß.»

5

Ein muskulöses Mädchen, ein ganzes Stück größer als ich, steht vom Tisch auf, an dem sie mit drei Typen sitzt, und tritt zwischen James und mich. Sie ist eine echte *chola*. Das sehe ich schon daran, wie sie mich von der Seite anschaut. Sie hat hellbraune Augen, so wie braunes Bierflaschenglas, wenn das Licht durchscheint.

«Entschuldigung», sagt sie, «macht der Typ dir Ärger?»

«Nein», sage ich, «ist schon okay.»

«Na gut», sagt sie zu mir, aber dann dreht sie sich zu James um und tritt dicht vor ihn. «Du gehst besser nach draußen, wenn du essen willst, was dir diese netten Leute besorgt haben. Das hätten sie nicht tun müssen. Ich hätte es nicht gemacht.»

Ich schiebe mich zu dem Tisch, an dem mein Vater sitzt, und sehe, dass James jetzt so ein irres Glitzern in den Augen kriegt.

«Ist das Land der Freien», sagt James zu dem Mädchen. «Ich bin Veteran, verflucht noch eins.»

«Ja, das haben wir beim ersten Mal schon verstanden», sagt sie. «Vielen Dank für deinen Einsatz. Und jetzt tu uns allen einen Gefallen und halt die Fresse.»

Da klappt James' Kinnlade runter, er fängt empört an zu schnaufen und zieht den Ärmel seiner Trainingsjacke hoch, um zwei lange Narben zu zeigen, die seinen Unterarm hinablaufen.

«Eine Machete.» James fährt mit dem Zeigefinger über den Arm. «Ich bin Veteran, verflucht noch eins, ihr Hurensöhne! Land der Freien!»

Ich bin kein Experte, aber die Wunde könnte wohl von einer Machete stammen. Ich schaue meinen Vater an, ob er das Gleiche denkt, aber der sieht nach unten, liest einen Teil der Zeitung, die er nach dem Frühstück mitgenommen hat. BRADLEY HEBT HEUTE AUSGANGSSPERRE AUF lautet die Titelschlagzeile, und darunter KEINE VORHERSAGEN ZUM TRUPPENABZUG.

«Scheiße», sagt Payasa. «Das ist doch gar nichts.»

Ich rutsche auf die hölzerne Sitzbank und starre immer noch Payasa an, die jetzt ihr Hemd hochzieht und einen ganzen Schwarm von Narben an der Seite ihres Bauchs zeigt.

«Das da ist keine Narbe», sagt sie zu James. «*Das hier* sind Narben.»

Es sieht so aus, als hätte ein Blinder versucht, römische Zahlen auf ihren Leib zu schreiben, hauptsächlich *I*s, ein *X* und ein *V*. Ich brauche einen Augenblick, um zu erkennen, dass es sich um alte Stichwunden handeln muss. Ich zähle zehn und bin noch nicht fertig, als sie das Hemd wieder runterlässt.

«Das Land der Freien», sagt sie, «aber nur, wenn man seinen verfickten Beitrag zahlt.»

Ich glaube, gleich haut sie ihm eine.

Das scheint James auch zu denken, denn er macht einen Schritt zurück.

«Ich *hab schon* bezahlt», sagt er, oder vielmehr jammert er. Irgendwie hat er den Wettkampf verloren, ich weiß gar nicht genau, wie, aber die Sache ist gelaufen, denn er wirkt jetzt anders, gebeugter. «Ich habe meinen Beitrag mit Blut bezahlt, jawohl. Mit Blutgeld. Dies ist eine schwarze Stadt!»

Den Leuten im Laden war die Sache schon unangenehm, bevor auch noch die Hautfarbe ins Spiel kam. Dieser Satz teilt das Publikum in zwei Hälften: Es steht etwa Fifty-fifty zwischen Latinos und Schwarzen, dazu kommt eine samoanische Familie. Ich merke, wie die Leute im Stillen Partei ergreifen und zu allem bereit sind, sollte irgendwas passieren. Mein Vater nimmt die Flasche Tapatío vom Tisch und dreht sie in der Faust um, als wollte er damit zuschlagen, wenn nötig. Das geht so still und ruhig vor sich, dass ich es beinahe übersehen hätte. Er wendet nicht mal den Blick von der Sportseite und dem Artikel LAKERS LASSEN SICH NICHT VOM PLATZ FEGEN.

Payasa lacht. Das löst die Spannung im Raum aber kein bisschen. Im Gegenteil.

«Nein», sagt sie, «das hier ist keine schwarze Stadt, aber vielleicht solltest du noch ein bisschen hierbleiben. In zehn Jahren wird es nirgendwo mehr Spare Ribs geben, nur noch Taco-Stände.»

James platzen fast die Augen aus dem Kopf. Er sieht aus, als würde er gleich explodieren.

«Und weißt du auch, warum? Weil wir mehr ficken als ihr», fährt sie fort. «Wir kriegen mehr Kinder als ihr, und wir bleiben hier. Wir haben schon gewonnen. Ist bloß noch eine Frage der Zeit.»

James macht den Mund auf, aber das Mädchen hinter der Bestelltheke entschärft die Lage, indem sie ihm sein Essen in der Take-Away-Tüte reicht. Er starrt Jeanette an. Ihre Lippen sagen stumm *Geh einfach*, und ihm geht wohl auf, dass der Vorschlag nicht übel ist, denn er geht rückwärts zur Tür, ohne Payasa aus den Augen zu lassen.

«Na also», sagt die *chola* mit selbstzufriedener Miene, «hab ich mir doch gedacht. Ihr könnt alle weiteressen. Alles unter Kontrolle. Die Show ist vorbei.»

Sie setzt sich wieder, mein Vater stellt die Flasche Tapatío wieder auf den Tisch, zieht sich den Blechaschenbecher heran und eine Packung Nelkenzigaretten aus der Tasche. Ich werfe ihm einen Blick zu, der ihm zeigt, was ich davon halte, mit einem Raucher essen zu müssen, aber den wirft er mir gleich wieder zurück.

«Was denn? Beim Essen mache ich sie aus», sagt er.

Von unserem Tisch aus sieht man auf der anderen Straßenseite den gläsernen Turm von St. Francis, an ein rechteckiges Gebäude gepappt und mit einem kleinen Kreuz obendrauf. Daneben beginnt eine Ladenzeile mit weißer Fassadenverkleidung, die mein Vater grauenhaft nennen würde. Am Ende der Reihe liegt ein kleines Kreditbüro, vor dem mit Gewehren bewaffnete Wachleute stehen. Zwei Häuser weiter kommt ein Nagelstudio, aber das ist geschlossen. Nichts davon ist so interessant wie Payasa.

Ich sehe sie wieder an und den Tisch, an dem sie sitzt. Sie sitzt mit dem Rücken zu mir und rollt die muskulösen Schultern. Das Haar trägt sie rechts und links zu zwei straffen Zöpfen geflochten. Sie sehen ein bisschen aus wie Kleine-Mädchen-Rattenschwänze, bloß cooler und irgendwie härter. Ich habe eigentlich noch nie ein richtiges weibliches Gangmitglied gesehen. Hier und da mal ein Mädchen in einer Gruppe, aber keine, die so aufsteht und Sachen regelt.

Ich beobachte ihren Tisch einen Augenblick, und dann wird mir klar, warum ausgerechnet sie eingreifen musste.

Die drei Typen sind alle verletzt. Man braucht kein Fuchs zu sein, um sich zu denken, dass sie gerade aus dem Krankenhaus kommen. Einer sitzt im Rollstuhl, ein Bein hochgelegt. Außerdem hat er den Arm in einer Schlinge. Der Magere neben ihm hat einen Verband um den Kopf, und ich merke, dass er auf die Hand meines Vaters starrt – ich nehme an, auf die Narbe. Seine Augen sind so tot wie die meines Vaters manchmal, wenn keiner mitkriegen soll, was er denkt; aber irgendwas geht in dem Typen vor, denn er schiebt sein Essen weg und dreht sich mit dem ganzen Körper zum Fenster. Warum wohl, frage ich mich.

In letzter Zeit versuche ich, die Augen nach Geschichten offen zu halten, und ich bin sicher, es muss einfach eine gute Story sein, wie diese vier in diesem Zustand hierhergekommen sind. Außerdem möchte ich denen, die das angerichtet haben, auf keinen Fall begegnen, denn die vier sehen schon hart genug aus. Ich gehe aufs El Centro Community College und lerne Unternehmensführung für Kleinbetriebe, weil mein Vater es will, damit ich ihm mit seinem Laden helfen kann, aber eigentlich will ich Schriftsteller werden, darum belege ich heimlich Englischkurse, wann immer es sich einrichten lässt.

«Mein Burger ist verbrannt», sagt der Typ im Rollstuhl. «Wir hätten zu *Tam's* gehen sollen.»

«Mach dir keinen Kopf», sagt der Größte. Sein teilweise tätowierter Arm steckt in einer frischen Gipsschiene, ganz ohne Unterschriften darauf. «Wenn ich kochen könnte, müsstest du das nicht essen, aber ich kann nicht, und *Tom's* ist in der Nähe, so einfach ist das. Gern geschehen.»

Er hört sich an wie mein Vater – ein Ernährer, der sich mehr als nur ein bisschen ausgenutzt fühlt.

«'tschuldigung, mein Fehler», sagt der andere.

Danach reden sie nicht mehr viel, und mir fällt auf, dass sie ziemlich erschöpft wirken. Mein Vater und ich essen auf, aber ich leiste noch trotzigen Widerstand, indem ich die Pommes nicht anrühre, die er bestellt hat. Er isst sie und starrt mich dabei die ganze Zeit an.

Als wir gehen, spüre ich wieder Blicke auf uns ruhen, aber ich drehe mich nicht um. Wir gehen auf den Parkplatz, und ich sehe einen Bus an der Norton Avenue stehen. Eine Seite ist vollkommen von Graffiti bedeckt, aber ich kann die Buchstaben nicht lesen. Vielleicht ein *F* und noch was. Ein *P* oder vielleicht ein *K*? Sieht eher aus wie ein *K*. Ich gehe hin und steige über eine kleine Mauer auf den Parkplatz der Bank nebenan. Von da kann ich die Rückseite des Busses sehen, und was dort steht, kann ich ganz deutlich lesen – da steht *ERNIE*. Auf dem unteren Arm des letzten *E* steht noch *R.I.P.* – Ruhe in Frieden.

Ich frage meinen Vater: «Hast du das gesehen?»

«Klar», sagt er und sucht in der Tasche nach dem Autoschlüssel.

Ich frage ihn, was er davon hält.

«Ich glaube, der ist gestorben», sagt mein Vater und zuckt die Achseln.

Dann steigt er ein, aber ich sehe weiter den Schriftzug an, weil er zum Ansehen gemacht ist. Neben mir springt der Pick-up an. Ich trete einen Schritt zurück. Mir kommt der Gedanke, dass du so etwas nur bekommst, wenn du jemandem viel bedeutest und wenn dir etwas richtig Trauriges zugestoßen ist. Es ist eine Ehrung, und sie soll wahrgenommen werden. Nicht jeder, der sie sieht, wird berührt sein, aber alle werden wissen, dass du existiert hast. Ich frage mich, was wohl Ernies Geschichte war, was er durchgemacht hat, dass sein Name sich so auf der Rückseite eines Busses wiederfindet.

Mein Vater hupt nach mir.

«Okay, ist ja gut! Ich komme», sage ich. «Du musst nicht gleich hupen!»

Mein Vater schreit aus der Fahrerkabine durchs geschlossene Fenster. «Du wolltest doch unbedingt ins Krankenhaus!»

Er hat recht. Natürlich hat er recht, aber eins hat sich seit Beginn der Unruhen geändert: Ich nehme die Dinge jetzt stärker wahr. Ich sehe, ich *beachte* meine Stadt wieder richtig. Vorher habe ich sie gar nicht mehr bemerkt. Durch L.A. zu fahren, das war bloß immer der Übergang von der einen Beschäftigung zur anderen, Essen oder Abhängen mit Freunden, aber jetzt, nach fünf Tagen, nachdem die Nationalgarde angerückt ist, nachdem sogar die U.S. Marines angerückt sind und die Stadt wieder sicher gemacht haben, ist das Herumfahren *selbst* die Beschäftigung.

Einen letzten Blick werfe ich noch auf ERNIE, ich hoffe, er hatte ein gutes Leben, das beste Leben, das er unter diesen Umständen haben konnte, und dann kommt mir das albern vor, schließlich habe ich ihn ja gar nicht gekannt, also steige ich einfach in den Pick-up, und wir fahren los.

6 Auf dem Weg zu Cecilias Zimmer in der Akutversorgung belausche ich im Fahrstuhl, der nach Ammoniak und Donuts riecht, das Gespräch zweier Krankenschwestern über die Ereignisse im Wartesaal der Notaufnahme von St. Francis am Freitagabend.

«Da kamen so zwei Gangster rein und haben mit Pistolen

rumgewedelt», sagt die Kleinere der beiden. «Kein Mensch wusste wieso, aber so war's. Und die beiden marschieren direkt auf so eine Familie zu, die mit Verbrennungen von einem Hausbrand reingekommen war, nur leichte Verbrennungen, aber immerhin, diese Familie wartet auf Versorgung, alle halten sich feuchte Lappen an den Arm oder in den Nacken, und da kommen diese Gangster rein und halten ihnen Pistolen ins Gesicht, sogar einem kleinen Mädchen.»

Die große Krankenschwester macht ein besorgtes Geräusch. «Wie alt war denn das Mädchen?», fragt sie.

«Kann nicht älter als elf oder zwölf gewesen sein», sagt die Kleine. «Das Komischste war, dass diese beiden Gangster anscheinend gar nichts *wollten*. Sie wollten niemanden berauben. Sie haben nicht nach Brieftaschen gefragt. Sie wollten die Leute bloß terrorisieren, verstehst du? Wollten da bloß rumstolzieren und auf hart machen.»

«Ich hab noch nie erlebt, dass Homeboys auftauchen und ohne Grund so was abziehen. Die haben bestimmt irgendwen gesucht und konnten ihn nicht finden.» Die Größere schnieft. «Wie lange hat das Ganze denn gedauert?»

«Zwanzig Minuten», sagt die andere. «Dann sind vier Nationalgardisten reingekommen, haben die Gewehre auf sie gerichtet und ihnen gesagt, sie sollten schnellstens verschwinden, sonst hätte das Ganze ernsthafte Konsequenzen. Das haben sie tatsächlich so gesagt. *Ernsthafte* Konsequenzen.»

An dieser Stelle piept hinter mir dreimal schrill der Pager der einen Schwester. Ich weiß nicht, welcher von beiden er gehört, weil mein Vater und ich als Letzte in den Fahrstuhl gestiegen sind und uns höflich mit dem Gesicht zur Tür gestellt haben, aber ich merke, dass sie beide nachsehen.

«Die Pflicht ruft», sagt die Größere und steigt im vierten Stockwerk aus, als wir dort halten.

Wir wollen in den sechsten Stock, und zu meiner Erleichterung bleibt die Kleinere bei uns.

«Entschuldigen Sie, dass ich gelauscht habe», sage ich, «aber ich würde gern wissen, was danach passiert ist.»

Sie betrachtet mich einen Augenblick, als würde sie abwägen wollen, ob ich es wert bin, den Rest zu hören. Sie hat schwarze Haare, blaue Augen und eine kleine Stupsnase wie eine Skisprungschanze.

«Die Gangster haben sich tatsächlich zurückgezogen und so was Ähnliches gesagt wie ‹Okay, Mann, ist ja gut, kein Problem, wir wollten bloß ein bisschen Spaß haben›.»

«Wow», platze ich heraus, «so was ist ‹ein bisschen Spaß haben›?»

Sie zuckt die Achseln und legt den Kopf schräg, versucht vielleicht zu entscheiden, ob ich behütet oder bloß naiv bin, weil Gangster in dieser Gegend ständig allen möglichen Mist machen, und warum sollten sie nicht noch verrücktere Sachen anstellen, wenn niemand sie daran hindert? Ich bin weder das eine noch das andere, behütet oder naiv – aber woher soll sie das wissen? Sie macht mich bloß nervös, weil sie so hübsch ist. Ich frage mich, ob sie das merkt. Mein Vater merkt es. Ich spüre, wie er neben mir grinst.

Jetzt wird die Stille fast peinlich, aber ich möchte wissen, ob die Geschichte noch weitergeht. «Und das war's? Sie sind einfach gegangen?»

«Ja», antwortet sie, «sie sind gegangen, und als sie weg waren, haben alle Anwesenden applaudiert.»

«Cool», sage ich. Nicht die beste Reaktion, aber immerhin habe ich was gesagt.

Als wir im sechsten Stock aussteigen, danke ich ihr, weil sie mir erzählt hat, wie das Ganze ausging, und sie zwinkert mir mit ihren blauen Augen zu und sagt «Kein Problem», als die Tür zugeht.

7 Die Besuchszeit hat schon um halb elf begonnen, aber wir sind nun erst um kurz nach eins hier. Krankenhausflure sind für mich alle gleich: weiße Wände, weiße Bodenfliesen, Neonlicht; unpersönlich, sauber, hallend. Am Empfang verrät uns eine Krankenschwester mit eigenartiger Schichtfrisur, die aussieht wie ein grauer Kohlkopf, dass Cecilia gerade fertig sein dürfte mit dem Mittagessen und dass man vorhat, sie zu entlassen oder vielmehr in die –

An dieser Stelle unterbricht sie sich.

«Entschuldigung», sagt sie, «sind Sie Angehörige? Das darf ich Ihnen nämlich nur sagen, wenn Sie Angehörige sind.»

Ich sage nein, bevor mein Vater es tut, denn das würde er.

«Gut für Sie», sagt die Schwester. «Sonst müsste ich nämlich Personalien und Versicherungsdaten aus Ihnen rausquetschen. Wir haben in letzter Zeit zu viel gratis gearbeitet.»

Sie reicht uns ein Klemmbrett mit dem Anmeldeformular für Besucher, und während ich meinen Namen und den meines Vaters eintrage, erzählt uns die Krankenschwester, das ganze Krankenhaus hätte viel zu viele Patienten. Im Moment versuchten sie bloß zu behandeln und wieder zu entlassen. Dann nennt sie uns Cecilias Zimmernummer. Als wir dort ankommen, steht die Tür offen.

Das Zimmer, in dem sie liegt, ist eigentlich für zwei gedacht, aber außer den beiden Betten steht noch eine Liege an der Wand, unter dem Fernseher. Die ist leer, genau wie das andere Bett. Vor dem Fenster sehe ich sechs Stockwerke unter uns das Grün vom Lynwood Park. Der Park hat ein Baseballfeld und einen Spielplatz, der mit gelbem Absperrband begrenzt ist.

Ich klopfe an den Türrahmen. Cecilia steht neben dem Bett und zwängt sich in eine Jeans. Ihre Haare hängen vom Duschen glatt und schlaff herunter und liegen schwer auf den Schultern. Dort hinterlassen sie einen wachsenden feuchten Fleck auf dem T-Shirt mit der Aufschrift THE CITY OF LOS ANGELES MARATHON, YOUR LIFE, 1989. In diesen Sachen habe ich sie nicht hergebracht.

«Altkleider.» Als hätte sie meine Gedanken gelesen. «Ist das zu fassen? Die Krankenhaustypen erzählen mir alle, meine Klamotten wären zu verräuchert gewesen. Ein Gesundheitsrisiko, mussten vernichtet werden. Die lügen, ich sag's dir.»

Sie nestelt am obersten Knopf der Jeans herum. Sie ist noch blasser als beim letzten Mal, wenn das überhaupt möglich ist, als ob sie in der Zwischenzeit zehn Pfund abgeschwitzt hätte. Aber die Kratzer an Kinn und Wange sind verschorft. Alles in allem sieht sie besser aus.

«Sie wollen mich zu 'nem Therapeuten schicken, aber den Scheiß mach ich nicht mit.»

Sie redet ganz seltsam. Es ist, als ob wir zwar da sind, und sie nimmt uns auch wahr, aber dann auch wieder nicht. Ihre Worte sind anscheinend gar nicht an uns gerichtet, es klingt eher so, als wollte sie das bloß irgendwem erzählen, der gerade vor ihr steht.

Sie redet weiter. «Diese Krankenhausleute halten sich für ganz schlau, sie meinen, ich hätte noch Glück, dass sie mich nicht wegen illegalem Drogenkonsum anzeigen, aber wie wollen sie mich denn anzeigen, wenn sie nicht mal meinen vollen Namen wissen?»

Darüber lacht sie, als wäre sie richtig clever, und der durchdringende Blick meines Vaters brennt mir den Satz *Ich hab dir doch gesagt, das Mädchen ist kaputt* in die Wange, aber ich beachte ihn gar nicht.

«Ich muss zurück zu Momo», sagt sie.

Wow. Das ist wirklich das Letzte, was ich hören will. Ich weiß gar nicht, wie ich darauf reagieren soll, aber immerhin bekomme ich überhaupt etwas heraus: «Ich glaube, das ist keine so gute Idee. Das hier könnte für dich doch, na ja, ein Neuanfang sein.»

Als ich das gesagt habe, kriegt sie so einen irren Blick, als hätte ich was ganz Wahnsinniges vorgeschlagen.

«Und was für eine gute Idee das ist», sagt sie. «Ich will Momo. Der kann mein Neuanfang sein.»

Ich habe schon das Gefühl, dass ich absaufe, also riskiere ich was. Ich habe keine Wahl.

«Es ist besser für uns beide, wenn du dich nicht erinnern kannst, wie du ins Krankenhaus gekommen bist. Momo glaubt, ich habe dich gerettet und es ging dir gut, und dann hast du mir einunddreißig Dollar geklaut und bist abgehauen. Kannst du dir diese Zahl merken, falls er dich danach fragt? Einunddreißig?»

Sie schaut mich angewidert an, dass ich so was überhaupt vorschlage. «Wieso sollte ich ihn anlügen? Ich würde ihn nicht anlügen. Nicht Momo. Ich *liebe* ihn.»

So geht es hin und her, ich versuche sie zu überreden,

meine Version Momo gegenüber zu bestätigen, sie will nicht, wir kommen also keinen Schritt weiter, und ich ziehe frustriert und besorgt ab, weil ich Angst davor habe, was passieren könnte, wenn Momo herausfindet, dass ich gelogen habe. Wenn er das nämlich erfährt, wird er wissen wollen, warum, und das Letzte, was so ein fieser Typ in so einer Situation hören will, ist dass du seine Freundin bloß vor ihm schützen wolltest.

Im Flur sagt mein Vater kein Wort zu mir, und im Fahrstuhl auch nicht – nein, das hebt er sich bis ins Foyer auf. «Glaubst du nicht, dein Leben wäre jetzt viel einfacher, wenn du sie einfach da drin hättest verbrennen lassen? Wenn du dich nicht hättest da reinziehen lassen?»

Ich antworte nicht. Ich steuere bloß auf den Ausgang zu und gehe weiter.

«Hör mir zu», sagt mein Vater zu meinem Rücken, «du solltest dir darüber nicht den Kopf zerbrechen. Ich sag dir, wenn sie zu ihm zurückgeht, okay. Gut. Wäre nicht das erste Mal, dass eine Frau zu einem schlechten Kerl zurückkehrt. Und wen interessiert es, was sie ihm erzählt?»

Bei all seinen Fehlern, mein Vater hat meine Mutter nie geschlagen.

Ich bleibe stehen. Ich drehe mich zu ihm um und frage: «Wie meinst du das?»

«Ich meine, dass sie ein Junkie ist, *hijo*. Wach mal auf! Das weiß niemand besser als Momo, denn er hat sie wahrscheinlich dazu gemacht. Er weiß schon, dass er ihr nicht trauen kann, weil sein Haus abgebrannt ist, als sie darauf aufpassen sollte. Egal, was ihr über die Lippen kommt, es wird immer wie eine Entschuldigung klingen oder wie ein Alibi. Es spielt also gar keine Rolle, *was* sie ihm erzählt.

Selbst wenn er zu dir kommt und dir Fragen stellt, bist du immer verlässlicher als sie. Er wird eher dir glauben.»

Er zieht die Augenbrauen hoch, und ich frage: «Woher weißt du das eigentlich alles?»

Mein Vater seufzt wieder und betrachtet den Bodenbelag unter seinen Füßen. Er ist aus Kunststoff, soll aber aussehen wie weißer Stein. Er tritt mit der Spitze seiner Arbeitsschuhe dagegen, weil er es für billigen Schund hält, aber er hat auch Verständnis dafür, weil es so leicht zu reinigen ist.

Er hebt den Blick wieder und sieht mich an, als wüsste er nicht recht, was er mir sagen soll, dann zuckt er die Achseln. «Dein Alter Herr weiß mehr, als du denkst.»

Das ist typisch für ihn, mir zu sagen, dass er etwas weiß, ohne was Genaueres rauszulassen. Dagegen kann man nichts machen. Mein Vater ist Experte für alles.

«Ich mache mir Gedanken, dass er sie umbringt, wenn sie zu ihm zurückgeht», sage ich.

«Um dieses Mädchen musst *du* dir keine Gedanken machen», antwortet er. «Du bist zu sensibel, *mijo*. Habe ich dich nicht hart genug erzogen? Was jetzt passiert, geht dich nichts mehr an.»

Da haben wir's. Früher oder später führt jedes Streitgespräch zwischen uns immer zu der Feststellung, dass ich zu sensibel bin.

«Bist du wirklich der Meinung», frage ich, «der Versuch lohnt sich nicht, selbst wenn man vielleicht ein anderes Leben rettet?»

Die Stirn meines Vaters kräuselt sich, und er sieht traurig aus, als er sich auf die Hemdtasche klopft und seine Nelkenzigaretten herauszieht und langsam eine aus der Packung nimmt.

Mit diesem braunen Stäbchen zeigt er auf mich. «Du hast ihr doch schon das Leben gerettet, als du sie aus dem Haus geschleift hast, *hijo*. Aber du kannst die Menschen nicht vor *sich selbst* retten. Der Rest ist ihre Sache, und glaub mir, Junkies werden dich immer enttäuschen, und dann tut es dir irgendwann leid, dass du es überhaupt jemals versucht hast.»

Das geht ihm so schwer über die Lippen, als hätte er womöglich selbst schon mal versucht, einen Junkie zu retten, und als wäre er damit gescheitert. Das ist komisch, und ich weiß überhaupt nicht, was ich dazu sagen soll, bis heute habe ich meinen Vater nicht mal das Wort verwenden hören. Also breche ich den Blickkontakt ab und schaue auf die Uhr. Wir hätten Kerwin längst abholen sollen, aber ich muss ihn nicht anrufen. Er wird vor seinem Haus sitzen, wenn wir kommen, einfach nur da sitzen und warten.

Mein Vater lässt mich stehen und geht raus in einen Spätnachmittag, der hinter den Schiebetüren weiß und heiß aussieht. Er rechnet damit, dass ich ihm folge, aber er gibt mir einen Augenblick Zeit. Vor den Türen fahren Autos, sehr langsam und vorsichtig. Es sieht aus, als ob die Welt langsam wieder in Gang kommen will, aber zuerst mal nach rechts und nach links schaut, bevor sie es versucht.

8 Als wir Kerwin aufsammeln, der vorm Haus wartet, genau wie ich dachte, kann er es sich aussuchen: hinten auf der Ladefläche sitzen oder sich vorn bei meinem Vater und mir mit reinquetschen. Er nimmt die Ladefläche, und das ist gut so, denn er ist groß und schwarz, fast eins neunzig, er hat breite Schultern und einen ziemlichen

Bauch. Mein Vater und ich sind froh, die Kabine nicht mit ihm teilen zu müssen. Kerwin lehnt sich mit dem Rücken ans Fahrerhaus und streckt die Beine vor sich aus. Einen Ellbogen stützt er auf den Pappkarton, den mein Vater da hinten immer stehen hat. Ich öffne das Fenster zwischen uns, und wir unterhalten uns schreiend.

Kerwin fängt an. «Weißt du noch, wie diese Schwarzen mit Reifen nach uns geworfen haben, als wir neulich nachts so auf die Feuer abgefahren sind?»

Ich schaue meinen Vater an, aber der ist mit den Gedanken woanders, also antworte ich, wie ich will. «Ist das tatsächlich passiert? Ich dachte, das hätte ich halluziniert.»

«Hundert Prozent echt», sagt Kerwin und lacht.

Kerwin und ich spielen zusammen in einer Band namens Forty Ounce Threat. Ich spiele Bass und singe. Kerwin spielt Leadgitarre. Wir machen hauptsächlich Oi!-Musik, Straßen-Rock-'n'-Roll.

Ich kümmere mich ums Radio, während mein Vater Richtung Süden nach Compton reinfährt. Ich finde den Sender *KRLA* und hoffe auf Soul, aber sie spielen eine Doo-Wop-Band, die ich nicht kenne. Im Rückspiegel sehe ich Kerwin mit dem Kopf nicken, als wir vom Imperial Highway nach links auf die North Alameda einbiegen, und ich kurbele das Fenster herunter, um die Stadt vorbeiziehen zu sehen.

Wir fahren nur sechs Straßen weiter. Die Gegend hier ist eher ein Industriegebiet und hat anscheinend von der Randale nicht so viel abgekriegt. Es gibt Autoglas-Werkstätten, Granitschleifer, Holzhändler. Wir fahren an *Del Steel* vorbei, ihr Lagerhaus sieht unberührt aus. Sie machen Metallverzierungen, und gelegentlich arbeitet mein Vater mit ihnen zusammen. Die Lagerhäuser mit den Tonnendächern von

L&M Steel sehen ebenfalls in Ordnung aus. Mein Vater sagt, in den 60ern hat diese Gegend richtig gebrummt, das Geschäft blühte, aber jetzt liegt alles im Sterben. Aus China kommt billigerer Stahl, und der ist auch schon vorgeschliffen oder wärmebehandelt. Dazu kommt, dass amerikanische Arbeiter zu teuer sind. Die Produktion wandert seit einiger Zeit woandershin. Das war schon vor der Rezession so.

Als der Song zu Ende ist, verkündet der DJ, dass Bürgermeister Bradley die Ausgangssperre aufgehoben hat. Das war es also. Die Unruhen sind vorbei.

«Willkommen in der Normalität.» Der Sarkasmus des DJs ist deutlich zu hören.

Mein Vater schnaubt verächtlich.

Mir kommt die Straße gerade tatsächlich normal vor. Jedenfalls so normal wie vor den Unruhen. South Central ist so, wie ich es immer gekannt habe: meistens ruhig, die Leute kümmern sich um ihren Kram und arbeiten hart. Aber die ganze Welt hält Los Angeles jetzt für eine Stadt voller wütender Schwarzer, voller Brandstifter und Gangmitglieder. Die Leute denken sicher, was mit Rodney King passiert ist, war ein Einzelfall, doch sie wissen nicht, dass jeder hier einen Rodney King in der Nachbarschaft hat, jemanden, den die Cops windelweich geprügelt haben, aus gutem oder schlechtem Grund. Und vielleicht ist er auch nicht schwarz. Vielleicht hat er braune Haut.

Als wir an der Banning Street vorbeikommen, sehen wir das erste zerstörte Gebäude. Aber vorher riechen wir es. Ich weiß nicht, ob ich mal wusste, welcher Firma dieses Lagerhaus gehört, jetzt ist es jedenfalls nur noch ein Skelett, die verkohlten Knochen zweier Wände stehen noch.

Vor den weißen Wänden der Halle dahinter sehen sie eher aus wie eine Kohlezeichnung als wie ein ehemaliges Bauwerk. Davor hackt ein alter Mann mit Raiders-Cap mit einer kleinen Handaxt auf das Dach ein – das Dach, das eingebrochen ist und jetzt auf Bodenhöhe liegt. Ich kurbele mein Seitenfenster hoch und frage meinen Vater, was sie da früher gelagert haben.

«Werkzeugmaschinen», sagt er.

«Weißt du, wem es gehört?»

Weiß er nicht. Wir biegen von der North Alameda auf den El Segundo Boulevard ein, und ich sehe die Willard Elementary School an der Ecke. Die ist nicht abgebrannt, aber aus irgendeinem Grund hat jemand den Zaun mit einem Seitenschneider aufgetrennt, was mich auf den Gedanken bringt, dass womöglich jemand die Schule ausrauben wollte, aber ich denke nicht weiter darüber nach, weil ich damit rechne, gleich unser zweistöckiges Mietshaus zu sehen, weiß mit schwarzem Dach, dreizehn Wohnungen, direkt neben der Schule – aber da ist nichts mehr.

Nur leerer Raum, wo vorher unser Wohnblock stand.

«¡*Hijo de su chingada madre!*» Mein Vater richtet sich auf, rückt ganz nach vorn auf die Sitzkante. «Alles, was ich aufgebaut habe – für 'n Arsch.»

Mehrmals haut mein Vater mit der Hand aufs Lenkrad. Ich zucke zusammen, aber irgendwie bin ich auch froh. Vor ein paar Jahren hätte ich diese Schläge abgekriegt.

Als wir näher kommen, sehen wir die Überreste: Eine leere schwarze Hülle saugt die letzten Strahlen der untergehenden Sonne auf. Hier und da leuchten noch kleine Teile nicht verbrannter weißer Wand auf. Der Rest ist schwarz. Meine Augen tasten sich weiter voran zum viktorianischen Haus – das unversehrt wirkt –, aber dahinter, auf dem nächsten Grundstück, steht kein zweiter Apartmentkomplex, wie ich es erwartet habe, früher das Spiegelbild des ersten, gleicher Grundriss und alles: weiße Wände, schwarzes Dach, dreizehn Wohnungen. Jetzt ist da auch nichts mehr. Es ist immer noch ein Spiegelbild, bloß ein schwarzes, denn jetzt steht das alte Haus unbeschädigt zwischen zwei schwarzen Ruinen, zwei unserer Häuser sind komplett niedergebrannt worden.

Das Atmen fällt mir schwerer, als mein Vater an unserem Haus vorbeifährt und in die kleine Gasse einbiegt, die am Grundstück entlangführt. Von da haben wir gute Sicht auf das, was vom zweiten Gebäude übrig ist: Zwei geschwärzte Stützpfeiler ragen wie verkohlte Torpfosten aus den Trümmern. Wir parken direkt im Dreck neben seinem unversehrten Haus. Queen-Anne-Stil nennt man die Art zu bauen, an dem Haus werkelt er herum, seit ich neun bin. Den weißen Lattenzaun vorn hat mein Vater selbst gebaut. Dahinter steht ein symmetrisch gebautes Wohnhaus, einstöckig mit Dachgeschoss und zwei spitzen Türmchen, die zu beiden Seiten der Haustür aufragen, weshalb es von vorn aussieht wie ein Gesicht mit rechteckigen Fensteraugen, mit der Tür als Nase und der flachen Veranda als Mund.

Klar bin ich froh, dass wenigstens dieses Haus überlebt hat, aber ich muss immer noch verarbeiten, dass die beiden Mietshäuser komplett weg sind, und da erst fällt mir etwas ein, das mir mit meinem Kurs in Unternehmensführung schon vor Tagen hätte aufgehen sollen.

«Dad», frage ich, «sind wir ruiniert?»

9 Eine dämliche Frage. Die Antwort liegt vor meiner Nase. Seit ich Buchhaltung lerne, hat mein Vater mir die Kreditbelege der letzten Monate gezeigt. Er versucht mir beizubringen, wie das Geschäft zu führen ist, wenn er nicht mehr da ist. In diese drei Immobilien hat er insgesamt über eine Million Dollar gesteckt. Um so viel Geld zur Verfügung zu haben, steckt er bis zu den Augenbrauen in Hypothekenkrediten.

Weil mein Vater nämlich nie am Material spart, wenn er etwas renoviert; aber da er ja irgendwo sparen muss, verzichtet er auf sämtliche Versicherungen außer gegen Erdbeben. Er denkt sich, wenn er schnell genug mit dem Renovieren ist, kann ihm nichts passieren. Das viktorianische Haus ist die einzige Ausnahme. Es wurde im Jahr 1906 erbaut, als der Sunset Strip noch eine große Wiese voller Weihnachtssterne war. *Das* ist versichert. Das ist sein Baby.

Mein Vater hat die Augen geschlossen und holt tief Luft, die als Husten wieder herauskommt. Ich ertrage es nicht, ihn so zu sehen, also zerre ich Kerwin die Gasse entlang, wo früher mal eine uralte Zapfsäule stand, neben einem riesigen Avocadobaum, groß genug für einen Hollywoodfilm.

Kerwin bricht das Schweigen flüsternd. «Der ganze Besitz deines Vaters ist verbrannt?»

«Alles außer dem hier.» Ich deute mit dem Kinn auf das Haus. Das hat mein Vater den Kellys abgekauft, einer der letzten weißen Familien, die Compton verlassen haben.

«Früher stand hier mal eine Zapfsäule», sage ich und zeige auf eine lange Spur kahler Erde im Garten, wo kein Gras mehr wachsen kann.

Kerwin will wissen, wieso, also erkläre ich ihm, dass das Haus älter ist als alle Tankstellen. Mein Vater kauft und verkauft seit ungefähr zehn Jahren Immobilien. Meine Mutter sagt immer, er wollte South Central aufwerten, besser machen, also hat er ein Gebäude gekauft, renoviert und wieder verkauft; dann zwei. So spielte sich das ein. Nach vier Verkäufen erwarb er den Fliesenladen an der Western Avenue, und jetzt hat er fünf Immobilien: drei in Compton, eine in Watts und eine in Lynwood, aber das viktorianische Wohnhaus in Compton mit den Gewölbedecken, mit zwei Schlafzimmern, Bibliothek und Arbeitszimmer, das war immer die Krönung.

«Das hier war der Traum meines Vaters», sage ich. «Der Beweis, dass er nicht nur gut, sondern auch schön bauen kann. Glaubt meine Mutter jedenfalls. Ich hatte ganz lange den Eindruck, dass er nur hier glücklich sein kann. Er hat mich an den Wochenenden immer mitgenommen, als er es renoviert hat.»

Ich weiß noch, dass die Säge immer in der Küche stand. Jahrelang roch das Haus nach frisch gesägtem Holz, und überall lag Sägemehl herum. Ich brachte ihm immer, was er brauchte – einen Hammer, einen Schraubenschlüssel. Mit vierzehn lernte ich von ihm, wie man Lampen anschließt. Er hat nie viel Grund gesehen, stolz auf mich zu sein; aber die Arbeit, die ich damals mit ihm gemacht habe, das weiß ich bis heute, war eine der wenigen Gelegenheiten. Dazu hat auch beigetragen, dass ich nie irgendwo runtergefallen, nie auf einen Nagel getreten bin. Ich war vorsichtig. Das musste ich aber auch, da der Gürtel die Strafe für jeden Fehltritt war.

«Das Viertel hier hat sich schnell verändert», sage ich. «Von diesen alten Häusern sind jede Menge abgerissen worden. Dann wurden Lagerhäuser und Werkhallen gebaut, aber das hast du ja beim Herfahren gesehen. Und bald wollte niemand mehr an dieser Straße wohnen.»

Kerwin zuckt die Achseln. «Wer wohnt schon gern neben einer Lagerhalle?»

So eine Frage braucht eigentlich keine Antwort, aber ich gebe ihm trotzdem eine. «Niemand.»

Obwohl die Nachbarschaft sich so veränderte, renovierte und baute mein Vater immer weiter an dem Haus. Wir hielten uns über Wasser, indem wir vier Wohnungen in dem einen Mietshaus und fünf im anderen vermieteten, aber das viktorianische Haus konnten wir weder vermieten noch verkaufen.

«Ist jetzt bloß noch ein Überbleibsel aus alter Zeit, am falschen Ort, aber das ist es schon lange. Das Schlimmste daran ist, die Leute in der Umgebung wissen das. Sie wissen, dass niemand darin wohnt, und wenn die Leute so was wissen, dann passieren schlimme Sachen.»

«Was für schlimme Sachen?» Kerwin kommt aus South Central. Er weiß, was in dieser Gegend für schlimme Sachen passieren, aber er kann es einfach nicht lassen, er muss fragen. Kann vielleicht keiner von uns. Ist vielleicht einfach nur menschlich.

«Eine Leiche wurde auf unserem Grundstück abgelegt, da in der Gasse. Das haben wir herausgefunden, als zwei Sheriffs bei uns zu Hause in Lynwood vor der Tür standen und meinen Vater zum Verhör mitnehmen wollten. Vielleicht so zwei Monate später gab es eine Massenvergewaltigung im Garten, unterm Avocadobaum.»

Ich zeige auf den Baum. Wir stehen gar nicht so weit weg vom damaligen Tatort, und ich schaue auch deshalb hin, weil irgendwas daran komisch aussieht. Er sitzt nicht

499

bloß voll, die Äste hängen nicht bloß schwer von Früchten herab, weil wir dieses Jahr gar nicht zum Pflücken gekommen sind, sondern am Fuß des Baumes ist irgendwas, hinter dem mächtigen Stamm. Die Dämmerung ist schon ziemlich weit fortgeschritten, darum kann ich die Gestalt beim besten Willen nicht erkennen. Für einen Hund ist sie zu groß, aber sie sieht danach aus. Ein liegender Hund, unter dem Baum hingestreckt.

«Moment.» Ich senke die Stimme wieder und flüstere. «Siehst du das?»

Kerwin kauert direkt neben mir auf der Erde.

«Ja», flüstert er zurück.

«Sind das?» Ich kneife die Lider zusammen und versuche die länglichen Formen am Boden zu erkennen, die vom Stamm wegragen. Es ist doch kein Hund. «Sind das Beine?»

«Ja», sagt Kerwin. «Scheiße, das sind Beine.»

10 Aus der Distanz würde ich sagen, die Beine sind nackt, und ziemlich behaart. Am Ende des rechten Beins, am rechten Fuß, sitzt eine weiße Socke. Wir rücken gemeinsam vor, Kerwin und ich. Beim Näherkommen schlagen wir einen Bogen und sehen, wie schmutzig die Sohle der weißen Socke ist, fast schwarz. Als Nächstes sehen wir den Körper, zu dem das Bein gehört, an den Stamm gelehnt, aufrecht sitzend, mit ausgestreckten Beinen.

Ich höre Kerwin hinter mir atmen. Er hat so einen Mini-Baseballschläger von den Dodgers bei sich, muss er von zu Hause mitgebracht haben. Das Ding ist aus Holz, vielleicht dreißig Zentimeter lang, so was wird manchmal in limitierter Auflage verteilt, wenn man zu einem bestimmten Spiel geht.

«Ist er angeschossen?», will Kerwin wissen. «Erstochen, oder was?»

«Ich sehe kein Blut», sage ich.

Inzwischen ist zu erkennen, dass dieser Mensch keine Hose anhat, bloß rotbraune Boxershorts. Am Oberkörper trägt er drei Flanellhemden übereinander, bei allen sind die Manschettenknöpfe offen, die Ärmel hochgeschoben zu den Ellbogen. Schwer zu sagen, ob die Brust sich hebt und senkt, weil so viel Stoff darauf liegt.

«Fass du ihn an», sage ich zu Kerwin. «Stups ihn an oder so was. Mal sehen, ob er sich bewegt.»

«Nein, du.»

«*Du* hast doch einen Schläger!», sage ich.

Kerwin schaut auf seine Hand und stellt fest, dass er das Mistding tatsächlich in der Hand hat, dann zuckt er die Achseln – vielleicht stößt er ihn damit an, vielleicht auch nicht.

Da bemerke ich etwas am Arm des Typen.

«Hey», sage ich, «siehst du das?»

Ich zeige darauf. Kerwin kneift die Augen zusammen. Ich auch.

«Ja», sagt Kerwin. «Ärgh.»

Aus der Armbeuge des Typen ragt eine Spritze, aber eigentlich keine ganze Spritze. Bloß die Nadel. Sieht fast so aus, als wollte jemand die Spritze haben, und die Nadel steckte gerade im Arm, also hat man das verdammte Teil einfach abgeschraubt und die Nadel in ihm stecken lassen wie eine halbe Sicherheitsnadel, die durch die Haut gegangen ist. Drumherum sieht man getrocknetes Blut, ein paar Tropfen und Streifen, und den Unterarm entlang hat er ein

Tattoo in langen Frakturbuchstaben, wie die Titelschrift der *Los Angeles Times*.

Ich zeige darauf. «Was steht da?»

Kerwin muss den Kopf schräglegen, um es lesen zu können. Ich mache das Gleiche, aber die Schrift ist nur schwer von dem ganzen Blut und Dreck auf seiner Haut zu unterscheiden. Ich möchte es am liebsten abwischen, lasse es aber.

«*Sleepy*», sage ich. «Ich glaube, da steht *Sleepy*.»

«Ist er tot oder was?» Kerwin hat die Hand vor dem Mund. «Er sieht tot aus.»

«Keine Ahnung», sage ich, aber ich glaube es auch. Seine Gesichtshaut ist halb von einem vor Dreck starren Vollbart bedeckt, aber der Rest hat dieselbe Farbe wie die vollen Aschenbecher meines Vaters. Ameisen krabbeln durch die Haare an seinen Beinen, manche von ihren Bissen sind so rot und geschwollen, dass ich sie auch im schwachen Licht erkennen kann.

«Nun mach schon», sage ich, und als Kerwin zögert, stupse ich ihn mit der Schulter an. «Mach endlich.»

Kerwin pikst den Typen mit dem Schläger. Er hält das dicke Ende auf seine Brust, direkt übers Herz, und drückt. Ein bisschen Luft kommt heraus, wie ein Seufzer oder so was, und wir springen beide zurück, aber die Augenlider des Typen zucken nicht. Sie bewegen sich kein Stück.

Ich denke laut nach. «Das könnte doch irgendwie so eingeschlossene Atemluft gewesen sein, oder?»

«Woher soll ich denn das wissen? Jetzt bist du dran. Aber eins kann ich dir sagen», Kerwin reicht mir den Schläger, «ich bin echt froh, dass wir das hier nicht auf Acid machen.»

«Ich auch», sage ich.

Ich weiß nicht, was ich mit dem Schläger anderes machen soll als das, was er gerade gemacht hat, also lasse ich ihn bloß in der Hand hängen, mache einen Schritt auf den Mann zu und strecke die andere Hand nach seinem Gesicht aus.

Kerwin dreht beinahe durch. «Mikey, was *machst* du da?»

Das Herz schlägt mir bis zum Hals, und ich weiß nicht, was in meinem Kopf vorgeht, nur dass ich wissen muss, ob er flach atmet, und wenn ich seinen Atem am Finger spüre, dann weiß ich es ganz sicher, aber ich komme nicht ganz dran, also gehe ich noch einen Schritt dichter ran. Aber als ich den Fuß aufsetze, trete ich mit der Sohle knirschend auf irgendwas. Ich schaue nach unten und mache schnell wieder einen Schritt zurück, denn es war die Hand des Typen. Die habe ich im Halbdunkel überhaupt nicht gesehen. Als mir das gerade klar wird, höre ich Kerwin hastig nach Luft schnappen, ich schaue hoch in das Gesicht des Typen, und er hat die Augen offen.

Ich mache einen Satz nach hinten, pralle gegen Kerwins Schulter und schaffe es irgendwie, auf den Beinen zu bleiben. Der Typ zieht sein Gesicht so zusammen. Er schnalzt ein paarmal mit den Lippen, ehe er den Mund aufmacht.

«Was soll das, du Idiot?» Die Worte kommen ihm ganz langsam und staubig über die Lippen. Es klingt gar nicht, als wäre er irre, bloß verwirrt und ausgedörrt. «Wieso trittst du auf meine Hand?»

Ich antworte ihm nicht, Kerwin auch nicht. Wir machen uns eilig davon, gehen rückwärts und lassen ihn nicht aus den Augen, diesen Typen, den wir für eine Leiche gehalten haben und mit dem wir uns ganz bestimmt nicht unterhalten wollen. Der Typ aber redet weiter mit uns, sagt dau-

503

ernd *Hey*, während wir uns entfernen, als wollte er unsere Aufmerksamkeit, aber wir gehen ganz schnell vors Haus, zu meinem Vater.

«Ach du Scheiße», sagt Kerwin. «Ich hätte beinahe einen Herzinfarkt gekriegt. Fuck!»

Das geht mir genauso. Ich weiß nicht, was ich krasser finde: dass wir eine Leiche gefunden haben oder dass sich die Leiche als lebendig herausgestellt hat.

Als wir meinen Vater auf der Veranda wiedertreffen, sieht er durch das Fenster rechts neben der Haustür. Meine Stiefel knirschen auf Glas, noch bevor ich erkenne, dass die Fensterscheibe, durch die er schaut, gar nicht mehr da ist. Sie ist rausgebrochen, und mein Vater starrt durch den leeren Rahmen. Als ich über seine Schulter schaue, rutscht mir der Magen in die Kniekehlen, aber was ich sehe, erklärt jedenfalls den Mann unterm Baum.

11

Hier haben Junkies gehaust, und zwar mehr als nur der Typ unterm Baum. Eine ganze Horde. Vielleicht haben sie die ganze Zeit der Unruhen hier verbracht. Drinnen stinkt es wie im Affenhaus. In der Bibliothek mit den fest eingebauten Bücherregalen ist der Fußboden übersät von Ampullen, einer zerbrochenen Glaspfeife und ein paar Spritzen ohne Nadeln. In der Ecke, wo ich mir früher immer eine Höhle aus zwei Sägeböcken und einer Plane gebaut habe, um dann eine Kabellampe darunterzuziehen und die *Schatzinsel* zu lesen, liegt ein Haufen zerknüllter Zeitungen, mit denen unsere ungebetenen Gäste sich die Ärsche abgewischt und die sie dann aufbewahrt haben. Ich habe keine Ahnung, warum irgendwer so was tun sollte, aber die Badezimmer will ich mir danach lieber gar nicht erst ansehen.

«Einer von denen sitzt noch unterm Avocadobaum», sage ich.

Mein Vater nickt. Er denkt ein wenig darüber nach und sagt dann: «Schöner Schneewittchen-Scheiß, was? Wer hat in meinem Bettchen geschlafen … Sah er gefährlich aus?»

«Nein», sage ich. «Er hat sich nicht mal bewegt.»

Mein Vater schaut dahin, wo wir hergekommen sind, zum Umriss des Avocadobaums vor dem lilaschwarzen Dämmerlicht, aber auf keinen Fall kann er den Körper auf diese Entfernung erkennen, und er macht auch nicht den Eindruck, als würde er ihn interessieren.

Er spuckt von der Veranda und sagt: «Lassen wir ihn da.»

Dann nimmt er seine Nelkenzigaretten aus der Hemdtasche und zündet sich eine an. Er nimmt einen Zug und atmet Rauch aus. «Dieses Haus ist befallen», sagt er.

Kerwin schaut mich besorgt an. Ich kenne den irren Blick meines Vaters schon, kenne ihn besser als jeder andere, und wenn ich die Ader an seiner Stirn pulsieren sehe, weiß ich, dass er auf dem dünnen Seil des Zorns balanciert. Als er sich zu mir wendet, sehe ich einen Funken in seinen Augen.

«Wie hat dieser Junge Momos Haus abgefackelt?», fragt er.

Ich bin in Gedanken immer noch beim Typen unter dem Baum, aber ich komme zur Besinnung. «Er hat einen Molotowcocktail durch die Haustür geworfen.»

«Das war's?», fragt mein Vater nach.

«Ja.»

«Gut», sagt mein Vater und geht zum Pick-up.

Ich schaue meinem Vater zu, wie er den Karton auf der

Ladefläche zu sich heranzieht und aufklappt. Er nimmt eine dreiviertelvolle Glasflasche mit Whiskey, dreht den Deckel ab und stopft einen Lappen so weit in den Hals, wie es geht.

«Oh Mann», sagt Kerwin und macht einen Schritt rückwärts. «Will er etwa –?»

Ich sehe mich um, ob uns irgendjemand von der Straße beobachtet, aber da ist niemand. Wir sind ganz allein.

«Dad?», sage ich.

Aber er hört mir gar nicht zu, als er an mir vorbeimarschiert – ich höre den Schnaps dabei in der Flasche schwappen –, und als er zur Veranda kommt, die wir von eigener Hand mit neuen Bohlen belegt haben, nimmt er die Nelkenzigarette aus dem Mund und hält sie an den Lappen.

«Es ist meins», sagt mein Vater. «Ich kann es umbringen, wenn ich will.»

12 Meine Gefühle in diesem Augenblick sind verwirrend. Ich will nicht, dass er es tut, aber ich verstehe ihn. Die ganze Arbeit, die er hineingesteckt hat – die *wir* hineingesteckt haben –, und die viele Zeit, die wir damit verbracht haben. Das alles geht in Flammen auf, kaum dass die Flasche in der hinteren Ecke der Bibliothek landet und die Zeitungen sowie den unteren Teil eines eingebauten und immer noch leeren Bücherregals entzündet.

Ich mache einmal die Augen zu, und schon sitzt mein Vater wieder im Pick-up und lässt ihn an. Das Radio geht wieder an, als er aufs Gaspedal tritt. Dann rutscht er rüber zur Beifahrertür und macht sie auf. Ein Song von den Shirelles schallt heraus, «Dedicated to the One I Love», mitten im Refrain, und mein Vater schreit darüber hinweg nach mir.

«*Mijo*, steig ein! Wir fahren!»

Aber ich kann nicht. Ich bin damit beschäftigt, dem alten Haus beim Sterben zuzusehen.

«Kerwin, verdammt noch mal», sagt mein Vater, «steig ein.»

Als Kerwin einsteigt und die Tür zuschlägt, schreit mein Vater wieder nach mir.

«Muss ich dich selbst hier reinschleifen?»

Ich merke gar nicht, dass meine Beine sich bewegen, aber ich muss wohl gehen, denn plötzlich sitze ich auf der Ladefläche, mit dem Rücken an der Fahrerkabine, so wie Kerwin vorhin, und ich höre ihn zu meinem Vater sagen: «Er ist drin!»

Der Pick-up rast rückwärts aus der Gasse, und ich sehe den El Segundo Boulevard auf mich zukommen, als mein Vater viel zu schnell um die Ecke biegt und die beiden rechten Reifen vom Boden abheben. Ich wäre direkt von der Ladefläche geflogen, wenn Kerwin nicht seine Hand auf meiner Schulter gehabt hätte.

Ich will ihm gerade danken, da sagt er: «Ich hab dich!»

Ich schaue wieder nach hinten und bin mit dem Gedanken beschäftigt, ob dies wohl der letzte Brand der Unruhen ist, oder ob irgendwo anders Menschen aus anderen Gründen das Gleiche tun. Ich verstehe die Logik meines Vaters. Das Haus ist die einzige Immobilie, die er feuerversichert hat, also soll er sie ruhig niederbrennen, aber das wird uns nicht wieder auf null bringen – die Versicherungssumme wird nicht reichen, den Verlust aller drei Gebäude zu kompensieren. Doch im Augenblick ist es die einzige Möglichkeit, weniger Verlust zu machen.

Dabei wird mir klar, dass diese Unruhen vielleicht für

alle um uns herum so laufen. Du weißt, du wirst verlieren, aber du kratzt und beißt und kämpfst, um so wenig wie möglich zu verlieren. Was auch immer es ist, Besitz oder die Gesundheit oder ein geliebter Mensch wie ERNIE, wenn es weg ist, kommt es nicht wieder. Niemand spürt heute Nacht so etwas wie Frieden, schon seit Tagen nicht mehr. Die Ausgangssperre ist vielleicht aufgehoben, aber das heißt nicht, dass alles wieder normal ist, oder in Ordnung, oder dass es bald so weit sein wird.

In L.A. heißt das nur, dass alles anders ist als das letzte Mal, als du abends ausgehen durftest, und wenn wir von nun an über diese Tage reden, dann werden wir darüber reden, was sie uns angetan haben, was wir verloren haben, und in die Geschichte der Stadt wird ein Keil getrieben werden. Zu den beiden Seiten des Keils wird das Vorher und das Nachher sein, denn wenn du genug schlimme Dinge gesehen hast, dann lässt dich das entweder an der Welt verzweifeln und macht es dich kaputt, oder es formt dich zu etwas anderem – etwas, das du vielleicht nicht sofort verstehst, aber es könnte ein neues Du sein, so wie ein Samenkorn, das gepflanzt, aber noch nicht gewachsen ist.

Kerwin dreht die Musik lauter, und der Refrain setzt ein, während der Boulevard sich unter mir ausrollt, die unterbrochene gelbe Linie neben mir entlangrast und in die Asphaltschwärze taucht. Ich muss daran denken, dass der Typ mit der Nadel im Arm das Schauspiel aus der ersten Reihe betrachten kann, während der Wind mir ins Gesicht peitscht.

Das Lagerhaus neben unserem abgebrannten Mietshaus blockiert rasch die Sicht auf den größten Teil des alten Hauses, und ich sehe nur noch das Fenster zur Bibliothek, das

orange flackert wie ein zwinkerndes Kürbisauge an Halloween, bis wir noch weiter die Straße entlang sind und auch
dieses Licht verschwindet. Dann ist vom Haus nur noch zu
sehen, wo es hingeht, Richtung Himmel, die schwarze Säule
aus Rauch. Ich hoffe, es besser zu sehen, wenn wir weiter weg sind, mehr zu verstehen, denn wenn ich den Rest
des Viertels sehe, wie viel dort verbrannt ist, wenn ich sehe,
wie auch andere Menschen gelitten haben, dann kann ich
es verstehen, aber jetzt im Moment kann ich nur an unser
Haus denken und wie weh es tut, es sterben zu sehen, und
dass der Abstand nichts an meinem Blickwinkel ändert.

Also schließe ich die Augen.

Ich lege beide Hände auf die Seitenwände der Ladefläche und halte mich am Metall und der abgeschlagenen
Farbe fest, während der Rhythmus der Straße mich vor und
zurück schüttelt. Durchs Fenster hinter mir höre ich, wie
der Song sich dem Ende nähert. Ich höre ihn in den Wind
klingen, sich mit dem Rauschen der Luft vermischen, und
ich stelle mir vor, wie es früher war. Ich sehe das alte Haus
vor mir, als ich vierzehn war, leicht bläulich im frühen Mor-
genlicht. Ich sehe unreife Avocados im Gras, hart und grün,
die ich immer pflückte, um damit Fußball zu spielen, und
hinter dem Baum, der sie fallen ließ, sehe ich aufrecht wie
ein Wachsoldat eines der Mietshäuser stehen, das Dach
färbt sich gerade ein wenig orange in der Morgendämme-
rung. Etwas wälzt sich schwer durch meine Brust, als ich
mir mein eigenes Viertel vorstelle, in dem ich aufgewachsen
bin, wieder intakt. Ich sehe die hölzerne Handballwand im
Ham Park immer noch stehen, ich sehe Kinder daran spielen und erwachsene Männer, und das dumpfe Knallen ihrer
Samstagsspiele hallt mehrere Straßen weit, bis zu Momos

Haus, es klang genau wie ein klopfendes Herz – und vielleicht war es auch das Herz der Stadt, das zu schnell schlug. In meinem Kopf ist Momos Haus nicht niedergebrannt, sein Auto parkt davor, er geht mit dem Schlüssel in der Hand darauf zu, nickt mir grüßend zu, als ich mit meinem Roller vorbeifahre, und da packt es mich: Nur in meinen Erinnerungen werde ich all diese Orte wiedersehen, und ich frage mich, ob Schriftsteller genau das tun müssen, Orte in Gedanken wiederaufbauen – längst vergessene Orte, verschwindende Orte, und wenn das so ist, überlege ich, gilt das dann auch für Menschen, die verschwinden?

Jetzt wird der Song ausgeblendet. Die Stimmen der Mädchen verschmelzen mit dem Basslauf, und was von ihren Harmonien noch übrig ist, taucht in den Wind und das Grummeln des Motors. Zwei gute Atemzüge lang höre ich nichts als ferne Sirenen. Ich höre nichts als den Pick-up, der auf seinen Achsen ächzt. Als ein neuer Song einsetzt, eine andere Richtung, mit lautem Schlagzeug, erkenne ich ihn nicht, und da erwacht ein kleiner Gedanke in mir, und ich spüre, wie er mit jedem vorbeirasenden Gebäude rumort und wächst. Mit jeder Straßenkreuzung stimme ich ihm mehr zu. Auch L.A. hat einen Motor, und der hält nie an. Kann er nicht. Der überlebt alles. Er wird immer weiterlaufen, egal was passiert, und er wird sich durch diese Flammen kämpfen und auf der anderen Seite herauskommen, ganz kaputt und schön und neu.

GLOSSAR

Abuela/abuelo Großmutter/Großvater

Adónde Wohin?

AK Sturmgewehr, ursprünglich in der Sowjetunion herge-
stellt; Abkürzung der Bezeichnung AK-47, die wiederum
ein Akronym für Awtomat Kalaschnikowa 1947 ist – der
Name verweist auf die automatische Funktionsweise der
Waffe sowie auf den Nachnamen des Entwicklers (Michail
Kalaschnikow) und das Jahr seiner Erfindung

Bala Kugel, Geschoss

Banda ein Genre traditioneller mexikanischer Musik; die
Gruppen bestehen aus Blechbläsern, Holzbläsern und Per-
cussionisten

Bomber Ausdruck aus der Graffitiszene: jemand, der Graffiti sprüht, meist heimlich und illegal; ein Bomber schreibt
in der Regel nur mehrfach seinen Sprayernamen (wie z.B.
FREER oder JUKER) und gestaltet keine komplexeren
Pieces; in etwa gleichbedeutend mit Tagger verwendet

Bombing Ausdruck aus der Graffitiszene: öffentliche Flächen
mit Sprühdosenfarbe bemalen, meist mehrere Flächen in
einer bestimmten Umgebung

Bonjuk ein koreanischer Eintopf auf Reisbasis

Cabrón Allzweckbeleidigung, kann «Schwein», «Drecksack»
oder «Wichser» bedeuten, je nach Kontext und Tonfall

Carnicería ein Fleischhandel oder Schlachterladen, der auch
andere Lebensmittel anbieten kann

Cerote Exkrement; als Slangausdruck vor allem von Mexikanern oder Chicanos benutzt, um Salvadorianer zu verunglimpfen

Chavala jemand, der sich wie ein Gangster kleidet oder aufführt; ein Mädchen oder ein junger Mensch; der Diminutiv (*chavalita*) bedeutet «kleines Mädchen»

Chicana/Chicano Bezeichnung für in den USA lebende Mexikaner; ein früher beleidigender Ausdruck – die Verballhornung der korrekt ausgesprochenen Herkunftsbezeichnung «me-chi-cano» – wurde von den Betroffenen übernommen und zu einem Ausdruck des Selbstbewusstseins umgewertet. Im Unterschied dazu bezeichnen die Ausdrücke «Latinos» und «Hispanics» Menschen allgemein lateinamerikanischer Herkunft

Chichis weibliche Brüste

Chilaquiles traditionelles mexikanisches Frühstücksgericht, das aus einer geviertelten Mais-Tortilla besteht, die leicht angebraten und mit Salsa oder *Molé* serviert wird; Chilaquiles können auch Eier oder Fleisch enthalten.

Chola/cholo *Chicano*-Gangster mit so nur in Südkalifornien üblichem Dresscode: Flanellhemd, weißes Unterhemd und (gebügelte) Khakishorts

Chorizo scharf gewürzte Wurst aus Schweinefleisch

CHP *California Highway Patrol*, die Verkehrspolizei auf den Bundesstraßen Kaliforniens

Clica eine Gang oder eine Unterabteilung einer größeren Gang im Nachbarschaftsrevier, der *Hood*

Compadre Kumpel oder Freund

Controla wörtlich «Kontrolle», wird meist in Verbindung mit einer *clica* und einem Stadtteilnamen verwendet und bedeutet dann, dass diese Gang den Bereich kontrolliert

Crew in der Sprache der Gangs eine kleinere Gruppierung innerhalb einer *clica*; in der Graffitiszene verweist der Ausdruck zumeist auf eine größere Gruppierung

Cucaracha Kakerlake

Culero wörtlich «Arschloch»; von Mexikanern oft in der Bedeutung «Feigling» verwendet

Culo Arsch

Dušo kroatisch, wörtlich für «meine Seele», ein häufiger Kosename

El rey ha muerto; viva el rey Der König ist tot, es lebe der König

Enchilada ein lateinamerikanisches Gericht aus einer Mais-Tortilla, die um eine Füllung gewickelt und mit Chilisoße übergossen wird; die Füllung kann aus den verschiedensten Zutaten bestehen, z.B. Fleisch, Käse, Bohnen, Kartoffeln, Gemüse, Meeresfrüchten oder in unterschiedlichen Kombinationen

Ese (oder esé) Chicano-Slang, wird meist zwischen Männern in der Bedeutung «Mann» oder «Kerl» oder «Alter» verwendet; kann abwertend gemeint sein (dann meist auf der zweiten Silbe betont, also *esé*) oder eher vertraulich

Fe wörtlich «Glaube», kann aber auch «Absicht» oder «Wille» bedeuten; Big Fate missversteht das Wort, nachdem er angeschossen wurde und unter Schock steht, und hört stattdessen «Fate», also Schicksal, und benutzt dieses fortan als Straßennamen

Felicidades wörtlich «Glückwünsche», wird meist bei besonderen Anlässen wie Geburtstagen, Hochzeiten oder Weihnachten verwendet

Gabachos abfällige Bezeichnung für englischsprachige Menschen ohne Latino-Herkunft

Grito (oder Grito Mexicano) ein hoher, oft musikalischer Ruf oder Schrei

Hijo de su chingada madre wörtlich «Sohn deiner verfickten

Mutter» oder «Sohn einer verfickten Hure»; gilt unter Latinos, vor allem unter Mexikanern, wegen der historischen Bedeutung als schlimmste Beleidigung: das Verb *chingar* stammt aus der Aztekensprache Nahuatl und heißt eigentlich «vergewaltigen»; als die Spanier den Kontinent eroberten, vergewaltigten sie so massenhaft indigene Frauen, dass *chingar* ein Schimpfwort wurde, in Verwendung und Verbreitung vergleichbar dem englischen *fuck*

Hina begehrenswertes, attraktives Mädchen oder auch Freundin

Hood Abkürzung des amerikanisch-englischen Worts «neighborhood» (Nachbarschaft, Viertel); meist ein Gebiet mit in ethnischer und sozioökonomischer Hinsicht relativ homogener Einwohnerschaft; oft auch gleichbedeutend mit «Ghetto» oder «Sozialsiedlung» verwendet

Huevos wörtlich «Eier», Slang für Hoden

La clica es mi vida wörtlich «Die Gang ist mein Leben»

LAFD *Los Angeles Fire Department* – die für das Stadtgebiet von Los Angeles zuständige Feuerwehr

LAPD *Los Angeles Police Department* – die für das Stadtgebiet von Los Angeles zuständige Polizei

LASD *Los Angeles Sheriff's Department* – die für Umgebung und Außenbezirke von Los Angeles zuständige Polizei

Lengua wörtlich «Zunge», meistens gekochte Rinderzunge als Bestandteil von Gerichten

Lentejas oaxaqueñas mexikanisches Gericht auf Linsenbasis, meist fleischlos und süß-scharf

Leva Verräter oder Überläufer

Loca/loco verrückt, irre

Manflora mexikanisch-spanischer Slangausdruck für «lesbisch» oder «schwul»

Mayate(s) wörtlich «schwarzer Mistkäfer», wird als Slangausdruck meist von Mexikanern und Chicanos verwendet, um Menschen mit dunklerer Haut zu verunglimpfen

Mi corazón wörtlich «mein Herz», spanisches Kosewort

Mijo Kurzform von *mi hijo*, «mein Sohn»

Mi vida loca wörtlich «mein irres Leben», häufig zur Bezeichnung des Ganglebens verwendet

MLK Martin Luther King Boulevard, eine wichtige Ost-West-Verbindung in South Central Los Angeles

Molé traditionelle mexikanische Soße auf Chili-Basis, die mit zahlreichen verschiedenen Zutaten hergestellt werden kann

Neta (oder la neta) «das absolut Wahre» oder wörtlich «die Wahrheit»; auch in der Bedeutung von «Echt?» oder «Ernsthaft?» verwendet

O.G. Original Gangster, bezeichnet meist jemanden, der bereits eine sehr lange Zeit in einer Gang verbracht hat

Ojos Augen

Pachuco-Kreuz Kreuzsymbol, das oft mit einer Gangmitgliedschaft assoziiert und in der Hautgewebe zwischen Daumen und Zeigefinger tätowiert wird; es besteht aus einem (christlichen) Kreuz, von dessen Spitze aus Linien strahlenförmig verlaufen

Paisa (Kurzform von paisano) wörtlich «Landbewohner», Mensch ländlicher Herkunft

Palillo Zahnstocher

Panadería Bäckerei, in der auch andere Lebensmittel verkauft werden können

Panocha abwertender Slangausdruck, wörtliche Bedeutung «Fotze»

Papas Kartoffeln, manchmal auch Kartoffel-Wedges

PCP Phencyclidin, auch als «Angel Dust» bekannt, eine halluzinogene Droge, als Pulver oder in flüssiger Form erhältlich

Pinche mexikanisch-spanisches Schimpfwort und verstärkendes Adjektiv, ähnlich dem englischen *fucking*, allerdings ohne sexuelle Konnotation

Plaqueasos Buchstaben-Graffiti, meist mit Spraydosen an Außenwände gemalt, oft Markierungszeichen eines Gangmitglieds, einer Gang oder eines Gangreviers

Por favor bitte

Pozole mexikanischer Eintopf, meistens aus Mais und Huhn oder Schwein gekocht

Prima/primo Cousine/Cousin

Prométeme wörtlich «versprich mir»

Puchica salvadorianischer *Caliche*-Slang für «Scheiße» oder «verdammt», abgeleitet von einer indigenen Sprache

Pueblo Siedlung amerikanischer Ureinwohner im Südwesten der USA, die meist aus ein- oder zweistöckigen Lehmbauten besteht

Puta/puto Allzweckschimpfwort, das sowohl «Dreckskerl», «Arschloch», «Hure» oder «Hurensohn» bedeuten kann; die Beleidigung lässt sich verstärken, indem man das gegensätzliche Geschlecht der Zielperson verwendet

Qué onda vos? «Was ist los, Mann?» oder «Was geht, Mann?»; mittelamerikanisches (vor allem salvadorianisches) Spanisch unterscheidet sich vom mexikanischen Spanisch in der Verwendung des Personalpronomens «vos» neben oder anstelle von «tu» für die zweite Person Singular

Qué pasa «Was ist los?» oder «Was geht ab?»

Queso Käse

Quincé (Kurzform von quinceañera) wörtlich «fünfzehn» bzw. «Fünfzehnjähriges», Kurzform für die unter Latinos übliche Feier zum fünfzehnten Geburtstag eines Mädchens, der den Übergang zum Frausein, zum Erwachsenenleben markiert; hat eine ähnliche Funktion wie ein Debütantinnenball

Raza (oder La Raza) wörtlich «Rasse» oder «die Rasse»/«das Volk»; mit dem Wort wird unter Latinos auch die Einheit der oder der Stolz auf die Gemeinschaft ausgedrückt

RTD Rapid Transit District; diese städtische Aufsichtsbehörde des öffentlichen Nahverkehrs in Los Angeles fusionierte am 1. April 1993 mit der Los Angeles County Transportation Commission zur gegenwärtigen Organisation für den öffentlichen Personenverkehr in der Stadt – der Los Angeles County Metropolitan Transit Authority, abgekürzt LACMTA (auch unter dem Kürzel MTA bekannt)

Salsa Soße, meist auf Tomatenbasis; es gibt allerdings auch grüne (*verde*) oder schwarze *(negra)* und sogar hauptsächlich aus Zwiebeln hergestellte Salsa

Salvi Chicano-Slang für Menschen aus El Salvador, oft abwertend gemeint; unter Salvadorianern auch eine vertrauliche, harmlose Anrede mit identifikatorischer Absicht

Schlüssel Slangausdruck für Macht – es geht nicht um ein tatsächliches Schlüsselbund, eher um die Schlüsselgewalt, die Hoheit und Kontrolle über ein bestimmtes Revier

Señor Suerte wörtlich «Herr Glück», ikonische Figur: ein stilisierter Totenschädel mit Kinnbart und Sonnenbrille, Pelzkragen und Fedora-Hut, der die Knochenfinger kreuzt; erschaffen 1969 vom Graffiti-Künstler Chaz Bojorquez, der jedoch später aufhörte, ihn zu sprayen, da die Avenues, eine Straßengang aus Los Angeles, ihn als Erkennungszeichen übernommen hatten

Símon Ausdruck aus dem mexikanischen Spanisch, meint «natürlich» oder «auf jeden Fall»

Tagger Bezeichnung für Graffitikünstler, die meistens ihren eigenen Sprayernamen an öffentliche Wände sprühen, um sich damit als individuellen Schreiber bekannt zu machen, keine Gang oder Crew

Tamales Gebäck aus Maismehlteig, meist gefüllt mit Fleisch oder Käse und in einer Maisliesche gebacken

Tapatío beliebte scharfe Würzsoße, etwa wie Tabasco

Tia/tio Tante/Onkel

Tienes pisto? wörtlich «Hast du Geld (bei dir)?»; *pisto* ist ein Ausdruck des mittelamerikanischen (besonders salvadorianischen) Spanisch für «Geld»

Toy in der Graffitiszene Bezeichnung für Anfänger oder für von Anfängern gemalte Graffiti

TRW Abkürzung des Firmennamens *Thompson Ramo Woolridge*; ein amerikanisches Luft- und Raumfahrtunternehmen, das im Jahr 2002 einer feindlichen Übernahme durch Northrop Grumman zum Opfer fiel

UCLA Abkürzung für *University of California, Los Angeles*

Varrios (oder barrios) Nachbarschaft

Vato Mexikanischer Slangausdruck für «Mann», transportiert eine gewisse Intensität und Ernsthaftigkeit

Verticken Drogen verkaufen, mit Drogen handeln, hier meist im Auftrag und für Dritte

Veterano Veteran; drückt ein gewisses Maß an Erfahrung aus; in Zusammenhang mit der Gangkultur der Latinos soll das heißen, dass die so bezeichnete Person häufig an kriminellen Aktivitäten teilnahm

Viejo Bezeichnung für einen alten Mann

Voll drin (engl.: *All involved*) Slangausdruck für die Mitgliedschaft in einer Gang und die rückhaltlose Beteiligung an ihren Aktivitäten

Weitere Informationen zur Chicano-Kultur finden sich in *Chicano Folklore. A Guide to the Folktales, Traditions, Rituals, and Religious Practices of Mexican-Americans* von Rafaela G. Castro (Oxford University Press, 2001)

ZITATE

Das Zitat von Joe McMahan, mit dem der zweite Tag eingeleitet wird, ist aus einem Live-Bericht für die Nachrich-
tensendung *ABC 7, Live Eyewitness News* transkribiert, der
während der Unruhen aufgenommen und gesendet wurde.

Das Zitat von Polizeipräsident Daryl Gates aus dem Einlei-
tungskapitel «Die Fakten» und das Zitat von Rodney King,
das den dritten Tag einleitet, stammen aus dem Buch *Offi-
cial Negligence: How Rodney King and the Riot Changed
Los Angeles and the LAPD* von Lou Cannon (Times Books,
1998).

Das Zitat von Generalmajor James D. Delk, das den fünften Tag einleitet, stammt aus seinem Buch *Fires & Furies:
The L.A. Riots* (ETC Publications, 1994).

Das Zitat von Lieutenant Dean Gilmour, das den sechsten Tag einleitet, stammt aus dem Buch *Twilight: Los Angeles, 1992* (Anchor, 1994) von Anna Deavere Smith. Das *[sic]*
habe ich selbst eingefügt, denn es gibt in Los Angeles keinen «Bezirk Hollingback». Es gibt jedoch einen Bezirk Hol-
lenbeck.

Ich verdanke allen drei Büchern und ihren Autorinnen und
Autoren sehr viel. Sie haben mein Verständnis dessen, was
sich zwischen dem 29. April und dem 4. Mai 1992 ereignet
hat, vertieft und erweitert.

Abgesehen von Anthonys Spekulation über die Menge der nach zwei Tagen Unruhen abgefeuerten Patronen und die Einwohnerzahlen von Los Angeles stammen sämtliche statistischen Angaben in diesem Roman entweder aus Cannons oder aus Delks Buch.

Während der Arbeit an diesem Buch war die *Los Angeles Times* eine Recherchequelle von unschätzbarem Wert. Die im Roman verwendeten Schlagzeilen sind alle echt.

DANK AN:

Álvaro, der die treibende Kraft hinter diesem Buch war; ich danke dir, dass du jedes Verbrechen im Roman so mit mir geplant hast, als wäre es echt. Ich hätte ihn ohne deinen Beitrag und deine beeindruckende Großzügigkeit nicht schreiben können.

Evan Skrederstu, der nie zögerte, mir zuzuhören und mir zu sagen, was funktioniert und was nicht.

Alle anderen aus der UGLAR (Unified Group of L.A. Residents, meine Street-Art-Gruppe): Chris Horishiki Brand, Espi und Steve Martinez – ohne euch alle würde dieses Buch nicht existieren.

Stanley Corona, der mich daran teilhaben ließ, wie sehr die Unruhen seine Familie betroffen haben.

Ron Roemer, Battalion Chief des Los Angeles Fire Department im Ruhestand, John Cvitanich, Maschinist im Ruhestand, sowie Captain Skelly, Maschinist Zabala und die Feuerwehrmänner Meza und Bennett vom Revier 112.

Chuck Campbell, Captain der California Highway Patrol im Ruhestand.

Marisa Roemer, die sich jedes Kapitel beim Schreiben angehört hat und immer wusste, was echt klang und welche Handlungslinien in welche Richtung führen sollten.

Dr. William J. Peace, der sämtliche medizinischen Angaben in diesem Roman überprüft hat.

Meine gesamte Familie – vor allem Großmutter Annazell, Mom, Dad, Brandon, Karishma, meine große Schwester Char und Alexa – die mich motivieren, indem sie mich nach jedem Scheitern noch mehr lieben.

Kevin Staniec, Corrie Greathouse und meine unglaublich unterstützende künstlerische Wahlfamilie bei Black Hill Press, die immer für mich da ist.

Jennifer Eneriz und Zoe Zhang, Lektoratsstudentinnen an der Chapman University, die den Text redigierten und auf historische Genauigkeit überprüften sowie beim Erstellen des Glossars wichtige sprachliche Hilfestellungen lieferten.

Gustavo Arellano und P.S. Serrato, die mir beide auf ihre eigene unnachahmliche Weise enorm viel über südkalifornische Kultur beibrachten.

Bryce Carlson, der nie müde wurde, über L.A. zu reden oder mich Klangeffekte zu lehren – *schhmp*, ganz recht, Sir.

Lizzy Kremer, Harriet Moore, Laura West, Emma Jamison, Alice Howe und Nicky Lund von der Agentur David Higham, die vom ersten Tag an an dieses Buch geglaubt haben.

Simon Lipskar vom Writers House, der für mich eine Ausnahme gemacht hat, und Kassie Evashevski von der United Talent Agency, die mitgeholfen hat, einen Traum wahr werden zu lassen.

Und nicht zuletzt hatten zahlreiche Menschen an den Hintergrundrecherchen zu diesem Buch Anteil, die anonym bleiben möchten. Ich werde euer Vertrauen niemals missbrauchen. Ihr sollt wissen, dass dieser Roman ohne eure Einblicke nicht entstanden wäre, und ich kann euch gar nicht genug dafür danken, dass ihr sie mit mir geteilt habt.

Das für dieses Buch verwendete Papier ist FSC®-zertifiziert.